Carlos

Depression – Burnout – Borderline

Ein harter Kerl im Tal der Tränen

Carlos

DEPRESSION – BURNOUT – BORDERLINE

Ein harter Kerl im Tal der Tränen

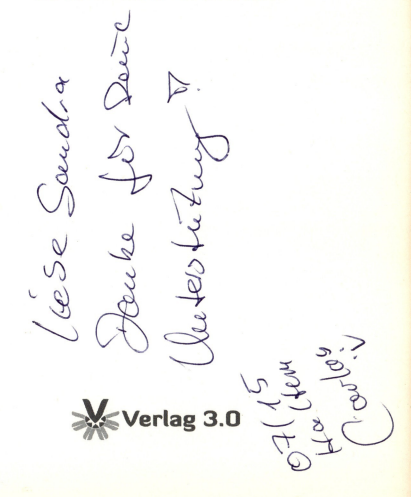

Verlag 3.0

Carlos
Depression – Burnout – Borderline
Ein harter Kerl im Tal der Tränen
autobiographischer Lebensratgeber

ISBN 978-3-943138-57-3

© 2013 by Verlag 3.0 Zsolt Majsai
50181 Bedburg, Neusser Str. 23 | http://buch-ist-mehr.de

Alle Rechte vorbehalten, insbesondere das Recht der mechanischen, elektronischen oder fotografischen Vervielfältigung, der Einspeicherung und Verarbeitung in elektronischen Systemen, des Nachdrucks in Zeitschriften oder Zeitungen, des öffentlichen Vortrags, der Verfilmung oder Dramatisierung, der Übertragung durch Rundfunk, Fernsehen oder Video, auch einzelner Text- und Bildteile sowie der Übersetzung in andere Sprachen.

Umschlaggestaltung: Attila Hirth | www.macmaestro.hu
Lektorat Originalausgabe: www.korrekturvertrieb.de
Lektorat der Neuauflage, sowie Satz & Layout:
Verlag 3.0 | http://buch-ist-mehr.de

Printed in EU

Bibliografische Informationen
der Deutschen Nationalbibliothek:
Die Deutsche Nationalbibliothek verzeichnet diese Publikation in der Deutschen Nationalbibliografie; detaillierte bibliografische Daten sind im Internet über http://dnb.ddb.de abrufbar.

INHALTSVERZEICHNIS

9 Vorwort

13 Einleitung

15 Die Kindheit

18 Der Unfall

21 Die Jugend

28 Der junge Mann

39 Hallo Taxi

46 Ewige Liebe

54 Sekt, Selters oder gar die große Liebe?

114 Leben oder Tod?

122 Die Zeit der Wandlung

149 Der Beginn meiner Reise

196 Wo geht es jetzt hin?

244 Auf dem Heimweg

278 Neues Jahr, neues Glück

312 Die vorerst letzte Reise

347 Das war noch nicht alles

409 Lebe, lerne im Jetzt und Hier

416 Danke

421 Das Ende vom Lied

433 Das Herz ganz poetisch

444 Quellenangaben

WIDMUNG:

Dieses Werk widme ich in erster Linie mir selber. Dieses Buch zu schreiben ließ Lasten abfallen, schürte meine Hoffnung und weckte meinen Kampfgeist, welcher mir half, den einst schweren Weg zu gehen.

Dieses Buch widme ich auch allen Mitarbeitern der Kliniken, in denen ich mich aufgehalten habe und wunderbar betreut wurde.

Ferner widme ich dieses Buch all denen, Angehörigen oder Betroffene, die diesen Weg noch vor sich haben oder schon gegangen sind.

Nicht zu vergessen, all die Menschen, die mich mein Leben lang bisher begleitet haben.

Zu guter letzte widme ich dieses Werk meiner Mutter und meiner Tochter, die ich über alles liebe und die mich nicht haben fallen lassen in meinen bisher schwersten Stunden.

Danke von Herzen!

ஓ&ஒ

Mein Weg:

Diagnosen:

Burn Out - das »Ausgebranntsein« deckte alles bei mir auf.
Depression - hoffnungslos war ich darin gefangen
Borderline - wurde entdeckt, erkannt und angenommen.
ADHS - hab' ich auch, tätsächlich eine »Krankheit«?

Verbündete:

Wahrheit - diese gilt es anzunehmen.
Ehrlichkeit - zu sich selbst zu stehen.
Motivation - wieder neue kraftvolle Wege finden.
Antrieb - in die Bewegung und Veränderung gehen.
Leben - bewusst achtsam zu sein, zu lieben, vergeben und dankbar zu sein.

Inspiration - Anregen - Nachdenken
Dieses Buch dient u.a. der Inspiration. Ich möchte euch zum Nachdenken anregen: Ehrlich und Tief. Schau genau was dieses Buch in dir berührt.

Die in diesem Buch enthaltenen Informationen können aufklären, enttabuisieren, informieren, Kraft, Mut und Zuversicht vermitteln sowie Synergien für neue Wege aufzeigen. Diese Informationen ersetzen keine medizinischen Diagnosen, ärztliche Verordnung oder Behandlung von Gesundheitsstörungen aller Art. Sie können auch kein Ersatz für eine vernünftige Finanzplanung sein. Sie ersetzen also weder den Besuch bei einem Arzt noch bei einem Finanzfachmann oder anderer öffentlicher oder sozialer Einrichtungen. Der Inhalt des Buches ist gedacht als Begleitung und Ergänzung zu einem vernünftigen, verantwortungsvollen Gesundheitsprogramm sowie zu den Empfehlungen von Heilpraktikern, Psychologen oder Finanzfachleute. Autor und Verlag können für unsachgemäßen Gebrauch keine Haftung übernehmen.

Vorwort

Dieses Buch ist mehr als nur ein Buch. Es zeigt mit einer unglaublichen Offenheit, wie der Autor Carlos mit seinen Erlebnissen umgeht, und erst nach knapp 35 Jahren erkennt, wer er wirklich ist. Carlos, der Gefühlstäter, weiß, dass er sich von seiner Vergangenheit verabschieden muss, um einer neuen Zukunft entgegenzusteuern, in der nichts mehr sein wird, wie es war. Doch etwas wird für immer bleiben: die Erinnerungen!

Ein etwas spezieller Mensch, der durch seine äußeren Merkmale immer wieder in der Öffentlichkeit auffällt und dem Leser mit hemmungslosen Worten, Poesie und Bildern zeigt, wie er verarbeitet, seitdem er weiß, wer er wirklich ist. Er nimmt Sie mit in seine eigene Welt.

In diesem Buch geht es in erster Linie darum, der Öffentlichkeit einen biografisch ergreifenden Einblick zu geben, wie psychische Krankheiten einen Menschen verändern, und was dagegen unternommen werden kann. Zudem erfahren Sie, wie der Alltag eines solchen Menschen aussieht, und erhalten neue Einblicke in einen weichen Kern, geschützt von einer ausdrucksstarken harten Schale.

Es ist eine Welt zwischen klaren Gedanken und emotionalen Momenten, mit vielen Aufs und Abs, die meist nur schwer zu verstehen sind. Mit diesem Buch können Sie die Schwierigkeiten von Betroffenen erkennen. Dieses Werk will eine Hilfestellung für Sie sein, damit Sie verstehen. Welche Behandlungsmöglichkeiten durchlaufen Patienten in der Hoffnung auf Heilung?

Carlos gibt Ihnen einen ehrlichen, authentischen Einblick in sein tiefstes Inneres. Ein Buch, welches nicht nur zur Aufklärung beiträgt, sondern sehr offensiv der Allgemeinheit verschiedene Gefühlsebenen im Alltag zeigt, und welches gleichzeitig viele Fragen rund um die Psyche beantwortet. Carlos wird Ihnen schonungslos zeigen und erklären, was Eltern alles falsch machen können im Umgang mit ihren Kindern, und welche Folgen dies oft für die Kinder im Erwachsenenalter haben kann.

Mit diesem Buch gewinnen Sie einen faszinierenden Eindruck, wie Gefühle Gedanken steuern und auch umgekehrt. Eine Biografie, geschrieben teils auf Erinnerungen basierend, teils im Jetzt und Hier, die den Leser ergreift, fesselt, und Sie somit eine Ahnung davon bekommen, wo realitätsbezogenes Denken anfängt und wieder aufhört.

Außerdem ist dieses Werk von Carlos alarmierend. Er erzählt von einer Mischung aus Erziehung und Lügen, eigenen Erlebnisse und er informiert darüber, wie besorgniserregend schnell psychische Krankheiten entstehen können. Z. B. berichtet er über den schleichenden Beginn des Burn Out, welches ihn in tiefe Depressionen verfallen ließ, weiter über das ADHS im Erwachsenenalter bis hin zur emotionalen instabilen Persönlichkeitsstörung (Borderline - Narzissmus). Dies sind die Diagnosen mit denen Carlos lange Jahre unentdeckt lebte und erst heute mit leben muss. Sie erfahren, wie man diesen Dingen hilflos und ohnmächtig gegenübersteht.

In der heutigen Psychologie sagt man oft, dass im eigentlichen Sinne die Eltern zuerst therapiert werden müssten und nicht die Kinder. Doch das ist ein schweres Unterfangen und wird durch Generationskonflikte gebremst. Carlos zeigt Ihnen, welchen Weg Ihr Kind vorbeugend gehen könnte, falls Diagnosen gestellt werden oder Auffälligkeiten vorliegen, die seiner eigenen Diagnose gleichen.

Dieses Buch ist wütend geschrieben, voller Enttäuschung, verletzt, auf der Suche nach Hilfe, aufgeregt durch innere Unruhe, mit Müdigkeit und dennoch heiter und mit Zuversicht, ängstlich getrieben, verliebt in sich und die Frauen, schreibt er neugierig und amüsiert über heiße Nächte voller Leidenschaft und noch vieles mehr.

Von seiner Einsamkeit in sich selbst ehrlich, wie er authentisch erzählt und ungeschönt die Erlebnisse lebendig auf seinem Weg durch das Tal der Tränen aufzeigt und wie schwer es in so einer Situation ist, zwischen Tagträumen und wechselnden sowie schwer verständlichen Gefühlsausbrüchen zu unterscheiden. Dabei die Klarheit, die ein Mensch braucht, um Entscheidungen zu treffen, zu erleben, welche Botschaften Carlos uns übermitteln will.

Jana Teuber (Autorin)
„Begegne Dir selbst"

Einleitung

Im Sommer 1972 wurde ich, Carlos, als zweiter Sohn einer Unternehmerfamilie geboren. Der Familienbetrieb wurde seinerzeit von den Großeltern geführt. Meine Mutter arbeitete in dem Betrieb mit und engagierte sich sehr, oft rund um die Uhr. Von meinem Vater weiß ich nicht mehr viel, und ich kann auch nicht genau sagen, wann sich meine Eltern getrennt haben. So lebte ich mit meinem älteren Bruder überwiegend bei den Großeltern. Schon sehr früh zogen wir in die Nähe der Großeltern, um dadurch näher bei deren Betrieb zu sein. Durch den Umzug wohnten wir gerade mal eine Seitenstraße von den Großeltern entfernt in einem Hochhaus, damit Mutter es näher zur Arbeit hatte und auch wir die Annehmlichkeiten besser nutzen konnten, die damit verbunden waren.

Mein Großvater, „der Alte", war ein stadtbekannter Hund. Jeder kannte den Großvater und sehr viele respektierten und lobten ihn in den höchsten Tönen. Da meine Mutter sehr viel arbeiten musste, um zu überleben und zwei Kinder durchzubringen, war sie sehr viel außer Haus. Somit wurden mein Bruder und ich zum großen Teil von den Großeltern betreut und erzogen. Meinen Bruder zog es mehr auf Omas Seite, und ich war Großvaters ganzer Stolz. Viele Jahre später würde sich herausstellen, dass mir genau diese Konstellation zum Verhängnis wurde.

Mein Großvater war ein sehr disziplinierter, heroischer Mann, der kaum eine andere Meinung als seine eigene gelten ließ. Meine Oma war ihm untergeordnet und hatte sich wohl schon lange mit ihm arrangiert.

Kaum ein Mensch, egal ob aus der Familie oder der Öffentlichkeit, traute sich, ihm entgegenzutreten. Seine vermeintlich starke Persönlichkeit beeindruckte mich als Kind sehr. Ich war damals viel mit ihm unterwegs und schaute ihm, wo ich nur konnte, über die Schulter, um von ihm zu lernen. Fehler zu machen duldete damals kaum einer in der Familie, und der Alte schon gar nicht. So verwunderte es nicht, dass ich in der Jugend anfing zu rebellieren und mir die einen oder anderen Schläge von ihm einhandelte, wenn ich nicht so funktionierte, wie er es wollte.

   Meine Mutter, so sehe ich es heute, war damals machtlos dagegen, denn auch sie hätte sich niemals getraut, ihm zu widersprechen. Unsere finanzielle Situation zwang meine Mutter dazu, sich ihm unterzuordnen, gegen seine Erziehungsmethoden kam sie nicht an. Teilweise übernahm sie diese sogar, aber eher unbewusst. Die Holzlöffel, die meine Mutter auf meinem Hintern in meinem Leben zerschlug, könnte ich kaum noch zählen. Wobei ich sagen muss, dass es hier nicht darum geht, ob sie begründet waren oder nicht. Früher hat man einfach so gehandelt und es gehörte zu einer Erziehung dazu. Was meinen Großvater zu dem gemacht hatte, was er war, konnte nur vom Krieg und seiner Erziehung herstammen. Meine Mutter hatte es zu sehr geprägt, und sie wurde somit selber ein Opfer seiner Erziehung.

   Nach meinen heutigen Erkenntnissen bin ich wiederum Opfer eines Opfers und stelle fest, dass meine Mutter keine Schuld trifft, denn vieles wusste sie einfach nicht besser. Sie hatte es nicht anders gelernt und ihre eigenen Sichtweisen wurden unterdrückt vom Regime des Großvaters. Dazu noch die endlosen Arbeiten, die er ihr aufgab. Was mir dadurch geschah, zeigte sich knapp 38 Jahre später.

Die Kindheit

Habt ihr schon mal von Narzissmus gehört? Sigmund Freud meinte mit Narzissmus die Libido, die auf das eigene Ich gerichtet ist, anstatt auf die Objekte. Dies führt zu einer Charaktereigenschaft, bei der ein geringes Selbstwertgefühl durch übertriebene Einschätzung der eigenen Wichtigkeit und den großen Wunsch nach Bewunderung kompensiert wird. Mit dem Begriff Narzissmus ist im weitesten Sinn die Selbstliebe als Liebe gemeint, die man dem Bild von sich selbst entgegenbringt. Im engeren Sinn bezeichnet der Narzissmus eine auffällige Selbstbewunderung oder Selbstverliebtheit und übersteigerte Eitelkeit. Diesem charakterpathologischen Narzissmus-Begriff folgt im Wesentlichen auch die diagnostische Verwendung einer Persönlichkeitsstörung.

In der weiteren Entwicklung des Begriffes kam es jedoch zu einem Wandel der Bedeutung. Der Narzissmus wurde etwa von Kohut als wichtige Phase der Entwicklung angesehen, die jeder Mensch durchläuft und die auch im Erwachsenenalter die wichtige Funktion übernimmt, das Selbst als psychische Struktur zu stabilisieren. Störungen entstehen vor allem, wenn dem Kind nicht genügend Zuwendung, Aufmerksamkeit, Achtung, Bestätigung usf. zukommt. Schaut doch einfach mal, wie es bei mir war:

Ich habe es damals geliebt mit ihm, dem Alten, zusammen zu sein. Doch als Kind konnte ich nicht unterscheiden, was gut und böse war. Mein Vater fehlte mir sehr. Er hatte schon früh die Familie verlassen aus Gründen, die ich bis heute nicht kenne. Somit übernahm mein Großvater auch gleichzeitig die Vaterrolle.

Irgendwie hatte er auch einen Narren an mir gefressen und aus Erzählungen weiß ich, dass ich wohl damals immer sein Liebling war. Er nahm mich oft mit auf seinen Touren und ich, kleiner Junge, half ihm, wo ich nur konnte. Unzählige Stunden haben wir zusammen verbracht, während er für die örtliche Zeche Kohlenbriketts an Privatleute lieferte. Wenn ich ihm beim Fahren zuschaute, imitierte ich gerne seine Fahrweise und tat so, als hätte ich, kleiner Bengel, selber ein Lenkrad in der Hand. „Ich werde auch mal Lkw fahren." Ob es wirklich so kommen sollte?

Ich habe mit ihm eine ganze Menge erlebt. Viel zu oft haben er und ich im Dreck gewühlt. Als Kind habe ich mit ihm die Fahrzeuge repariert, welche unsere Mitarbeiter unachtsam demoliert haben.

Damals konnte man ein Auto bis auf das Motoreninnenleben noch selber reparieren, denn an Elektronik gab es nur das Nötigste in den Fahrzeugen. Es gab zu guten Zeiten bei uns in der Firma zwei Lkw, zehn andere Fahrzeuge und einen Kleinbus. Die Wartung machte mein Großvater immer selber. Er war ein arbeitswütiger Mensch, würde man heute sagen.

Dieser alte Mann war sehr weise und er wusste eine ganze Menge. Oft hatte er auf alles eine Antwort, unabhängig davon, ob sie richtig war oder nicht. Sollte eine Antwort doch einmal falsch gewesen sein, gab er es nicht zu und drehte den Spieß wieder passend um. Ich habe schon früh angefangen, in der Firma mitzuarbeiten. Meistens habe ich die Autos gewaschen und war hinterher immer ganz stolz, wenn die Flotte gereinigt in Reih und Glied auf dem Hof stand. So verdiente ich mir in meiner Freizeit mein Taschengeld, denn umsonst gab es nichts.

Es hieß auch immer, erst die Leistung bringen und dann gab es Lohn für einen kleinen Jungen, der noch nicht wusste, was das für ihn später einmal bedeuten sollte.

Wenn mein Großvater jemanden nicht mochte, ließ er ihn das auch spüren und verbot selbst ihm nahestehenden Personen den Umgang mit jenen Menschen. Sein heroisches Auftreten in der Familie machte allen oft zu schaffen, doch das Schlimmste war der Alkoholmissbrauch, den er extrem betrieb. Meine Mutter erzählte mir, dass, wenn er besoffen war und schlechte Laune hatte, er auch mal an Weihnachten einen Weihnachtsbaum durch die Wohnung warf.

Doch „der Alte" konnte manchmal auch anders sein, hilfsbereit; dann half er, wo er nur konnte. Dies machte er allerdings in der Regel emotionslos. Wenn ein Nachbar kam und seine Hilfe brauchte, war er sofort da, egal worum es ging, und wenn es dazu noch eine oder mehrere Flaschen Bier gab, war es umso besser. Er sorgte auch immer gut für finanzielle Sicherheit. Dies tut meine Mutter heute auch noch, aber leider ist sie genauso ein arbeitswütiger Mensch geworden. Beide wussten nicht, dass das Leben ihnen noch andere Dinge hätte bieten können.

Der Betrieb, den mein Großvater führte, hatte Öffnungszeiten rund um die Uhr, und zwar das ganze Jahr. Man halte sich mal vor Augen, was das für ein Kind bedeutet. Die freien Tage konnte man an einer Hand abzählen und die Familie arbeitete immer Hand in Hand, auch an Weihnachten und Silvester. Somit ist es sicher verständlich, wie trostlos oft die Weihnachtsfeiertage oder auch Silvester bei uns abliefen.

Irgendeiner war an solchen Tagen nicht da oder arbeitete so viel, dass er zwar anwesend war, aber keine Zeit gefunden wurde, um für die Kinder wirklich da zu sein.

Geschenke gab es allzu oft zwischen Tür und Angel oder an Silvester war die Firma für nur 15 Minuten geschlossen, damit sich alle ein frohes neues Jahr wünschen konnten. Es gab einen Teller Kartoffelsalat mit Würstchen, dann ging die Arbeit erst richtig los und alle waren auf einmal ausgeflogen.

Der Großvater war ein Kämpfer, doch heute frage ich mich immer noch, warum ich nicht Kind sein durfte? Ein Kind, welches sich frei entwickelt und von seinen Eltern dabei unterstützt wird. Egal was es auch war, überwiegend ging ich alleine zum Fußball, zum Arzt, zu Aufführungen in der Schule, egal wohin, ich wurde dort vor der Tür abgesetzt und keiner ging den Weg mit mir gemeinsam.

Ich kann mich da noch an eine Situation erinnern, als mein Großvater das erste Mal alles hat fallen lassen müssen. Er musste meinen Bruder, mich und auch meine Mutter vom Urlaub an der Ostsee abholen.

Der Unfall

Wir waren damals mit einer anderen Familie zusammen an der Ostsee. Großvater durfte es allerdings nicht wissen, weil er die andere Familie nicht leiden konnte. Warum immer diese Lügen? Warum wurde ihm nicht gesagt, mit wem wir in den Urlaub fuhren?

Es war an einem schönen Sommertag und wir suchten alle zusammen ein Café auf, von dem wir einen tollen Ausblick auf den Hafen haben würden. Die Terrasse des Cafés lag im ersten Stockwerk und war rundherum verglast.

Daran kann ich mich selbst heute noch gut erinnern. Es gab ein leckeres Eis und noch mit einem Löffel im Mund rannten mein Bruder und ich zum Terrassengeländer, um noch mehr sehen zu können. Es lagen Kriegsschiffe der Marine vor dem Hafen und wir wollten sie uns ansehen. Mein Bruder, der knapp vier Jahre älter und größer war, lehnte sich an das Geländer. Ich dagegen hätte eigentlich meine Nase an der Glasscheibe platt drücken können. An diesem Geländer fehlte jedoch eine einzige Scheibe und genau an dieser Stelle wollte ich die Kriegsschiffe bestaunen.

Da ich mich an dem oberen Geländer nicht festhalten konnte und keine Scheibe vorhanden war, fiel ich direkt von drei Metern Höhe hinunter auf den Asphalt. Ich kann mich noch an laute Schreie erinnern, und dass mich meine Mutter in totaler Panik auf den Arm nahm und zum Krankenhaus trug, welches direkt in der Nähe war.

Doch das Gefühl, welches ich vermittelt bekam, war nicht gerade angenehm.

Ich denke schon, dass sich meine Mutter Sorgen machte, oder vielleicht doch nicht? Irgendwie wurde ich das Gefühl nicht los, dass sie auf ihre Art versuchte, mich zu bestrafen. Es war ungefähr so: „Das konnte ja wieder nur dir (also mir) passieren und kann man dich denn nicht mal fünf Minuten aus den Augen lassen?" Es fühlte sich vorwurfsvoll an, aber ich war doch noch klein und hatte die fehlende Scheibe nicht gesehen. Es war auch nicht meine Schuld, dass dort keine Scheibe war, die meinen Sturz hätte aufhalten können.

Ich wusste zu der Zeit nicht, was es bedeutet, und wie auch immer, ich hatte eine heftige Gehirnerschütterung, einen gebrochenen Arm und musste dazu zur Beobachtung noch im Krankenhaus bleiben.

Der Urlaub war also für alle gelaufen und es war meine Schuld. So fühlte es sich zumindest aufgrund der Lieblosigkeiten in dem Moment an. Ich habe mich eben so gefühlt, weil bei allen die Stimmung im Keller war. Jetzt musste meine Mutter handeln, denn sie war total überfordert mit der Situation. Notgedrungen rief sie Großvater an und erklärte ihm, was passiert war.

Es dauerte nur ein paar Stunden und dann war er vor Ort. Er hatte alles stehen und liegen gelassen, um in dem Kurort mal aufzuräumen. Es konnte ja wohl nicht sein, dass „sein" Enkel durch eine fehlende Scheibe einer Café-Terrasse fiel, ohne dass sich dem jemand annahm. Warum war meine Mutter so hilflos und wehrte sich nicht selber? Warum musste erst der Großvater kommen?

Ein Kind ist doch kein Kleidungsstück, für das man, wie bei einer Garderobe, selber haftet, wenn man es einfach da aufhängt.

Ich meine mich noch daran erinnern zu können, dass wir bei der Polizei waren und mein Großvater Anzeige erstattet hat. Er drehte wieder voll auf, sodass selbst so mancher Polizist sich duckte, wenn er loslegte.

Mein leiblicher Vater stand nicht so für mich ein. Großvater konnte furchteinflößend sein, in seiner Art auf Menschen zuzugehen. Nachdem die Anzeige lief, erfuhr ich hinterher, dass wir sogar noch zwei Wochen Urlaub dort geschenkt bekommen haben und natürlich kam auch noch Schmerzensgeld hinzu. Da hat der alte Mann mal wieder das Beste für uns rausgeholt. Handeln konnte er echt gut und kaum einer widersprach ihm. Er bekam immer, was er forderte. Ich habe noch mehrere Urlaube an diesem Ort mit meinem Großvater in meiner Jugend verbracht. An der Ostsee lernte ich auch einmal ein Mädel aus Dänemark kennen und ein Mädel aus Hamburg. Jedes Mal, wenn wir dort waren, verliebte ich mich unsterblich in irgendein Mädchen. Zu Hause war es auch nicht anders. Immer suchte ich die Nähe von Mädels gleichen Alters oder ein wenig älter.

Mit einem Mädchen war ich mal zusammen und trennte mich von ihr, als sie sich ihre langen, blonden Haare abschnitt, und wegen einer anderen stand ich mal auf einer Brücke. Ich drohte runterzuspringen, nur um ihre Aufmerksamkeit zu bekommen. Das mit der Brücke kam natürlich raus, und es gab ein wahnsinniges Theater zu Hause. Es war doch nur eine Drohung, das hätte ich eh nicht gemacht. Doch wieder hörte man mir zu Hause nicht zu.

Irgendwann habe ich aufgehört zu zählen, was solche Dinge mit Mädels betraf. Natürlich war das in einem Dorf nicht gerade förderlich, was meinen Ruf anging. Das spiegelte sich, wie alles andere auch, in meiner Jugend immer wider.

Die Jugend

„Ich werde mal Lkw-Fahrer", ihr erinnert euch noch? Woher ich das hatte? Das kam davon, dass ich als kleiner Junge meinen Großvater oft auf dem Lkw begleitet habe. Witzigerweise kam noch hinzu, dass während meiner Kindheit die Serie „Auf Achse" ausgestrahlt wurde. Eine Serie mit Manfred Krug, der mit seinem Lkw quer durch Europa reiste und so allerhand erlebte.

Als Kind bin ich auch gerne mit dem Fahrrad zur nächsten Autobahnbrücke geradelt, um den Lkw-Fahrern zuzuwinken. Bei jedem Winken hörte ich die faszinierende Musik aus den Hörnern (Hupe). Dieser Sound zog mich mehr und mehr in seinen Bann. Die Gefühle und Gedanken wurde ich nicht mehr los. Sie hatten sich schon damals tief in mir verwurzelt. Durch mein Untergewicht waren mir früher die Schulranzen viel zu groß. So wurde ich auch ein Jahr später eingeschult als alle anderen Kinder in meinem Alter. Ich hatte nicht viel auf den Rippen und attraktiv fand ich mich selber auch nie so wirklich. Die Jugendjahre zogen ins Land und die eine oder andere kleine Geschichte und ein paar Erlebnisse möchte ich euch noch über mich erzählen.

Meine Mutter beschloss irgendwann mit der Einwilligung meines Großvaters in seinem großen Garten ihr eigenes Haus zu bauen. Der alte Fuchs wollte wieder Geld sparen. Bei uns wurden zu der Zeit die Zechen geschlossen und viele Zechengebäude abgerissen. Da entschied er kurzerhand, dass der Keller selber gemauert wird. Die Steine wurden meinem Großvater vom Abrissunternehmen direkt auf seinen Lkw geladen, und er kippte sie bei uns im Garten ab. Diese Steine konnte man so nicht verwenden, denn der alte Mörtel war ja noch dran.

Ich weiß nicht mehr, wie viele Steine ich mit meinem Bruder picken musste, um diese von dem alten Mörtel zu befreien. Wie oft mein Bruder mich hat hängen lassen und ich die Steine alleine gekloppt habe, bis der Mörtel runter war. Wie oft ich mir auf die Finger gehauen habe, weiß ich auch nicht mehr genau. So ist auf jeden Fall unser Keller entstanden. Ich weiß noch, dass ich mich früher als Kind gegen vieles gewehrt habe, gegen Dinge, die meinem Verstand und meiner Moralvorstellung nicht entsprachen. Warum wurde ich in meiner Entwicklung unterdrückt? War mein Verstand gesund?

Ich weiß es manchmal bis heute nicht. Warum ich das immer noch nicht weiß? Diese Antwort werde ich nicht schuldig bleiben. Warum habe ich als Kind, wenn ich mit kleinen Autos spielte, Unfälle nachgespielt? Ich habe Autos demoliert oder gar angezündet und damit versucht, eine Unfallstelle so klar wie möglich darzustellen. Das sind alles Fragen, die noch nicht beantwortet sind. Als Jugendlicher habe ich mal mit meinem Kopf mehrfach gegen die Wand geschlagen, nachdem mich ein Mädel in der Jugendherberge im Breisgau regelrecht abgelehnt hatte und einen anderen Jungen lieber mochte als mich. War das schon ein selbstverletzendes Verhalten, angetrieben von der Sucht nach Aufmerksamkeit?

Mit der Enttäuschung nicht umgehen zu können, weil mich ein Mädel nicht mochte, und das obwohl ich gerade mal zwölf oder dreizehn Jahre alt war? Woher sollte ich wissen, was richtig und was falsch war, wenn keiner da war, mit dem ich reden konnte, und der es mir erklärte? Ich erinnere mich noch sehr gut, als wäre es gestern gewesen, wie die süße kleine Französin abreiste. Die kleine Schülerin aus Frankreich mit der unsere Ortschaft befreundet war. Wir verbrachten nur ein Wochenende zusammen.

An jenem Samstagabend hatte sie sogar neben mir im Büro gesessen, als ich Nachtschicht in der Firma meiner Mutter machte. Wir redeten auf Englisch mit Händen und Füßen und jeder Kuss von ihr schoss mir durch Mark und Bein. Irgendwann musste sie gehen. Ich habe die ganze Nacht durchgearbeitet und bin dann noch zum Bus, um ihr Auf Wiedersehen zu sagen. Total übermüdet und voll von Gefühlen. Ein Mensch, den ich sehr mochte, ging. Schon damals ging ich nicht zum ersten

Mal durch das Tal der Tränen. Wieder zurück zu Hause mit dem Lied von Sinéad O. Conner im Ohr (Nothing Compares to you) warf ich mich aufs Bett und konnte mich kaum beruhigen. War das noch normal? Woher sollte ich das wissen? Mir hat doch keiner was erklärt, und wenn ich sagte, was in mir vorging, hörte ich nur: „Stell dich nicht so an, das vergeht wieder." Warum konnte und durfte ich meine Trauer nicht ausleben?

Meine Mutter hatte zu der Zeit einen Freund, der auch viel zu oft tief ins Glas geschaut hat, und dessen Bruder wohnte auch noch mit in dem Haus, welches meine Mutter von einer Fertighausfirma hat bauen lassen. Ich war einmal oben in der Wohnung, bei dem Bruder und rief nach ihm. Als ich die Tür öffnete und keine Antwort bekam, ging ich in die Wohnung und hörte ein Stöhnen. Ich wollte dem Geräusch nachgehen, denn es hätte ja auch was mit ihm sein können, denn den Unterschied kannte ich ja nicht. Da lag der Arsch im Schlafzimmer auf dem Boden, seinen kleinen Schwanz in der Hand und wichste sich einen. Ruckzuck war ich aus der Wohnung, und bis heute weiß ich nicht damit umzugehen. Es war irgendwie eklig, das zu sehen und sein blödes Gesicht noch dazu. Ich mochte beide Typen nicht. Der eine war versoffen und machte uns sowie meiner Mutter das Leben zur Hölle, und der andere spielte an sich herum. Gott sei Dank haben sie sich irgendwann getrennt, da muss ich wohl so vierzehn Jahre alt gewesen sein. Ich war sehr froh darüber, denn einer von den beiden war es ja auch, der mir mal im Urlaub eine geknallt hat und mir mein Taschengeld wegnahm, um sich zu besaufen. Ich weiß noch genau, wie ich in der Telefonzelle meiner Mutter mein Leid klagte, als er mich schlug. Doch ich hörte keine aufbauenden Worte, sondern nur, dass wir uns vertragen sollten.

Ich glaube, jede andere Mutter hätte den Typen zum Teufel gejagt, wenn er ihr Kind schlägt, das noch nicht mal sein eigenes war. Irgendwann später hat sie ihn dann rausgeworfen. Allerdings nicht wegen des Vorfalls im Urlaub, bei dem es um mich ging, sondern wegen des Alkohols und seines entsprechenden Verhaltens, das sie nicht mehr ertragen konnte. Wie gesagt, ich glaube, ich war um die vierzehn bis sechzehn Jahre alt. Als der Typ gehen musste, ging auch sein Bruder mit. Die obere Wohnung wurde somit frei und Mutter bot mir an, dass ich sie nutzen durfte. Wie geil ist das denn? Ich, in dem Alter, eine eigene Wohnung!

Mein erstes Mal (Sex mit einem Mädchen) hatte ich auch ungefähr in dem Alter. Es war am Hintereingang der Schule zum Keller hinunter. Ich war total heiß auf das „erste Mal" und zog ihr ziemlich unromantisch die Hosen runter und sie legte sich rücklings auf die Treppe und ich versuchte in sie einzudringen. Es ging auch nicht sofort, denn woher sollte ich wissen, dass die Frau dafür feucht sein muss? Es dauerte auch nicht lange und es war eher ein gequältes Rein und Raus. Es fühlte sich nicht schön an. Irgendwann waren wir halt fertig und ich habe sie danach nie wieder gesehen. Ich wusste nicht mal, wie das Mädchen hieß, da sie aus einer anderen Stadt war.

Das war mein erstes Mal, ohne das Gefühl der Leidenschaft. In der Kindheit erinnere ich mich noch, als ich ziemlich klein war, und wir noch in der Großstadt wohnten, habe ich die ersten Gefühle bei einer Lederjacke bekommen, die auf meinem Bett lag. Das Gefühl auf meinem nackten Kinderkörper war viel schöner und besser in Erinnerung als die Kellernummer in der Schule. Bei meinem ersten Orgasmus hat mich meine Mutter erwischt. Ich wusste eigentlich gar nicht, was das war. Meine Mutter sagte sofort, dass ich aufhören sollte. Was hatte ich da getan, als Kind? Keine Ahnung, aber es hat sich verdammt gut angefühlt. Und damit sollte ich aufhören? In der Jugendzeit teilte mir Mutter mit, dass sie wieder einen neuen Freund hätte und sie fragte mich, ob mir das etwas ausmachen würde. Ich sagte ihr darauf, wenn der nicht so ist wie der andere Arsch, ist mir das egal, denn es ist ja dein Leben. Dass er in meinen Augen noch viel schlimmer als der andere war, stellte sich erst nach einigen Jahren heraus.

Was habe ich bloß in meiner Jugend für einen Blödsinn gemacht?

Den Alkohol habe ich probiert und der hatte mich so hemmungslos gemacht, dass ich am Sportplatz nackt mit dem Fahrrad die Straße auf und ab fuhr. Wieso schreibe ich das? Na, weil es viele wissen und über mich reden, dann ist es jetzt hiermit offiziell bestätigt.

Man konnte mir immer nur sagen, was ich getan habe, aber es hat nie einer versucht, zu verstehen, warum ich das alles tat. Meine Mutter und der Großvater waren Kettenraucher und mit vierzehn Jahren hat man mich beim „versuchten" Diebstahl von Zigaretten erwischt. Sie verstand die Welt nicht mehr und sagte noch zu dem Detektiv, dass sie Kippen ohne Ende im Schrank hätte, dann hätte ich doch besser die klauen sollen.

Eine Anzeige gab es nicht und als Strafe musste ich den Parkplatz des Einkaufsmarktes mit einem Straßenbesen sauber halten. Nach drei Wochen Strafe abarbeiten wurde dann sogar ein Ferienjob daraus, und dabei muss ich gerade schmunzeln, wie sich die Dinge ändern können. Der Großvater hätte nie erfahren dürfen, dass ich geklaut habe, denn der hätte mich erschlagen, und so wurde ihm die Situation als Ferienjob verkauft, wie es am Ende ja auch war.

Das war nicht der einzige Blödsinn, den ich gemacht habe. Irgendwo bin ich immer aufgefallen, und meine Mutter wusste es schon davon, bevor ich zu Hause war. Das war ja auch kein Wunder, denn in ihrem Beruf war sie dorfbekannt, und meine Flausen im Kopf kamen schneller bei ihr an, als mir lieb war. Offiziell wurde mir mit fünfzehn das Rauchen dann erlaubt, mit der Begründung, dass meine Mutter selber Kettenraucherin war, und es mir ja vormachte.

Das war eine der wenigen Erklärungen in der Jugend, bei der ich erkannte, dass meine Mutter mich mitgeprägt hat, doch damit konnte ich zu der Zeit noch nicht umgehen.

Alle in der Familie empfanden mich immer als einen relativ normalen, manchmal etwas auffälligen Jugendlichen. Doch was wirklich in mir abging, und woher es kam, wusste keiner oder wollte keiner gewusst haben. Es hat sich auch nie jemand darum gekümmert. Ich habe zu der Zeit jeden Freitag und jede Samstagnacht gearbeitet, (mit fünfzehn wohlgemerkt) und mein Bruder war gerade neunzehn und ihn zog es oft in die Diskotheken, um zu tanzen. Irgendwie machte mir das nichts aus, zu arbeiten. Ich tat es gerne und kannte es auch irgendwie nicht anders, für die Familie und den Betrieb einzustehen. Wenn ich mal weg wollte, durfte ich eh nicht, oder mit Auflagen, die keinem Jugendlichen gefallen.

Der Neid auf meinen Bruder wuchs, was angesichts der Unterschiede, die gemacht wurden, umso verständlicher war.

Mein Bruder hatte eh schon eine Art an sich, dem kleineren Bruder richtig schön zu zeigen, dass er noch klein war und gewisse Dinge einfach nicht durfte. Diese Situation hatte er sich als psychische Stärke mir gegenüber in der Jugend immer bewahrt. Er war so gestrickt, dass er einfach wegging, wenn wir beide allein im Büro waren. Er wusste, dass ich Schichtende hatte. Doch in dem Moment, wo niemand im Büro war, der mich hätte ablösen können außer ihm, machte er sich einfach aus dem Staub, nur um mir seine Überlegenheit zu zeigen. Er ließ mich einfach stehen und seine Arroganz dabei ließ mich jedes Mal innerlich explodieren. Mein Bruder wusste ganz genau, dass ich bleiben und die Firma nie im Stich lassen würde. Das nutzte er aus, indem er einfach ging. Sobald meine Mutter zurück war, und ich mich beschwerte, dass ich eigentlich wegwollte und mein Bruder einfach abgehauen war, sagte sie, ich sollte aufhören, mich zu beschweren. Sie fügte hinzu, dass ich mich nicht so anstellen sollte, da ich ja jetzt gehen könnte, wo sie ja jetzt wieder da war. Doch das kam zu spät. Meine Freunde warteten schon die ganze Zeit auf mich. Und wer kommt schon gerne zu spät? Ich nicht! Denn genau das haben wir immer eingetrichtert bekommen, dass man pünktlich zu sein hat, und das sehe ich heute noch als positive Eigenschaft an mir, die ich mir immer bewahren konnte. Wenn ich mit meinem Bruder stritt, sagte sie immer, dass sie ihre Ruhe haben wollte, und wenn wir uns kloppen wollten, dann sollten wir nach draußen auf die Wiese gehen. In der Jugend war mein Bruder mir noch körperlich überlegen. Das änderte sich mit meinem achtzehnten Geburtstag und aus einem Hänfling wurde mehr und mehr ein stattlicher, sportlicher junger Mann.

Fitnessverrückt, wie ich zu der Zeit war, mit Anabolika aufgepumpt und in dem Alter, hätte es mein Bruder nicht mehr gewagt, mich anzufassen. Oftmals habe ich ihn sogar herausgefordert, aber er ging ums Verrecken nicht mit mir auf die Wiese, um sich mit mir zu prügeln. Allzu gerne hätte ich ihm das wiedergegeben, was er mir als Kind gab. Wobei ich sagen möchte, dass es in meiner Jugend nur eine wirkliche Schlägerei gab. Als Folge gab es eine Anzeige.

So waren es in der Kindheit vielleicht kleinere Raufereien und ich empfand mich als friedlichen Menschen, der sich, wenn, nur dann wehrte, wenn es sein musste, aber nie den ersten Schlag machte.

Es war auch eher so, dass ich immer der Kleine war, der als Kind Schläge von anderen Kindern einstecken musste und sich oft nicht wehrte oder wehren konnte. Das gehörte dann zur Vergangenheit und ich schloss die Schule mit einem stinknormalen Hauptschulabschluss ab. Mit meinen gerade einmal siebzehn Jahren durfte ich sogar das erste Mal alleine in den Urlaub. Im Urlaub musste ich mich dann noch um 22 Uhr melden, dass ich jetzt brav ins Bett gehen würde. Wie doof sind die eigentlich zu Hause? Ich bin siebzehn Jahre alt, alleine im Urlaub und gehe früh ins Bett? Natürlich habe ich mich um 22 Uhr gemeldet, aber glaubt ihr, dass ich dann um 22 Uhr im Bett war? Im Leben nicht. Auf die Entfernung hat der Einfluss mal nicht funktioniert, und ich habe mich dort richtig ausgetobt. Ich durfte vorher schon nie länger als 22 Uhr wegbleiben. Andere in dem Alter hatten schon mehr Freiheiten als ich. Da war es für mich klar, dass ich es ausnutzte, zumal bald meine Lehrzeit anfangen sollte und somit der Ernst des Lebens beginnen würde. Langsam reifte ich dann auch mehr und mehr zu einem jungen Mann.

Der junge Mann

Meine Eltern haben immer versucht, mich bei meiner Berufswahl zu beeinflussen. Ich sollte Automechaniker werden, zumal das auch gut für das Geschäft gewesen wäre. Woher hatten die das? Weil ich als Kind mit dem Großvater zusammen an den Autos geschraubt habe oder die Autos gewaschen habe, um mir Geld zu verdienen?

Doch wie kamen die darauf, dass mir das gefallen könnte? Haben die denn nicht gemerkt, dass ich es nur tat, weil ich es oft tun musste. Das ich so versucht habe, Anerkennung zu bekommen. Ich wurde für meine Arbeit zwar bezahlt, hatte aber nie wirklich die freie Wahl, diese Arbeit abzulehnen. Die Konsequenzen kannte ich ja gut genug. Doch als junger Mann versuchte ich mich immer mehr zu wehren, so wie ich es als Kind auch schon versuchte. Ich erreichte mein Ziel und somit wurde nichts aus der Ausbildung zum Kfz-Mechaniker, wie es früher noch hieß. Ich konnte mich erfolgreich dagegen wehren Kfz-Mechaniker zu werden und es kam dennoch anders, als ich dachte. Zwischenzeitlich hatte meine Mutter den Einfall gehabt, zusätzlich noch ein Café zu eröffnen, neben dem Unternehmen, das sie eh schon hatte. Ey super, haben die sich wohl gedacht. Dann kann der doch Bäcker werden. Wenn er nicht an Autos rumschrauben will, kann er ja im Café helfen.

Am Anfang fand ich das noch witzig, muss ich zugeben, aber als ich eine Lehrstelle fand als Bäcker und um 2 Uhr nachts aufstehen musste, fand ich das nicht mehr so witzig. Es dauerte auch nur ein paar Tage und das Lehrverhältnis wurde von beiden Seiten aufgelöst – der Bäcker machte dann auch noch am Jahresende Pleite –, was für ein Glück!

Doch wie sollte es jetzt weitergehen? Das passte ja auch wieder zu mir. Erste Ausbildung ging in die Hose. Irgendwie meinte meine Mutter, ich sollte doch Gas- und Wasserinstallateur lernen und auch das fand ich im ersten Moment witzig und auch ein wenig interessant. Ich fand binnen weniger Tage durch meine Mutter eine Lehrstelle im Ort. Lehrjahre sind keine Herrenjahre, und das musste ich dann auch erstmals erfahren, denn den Spruch hatte ich früher nicht wirklich ernst genommen. Mir machte das Arbeiten auf Dächern und das Anbringen von Dachrinnen Spaß und Höhenangst hatte ich nicht, trotz meines Fluges von der Café-Terrasse als Kind.

Endlich achtzehn Jahre alt und kein bisschen vernünftiger.

Von daher war es auch kein Wunder, dass ich mit einem Kumpel in ein Autohaus eingestiegen bin, um Alufelgen für mein Auto zu klauen. Mein achtzehnter Geburtstag war kein großes Ereignis, außer den Annehmlichkeiten, die die Volljährigkeit mit sich bringt. Es gab keine Riesenfete, aber die Hauptsache war ja auch, dass ich jetzt Auto fahren und frei sein konnte. Da sieht man mal, dass einiges bei mir anders war als bei anderen Jugendlichen. Keine große Fete, keine Freunde und feiern gab es bei uns eh nicht. Bei uns gab es nur arbeiten. Endlich mit achtzehn kann ich fahren, wann und wohin ich will. Erst fuhr ich einen Ford Capri, mein erster, den ich nach der Wende in den Osten verkaufte. Das Geld habe ich nie gesehen.

Ich wurde voll übers Ohr gehauen. Dann gab es einen postgelben Opel, einen Scirocco und dann noch einen Polo. Es waren noch einige Autos mehr und mit jeden Auto hatte ich unvergessliche Erlebnisse, die hier den Rahmen sprengen würden und alle Autos waren natürlich immer tiefer, härter und breiter, wie das in dem Alter halt so ist.

Es war ein tolles Gefühl, frei zu sein, außer ich fuhr zur Arbeit und sah den ganzen Tag mein Auto da rumstehen. Das passte mir überhaupt nicht, denn am liebsten wäre ich nur rumgefahren. In der mütterlichen Firma durfte ich erst mit einundzwanzig Jahren offiziell mitfahren, und bis dahin war es ja noch eine Weile.

Die neue Ausbildung mit Schweißen und Löten machte mir in der Praxis schon ein wenig Spaß. In der Lehre zum Gas- und Wasserinstallateur, in der ich mich befand, hörte der Spaß auf, als ich in die Scheiße packen musste bei verstopften Toiletten. Die Schule machte mir mit der Zeit auch mehr und mehr Schwierigkeiten, und ich kam kaum noch mit. Das technische Zeichnen und die Mathematik waren ein Graus für mich und so kam, was kommen musste. Ich fuhr die Lehre vor die Wand und das sechs Monate vor dem Abschluss.

Warum? Für mich ergab das keinen Sinn mehr, und ich sah den Beruf nicht als die Erfüllung an. Zumal mit dem Zwischenzeugnis von sechs Fünfen einer Sechs und einer Vier hätte ich das eh nicht gepackt. Doch was nun? Ich war gerade zwanzig und stand ohne Ausbildung da und eine neue wollte ich auch nicht anfangen. Da kam mir die Annonce eines Paketzustellers gerade recht. Endlich was mit großen Autos fahren! Vergesst nicht, „ich will Lkw-Fahrer werden"!

Ich bekam den Job und durfte jetzt einen Transporter fahren und später sogar noch einen Fünfeinhalb-Tonnen-Lkw. Ich fand das total super, auch wenn es sehr anstrengend war. Bis zu neunzig Kunden über den Tag verteilt, mit bis zu 30 kg je Paket die Treppen rauf und runter zu laufen.

Dafür verdiente ich mehr Geld als alle anderen, die noch in der Lehre steckten. In dieser Zeit lernte ich Barbara kennen. Es machte sofort Bum in mir und genau die wollte ich haben und keine andere. Bis dato hatte ich immer mal ein Mädchen an meiner Hand, aber es war nichts Wildes, womit es sich gelohnt hätte, eine Zukunft aufzubauen. Das Mädel aus dem Münsterland hatte mir echt den Kopf verdreht, und es sollte meine erste lange Beziehung werden.

Sie war eine Mischung aus Bo Derek und Sybille Rauch, dazu diese tolle Figur. Blonde lockige lange Haare und in meinen Armen fühlte sie sich einfach supergut an. Wir waren gerade knapp zwei Monate zusammen, als ich auf dem Weg zu ihr einen Unfall baute. Kurz vor ihrem Zuhause, es war noch auf der Autobahn, setzte ich meinen Wagen in die Leitplanken.

Jetzt hatte ich echt ein Problem und dazu kein Auto mehr. Was würde aus ihr und mir werden? Ich sah auch nicht die Möglichkeit, schnell wieder an ein Auto zu kommen. Kurzerhand fragte ich sie, ob sie nicht zu mir ziehen wolle, denn sonst wäre es wohl aus mit uns. Sie willigte ein und dann ging es sehr schnell. Ich hatte ja meine Wohnung schon mit fünfzehn Jahren im Haus meiner Mutter bekommen, und es war genug Platz für uns beide. Es war einfach wie geschaffen für uns. Frisch verliebt, Anfang zwanzig und schon zusammen in die eigene Wohnung. Barbara fuhr dann jeden Tag eine Stunde zur Arbeit und eine Stunde zurück! Nach ein paar Monaten hat sie den Job aufgegeben. Es wurde ihr einfach zu anstrengend. Meine Mutter machte ihr das Angebot, für sie zu arbeiten. Barbara willigte sofort ein und machte eine kurze Ausbildung.

Für den neuen Job bei meiner Mutter war das notwendig und sie fing ziemlich zügig an, für den mütterlichen Betrieb zu arbeiten. Ich stand kurz vor meinem einundzwanzigsten Geburtstag und auch ich sollte bald die Zugangsberechtigung bekommen, um für meine Mutter arbeiten zu können. Barbaras Bruder war Lkw-Fahrer, und ich hatte einmal die Möglichkeit, mit ihm eine Woche mitzufahren.

Ein Traum ging in Erfüllung, und ich durfte auch mal in Lübeck auf dem Hof einer Riesenfirma den Lkw rangieren. Es klappte auf Anhieb, als wäre ich dafür geboren. Darauf sprach ich einmal mit seinem Chef und der sagte mir, wenn ich den Lkw-Führerschein hätte, dann könnte ich für ihn arbeiten. Zwischenzeitlich wechselte ich vom Paketfahrer zu einem namhaften Versandkaufhaus und fuhr in ganz NRW Küchengeräte aus inkl. Montage. Das war auch nicht die Erfüllung, obwohl der Verdienst ganz gut war. Doch ich war noch nicht ganz einundzwanzig und mein Traum vom Lkw-Fahren noch ein Stück weit entfernt. So dauerte es dann nicht lange und ich setzte meinen Willen durch und machte meinen Lkw-Führerschein binnen sechs Wochen und all das kurz vor dem einundzwanzigsten Lebensjahr.

Die Zeit verging und ich begann bei meiner Mutter neben der Paketzustellung an den Wochenenden zusätzlich in den Nachtstunden zu arbeiten. Daran möchte ich euch auch teilhaben lassen. Welche spannenden Geschichten es noch zu erzählen gibt, wird man lesen, doch eins nach dem anderen. Mit dem Lkw-Führerschein in der Tasche ging ich wieder zu dem Chef von Barbaras Bruder. Doch auf einmal wollte er mich nicht mehr und schickte mich mit den Worten nach Hause, „du kannst wieder kommen, wenn du Erfahrung hast."

Was war das ein Schlag ins Gesicht, und ich war doch so gut im Umgang mit dem Sattelzug. Ich versuchte es weiter bei anderen Firmen und überall hörte ich das Gleiche. Die spinnen doch, dachte ich. Wie soll das gehen? Wie soll ich denn Erfahrung sammeln, wenn mir keiner die Chance gibt? Irgendwann bin ich dreißig, kann nix vorweisen und dann nimmt mich doch auch keiner! Wieder so ein bescheuertes Karussell des Lebens. Ein Rad, was sich unaufhörlich weiterdreht, wenn man nichts dagegen unternimmt. Bei jedem Vorstellungsgespräch hörte ich, dass ich mit einundzwanzig zu wenig Erfahrung hätte, als dass man mir einen zweihundertfünfzigtausend D-Mark teuren Lkw geben würde. Keiner nahm mich wirklich ernst und meine Bettelei nützte nichts.

Fangen sie mit einem kleinen Lkw an und fahren damit ein paar Jahre. So was hörte ich immer wieder. Nein, das ist nicht das, was ich will. Nach drei Monaten fand ich dann endlich eine große Spedition im Münsterland. Ich sollte zur Probe bei einem anderen Fahrer mitfahren, der mich dann beurteilen sollte. Es ging los auf einem sogenannten „Titten Silo". Ja, so nannte man den Lkw umgangssprachlich. Einen Lkw, der Zement transportierte. Diesen Lkw nannte man so, weil die Entladung unter dem Lkw stattfand.

Der Trichter des Lkw war kegelförmig, an dem der Zement mittels Druckluft entladen wurde. Ich verstand mich mit dem anderen Fahrer ganz gut und nach drei Wochen gab er dem Disponenten das Okay, dass ich tauglich wäre. Ich bekam meinen eigenen Lkw. Schlussendlich wurde es ein Lkw mit Tiefkühlsattelanhänger und kein Zementsilo. Es war so, wie ich es mir immer vorgestellt habe. Ich weiß noch, als ich mit dem Lkw-Gespann bei uns in die Wohnsiedlung fuhr.

Eine Wohnsiedlung, wo normalerweise kein Lkw durchfährt.

Die Straßen waren recht eng und dennoch stand ich mit dem Riesending beim Großvater vor der Tür. Sein Haus lag direkt an der Straße und das Haus der Mutter so gesehen hinten im Garten. Als ich wieder loswollte, kam der Alte mit raus und wollte sich den Lkw ansehen. Einen 40-Tonnen-Lkw, der sein Haus fast verdeckte. Der Alte fuhr selber früher nur kleine Siebeneinhalb-Tonnen-Lkw, welche sogar in seine Garage passten. Wer noch einen Hanomag Henschel kennt oder einen Magirus

Deutz, der weiß, wovon ich rede, und welche Unterschiede das zu heute sind.

Großvater meinte, so wie ich zu ihm gefahren war, würde ich am Straßenende nicht um die Ecke kommen. Drehen ging also nicht und da ich es nie probiert hatte und versunischert war, beschloss ich halt die 300 Meter wieder rückwärtszufahren. Ich jonglierte den Laster zwischen den Fahrbahnteilern hindurch (verkehrsberuhigter Bereich). Er stand an der Straße und schaute es sich an. Den ganzen Weg blieb er stehen, bis ich um die Ecke rum war und weiterfuhr. Ich konnte seinen Stolz förmlich spüren. Schaut mal, wie es weiterging.

Ich war ein knappes Jahr bei der Firma im Münsterland und habe mich ziemlich schnell total verheizt gefühlt. Die vielen Stunden waren der Wahnsinn und so trennte ich mich am Ende von der Firma. So viele Stunden ohne Schlaf, das kann doch nicht sein. Immer mit einem Bein im Knast, sobald man den Schlüssel rumdrehte. Das sah bei den Filmen von „Auf Achse" aber immer anders aus und nicht wie die Realität, die mich schnell wieder auf den Boden der Tatsachen holte. Das Fahren als solches war super, und ich sah eine Menge von Europa, doch die Stunden waren quälend und die Einsamkeit auf so mancher langen Tour tat ihren Teil dazu.

Ich wechselte zu einem anderen Unternehmen, welches auch näher an meinem Zuhause war. Die Beziehung zu Barbara lief seit gut drei Jahren ohne große Sorgen, und sie arbeitete noch immer gerne bei meiner Mutter im Betrieb. Nachdem ich den Betrieb wechselte, bekam ich wieder einen tollen Lkw. Es war auch ein Familienbetrieb, genauso wie es bei meiner Mutter war. Es beflügelte mich, erneut eine ganze Zeit mit so einer geilen Kiste herumzufahren. Ich sah wieder eine Menge von Europa. Manchmal hatte ich auch Zeit, mir die Umgebung anzusehen, in der ich gerade war. An den Wochenenden war ich meistens zu Hause, und da versuchte ich mich, so gut es ging, vom wöchentlichen Stress zu erholen. Nebenbei fuhr ich noch immer für meine Mutter auf Nachtschicht oder kümmerte mich um die Reinigung der Fahrzeuge.

Ich kann heute nicht mehr genau sagen warum und was der Auslöser bei Barbara war, doch sie stellte mir irgendwann ein Ultimatum.

Es war die Aufforderung aufzuhören mit dem Lkw-Fahren. Was will die? Ist die bekloppt? Das hat doch die ganze Zeit gut funktioniert? Ich dachte, sie hätte kein Problem damit, aber anscheinend doch. Aufhören mit dem Lkw-Fahren? Jetzt wo ich meinen Traum, gerade mal höchstens zwei Jahre leben konnte!

Eine krasse Zeit begann, denn ich war hin- und hergerissen zwischen meinem Job aus Leidenschaft und Barbaras Drohung. Es schien mir, als hätten wir uns auseinandergelebt. Es begann, mich zu quälen. Quälen, weil ich mit dem Gedanken spielte, dann doch ihr zuliebe aufzuhören mit dem Lkw-Fahren. Was sollte ich tun? Ich bekam Angst, sie zu verlieren und kämpfte jeden Tag, dass es nicht passierte.

Es war mir nicht unbekannt, Angst zu haben oder etwas zu verlieren, und das war für mich immer sehr schmerzhaft. Nur wusste ich nie warum! Versteht man das?

Ich habe das nicht gelernt und keiner hat es mir beigebracht, damit umzugehen. Was nun? Ich musste mich schon bald entscheiden. Alleine sein? Nein, das ging nicht. In meinem Kopf flogen viele Dinge herum. Genauso wie ich mich fühlte, während mich meine Mutter als Kind oft alleine ließ. Wie ich oft nur mit Licht und offener Tür einschlafen konnte, wenn sie nicht da war. Wie ich zu oft zu meinen Großeltern musste, weil sie so viel arbeitete und kaum Zeit für mich hatte. Das waren alles unbehagliche Gefühle, die ich kannte, und die mir immer Schwierigkeiten bereiteten. Zu der Zeit wusste ich immer noch nicht, warum das so war. Damit meine ich nicht, dass mich jemand verlässt oder geht und weg ist, sondern warum ich damit nicht umgehen konnte. Niemand zeigte mir, was es bedeutet, loszulassen oder gar richtig um etwas zu trauern. Ich stand da wie ein Ochs vorm Berge. Es kam auch so, dass ich dann Barbara zuliebe mit Lkw-Fahren aufhörte. In Wirklichkeit war es wohl meine Verlustangst, die mich dazu brachte, so zu handeln und mich für sie zu entscheiden.

Für meine Familie war es ein gefundenes Fressen. Ich war wieder daheim und konnte somit für sie in Vollzeit arbeiten. Wir einigten uns auf eine 6-Tage-Woche – Samstag frei – und das nur auf Nachtschicht. Die Nachtarbeit war mir ganz angenehm, da ich in der Nacht lieber fuhr als am Tag. Es war weniger Verkehr, und ich hatte nicht viel mit bestimmten Fahrten und alten Omas zu tun.

Nach ein paar Monaten, Barbara war bei Nachbarn zu Gast, ging ich ihr einfach hinterher und schellte bei den Nachbarn.

Barbara saß dort mit einem anderen Kerl aus dem Dorf in sehr vertrauter Zweisamkeit. Ich fragte, was das sollte. Klar, waren etliche Streite in den letzten Wochen vorausgegangen, und viele Kleinigkeiten hatten sich angesammelt. Erst setzte sie mir die Pistole auf die Brust, damit ich aufhörte Lkw zu fahren und dann das!

Ein anderer Typ und fast in flagranti.

Musste ich das alles mit ansehen? Das so zu erfahren, dass sie sich anscheinend anders orientierte, war wie ein Schock! Ich werde nie sein Gesicht vergessen, seine Augen, die einen triumphalen Sieg zeigten. Seine Art zeigte mir, dass ich gerade völlig fehl am Platz war. Das Gefühl, dass sie wollten, dass ich verschwinde, riss mir das Herz raus. Ein Gefühl, welches ich kannte, mit dem ich aber immer noch nicht umzugehen wusste.

Nach ein paar Tagen zog sie aus und das tat verdammt weh. Ob sie erst zu ihrem neuen Typen oder in ihre eigene Wohnung zog, kann ich heute nicht mehr genau sagen. Ich war eine lange Zeit total neben der Spur. Warum? Sollte ich schon zu viele solcher Situationen erlebt haben?

Da war die Kindheit, die Französin, das andere Mädel wegen der ich schon mal von der Brücke springen wollte, weil ich nicht ertrug, dass sie mich nicht mehr wollte. Zu viele Mädchen und Frauen in der Kindheit und Jugend, wo etwas Ähnliches ablief. Erlebt so was nicht jedes Kind mal? Auf jeden Fall war Barbara weg und jedes Mal, wenn ich ihren neuen Typen im Dorf sah, gab es verachtende Blicke.

Diese Blicke hätten auf beiden Seiten töten können.

Jeden Tag, Woche für Woche Schmerzen, die ich nicht verstand und mit denen ich schon gar nicht umgehen konnte. Das erlebte ich schon so viele Tage in meinem Leben.

Plötzlich nach ein paar Wochen rief mich Barbara an. Sie war total aufgelöst und am Weinen. Sie fragte mich, ob sie vorbeikommen könnte. Mein Herz schlug höher und gutherzig, wie ich dennoch war, sagte ich: „Okay, dann komm herum, aber versteck dein Auto." Ich hatte keinen Bock auf den Stress mit ihrem neuen Typen. Gesagt, getan und ein paar Minuten später stand sie vor meiner Tür. Barbara fing sofort an, mir ihr Leid zu klagen. Geduldig versuchte ich, ihr zuzuhören und in dem Moment, wusste ich schon, dass ich diese Frau nicht wieder zurückwollte. Die Schmerzen über den Verlust, saßen zu tief und meine Angst noch einmal verlassen zu werden, war einfach zu groß. Nein, das wollte ich nicht noch einmal erleben.

Während sie redete und redete, schaute ich sie an und dachte mir: ‚Scheiße, wie hübsch sie doch immer noch ist.' Ich merkte, wie ich über meine Gedanken die Kontrolle verlor, und mein Verstand in die Hose rutschte. Ich hatte nur noch ein Ziel. Ich wollte sie mit aller Macht rumkriegen, mit ihr ins Bett und sie nach allen Regeln der Kunst verführen. Ich wollte es ihr einfach nur besorgen und sie dann fallen lassen.

Kalt und brutal genauso wie sie mir wehgetan hatte, sah ich nur noch die Rache und meine körperliche Befriedigung. Ich brauchte die Rache für die Schmach, für die endlos vielen Versuche, in denen ich umsonst um sie gekämpft hatte und sie doch am Ende an den anderen Typen verlor.

Es sollte Rache sein für die Erniedrigung, die ich empfand, als sie damals die Blumen vor meiner Nase auf die Erde warf. Für die unzähligen schlaflosen Nächte. Mit den Bildern vor den Augen, wie die beiden bei unseren Nachbarn saßen.

Bilder in meinem Kopf, wie die beiden es miteinander treiben. Viele Bilder, die ich nicht ertragen konnte. Meine erste lange Beziehung von knapp fünf Jahren verloren, obwohl ich für sie meinen Traumjob aufgab. Nie wieder werde ich für eine Frau aufhören, Lkw zu fahren.

Jetzt bin ich nur noch Fahrer in dem Betrieb meiner Mutter und muss mir jeden Tag die Scheißfahrerei in diesem Dorf antun. Es drückte mich wieder in die Fänge meiner Familie. Mit allen verglichen zu werden, nichts ungesehen tun zu dürfen, immer mit Rücksicht auf einen potenziellen Kunden. Immer die Klappe halten und sich so viel wie möglich gefallen lassen. Was kotzte mich das an, und jetzt kam die blöde Kuh und heulte sich bei mir aus!

‚Nein Fräulein, jetzt bist du fällig', dachte ich mir und schnell schmiedete ich gedanklich meine Pläne, wie ich Macht über sie ausüben konnte. Ich wusste, dass Barbara meine Art mochte, sexuelle Leidenschaft auszuleben. Das war der Ansatz, wie ich sie kriegen konnte, und auch meinen inneren Reichsparteitag feiern würde.

Ich sah den Sieg über ihren Typen schon vor meinen Augen und im Gespräch hörte ich heraus, dass sie sich zerstritten hatten. Ich habe mit meinem Ex gevögelt. Kennt ihr das? Genau so eine Nummer sollte es werden und gesagt, getan. Der Zeitpunkt war gekommen.

Es war so weit, den Angriff auf meine Ex zu vollziehen. Sie saß vor mir, redete und redete immer noch über ihr Leben und ihre Beziehung zu dem Typen. Ich merkte, dass sie mir immer noch vertraute und störte sie nicht beim Erzählen. Das eine oder andere Mal gab ich ihr den verständnisvollen Mann, der ihr zu hörte. Nachdem sie sich bei mir ausgekotzt hatte, wollte sie gehen. Sie dankte mir artig, und ich begleitete sie noch zur Tür.

Barbara nahm mich kurz in den Arm und wollte mir Auf Wiedersehen sagen. Sie stand vor der Eingangstür mit der Hand am Türgriff. „Warte einen Moment", sagte ich zu ihr. Dann ging alles sehr schnell.

Ich drückte sie gegen die Tür und schaute ihr tief in die Augen, presste meine Lippen auf ihre und es war, als könnte sie sich dem nicht entziehen. Das war echt filmreif. Es ging so schnell, dass sie sich kaum wehren konnte. Meine rechte Hand ging sofort zwischen ihre Beine und mit der anderen Hand packte ich sie im Nacken, damit sie meinen Lippen nicht entwischen konnte.

Sie hat sich anfangs ein wenig gewehrt, und ich merkte, dass ich sie in meinen Fängen hatte, und nun mit ihr machen konnte, was ich wollte. Jetzt war sie gefangen im Sog der Leidenschaft. Unsere Körper rieben sich aneinander und es brannte die Luft.

In Stimmung gekommen zog ich sie zu mir hoch, und es war eine leidenschaftliche Knutscherei, die in dem Moment entstand. Der Akt begann, und innerlich wuchs in mir der Triumph. Der Triumph, diese Frau rumbekommen zu haben und über dieses Arschloch von Typen, den ich eh nie leiden konnte, gesiegt zu haben. Ich spürte ihre Hände an meinem Hintern und wie sich die Nägel in meine Haut drückten. Sie genoss es förmlich, wenn ich sie küsste und wir trieben es wild und hemmungslos.

Dabei packte ich sie fest im Nacken oder zog an ihren langen blonden Haaren, um meine Dominanz endgültig auszuspielen.

Es war eine echt geile Nummer, und ob sie etwas davon hatte, war mir scheißegal. Hauptsache ich hatte meinen Spaß und den

Triumph in der Tasche. Als sie wortlos ging, wusste ich, dass ich diese Frau nie mehr hätte haben wollen. Das, was ich mit ihr gemacht habe, kann jeder andere auch und so eine wollte ich nicht. Ich wollte eine, ganz alleine für mich, und nicht eine, die sich an die Wand drücken lässt, obwohl die Beziehung beendet war.

Etliche Wochen hatte ich um sie gekämpft, Tränen gelassen und mich vor dem ganzen Dorf zum Affen gemacht.

Auch wenn es immer noch wehtat, sie verloren zu haben, war mir klar, warum ich sie nicht hätte zurückhaben wollen. Was soll ich mit so einer Frau, die so leicht zu bekommen ist und sich beim ersten Stress mit ihrem Typen von mir weichkochen lässt. Sex mit dem Ex und dann zurück? Nein, das ist nicht meine Moral und so eine Frau will ich nicht. Ich habe sie von da an auch nicht mehr groß gesehen. Sie trennte sich von dem Typen und schon bald war sie fortgezogen, weg von dem Typen, den sie schon innerhalb von ein paar Monaten mit mir betrogen hatte.

Ungewollt wurde ich durch sie zum Single und stand jetzt sogar noch ohne meinen Traumjob da. Zudem war ich wieder in die Fänge des Familienunternehmens geraten. Ein Unternehmen, welches aus einem Kellerbüro gesteuert wird und der ein oder andere nicht gerade viel Tageslicht in diesem heiß geliebten Raum sieht. Oh nein, was wird nun aus mir, dachte ich? Ist es das jetzt gewesen mit dem Lkw-Fahren?

Hallo Taxi?

Auf Nachtschicht Taxi zu fahren ist nicht ganz ohne, auch in einem Dorf nicht. Ich glaube, es gibt sogar schon Bücher, über oder von Taxifahrern, und ihr könnt mir glauben, die Geschichten sind echt.

Ich bin jetzt selber einer und habe so das eine oder andere erlebt und weiß sehr gut, was in der Branche abgeht. Ich habe Prügeleien erlebt und war auch mittendrin. Es war immer Alkohol im Spiel. Fahrgäste, die mich ständig provozierten. Sie provozierten mich, weil ich eine Zeit lang mal ausgesehen hab' wie ein Bodybuilder. Meinen Bart gefärbt und Kopftuch auf, fitnessverrückt und mit einigen Mitteln noch nachgeholfen. Und schon hatte ich mich extrem verändert. Ich bot allen eine neue Angriffsmöglichkeit. Erst die Spritze in die Pobacken und dann ab auf die Hantelbank. Mein Äußeres war dadurch so provokant, dass sich ständig irgendwelche Typen mit mir messen wollten. Sie behandelten mich abfällig, respektlos und waren bissiger als manche Stute. Krasse Nächte waren dabei, wo Fahrgäste versucht haben, um Geld zu feilschen.

Sie versuchten, mich zu testen, ab wann ich ausflippe oder sie wollten von Anfang an demonstrieren, wer der Stärkere ist. Ständig wurde ich herausgefordert oder beleidigt, oder man sagte mir, sie würden sich beim Chef beschweren, wenn denen etwas nicht passte.

Da gab es unter anderem die Aussage: „Wir werden uns bei deinem Bruder beschweren." Wie bitte, dachte ich? Seit wann ist er der Chef? Das war meines Wissens nach immer noch jemand anderes! Er hatte sich mit seiner arroganten Art den Status des Chefs schon erarbeitet. Es gab kaum eine Nacht, in der ich nicht merkte, dass mich kaum jemand wahrnahm.

Manche dachten wohl auch, ich bin der Blöde vom Dienst, der Untergebene, und der Bruder sitzt auf dem Thron im Büro. Wenn ich das immer hörte, wenn er sprach. Meine Sachen, mein und nochmals mein. Immer nur mein. Ich dachte immer, es heißt „WIR"? Es gab für ihn kein Wir, es gab nur ein Mein, und oft fühlte es sich so an, als hätten alle anderen nichts zu sagen. Manchmal, wenn der wirkliche Chef nicht da war, hörte man diese Sätze immer öfter und die eigene Wertigkeit sank in den Keller.

Ich fühlte mich langsam wie das schwarze Schaf der Familie. Wenn mich jemand fragte, wer ich war und ich sagte der jüngste Sohn der Firma, sah ich oft verwunderte Augen. Die Kunden antworteten damit, dass sie nur einen kannten und dem sollte das doch mal alles gehören. Was? Dem sollte das mal gehören? Wie kamen die Menschen auf so etwas, das reimen die sich doch nicht einfach zusammen. Zumal es mich da auch schon 23 Jahre lang gab.

Ich sagte dann immer, ich würde nur in der Nacht fahren und wenn mich einer nicht kannte, machte ich mir einen Spaß daraus, zu bestätigen und zu sagen: „Guten Abend, ich bin das schwarze Schaf der Familie und darf nur in der Nacht fahren." Man nahm mich natürlich nicht ernst, und für mich war es auch schon lange kein Spaß mehr, denn das, was ich täglich erfuhr, fühlte sich genau so an.

Das Schlimme ist, ich habe es mit mir machen lassen.

Meine Leistungen haben die Kunden nie wirklich gesehen oder geschweige denn die eigene Familie. Es war ja normal zu 150 % zu funktionieren, und da gab es kein „das hast du toll gemacht" oder „ich bin froh, dich zu haben". Es gab wohl ein „Danke", aber mit dem hätte man sich auch den Arsch ausputzen können, so emotionslos kam es herüber.

Es nervte, mich von den Kunden unbeabsichtigt degradieren zu lassen, und andere sollten die Lorbeeren einsammeln. Hatte denn mal einer von den Kunden gefragt, wer was in dem Betrieb leistete?

Die Wahrheit war eine andere, nämlich was wirklich in der Firma abging!

Als meine Mutter wieder neu heiratete, einen großen Zweimetermann, mit dickem Bauch, mit einem Silberblick, legte der Typ sich zu Großvaters Zeiten noch richtig ins Zeug und malochte, wo er nur konnte. Richtig Respekt hatte ich nur am Anfang vor ihm und als der Alte starb, ging es mehr und mehr bergab mit dem schielenden Zweimetermann und seinem dicken Bauch. Der Alkohol, den er sehr mochte, machte obendrein alles kaputt zwischen ihm und mir.

Er buhlte auch um Anerkennung, weil es nicht seine Firma war, sondern die seiner Frau. Er stand neben ihr und im Grunde genommen, doch das weiß ich erst heute, hatte er teilweise das gleiche Problem wie ich.

Er musste sich überall profilieren, und wie oft habe ich mich für ihn geschämt, wenn ich ihn aus irgendeiner Kneipe besoffen rausholte. Der große Herr, armselig betrunken am Tresen stehend und nur Scheiße redend, dass es einem peinlich wurde. Krass, echt der Hammer. Ich konnte früher als Kind nichts unbeobachtet tun, ohne was auf den Deckel zu bekommen. Immer musste ich mich korrekt verhalten, denn jeder aber auch wirklich jeder im Dorf könnte ein Kunde sein. Mein Kind, bitte falle nicht auf! Du darfst kein Kind sein und Mist bauen, denn die Leute zeigen auf uns, und wir sind die Kunden los. Doch der Zweimetermann, von der großen Chefin aus dem Unternehmen, blamierte einen bis aufs Messer, indem er im Suff Sprüche raushaute und das vor anderen Leuten, für die ich selber fast im Boden versunken wäre.

Mit der Frau an seiner Seite, dachte er sich, dass er jetzt etwas Besonderes wäre und so benahm er sich auch oft. Nicht was jetzt nur das Geld anging, sondern so eine Machoart. Hier bin ich und ihr seid nichts. Er baute Jahr um Jahr mehr ab und erniedrigte die Mutter jedes Mal im Suff und suchte Streit, um ihr das Leben schwer oder madigzumachen. Ein Hobby? Nein, so was kannte seine Frau nicht. Da würde der abdrehen mit seiner Eifersucht und seiner Missgunst, aber Hauptsache er konnte seinen Sportarten nachgehen. Seine Sportarten empfand ich immer als ziemlich teuer und seine Ausrüstungen waren natürlich immer vom Feinsten. Wie würde es auch aussehen, wenn der Chef von der Firma sich nicht auf die gleiche Stufe stellen könnte wie ein Bankier oder Gemeinderatsmitglied?

Ach ja, bevor ich es vergesse, bin ich ja noch eine Antwort schuldig. Die Wahrheit. Nachdem der Zweimetermann mental abgebaut hatte und mein Bruder sich eh zu fein war, sich die Finger dreckig zu machen und ich ja nicht mehr Lkw fuhr, habe ich dann das eine oder andere an Arbeit übernommen. Zusätzlich versteht sich!

Kein Kunde hat gesehen, wer die Autos gewaschen hat, kein Kunde hat gesehen, wer Ölwechsel oder Bremsbelagwechsel gemacht hat. So was habe ich manchmal in der Nacht nebenbei gemacht, neben dem Taxifahren. Wenn nix los war, bin ich in die Garage und habe irgendetwas gemacht, um mich wachzuhalten. Bei uns ist in der Nacht im Dorf nicht viel los. In der Zeit von 2 bis 6 Uhr, fuhr ich in der Woche sogar ganz alleine und konnte froh sein, wenn noch zwei Anrufe kamen in der Nacht.

Meistens bin ich morgens um 6 Uhr ins Bett und musste oftmals zwischen 8 bis 9 Uhr wieder aufstehen, weil eine eilige Kurierfahrt war und sich kaum einer so gut auskannte in Deutschland wie ich.

Fahr mal eben zur Insel Rügen oder nach Wangerooge, Frankfurt, Mainz, Bad Säckingen und sogar in Linz bin ich mal gewesen.

Warum habe ich immer ja gesagt? Das frage ich mich heute auch. Ich wollte keinen im Stich lassen und mir nicht etwas Schlechtes nachsagen lassen. Die dann aufkeimende schlechte Laune von der Chefin zu spüren bekommen, wenn man nicht tat, was sie verlangte. Es gab selten einen anderen als mich, der dazu in der Lage war, mit wenig Schlaf auszukommen und nonstop zu arbeiten.

Die anderen Mitarbeiter brauchten in der Regel Stunden länger als ich, um von A nach B zu kommen. Sie waren nicht in der Lage, einen Straßenatlas zu lesen oder versuchten Zeit zu schinden, um mehr Stundenlohn rauszubekommen.

Ich tat es einfach, und manchmal gönnte ich mir auch den Luxus zu maulen. Doch das wurde gleich im Keim erstickt, und bevor es Konsequenzen gab, die ich nicht wollte, habe ich es dann doch gemacht und den Stress über mich ergehen lassen.

Es ist mehr als einmal passiert, dass ich ein Auto gewaschen habe und mein Bruder nahm genau das Auto, obwohl er ein anderes hätte nehmen können, und ich durfte dann wieder mit dem dreckigen durch die Gegend fahren. Manchmal wusch ich das Auto ein zweites Mal, damit auch ich mit einem sauberen

Fahrzeug fahren konnte. Immer von Hand versteht sich, denn unsere Fahrzeuge werden nur im Winter und in Ausnahmefällen in der Waschstraße gewaschen.

Was auch noch der Wahrheit entsprach, ist die Tatsache, dass ich mich als Einziger der Unternehmerfamilie, wie sie sich schimpfte, jederzeit am Bahnhof auf die für solche Fahrzeuge ausgewiesenen Plätze stellte.

Seit ich lebe und mich erinnern kann, haben es die Chefin nicht, der Zweimetermann mit seinem dicken Bauch und mein Bruder erst recht nicht gemacht. Sie fuhren immer von zu Hause aus, und ich stand im Winter am Bahnhof und habe mir meinen Arsch abgefroren, wenn nix los war. Ich war auch derjenige, der sich nicht zu schade war, auch die ältesten Fahrzeuge der Firma zu fahren. Wobei ich sagen muss, dass ich es meiner Mutter echt gönne, aber dem Rest der Firma nicht, das beste und neuste Auto zu fahren.

Ich fuhr sogar manchmal in der Nacht die Geschäftsstraße im Dorf auf und ab, weil es auch keine Polizei gab, und ich habe oft genug angerufen, wenn etwas verdächtig war. Ich bin rausgefahren zu jeder Zeit, wenn ein Fahrer unterwegs irgendwo stand und einen Plattfuß hatte, um den Reifen zu wechseln. Von den Unfällen ganz zu schweigen, die diese Superfahrer mit den größten Mundwerken so machten, wo man nur mit dem Kopf schütteln konnte.

Also, ich denke mal, mich so weit aus dem Fenster lehnen zu können, dass noch keiner von der gesamten Familie einen selbst verschuldeten Unfall mit einem Taxi gebaut hat. Doch was Fahrer so anstellen können, die nur halb so viel Stunden machen wie die Familie und auf dem Taxi sitzen, da fällt einem nichts mehr zu ein. Hier eine Macke, dort eine Macke, hier ein Schaden, dort ein Schaden. Unglaublich und nie ist es hinterher einer gewesen, auch wenn die Beweise offensichtlich waren. Tausende von D-Mark und Euro sind so schon verschwendet worden. Ja, das ist Taxifahren, und wollen wir mal nicht die Überfälle vergessen, mit denen wir immer rechnen müssen.

Ich habe als Kind mitbekommen, wie die Polizei kam und meine Mutter aus dem Polizeibus stieg, weil sie kurz zuvor überfallen worden war, und man ihr das Taxi geklaut hatte. Mitsamt ihrer Einnahmen und das mit einem Messer unter dem Hals.

Von einem richtigen Überfall bin ich selber bisher verschont geblieben. Abgehauen ist mir auch nie einer, doch der Rest innerhalb der Firma war heftig genug für mich, wie ich ein paar Zeilen vorher schon beschrieben habe. Ich fühlte mich oft wie der letzte Dreck auf der Nachtschicht. Dazu wurde ich Mitwisser von sexuellem Missbrauch, wenn ein Fahrgast im Taxi seiner Frau zu nahekam und sie es nicht wollte. Menschen, die sich bei mir im Taxi gegenseitig genötigt haben. Häusliche Gewalt? Ja, das gehörte auch irgendwie dazu, denn einen von beiden habe ich anschließend gefahren. Entweder zum Frauenhaus oder zur Polizeiwache. Am schlimmsten war es immer mit anzusehen, wie sich die Menschen gegenseitig betrogen haben. Ehefrauen, die mich ficken wollten, wenn ich Feierabend hatte oder Männer, die ich von einer Straße abholte, in der sie gar nicht wohnten. Ich fuhr die Kerle aus dem Dorf in irgendein Puff, wo sie sich vergnügten, und am nächsten Tag schauten sie einen mit dem Arsch nicht mehr an. Was glaubt ihr, wie viele ich hätte verpfeifen können? Bei uns gibt es auch einen Kodex, der das verbietet. Genauso ist es auch verboten, sich einzumischen, wenn Eheleute hinten im Taxi streiten und der Mann der Frau eine Ohrfeige verpasst. Ich habe die Fahrgäste dann immer rausgeschmissen oder mit der Polizei gedroht, denn so was muss ich mir nicht antun. Wie viele Kerle habe ich nach Hause gefahren, die besoffen waren, und die Frauen blieben noch auf der Feier.

Diese Frauen haben dann mit anderen rumgemacht und rumgevögelt. Sie waren alle beide nicht besser, doch so ist das Leben, das ist auch eine Seite vom Taxifahren.

Mit Vollgas eine Schwangere zur Entbindung gebracht oder eine Frau, die ich mit ihrem Mann aus einer Kneipe holte, zusammen, die dann auf einmal blau anlief und ich sie rasend zum Krankenhaus brachte, während der Mann hinten drin Wiederbelebung machte. Diese beiden habe ich drei Tage später wieder besoffen durchs Dorf torkeln gesehen.

Frauen, die mich angebaggert haben und fragten, ob ich noch mit reinkommen wollte, oder wann ich denn Feierabend habe, und ob ich sie nicht noch besuchen wollte. In meiner Singlezeit war mir das wurscht, doch in einer Partnerschaft habe ich den Fehler einmal gemacht und dann nie wieder – davon erzähl ich noch. Auch das ist Taxi fahren.

Taxi fahren ist unter anderem auch, anderen Menschen zu helfen, und das kann schön und lustig sein. Dem gestrandeten Autofahrer Sprit bringen. Für die zahlenden Anhalter, die froh sind, in der Nacht nicht laufen zu müssen. Die Alten und Kranken, die wir von der Haustür bis zur Praxistür bringen, denen wir die Taschen tragen oder mit dem Rollstuhl schieben. Menschen, die sich dann hinterher bedanken und mit so viel Dankbarkeit, dass es einem fast zum Helden des Alltags macht. Kinder, die wir zu den Schulen bringen, bei denen es Spaß macht, zuzusehen, wie sie sich entwickeln und ihre kindliche Naivität noch besitzen. Einen Fahrgast zu retten, indem man ihn noch pünktlich zum Flughafen oder Bahnhof bringt.

Den alten Menschen, bei denen man schon eine Art Seelsorger spielt, weil ihnen sonst keiner mehr zuhört. Die Provision von dem Sex-Klub-Besitzer, wenn man ihnen Kunden brachte. Einmal bot mir einer an, die Provision abzuvögeln, und wisst ihr was? Ich habe es sogar gemacht.

Ewige Liebe?

„Sternchen", eine ewige Liebe? Bis jetzt anscheinend, denn noch keine konnte ihr bisher das Wasser reichen. Dennoch muss ich mich immer wieder fragen, ob es überhaupt fast 8 Jahre gehalten hätte, wenn ich jeden Tag zu Hause gewesen wäre. Nun lasst mich mal der Reihe nach erzählen, was passierte, warum es so weit nicht kam, und warum das Gefühl für sie heute noch da ist.

Ich war alleine, ein ganz normaler Single und hatte am Samstag immer frei. Meine Eltern kauften mir mein Traumtaxi – einen Kombi – wofür ich lange kämpfen musste. Damals hatte ich einen Fahrgast, mit dem ich an den Wochenenden schon mal auf die Piste gegangen bin. Den Namen der Diskothek weiß ich heute nicht mehr, doch ich kann mich noch ganz genau an diese Frau erinnern.

Ich habe das Bild noch vor Augen, als wäre es erst gestern gewesen. Sie war kleiner als ich, blond, etwas längere, gesträhnte Haare und eine geile, knackige Figur. Sie stand mitten auf der Tanzfläche und geizte nicht mit ihren Reizen. Der Anblick machte mich wahnsinnig. Ich wollte sie unbedingt kennenlernen, aber ob man es glaubt oder nicht, ich wäre viel zu unsicher und schüchtern gewesen, um sie anzusprechen. So eine Traumfrau und ich? Wie komme ich an die ran? Sie schien sich auch für mich zu interessieren und unsere Blicke trafen sich immer wieder. Wie Blitze schlug es in mir ein, wenn sie mich anschaute und ich bekam kaum noch Luft zum Atmen.

Meine Aufregung spürte ich sehr deutlich, und ich konnte meine Augen nicht mehr von ihr lassen.

Ich war schon mal in dieser Disco und hatte sie dort aber nicht gesehen. Warum? Das sollte ich noch erfahren.

Ein Wochenende davor hatte ich ein Mädchen dort getroffen, das sich auch für mich zu interessieren schien. Doch ich beachtete sie kaum noch. War das mein Fehler? Hätte ich mich lieber anders entscheiden sollen? Wäre mir dann etwas erspart geblieben? Das werde ich wohl nie erfahren! So kam, was kommen musste, und Kommissar Zufall half mir, die kleine Blonde doch noch näher kennenzulernen. Ich traf in der Disco zufällig eine Kollegin und wir schwatzten ein bisschen und ihr fiel auf, dass ich den Blick nicht von der Frau auf der Tanzfläche lassen konnte. Ich war irgendwie nicht bei mir. Ich fragte sie, ob sie die Frau auf der Tanzfläche kennen würde und dann sagte meine Kollegin auch noch ja! ‚Ach du Scheiße', dachte ich, ‚die kennt die auch noch? Wie geil ist das denn?' Sie sagte mir auch, wer sie war. Meine Kollegin kannte das Mädel von der Tanzfläche ganz gut. Diese heiße Braut von der Tanzfläche war Besitzerin eines Cafés, in dem meine Kollegin schon selber Gast war.

Meine Kollegin merkte, dass ich auf diese Frau stand. Auf einmal ging sie los, mitten auf die Tanzfläche und sprach die heiße Braut an. Als sie zurückkam, war ich ganz verdutzt über die Aktion und sie sagte mir, dass die Frau von der Tanzfläche wohl gleich mal rüberkommen wollte. Ich bekam Herzrasen. Was sollte ich sagen? Wenn die rüberkam, bekäme ich keinen Ton raus! Woran ich mich noch erinnern kann, ist, dass ich total aufgeregt war und mit Sicherheit irgendeinen Scheiß erzählt habe, als sie dann vor mir stand. Verdammt sah die gut aus! Eine Mischung aus Michelle, dieser Sängerin, und Christina Plate, der Schauspielerin.

Eine kleine Hammerfrau und die stand jetzt genau vor mir, stellte sich mit Namen vor und wir redeten ein wenig. Wir redeten fast die ganze Nacht über Gott und die Welt. Was für eine Nacht! Irgendwann wurde es Zeit zu gehen und wir gingen zusammen raus zu unseren Autos. Ich gab ihr noch einen Abschiedskuss auf die Wange und in dem Moment konnte ich sie das erste Mal riechen.

Sie hatte ein Parfüm drauf, was mich wahnsinnig machen konnte, und ich fragte sie, wann wir uns wieder sähen. Sie wusste es nicht genau wegen der Arbeit in ihrem Café und wir tauschten unsere Nummern aus. Ich sagte ihr, von woher ich komme und sie sagte verdutzt: „Wie bitte, du kommst aus diesem Dorf? Oh Mann, da habe ich meine Ausbildung gemacht und mein Ex-Mann wohnt da auch noch!" Sie belächelte ihre Aussage ein wenig gezwungen und so verschwanden wir getrennt in die Nacht.

Von da an ging mir diese Frau nicht mehr aus dem Kopf. Ich war total verdreht in meinen Gedanken und Gefühlen. Mich traf Amors Pfeil, und der traf so was von ins Schwarze, dass es schon nicht mehr schön war. Ich konnte kaum klar denken und meine Gedanken waren nur bei ihr. Den ganzen Sonntag wartete ich, dass sie sich meldete.

Ich hatte es mir so gewünscht. Am Abend, ich hatte wieder Nachtschicht und es war nicht viel los, saß ich im Büro, als mein Telefon ging. Es war die Frau, die ich am Abend zuvor kennengelernt hatte! Diese Hammerbraut rief mich an und fragte, ob ich Zeit hätte. Für die Frau würde ich mir einfach die Zeit nehmen und die Firma meiner Eltern wurde mir das erste Mal in meinem Leben scheißegal.

Die Hammerfrau hatte ihr Café frühzeitig geschlossen, da nicht viel Betrieb war, und so konnte sie sich mit mir spontan verabreden. Als sie bei mir ankam, traute ich meinen Augen wieder nicht.

Wahnsinn! Diese Frau verlangte mir alles ab und ihr Aussehen machte mich total verrückt. Wir redeten die halbe Nacht und irgendwann haben wir uns geküsst. Meine Fresse, hat das geknallt und wir rissen uns die Kleider vom Leib. Zum ersten Mal sah ich ihren Körper, der so was von perfekt war, dass es einem schon unheimlich werden konnte. Sie war von nun an mein „Sternchen". Diese Braut fühlte sich total super an, und sie war eine Frau, die auch drauf achtete, was sie drunter anhat. Geile Unterwäsche kann ich nur sagen, die mir an ihrem Körper noch den restlichen Verstand zu rauben drohte.

Die Chemie passte von Anfang an, meine Bedürfnisse wurden total befriedigt und so erlebten wir beide eine leidenschaftliche Nacht nach allen Regeln der Kunst. Ich war verliebt bis über beide Ohren und hätte sie am liebsten nicht mehr gehen lassen. Diese Frau hatte eine Tochter von einem Griechen aus meinem Dorf, den ich sogar flüchtig kannte. Ihre Tochter war knapp vier Jahre alt und diese wunderschöne Frau war selber fast vier Jahre älter wie ich. Ihre ehemalige Ausbildungsstelle im Dorf kannte ich sogar. Doch hatte ich diese Braut die ganzen Jahre nicht einmal im Dorf gesehen? Ich konnte es lange nicht glauben, dass ich so eine Traumfrau an meiner Seite hatte. Am darauffolgenden Tag, trafen wir uns mit ihrer Tochter in einem Einkaufszentrum und hatten einen superschönen Tag. Sternchen wohnte nach der Trennung von ihrem Ex-Mann, dem Griechen, wieder bei ihren Eltern. Das Café hatten sie damals wohl zusammen eröffnet. Von dem Tag im Einkaufszentrum an waren wir ein festes Paar. Ein Paar mit vielen Hindernissen, wie sich bald herausstellen sollte.

Wir trafen uns so oft wir konnten, unternahmen das ein oder andere zusammen und jedes Mal, wenn wir uns sahen, hatten wir Sex. Der war so was von heiß, dass ich selbst heute noch manchmal davon träume. Wunderbare Tage und Wochen vergingen und jeden Samstag, wenn ich freihatte, war ich in ihrem Café und schaute ihr beim Arbeiten zu, und irgendwann begann ich, ihr auch zu helfen. Daraus entwickelte sich mit der Zeit eine Zusatzarbeit, die mir einerseits Freude machte und mich andererseits in die totale Eifersucht trieb. Dadurch, dass ich ihr half, wo ich nur konnte, hatte ich letztendlich überhaupt keine Freizeit mehr. Sie war eine freundliche offene Frau, die auch reizen konnte, damit das Trinkgeld höher ausfiel. Die männlichen Gäste störte es überhaupt nicht, als sie mitbekamen, dass ich ihr neuer Freund war. Sie baggerten sie unaufhörlich weiter an und mein Sternchen machte das Spiel immer mit. Das gefiel mir überhaupt nicht. Mein Misstrauen wuchs von Tag zu Tag, und das spiegelte sich auch in der Beziehung zu ihr wider. Auf die Geschichte, warum sie das Café alleine führte, möchte ich mal nicht weiter eingehen, zumal ich die wirkliche Wahrheit bis heute nicht kenne. Was ich jedoch weiß, ist, dass ich an meinen freien Tagen mit in ihrem Café arbeitete, und manchmal sogar noch Sonntagfrüh den Frühschoppen für sie machte. Es war eine extreme acht Tage Woche, alles für die Liebe. Ein weiterer Vorteil dadurch war, dass sie mehr Zeit mit ihrer Tochter verbringen konnte. Wie oft bin ich in der Nacht für sie losgefahren und habe ihr Ware besorgt, weil sie zu wenig bestellt hatte.

Das habe ich manchmal sogar mit dem Taxi gemacht, um ihr zu helfen, mal eben 30 km Ware holen und 30 km wieder zurück.

Ich kann mich noch gut an unseren ersten Streit erinnern, als ich meinen damaligen Hund einschläfern lassen musste. Einen Golden Retriever der nierenkrank und Epileptiker war. Drei Tage habe ich Rotz und Wasser geheult, weil mein Hund nicht mehr da war. Andauernd rief ich sie an und sagte ihr, dass ich den Hund vermisste. Sie nahm mich nicht ernst und Unterstützung hatte ich auch keine von ihr, um die Trauer zu verarbeiten. Ich bin dann einen Nachmittag unangemeldet in das Café gekommen, und sie saß mit einer Freundin am Tisch und war leicht angetrunken. Ich weiß nicht mehr, über was ich mit ihr reden wollte, ich weiß nur, dass sie mir vor allen Leuten den Laufpass gab, weil ich sie nervte und ihr alles zu viel mit mir wurde. Ihre Art, mir das zu sagen, zog mir den Boden unter den Füßen weg, denn dieses Gesicht sah ich schon mal irgendwo. Es waren ihre Gesichtszüge und eine Art, die mich klein machten, so, als lächelt dir jemand falsch von oben herab ins Gesicht. Es fühlte sich wie eine Demütigung an, und ich war am Boden zerstört. Ich ging wortlos aus dem Café und eine leidvolle Woche sollte beginnen. So oft ich konnte, ging ich an die Orte, wo wir zusammen waren. Orte, wo wir uns kennenlernten, und an manchen Tagen stand ich in der Nacht unter ihrem Fenster, in der Hoffnung sie sehen zu können.

Meine große Liebe war nicht mehr sichtbar für mich. Wenn ich mich an den Orten aufhielt, an denen ich mich ihr sehr verbunden gefühlt hatte, war sie nicht sichtbar. In der gleichen Woche wollte meine Mutter mir einen neuen Hund schenken, doch ich konnte den Hund nicht annehmen.

Emotional war ich noch nicht bereit dazu und meine Trauer, wieder einmal von einer Frau verlassen worden zu sein, war noch viel größer als die Freude über einen neuen Hund.

Meine Mutter und selbst ihr Zweimetermann versuchten mir zu helfen, wo es ging, und er sagte: „Scheiß auf die Frau, die ist es nicht wert, andere Mütter haben auch schöne Töchter." Jeder weiß, wovon ich spreche. Alle wissen genau, dass solche Sprüche in dem Moment total abprallen. Das war eine der härtesten Wochen meines Lebens.

Es war an einem Sonntagabend und ich hatte wieder Nachtschicht, da klingelte mein Handy. „Sternchen" war dran und fragte, ob sie vorbeikommen dürfte. Ich stand mit dem Taxi am Schützenfest-Platz. Ich sagte ihr zu und fuhr sofort heim. Meinen Dienst konnte ich auch aus meiner Wohnung heraus machen, da alle Anschlüsse für die Taxizentrale auch in meiner Wohnung vorhanden waren. Mein Sternchen kam und dann stand sie wieder vor mir. Mein Herz fing an zu rasen und innerlich zitterte ich, wie bei einem Erdbeben der Stärke 10 auf der Richterskala. Was wollte sie von mir? Unnötige Erklärungen? Wollte sie zu mir zurück? Ich sah nur diese hübsche Frau, wie sie vor mir stand und mir versuchte zu erklären, was passiert war. Mein Sternchen schien mit mir und den anderen um uns herum total überfordert gewesen zu sein. Auch wenn ihre Erklärung das nicht ausgesagt hat, sah sie es als Kurzschlusshandlung an, mir den Laufpass zu geben. Es dauerte nicht lange und wir kamen uns wieder näher, wobei mir die Erklärungen ziemlich schnell egal wurden, und ich nur noch diesen Körper wollte.

Es war der pure Wahnsinn, mit ihr, ein Gefühl, als wollte man gleichzeitig einen Lottogewinn feiern und heulen, weil es so emotional ergreifend war. Ich habe so was bis heute auch noch nicht wieder erlebt. Damals war richtig Herzblut dabei, dachte ich zumindest. Auf jeden Fall hatte ich sie endlich wieder, und ich hätte Bäume ausreißen können vor Freude.

Eines Tages, ich half ihr wieder in dem Café aus, sah ich ihre Handtasche offen in der Küche liegen. Unübersehbar guckte ein Briefumschlag aus ihrer Handtasche. Ich konnte es mir nicht verkneifen, den Brief zu lesen, und ich bekam mal wieder recht. Sie log mich die ganze Zeit an. Wenn ich sie fragte, ob mit ihrem Café alles gut läuft, bekam ich immer zu hören, dass alles okay sei. Überhaupt nichts war in Ordnung, sie stand wohl vor der Pleite.

Ich legte den Brief zurück und sprach sie noch mehrere Male hinten herum darauf an, ob alles okay sei. Ich wollte sehen, ob sie ehrlich zu mir war. Sie versicherte mir weiterhin, dass alles in Ordnung wäre.

‚Ist die Frau blind, naiv oder nur doof', dachte ich mir immer wieder. ‚Warum kann ich ihr nicht vertrauen?' Warum vertraute sie sich mir nicht an? War ihre Scham so groß, und ich zu klein, dass sie zu mir gekommen wäre, um Halt zu suchen? Mein Sternchen, das auf der Tanzfläche nur tanzte, um zu reizen. Nein, das noch nicht einmal für mich, denn sie legte es immer darauf an, dass alle anderen das Wasser im Munde zusammenläuft. Nach dem Tanzen stellte mein Sternchen noch nicht mal klar, dass sie mit mir da war. Da wunderte mich das nicht, dass ich immer kurz vor der Explosion stand. Doch dass sie mir immer wieder ins Gesicht log, verletzte mich am meisten. Während wir bei mir am Küchentisch saßen, sprach ich sie wieder einmal darauf an, ob alles in Ordnung wäre, und sie sagte wieder ja. Da ging ich ohne zu zucken an ihre Handtasche, holte den Brief raus und warf ihr den auf den Tisch.

Ich fragte, ob das stimmt, was darin stand. Sie schaute mich an und sagte nein. Es war ein Nein, bei dem man genau merken konnte, dass sie die Situation nicht ernst nahm, geschweige denn überhaupt wahrnehmen wollte, was darin stand. Es war die Kündigung des Pachtvertrages. Sie war zahlungsunfähig! Unter dem Druck, den ich aufbaute, brach sie dann irgendwann zusammen und fing an zu weinen. Endlich ließ sie die Katze aus dem Sack. Dabei schob sie die meiste Schuld auf ihren Ex-Mann, den Griechen, der auch im gleichen Dorf wohnte wie wir. Ich war bitter enttäuscht. Diese Frau jetzt noch moralisch zu unterstützen fiel mir schwer. Ich war total hin- und hergerissen.

Meine eigenen Gefühle, die Verletzungen durch die Lügen, und dennoch kämpfte ich für sie. Ich unterstützte sie, wie ich nur konnte und stellte mich oft hinten an. In den nächsten Tagen überlegten wir, wie wir die Kuh vom Eis bekämen.

Doch sie (wir), hatte(n) den Kampf wohl schon verloren, denn die Karre saß zu tief im Dreck. Dann ging alles sehr schnell. Erst das Café weg, dann das Auto weg und, und, und. Sie zog dann ziemlich schnell mit ihrer Tochter zu mir. Mein Sternchen machte eine Fortbildung, damit sie wenigstens etwas Geld verdienen konnte, wenn sie für meine Mutter arbeiten würde. Zu dem Zeitpunkt waren wir gerade mal höchstens acht Monate zusammen. Ich empfand ziemlich viel für diese Frau, ihre Schwierigkeiten machten mir Kopfweh und dennoch stand ich weiterhin zu ihr.

In dem ganzen Chaos kam dann noch die Krönung. Mein Sternchen wurde schwanger! Ich würde Vater werden!
Mit damals sechsundzwanzig Jahren war es für mich der schönste Tag meines Lebens, als ich davon erfuhr, Vater zu werden. Für mich war es ein Kind der Liebe und der Leidenschaft. Oft nahm es mir die Sorgen um unsere gemeinsame Zukunft, als ich wusste, ich werde Vater. In dem Moment war mein Stolz oft größer als die Sorgen.
In der Zeit, habe ich immer drauf gewartet, dass der Moderator von „Nur die Liebe zählt" vor der Tür steht. Doch geheiratet haben wir nie. Drei Monate nachdem meine Tochter auf die Welt kam, starb mein Großvater. Er hat sie nicht einmal mehr zu Gesicht bekommen, weil er lange im Krankenhaus war und um sein Leben kämpfte.
Ein paar Jahre bevor er krank wurde, zettelte er noch einen riesigen Familienstreit an. So war es nicht verwunderlich, dass wir kaum Kontakt zu ihm hatten. Alter schützt vor Torheit nicht, passte in dem Fall perfekt. Durch die Art des Alten wurden mit einem Mal Zäune gezogen zwischen den beiden Häusern. Jeder pochte auf sein Recht. Er war zum Schluss nicht nur heroisch, sondern auch unfair.
Es gab nur noch ein zerstörtes Verhältnis zwischen ihm und dem Rest der Familie. Ich habe ihn geliebt, mehr als meinen Vater, der ja ohnehin nie für mich da war. Ich habe Großvater im Krankenhaus auch nicht besuchen dürfen, weil meine Mutter sagte, dass ich es mir nicht antun sollte. Er soll wohl laut Erzählungen sehr schlecht ausgesehen haben, und ich würde ihn wohl nicht wiedererkennen. Den Rat hatte ich befolgt und mir somit jede Möglichkeit auf Abschied genommen.
Und dann war er tot. Jede Möglichkeit auf Versöhnung war zerstört. Denkt weiter an meinen Satz: „Ich will Lkw-Fahrer werden." Wobei wir auch schon wieder beim Thema wären und sich die ewige Liebe auch dort wiederfindet. Was passiert wohl zwischen der „Kindsmutter", meinem sogenannten Sternchen, und mir. Ahnt man es? Nein, bestimmt wird es anders kommen als man denkt.

Sekt, Selters oder gar die grosse Liebe?

So langsam baute sich ein regelmäßiger Alltag auf. Sternchen war pleite und kümmerte sich um nichts mehr, was ihre Vergangenheit anging. Es fand sich immer wieder die ungeöffnete Post in der Schublade und jede Ansage von mir wurde gepflegt überhört. Zu der Zeit gab es noch kein Hartz IV, doch die Insolvenz war schon in aller Munde und wir beide fuhren Taxi. Sie fuhr am Vormittag und ich in der Nacht. Sternchen kam mit dem bisschen Geld, was ihr zur Verfügung stand, zurecht und am Nachmittag kümmerte sie sich um ihre Tochter und nicht zu vergessen, schwanger war sie ja auch. Miete musste sie nur sehr wenig bezahlen. Den Kühlschrank füllte sie. Alles, was mit den Kindern zu tun hatte, übernahm sie auch, den Rest übernahm dann ich. Eines Tages kam es wieder, dieses Gefühl. Dieses Gefühl vollgepackt mit der Sehnsucht nach Freiheit.

Etwas zu erleben, heute hier und morgen da. Mich packte mehr und mehr wieder das Fernweh, und ich hatte noch einige Kontakte zu anderen Fahrern aus der Zeit, als ich noch mit Barbara zusammen war. Unter den Bekannten war ein selbstständiger Typ aus dem Raum Hamburg, den ich mal auf einem Rastplatz in Berlin kennenlernte. Das war kurz nach der Wende. Ich rief ihn an. Mitten in der Nacht sagte ich ihm, dass ich Fernweh habe und darauf konterte er mal ganz locker und sagte zu mir: „Kauf dir einen Lkw und dann fährst du für mich."

Der Satz hatte gesessen. Wie soll ich das denn machen? Ich hatte keine Ausbildung und kein Geld für einen Lkw. Der spinnt dachte ich! Wie sich später herausstellen sollte, ließ mich der Gedanke an einen eigenen Lkw nicht mehr los.

Auf noch so mancher Nachtschicht, wenn nichts los war, bin ich mit dem Taxi zur Autobahn gefahren und habe mir die Lkw angesehen, die an mir vorbeifuhren. Genauso wie ich es als Kind schon getan hatte. Wie sollte ich das nur anstellen? Das würde doch nie klappen! Ich und ein eigener Lkw? Welch ein Traum es doch war, der meine eigene Vorstellung aus der Kindheit noch bei Weitem übertraf! Der Gedanke wuchs mehr und mehr, und ich versuchte, mit Sternchen darüber zu reden. Welche Vorteile und Nachteile hätte es für meine kleine Familie? Nachteile habe ich kaum wahrgenommen, denn ich wusste genau „Sekt oder Selters". Ich versuchte nur an den Sekt zu denken. Es war eine Menge Überzeugungsarbeit, die ich leisten musste, bis Sternchen einsah, dass sich damit mein Traum erfüllen würde. Auch wenn sie dann sehr oft alleine sein würde, akzeptierte sie es am Ende. Für diese „einzige" Unterstützung, dass sie mich ziehen ließ, dafür bin ich ihr heute noch dankbar. Nachdem das geklärt war, erzählte ich meinen Eltern davon, und ich sage euch, die haben mich ausgelacht und hielten mich für total bekloppt. Ich konnte das Gelächter und die Schmach nicht auf mir sitzen lassen. Kurzerhand meldete ich mich bei einer Fachschule im Westerwaldkreis an. Diese Schule bot auch Wochenendseminare an. Dort würde ich lernen, was ich benötigte, um bei der IHK die „Erlaubnis zum Führen eines Güterkraftverkehrsunternehmens" ablegen zu können. Es waren mehrere Wochenendblöcke, die ich absolvieren musste. Ich in die Schule? Lernen? Das ist doch schon mal in die Hose gegangen, und als ich die Unterlagen bekam, schlug ich die Hände über dem Kopf zusammen. Mir wurde es auf einmal ganz flau im Magen. Mein Ziel zu erreichen und der Traum von einem eigenen Lkw ließen mich dann doch zu ungeahnter Höchstleistung auflaufen.

Ich kotzte zwar manchmal ohne Ende, weil ich den Stoff nicht verstand, doch kämpfte ich immer weiter in Richtung Ziel. Es war alles darin, vom Versicherungsrecht, über Steuerrecht, Sozialrecht, Buchführung und noch vieles mehr. Alles Dinge, die mich noch nie interessiert haben, auch nicht bei meiner Mutter in der Firma, denn dafür war ja mein Bruder zuständig. Ich war der Malocher mit Herz und Verstand und mein Bruder mit Verstand und Krawatte. Fragt mich bitte nicht wie, aber ich habe die Prüfung bei der IHK erfolgreich abgelegt. Das hatte echt keiner geahnt, dass ich so was schaffen könnte, und ich habe ja gesagt, ihr werdet sehen, was ich kann. Zu Hause merkte man jetzt doch sehr schnell, dass ich es ernst meinte und ich versuchte mein Ziel weiterzuverfolgen. Doch woher die Kohle nehmen? Bei jeder Bank, zu der ich hinging, sagte man mir: „Besorgen Sie einen Auftraggeber, dann können wir weiterreden, und ein Konzept, wäre auch nicht schlecht." Okay, dachte ich mir. Doch was ist ein Konzept und wie geht das? Einen Auftraggeber hatte ich doch schon, aber es war eben nur ein Auftraggeber. Somit drohte sogar die Scheinselbstständigkeit. Ich rief alle möglichen Firmen an, ob sie mit mir arbeiten wollten. Doch dort hörte ich etwas ganz anderes als von der Bank. Jeder den ich anrief, sagte zu mir: „Besorgen Sie sich einen Lkw, dann sehen wir weiter." ‚Sind die doof', dachte ich? ‚Wie soll ich an einen Lkw kommen, wenn mir die Bank sagt, ich brauche Auftraggeber?' Ich brauchte dringend Geld, etwas Startkapital. Einen Auftraggeber hätte ich doch wenigstens und die anderen sollten nach und nach dazukommen. Über Wochen bearbeitete ich meine Mutter und meinen Bruder. Doch ich stieß immer wieder auf taube Ohren. Jetzt war ich schon so weit gekommen und ein offiziell Gelehrter, was die Transportbranche angeht und kam doch nicht weiter.

Als Startkapital hätte ich mindestens 50.000 Euro benötigt. Ich kam ums Verrecken nicht weiter. Die Zeit nutzte ich, um mir Lkw anzusehen und mit den Verkäufern zu reden.

Echt toll. Die nahmen mich auch nicht ernst und machten mir Angebote, die völlig überteuert waren und nicht tragbar.

Mercedes wollte ich nicht, zu teuer und Volvo machte ein Angebot, wo ich spucken musste. Dann nehmen wir halt einen Holländer Marke „DAF". Dieser Lkw hatte auch gleichzeitig die größte Fahrerkabine, meiner Ansicht nach. Der Verkäufer und der Händler waren superfreundlich und es war zudem auch ein kleiner Familienbetrieb. Sie sahen den Traum in meinen Augen und versuchten, mir zu helfen, wo es ging. Auf dem Papier stand der Lkw dann schnell fest. Doch sie wollten immer noch zur Sicherheit eine Anzahlung von 25 %. Den Preis für einen Sattelanhänger besorgte ich mir auch und die Firma wollte un-

bedingt genauso eine Anzahlung von mir. Ich wurde immer ungeduldiger.
Die Kaufverträge lagen quasi parat und ich hatte keine Kohle. So blieb mir nichts anderes übrig als noch mal meinen Bruder und meine Mutter zu fragen. Doch mal ganz ehrlich, das ist ein kleines Familienunternehmen und die haben auch nicht mal eben so viel Geld unter dem Kopfkissen liegen. So fuhr ich weiter Taxi. Doch ich gab noch nicht auf. Mit der Beziehung zu Sternchen lief es so weit ganz gut, und wir freuten uns gemeinsam auf unser Kind. Schon bald erfuhren wir, dass es ein Mädchen werden würde. Ach du Scheiße, dachte ich, denn lieber wäre mir ein Junge gewesen. Ihre Tochter aus der ersten Ehe war nicht einfach. Würde es ein Junge, dann wäre es mal was anderes und ausgleichend gewesen. So stand für mich fest, dass ich mich mit drei Weibern rumärgern könnte. Dabei schmunzelte ich gerade etwas, als ich das schrieb. Es war so weit im Mai 1998.

Sternchen lag gerade in den Wehen. Ich fuhr noch Taxi. Es war gegen 23 Uhr glaube ich, als mich das Krankenhaus anrief. Die Dame am Telefon sagte mir, ich könne langsam losfahren. Es wäre bald so weit. Kopflos nahm ich das Taxi, rief meine Mutter an und sagte ihr, dass es jetzt losginge. In Eile düste ich zur Klinik und ging direkt Richtung Kreißsaal. Es ging alles sehr schnell. Ich kam rein, setzte mich sofort auf den Rand der Badewanne, wo Sternchen schon wartete. Sie hockte vor mir und drückte ihr Gesicht fest an meine Brust. „Pressen, atmen, atmen" hörte ich die Schwester immer wieder sagen, und ich selber machte mit. Ich hatte schon fast Schnappatmung und Sternchen drückte ihren Kopf noch mehr an meine Brust. „Weiter, weiter ich kann den Kopf schon sehen", sagte die Schwester. Sternchen schrie wie am Spieß und die letzten Zentimeter bis die Kurze raus war, biss sie mir fest in die Brust.

Sie biss so fest, dass man einige Minuten hinterher noch ihren Zahnabdruck auf meiner Brust sah. Der Moment war so schnell und ergreifend emotional, dass ich den Schmerz wohl spürte und am liebsten hätte ich ihr in dem Moment auch eine geknallt, doch ich konnte einfach nicht handeln. Dann war sie da! Unser „Muckelchen", wie wir sie als Baby nannten, hatte das Licht der Welt erblickt.

Ich musste für einen Moment den Raum verlassen und nach fünf Minuten rief man mich wieder herein. Ich durfte als Erster mein Kind baden. Was für ein Gefühl, dieses kleine, zerbrechliche Wesen in meinen Händen zu halten. Die Gefühle kann ich heute kaum beschreiben, welche ich in mir trug, als sie da war. Ich ging kurz darauf raus und rief meine Mutter an. Die mir gratulierte und sagte: „Du darfst dann jetzt auch Feierabend machen, ich übernehme den Rest der Nachtschicht." Ich wusste nicht, wohin mit mir so mitten in der Nacht und mit irgendwem feiern konnte ich auch nicht wirklich. So fuhr ich einfach nach Hause, als ich wusste, dass alles in Ordnung war mit Mutter und Kind und legte mich todmüde ins Bett. Nun war die Kleine da.

Ein Sonnenschein und das absolute Gegenteil von ihrer Schwester, was auch kein Wunder war, da die Schwester ja einen anderen Vater hatte. Eine tolle Zeit begann und ich genoss jeden Moment mit der Kleinen, denn wie sich bald herausstellen sollte, würde sich das drastisch ändern! „Ich werde Lkw-Fahrer", habt ihr schon mal gelesen, oder? Nacht für Nacht und mit meiner Einsamkeit, den Gedanken, die ich nicht teilen konnte, kam auch das Fernweh immer wieder hoch. Ich bin Lkw-Fahrer und sitze auf einem Taxi. Zwei Jahre nur Lkw gefahren und jetzt zwei Jahre auf dem Taxi. Das war mir entschieden zu wenig von meinem Traum gelebt, nur hatte sich die Situation verändert. Barbara hatte mir damals die Pistole auf die Brust gesetzt und Sternchen schien es wohl mitzumachen. Nur war ich heute weiter als damals und gab mich mit dem Angestelltenverhältnis nicht mehr zufrieden. Ich wollte meinen eigenen Lkw! Doch wie nur? Und wie schwer es war, an Geld zu kommen, habe ich ja schon geschildert. Immer und immer wieder sprach ich meine Familie darauf an. Nachdem sie verneinten, blieb mir nur noch mein Bruder, der mal das Haus von Oma und Opa erben sollte, bzw. schon im Grundbuch stand und er hatte alle Rechte somit auf seiner Seite. Das kann man sich einmal überlegen, als Kinder bekamen wir immer gesagt, dass mein Bruder das Haus der Oma bekommt und ich das Haus der Mutter. Mit diesem „Glauben" habe ich sehr lange gelebt, bis ich die Lüge selber bitter erkennen musste. Über die letzten Jahre hatte sich das Blatt gewendet und die früheren Aussagen verloren mehr und mehr an Wertigkeit. Da meine Mutter mittlerweile neu geheiratet hatte, sah das Ganze juristisch jetzt nach Jahren anders aus. Wenn die Mutter mal nicht mehr wäre, dann müsste ich mir das Haus teilen mit dem Stiefvater, der Stiefschwester und sogar meinem Bruder, denn eine Verzichtserklärung hat er bis heute nicht unterschrieben. Wer war also wieder der Blöde nach all dem, was man ihm als Kind erklärte? Ich war es, der von allem weniger bekommen sollte als der Bruder, denn dem gehörte das Haus der Großeltern zu 100 % und hätten die das damals gewusst, hätten sie es bestimmt nicht zugelassen. Hätte wenn und aber, es war halt mal wieder dumm gelaufen für mich. Auch mit dieser Lebenslüge musste ich klarkommen. Auch damit, dass Mutter nichts dagegen unternommen hat, damit ihre Aussagen bestand hätten. Nun noch mal zum Bruder. Wie das damals genau vonstattenging, kann ich heute nicht mehr sagen. Etwas, was nicht der Wahrheit entspricht, möchte ich hier auch nicht erzählen. Kurz die Fakten. Mein Bruder nahm nach vielen Diskussionen eine Hypothek auf das Haus der Großeltern auf. Er tat es nicht für mich alleine, denn er sollte sich seinen eignen Vorteil dadurch verschaffen, und einen Teil von dem Geld für sich selber beanspruchen. Wir teilten die Summe und damit hatte ich mein Startkapital und konnte mir den Traum der Selbstständigkeit endlich erfüllen. Ich rief meinen Kumpel in Hamburg an und erzählte ihm, dass es in ein paar Wochen losgehen könne sobald ich die Zugmaschine habe. Am 19 März 1999 war es dann so weit, und ich marschierte in Richtung Sekt. Meine Tochter war zu der Zeit gut 10 Monate alt. Der Trailer käme ein paar Wochen später, teilte ich meinem Kumpel mit und bis dahin nahm ich einen von seinen Trailern. Dann kam er, mein Lkw!

Der Lkw, ein knallroter DAF XF 95 Super Space Cab mit großer Hütte und später dazu den passenden Trailer. Diese Kabine war seinerzeit eine der größten. Sie war doppelt so groß wie die bei den alten Lkw. Schon bald sollte es losgehen und ich fuhr nach Hamburg, um für meinen Kumpel Touren zu übernehmen. Ich fuhr überwiegend Lebensmittel für eine große namhafte Kette in seinem Auftrag. Mein Trailer kam dann auch ein paar Wochen später und der war auch knallrot. Wie die Coca-Cola-Lkw aus der Weihnachtswerbung. Mein Name stand groß drauf und es erfüllte mich mit unbändigem Stolz, damit zu fahren.

ICH hatte mein Ziel erreicht. Ich hatte es nie für möglich gehalten, dass dieser Kindheitstraum in Erfüllung gehen würde. Ich muss zugeben, die ersten Wochen hatte ich sogar Heimweh nach meinen Mädels (dem Sternchen, dem Stiefkind und meiner Tochter). Doch jetzt gab es kein Zurück mehr. Ich konnte ja nicht einfach wieder aufhören und mal 250.000 DM in den Sand setzen. Wodurch mein Bruder womöglich das Haus von den Großeltern verloren hätte, weil ich die Kreditraten nicht mehr hätte zahlen können. Nein das ging nicht.

Ich war gerade vier Wochen selbstständig, passierte, was nicht hätte passieren dürfen. In der Nacht vorher, ich hatte mir einen Finger angebrochen, war ich in Frankfurt kurz im Krankenhaus und danach fuhr ich direkt weiter Richtung Heimat. Ich nahm mir den anschließenden Tag wegen meiner Verletzung frei. Zu der Zeit hatte ich keinen Privat-Pkw und fuhr deswegen mit dem Lkw in die nächste größere Stadt, um einen Arzt aufzusuchen. Auf dem Rückweg nach Hause befuhr ich mit dem Lkw eine große Landstraße.

Eine Landstraße mit Seitenstreifen (Mehrzweckstreifen). In einer lang gezogenen Linkskurve sah ich, wie mir ein anderer Lkw entgegenkam. Auf dem Seitenstreifen konnte ich zudem noch einen Mopedfahrer erkennen. Die lange Kurve war gut übersichtlich und ich dachte mir nichts dabei, als ich die beiden mir entgegenkommen sah. Der Lkw und der Mopedfahrer kamen mir immer näher, dahinter waren noch zwei bis drei Autos und auch hinter mir waren noch zwei oder drei Autos gewesen. Was dann passierte, weiß ich nur noch aus Erzählungen und aus dem Polizeibericht. Der entgegenkommende Lkw scherte in der Kurve auf einmal aus, setzte zum Überholen des Mopedfahrers an und zog direkt auf meine Fahrbahn.

Wir fuhren uns fast frontal entgegen, Lenkrad gegenüber Lenkrad. Ich versuchte noch auszuweichen. Dann gab es einen riesengroßen Knall und mein Manöver kam zu spät Der Platz war auch nicht ausreichend, denn hätte ich noch weiter nach rechts gezogen, wäre ich im Graben gelandet und hätte den Lkw auf die Seite gelegt. Der andere Lkw, ein Container-Kutscher, traf mich genau an der Ecke meines Führerhauses. Wäre ich nicht geistesgegenwärtig nach rechts gezogen, hätten wir uns beim Aufprall direkt in die Augen gesehen, und ich schwöre, einer von uns beiden wäre dabei draufgegangen, wenn nicht sogar beide. Fünfzehn Tonnen und dazu mein Solofahrzeug mit acht Tonnen und jeder hatte mal gerade von der Windschutzscheibe bis zum Fahrersitz maximal einen Meter. Da kann sich jeder vorstellen, wie das ausgesehen hätte. Somit streifte mich der andere Lkw nur. Er schlug mir meinen Außenspiegel durch die geschlossen Scheibe der Fahrertür und Riss mir dazu die gesamte Fahrerseite auf.

Den Knall werde ich mein Lebtag nicht vergessen und an den Rest kann ich mich nur wage erinnern. Wir waren zusammengestoßen und es flogen die Teile nur so umher, von dem Qualm und der Staubwolke ganz zu schweigen. Ich brachte den Laster noch zum Stehen und kletterte aus dem Fahrerhaus. Doch der andere Lkw war weg! Der Arsch ist einfach weitergefahren! Wie geht so was bei einem Schaden von 40.000 DM, dass man das nicht bemerkt bei dem Knall? Ich stand auf der Straße und die Staubwolke war noch nicht ganz verflogen, da bemerkte ich, wie die anderen Autos aus beiden Richtungen langsam über die Trümmerteile weiterfuhren. Nur einer hielt an, sagte mir, dass der andere Lkw weitergefahren wäre. Dass ich am Bluten war, hat den genauso wenig interessiert wie alle anderen, denn nachdem der Pkw-Fahrer mir sagte, wie der Lkw aussah, fuhr auch dieser weiter, ohne sich um mich zu kümmern.

Ein paar Minuten später, ich hatte schon selber die Polizei und den Krankenwagen gerufen, irrte ich immer noch auf der Straße umher und heulte über den Schaden an meinem nicht mehr fahrbereiten Lkw. Da kam plötzlich ein Polizist, ein Nachbar von mir, an der Unfallstelle vorbei und fragte mich, was passiert war. Ich erklärte ihm kurz den Sachverhalt und dann fuhr auch er weiter. Zwischenzeitlich, mir lief mehr und mehr das Blut übers Gesicht, legte ich mich ins Gras neben der Straße. Ich rief mein Sternchen an, als in dem Moment auch der Krankenwagen mit Blaulicht und Sirene anraste. Während ich das gerade schreibe, kommen extreme Gefühle in mir hoch. All die Erinnerungen und der emotionale Schmerz. Ich könnte wieder heulen, über das was mir passiert war. Es wühlt mich total auf. Ich teilte dem Sternchen eben noch mit, in welches Krankenhaus die mich bringen würden und dann ging es los.

Ich hatte überall in meiner Kleidung die Glassplitter von der Seitenscheibe, durch die der Außenspiegel hindurchgeschossen war. Dazu noch Halswirbelschleudertrauma, kleine Glassplitter an Gesicht und Kopf und einen gehörigen Schock dazu. Ich wurde untersucht, und mein Sternchen war mittlerweile auch schon da. Ich konnte mich kaum beruhigen und heulte vor mich hin. Der Lkw kaputt und meine Selbstständigkeit in großer Gefahr.
Während wir in der Aufnahme waren, sah ich, wie die Polizei mit der Feuerwehr zusammen reinkam. Sie brachten einen Mann auf der Bahre in die Klinik. Ich hatte auf einmal ein komisches Gefühl und sagte zu Sternchen im Spaß, dass es mich nicht wundern würde, wenn das der andere Unfallfahrer war. Ich sollte recht behalten, wie sich später herausstellte. Ich fragte die Schwestern und sie sagten mir, dass er Lkw-Fahrer sei und einen Unfall hatte. Ich dachte in dem Moment voller Wut: „Du Arschloch, einfach abhauen vom Unfallort", und in mir kochte es vor Wut. Ich sagte den Krankenschwestern noch, dass sie es nicht wagen sollten, mich mit dem Idioten in ein Zimmer zu stecken. Daraufhin meinte die eine von denen scherzhaft, wenn sie Pech haben, sehen sie den Mann eh beim Rauchen wieder. Es kam, was kommen musste. Mein Gefühl sollte mich nicht täuschen und als ich einen Tag später in den Raucherraum ging, saßen dort mehrere Leute und sie wurden auf einmal total still. Ich nahm sofort einen bestimmten Mann ins Visier. Ich dachte mir, dass es doch der von der Notaufnahme sein könnte!
Ich sprach ihn an und fragte total blöd, warum er denn im Krankenhaus wäre?! Er sagte mir, dass er einen Unfall mit seinem Lkw hatte und sich an nichts mehr erinnern konnte. Ich konnte mir in dem Moment nicht verkneifen, ihm zu sagen: „Du Blödmann, das war ich!" Er stutzte und sagte wiederum, dass er sich an nichts erinnern konnte. Meine Wut vom gestrigen Tage war schon verflogen. Ich verzieh dem Mann, der schon Ende fünfzig war und sagte ihm: „Dumm gelaufen! Wir sehen uns spätestens vor Gericht wieder!" Vor Gericht stand die Schuldfrage auch schnell fest, und er wurde ordentlich verdonnert. Doch was war aus meinem Lkw geworden? Er war vier Wochen alt und hatte gerade 9.000 km runter! Von der Versicherung erfuhr ich, dass ich nur einen neuen bekommen würde, wenn er nicht mehr als 1.000 km gelaufen wäre.

Da musste ich schmunzeln. Von der vier Wochen Frist hätte es für einen neuen Lkw gereicht, aber dafür waren 8.000 km zu viel auf dem Tacho. Was bei einem Lkw kein Wunder ist. Der Lkw musste also repariert werden und der Händler legte sich mächtig ins Zeug.

Das Geld von der Versicherung, Schmerzensgeld, dazu noch Verdienstausfall usw. waren ausreichend, um ihn wieder schick herzurichten. Ich bekam ihn sogar schöner wieder als ich ihn gekauft hatte. Mit Aluminiumfelgen, Seitenverkleidung und Gitterblechen um die Sattelplatte herum verziert. Dazu gab es noch am Fahrerhaus eine Menge gelber Lämpchen, sodass er im Dunkeln genauso toll leuchtete wie der Coca-Cola-Lkw in der Weihnachtswerbung.

Was sah der Klasse aus, als ich den Lkw wiederbekam. Es konnte weitergehen, und ich hatte sogar noch etwas Geld über von dem Unfall. Ich fühlte, dass noch irgendetwas fehlte an dem Lkw.

Da muss noch mehr Chrom dran, dachte ich.

So bestellte ich mir bei einer belgischen Firma den größten Bullenfänger, den es gab. Für die Stoßstange vorne war der Rammschutz und eine Side Pipe (Auspuffanlage mit zwei Ausgängen) für die Seite, die gut Krach machen konnte. Es ging dann Gott sei Dank weiter mit meinem Einmannunternehmen.

Von meinem Kumpel aus Hamburg bekam ich eine Tour mit Non-Food von Mannheim nach Spanien. Es ging nach Jerez de la Frontera (Motorrad- und Formel-1-Rennen werden dort gefahren). Genauer gesagt ging es nach Rota, nahe der Straße von Gibraltar. Zur gleichen Zeit war auch mein Zubehör von der belgischen Firma fertig, deren Hauptsitz in der Nähe der Grenze zu Aachen war. Ich fuhr also von Mannheim über Belgien und ließ die Teile anbringen. Ich konnte es kaum abwarten und nach ein paar Stunden ging es weiter über Luxemburg, Frankreichs Süden über die Grenze nach Spanien. Es ging weiter in Richtung Madrid, quer durchs Land, um über die Mittelmeerküste nach Jerez zu gelangen. Eine Fahrt hin und zurück dauerte fast sieben Tage. Diese Touren liefen öfter und meistens war man am Samstag oder Sonntag dort angekommen und das Abladen fand nicht vor Montagmittag statt. So hatte man öfters Zeit, sich die Ecken genauer anzusehen. Palmenstraßen wie im Urlaub und weit bis zum Strand war es auch nicht. Eine Tour dorthin war anstrengend, aber dafür wurde man reichlich belohnt mit dem Urlaubsfeeling, abends raus in die Kneipen und hin und wieder runter zum Strand. Ich kann mich noch ganz gut an eine Tour da runter erinnern, als mich in Madrid die Polizei anhielt. Ich fiel mit manipulierten Tachoscheiben auf. Die wollten 1200 DM Strafe von mir haben. Entweder ich zahle oder ab in den Knast bis Geld da war. Ich hatte echt Schiss in den Bau zu gehen und hatte auch nicht so viel Bargeld dabei. Es wurde mit Händen und Füßen diskutiert und ich hielt dem einen Polizisten schon meine Hände hin, damit er mir die Handschellen anlegen konnte. Es dauerte, bis ich verstand, dass sie bereit waren, mit mir zu einer Bank zu fahren, um an Geld zu kommen. Das klappte Gott sei Dank auch, und ich konnte weiterfahren. Ich ärgerte mich noch lange Zeit danach über das viele Geld, was mich das gekostet hatte. Auf dem Rückweg nahm ich in Valencia eine Ladung auf. Mit Obst und Gemüse musste ich nach Chemnitz.

Der Auftraggeber konnte ganz schön Druck ausüben und die Termine waren so eng, dass es eigentlich unmöglich war, es zu schaffen.

Die können dort echt nicht rechnen, denn bei den Fahrzeiten haben die selten Pausen mit eingerechnet. Ich bin dann sage und schreibe 32 Stunden nonstop (außer Tanken und WC) durchgefahren bis Chemnitz, mit etlichen Teilstücken, in denen mich der Sekundenschlaf plagte. Ich kam dort total übermüdet an und war nicht mehr in der Lage zu wissen, wo ich überhaupt langgefahren bin.

Einige Teilstücke bin ich wohl so übermüdet in Trance gefahren, dass ich mich nicht mehr daran erinnern konnte. Ich war echt froh, dass nichts passiert war. Hätte ich jemanden umgefahren oder von der Autobahn geschubst, wäre es mir womöglich nicht mal aufgefallen. Das waren teils echt heftige Zeiten und das eine oder andere werde ich euch noch erzählen. In dieser Zeit war es auch, als Sternchen mich mal im besoffenen Kopf anrief und mir sagte, was sie von mir hielt. Das Gespräch war so heftig, dass ich ihr sagte, dass sie am Wochenende, wenn ich heimkomme ausziehen könne! Wie ich den Alkohol hasste, und wie er Menschen verändern konnte, die man dachte zu kennen und denen man vertraute.

Als ich an dem besagten Wochenende nach Hause kam, wurde der Streit dann doch beigelegt. Ich verzieh ihr, und wir landeten auch gleich wieder in der Kiste. Versöhnungssex war immer ein Highlight und diese Frau trieb mich immer wieder in den Wahnsinn, was das anging. Die Zusammenarbeit mit dem Kumpel aus Hamburg endete nach einem Jahr, da ich herausfand, dass er mich um Kohle beschissen hatte und sich mehr in die eigene Tasche steckte, als vereinbart war. Ganz in meiner Nähe kam ich an einen Schwertransport-Spediteur ran, der jemanden suchte, der seine Trailer von A nach B zog. Es war eine Firma, die auch in Richtung Osteuropa arbeitete und das war echtes Neuland für mich. Das Ganze begann ich mit gemischten Gefühlen, weil all die Geschichten, die ich bisher über Osteuropa hörte, kein gutes Gefühl bei mir hinterließen. Dazu kamen noch die langen Grenzstaus, die mich überforderten und die Zollformalitäten waren echt nichts für mich.

„Sekt oder Selters", da musste ich jetzt durch, wenn ich am Leben bleiben wollte mit meinem Einmannunternehmen. Bisher waren mir alle westlichen Länder bekannt. Dort kam ich immer gut zurecht, mit den Leuten, mit den Straßen wie den Strecken, mit den Regeln und Verkehrsschildern. Einfach mit allem. Es gab mir Sicherheit in der EU zu sein. Egal, da musste ich jetzt durch und Schwertransporte zu fahren war etwas Tolles, mit den gelben Lampen auf dem Dach, die sich in ihrem Rhythmus drehten. Oftmals war die Polizei mit dabei und fuhr direkt vor uns, um den Weg für uns frei zu machen. Es gab einem das Gefühl, jemand Besonderes zu sein im Straßenverkehr. Das waren wir auch mit dem, was wir taten und konnten auf der Straße. Das hob sich sehr von dem normalen Transportgewerbe ab.

Meinen ersten „großen" Transport werd' ich nie vergessen. Ringe in einem Durchmesser von 6,80 Meter. Auf der Autobahn ist ab 5,50 Meter Polizeibegleitung vorgeschrieben, welche den Verkehr hinter uns zurückhält und das Überholen verbietet. Inklusive einem Begleitfahrzeug, welches mit einem Signalbild gem. STVO absolutes Überholverbot anzeigte. Wir benötigten alle beiden Fahrspuren von Siegen bis nach Berlin. Zwei Tage sollte es dauern bis wir dort eintreffen würden. Wir kurvten über die Landstraßen bis zur Autobahn, und das war ein echter Akt, kann ich sagen. Auf der Autobahn gab es dann keine

Pause mehr. Acht Stunden durften wir nur fahren. Das reichte bis hinter Braunschweig, weiter kamen wir in der ersten Nacht nicht. Auf die Autobahn aufgefahren und mit gut 90 km/h unterwegs ließen wir die Kisten rollen. Im Rückspiegel sah man schon sehr schnell wie der Verkehr dichter wurde und das blaue Licht der Polizei in der Nacht ging einem mehr auf die Augen als die gelben Lampen unserer Lkw. Hin und wieder setzte ich eine Sonnenbrille auf, im Dunkeln, so sehr taten mir die Augen weh nach einiger Zeit. Sobald eine Bereichsgrenze der Polizei erreicht war, sah man schon voraus die nächsten Streifenwagen, die ihre Kollegen ablösten. Es war mit der Polizei von Anfang an abgesprochen, dass wir nicht anhalten würden. Die Polizei übergab die Unterlagen für den Transport während der Fahrt! Wie bei einem Staffellauf überreichte die Hand eines Polizisten aus dem einen Auto, die Papiere an den nächsten Polizisten im anderen Auto. Wie gesagt und das während der Fahrt und das war üblich, so stellte ich irgendwann fest. Vor mir fuhr ein Kollege, der mehr Erfahrung hatte als ich. Ich musste ihm vertrauen und meinen Lkw so lenken, wie er das tat, und dann sollte auch nichts auf der Strecke passieren, wenn ich in seiner Spur bliebe.

Es passierte auch nichts Gefährliches, dafür aber etwas Unmenschliches, so empfand ich es, nachdem uns die Polizei untersagt hatte anzuhalten. Jede Polizeistaffel war froh, wenn wir aus ihrem Bereich heraus waren, und keine Gefahr mehr darstellten. Ich musste dringend auf die Toilette. Nach einigen Stunden Fahrt, als ich meinem Kollegen das sagte, lachte er nur über den CB-Funk. Ich rief über CB-Funk die Polizei und bat darum eine kleine Pause zu machen. Ich hörte nur wie der Bulle sagte: „Bitte fahren Sie weiter, es gibt in unserem Bereich keine Möglichkeiten den Transport gefahrlos anzuhalten!" Dies hörte ich bei jedem Staffelwechsel und es ging immer so weiter. Ich habe schon viel Scheiße erlebt und gehört, in meiner Zeit als Lkw-Fahrer, aber das war echt die Krönung. Die Polizei verbietet mir das Pinkeln, weil sie Angst haben, dass durch einen Stillstand ein Verkehrschaos entstehen könnte. Was für ein Blödsinn! Es gab solche Polizisten und solche, wie im normalen Leben und diesmal war es halt so, dass es kein Anhalten gab. Mit dieser großen Breite, mit der wir unterwegs waren, wollten sie das nicht zulassen. Und was jetzt, dachte ich? Der Kollege vor mir sagte mir über CB-Funk: „Da musst du jetzt durch bis wir am Zwischenziel angelangt sind." „Ey spinnst du? Ich hab so viel Kaffee gesoffen und muss schon seit zwei Stunden pinkeln, mir platzt gleich was", sagte ich zu ihm. „Pass auf", sagte er zu mir. „Hast du eine leere Flasche im Lkw?" Ich überlegte kurz, schaute mich um und sagte: „Ja habe ich, und was soll ich damit?", fragte ich ihn. Mit krächzender Stimme, wie es beim CB-Funk so ist, sagte der Vordermann dann zu mir: „Wenn du es nicht mehr aushalten kannst, dann piss in die Pulle rein. Es ist immer noch besser als in die Hose zu machen", dröhnte es aus dem Lautsprecher über mir. Ich überlegte, ob der mich verarschen will.

Die blöde Polizei soll mal eben kurz wo anhalten, damit ich pinkeln konnte. Doch egal wie oft ich fragte, sie ließen es nicht zu und drängten zur Weiterfahrt. JA, ich habe es getan! Der Druck auf der Blase war so groß, und in die Hose machen wollte ich nicht.

Während der Fahrt mit angeschaltetem gelbem Licht, mitten in der Nacht irgendwo auf der A 2, mit Blaulicht im Rückspiegel und 6,80 m Breite auf dem Rücken des Lkw, zog ich mir während der Fahrt die Hose runter. Eine Hand am Lenkrad und die andere Hand an der Hose und dann hatte ich ihn draußen. Ein echt gefährliches Unterfangen, doch ich ließ mir keine Wahl. Ich habe getroffen und die Flasche fast vollgemacht. Es ging noch nicht einmal etwas daneben. Und was habe ich daraus gelernt? Immer eine leere Flasche neben mir für solche Situationen. Eine mit großer Öffnung, damit nichts danebengeht. Ihr habt richtig gelesen, und so läuft das wirklich. Manchmal machte ich mir auch die Flasche zunutze, wenn ich hätte anhalten können. Nur um keine Zeit zu verlieren. Das Gerücht ist echt und dennoch fragte ich mich, was ist, wenn ich Großes machen muss?

Ich fragte meinen Kollegen über CB-Funk wieder und der sagte: „Wenn so etwas ist, dann legst du dir eine Zeitung unter den Arsch."

Der spinnt wohl, dachte ich wieder. So was habe ich auch noch nie gehört. Aber nach der Nacht fand ich das schon gar nicht mehr so unglaubwürdig. Zu so einer Situation ist es bei mir Gott sei Dank nie gekommen. Das In-die-Pulle-Pinkeln während der

Fahrt wurde allerdings zur Normalität bei solchen Touren. Das war eine meiner ersten Erfahrungen als Schwertransportfahrer. Diese besondere Branche ist immer wieder voller Erlebnisse. Die reichen alleine, um ein Buch zu füllen. Ich war immer direkt an der Front. In dieser Zeit bekam ich Schiffswerften und den Flugzeugbau zu sehen. Ich hatte Einblick hinter viele Kulissen. Nicht viele Menschen bekommen so eine Möglichkeit, und ich durfte Baumaschinen dazu sogar bewegen, habe in Flugzeugcockpits gesessen oder direkt neben einem Luxusliner gestanden. Mir Häfen angesehen und tolle Landschaften entdeckt. Fremde Länder erkundet und viele, viele spannende Situationen erlebt. Richtig heiß war es immer in Osteuropa. In Tschechien zum Beispiel gibt es den längsten Straßenstrich der Welt. Ich habe ihn/sie gesehen, an der Bundesstraße Richtung Prag. Eine nach der anderen standen an Parkplätzen, Bushaltestellen, am Waldrand oder wo sie sich sonst hätten verstecken können. Man sah sie echt überall, leicht bekleidet standen sie da und winkten einem zu, wenn man an ihnen vorbeifuhr, in der Hoffnung, dass man anhielt und sie flachlegte. Ich habe mich das nie getraut, zumal es auch Gerüchte gab, dass dann ein Mann aus dem Gebüsch springt, wenn man anhält, der einen dann ausraubt. Nee, dafür war ich zu ängstlich und mein Lkw mein Ein und Alles. Es war auch immer besser, wenn man sich einen Partner suchte und mit dem gemeinsam durch ein fremdes Land fuhr.

Ich war mal mit einem Kollegen unterwegs in Tschechien, und als wir Rast machten für die Nacht, stellten wir uns abseits der Straße hinter eine alte Fabrikmauer. Ich wurde als Erster wach von uns beiden am Morgen und nahm mir meinen selbst gemachten Kaffee und trödelte zum Straßenrand. Ich konnte eine Frau in leichter Kleidung sehen, die an einer Bushaltestelle stand. Als sie mich sah, kam sie auch direkt auf mich zu. Von Weitem sah die echt nicht schlecht aus. Als sie jedoch vor mir stand und den Mund öffnete, wurde mir schlecht. Habe selten so viel schlechte und abgebrochene Zähne gesehen.

Sie fragte mich: „Fickie fickie? Saxofone oder komplett?"

„Hä, was willst du?", fragte ich. „Geh mal zu Kollega andere Lkw", sagte ich zu ihr und musste grinsen. Der andere schlief noch und die Bekloppte ging echt hin und klopfte an seiner Tür.

Sie sagte genau das Gleiche wie zu mir. Ich lachte mich derweil schlapp.

Er verscheuchte sie, und ich fragte ihn, was die meinte. Das mit dem Ficken habe ich wohl verstanden, doch was meint die mit Saxofone oder komplett? Halb im Schlaf sagte mir der andere Lkw-Fahrer etwas genervt aus der offenen Fahrertür heraus, dass Saxofone heißt „einen blasen lassen" und komplett heißt „Geschlechtsverkehr". „Aha", sagte ich, „dann hab ich ja wieder was gelernt", und grinste immer noch. Über die Jahre gesehen, mit wachsender Erfahrung und dazugehörigen Erkenntnissen habe ich das Truckerleben geliebt und gehasst. Ja, mit den Jahren habe ich auf langen und einsamen Touren auch Nachtklubs besucht, leichte Frauen angeschaut. Ich war bis auf in Italien und Griechenland, in fast jedem europäischen Land unterwegs. Zu Hause lief es schon eine ganze Weile nicht mehr so gut und bis dahin konnte ich den Frauen immer noch widerstehen. Mein Sternchen liebte ich immer noch ohne Ende. Für mich kam nicht mehr infrage, als nur nach den anderen Frauen zu gucken. In einem Nachtklub sitzen, ein Bier trinken nahm mir die Einsamkeit und hielt mich am Leben.

Das machen viele Lkw-Fahrer in einsamen Stunden, die nur jemand zum Reden suchen oder brauchen, aber nicht gleich mit jeder in die Kiste steigen. Es kam nur hin und wieder mal vor, dass ich zwei oder drei Wochen lang unterwegs war. An den Wochenenden zu Hause, kümmerte ich mich um die Fahrzeugpflege und den Papierkram. Nein, Sternchen half mir nicht dabei.

Sie war der Meinung, dass sie mit den beiden Kindern, unserem neuen Golden-Retriever-Mischling, dem Haushalt und halbtags Taxifahren genug zu tun hätte. Ich versuchte, uns mit meiner Firma ein besseres Leben zu verschaffen, doch in meiner Firma tat ich alles alleine. Wenn ich sie mal um etwas gebeten habe, hat sie es nicht gemacht. Vergessen war ihre Lieblingsausrede. Oft war es auch so, wenn ich auf einen Überraschungsbesuch auf der Durchreise mitten in der Woche vorbeikam, lagen die Überweisungen und die Post immer noch da, um die sie sich kümmern sollte.

An den Wochenenden war ich maximal achtundvierzig Stunden daheim, viel zu wenig für ein gesundes Familienleben. Die

Streite häuften sich, immer und immer wieder fand ich ungeöffnete Briefe im Schrank. Nein, nicht was meine Firma betraf, sondern Sternchen selber. Sie war doch Pleite gegangen mit ihrem Café, und sie kümmerte sich um nix. Wochen, nein Monate vergingen und immer wieder gab es Streit. Ich war zu wenig zu Hause und sie kümmerte sich nicht um sich, und von ein paar Botengängen für meine Firma abgesehen kümmerte sie sich auch darum nicht. Es war auch keine Besserung in Sicht. Sie vergrub sich in ihrer eigenen Welt und nahm keine Predigt mehr wahr oder ernst. So konnte es auf keinen Fall weitergehen. Stunde um Stunde, Tag um Tag, Woche um Woche kämpfte ich mit dem Sekundenschlaf. Tag- und Nachtarbeit und sie kümmerte sich nicht mehr. Ich half trotzdem, wo ich konnte und suchte ihr einen Insolvenzanwalt. Wir gingen gemeinsam dahin, und sie wusste nicht mehr, was abging. Sie konnte kaum eine Frage des Anwaltes beantworten. Sie bekam einige „Hausaufgaben" auf, die sie zu erledigen hatte. Es passierte nicht wirklich viel, und wieder begann sich alles zu stapeln, und ich fand immer wieder ungeöffnete Briefe. Ich konnte kaum noch ertragen, was bei ihr abging.

Ich fühlte mich hilflos, alleine und wusste mir selber nicht mehr zu helfen. Ich weiß bis heute noch nicht genau, warum es bei „ihr" schief lief und kann nur aufgrund meiner Beobachtungen urteilen. Sie hatte doch alles! Genügend Geld, gesunde Kinder, ein Dach überm Kopf. Einen Mann, der zwar nicht oft zu Hause war, aber das schien ihr nichts auszumachen, da sie eh sehr freiheitsliebend war. Am Sex hatte sie auch nie etwas auszusetzen, und dennoch war es so, dass wir beide anscheinend nicht mehr in die gleiche Richtung blickten. Es wurde immer schlimmer und irgendwann drohte ich ihr mit folgenden Worten: „Wenn du so weitermachst, dann treibst du mich in die Arme einer anderen Frau!" Da ich mittlerweile die Zusammenarbeit mit dem Spediteur beendet hatte, fuhr ich nun für eine andere Firma im Trailer-Trucking (heißt Transportsattelanhänger von anderen Firmen ziehen). Auch diesmal im internationalen Fernverkehr, jedoch mit Tiefkühlware. Diese Zeit war extrem erfahrungsreich. Aufgrund von Rückenproblemen blieb ich eine Weile zu Hause. Ich stellte einen neuen Fahrer ein. Meinen ersten Angestellten! Doch wen hatte ich da eingestellt? Ich hatte einen Fahrer eingestellt, der mich von Anfang an beschissen hat, und dazu Schäden an fremden Trailern verursachte. Am Ende kam dann noch die Krönung. Auch diesen Tag werde ich nie vergessen. Ich hatte mittlerweile nebenbei angefangen mit meinem Bus Schwertransporte zu begleiten. Als zweites Standbein sollte es dienen. Als ich an einer Raststätte in Hessen saß, als mich Sternchen anrief. Sie fragte mich, ob ich sitze und ich sagte zu ihr ja, denn ich hatte gerade eine Suppe vor mir stehen, zum Mittagessen. „Ich muss dir unbedingt etwas erzählen!" „Was denn? Was ist denn jetzt schon wieder passiert?" Sie sagte mir, sie hätte die Firmenhandy-Rechnung unseres Fahrers in der Hand. „Na und?", sagte ich.

Damals war es noch normal, dass es Rechnungen in Höhe von bis zu 2000 D Mark gab. Schon alleine aus dem Grund, weil man oft auch ins Ausland telefonieren musste. „Ich sitze", sagte ich ihr, „und jetzt erzähl endlich!" Ihr Atem stockte und sie sagte, der Fahrer hätte eine Rechnung von über 4000 DM produziert! Ihr könnt mir glauben oder nicht, aber mir fiel der Löffel in die Suppe! „Wie bitte? Wie geht das denn?", brüllte ich aufregt los und der andere Fahrer, der mir gegenüber saß, schaute mich total verdutzt an. So viel? Das habe ich als Chef, der sich um alles von unterwegs aus kümmern musste, nicht einmal geschafft. Es stellte sich dann schnell heraus, dass dieser Blödmann einige Affären unterwegs hatte, obwohl er Vater war und 'ne Freundin hatte. Mit diesen Weibern telefonierte er stundenlang, egal in welchem Land er gerade unterwegs war. Unglaublich und schon am Wochenende darauf bekam er seine Papiere. Wir trafen uns vorm Arbeitsgericht wieder, denn ich sah es nicht ein, ihm seinen Lohn zu bezahlen. Das musste ich dann auch nicht, und es entstand ein Vergleich mit dem ich leben konnte.

Ein neuer Fahrer musste her und den fand ich auch. Er war ein Fahrer mit Leib und Seele und etwas älter als ich. Er fuhr den Lkw und ich baute weiter das Geschäft mit der Schwertransportbegleitung auf. Das ging eine Weile echt ganz gut, und ich hatte zu dieser Zeit den Lkw, und im dritten Geschäftsjahr noch ein großes und zwei kleine Begleitfahrzeuge angeschafft. Bei uns im Dorf wurde man langsam auf mich aufmerksam, denn einen der Schwertransporte begleitet, gab es bei uns hier nicht. Ich fiel schon mit meinem leuchtenden Lkw auf. Doch Schwertransporte zu betreuen, macht einer aus unserem Dorf. Das war ein gefundenes Fressen für die Presse. Die meldete sich schon bald bei mir, und es gab daraufhin einen Artikel über mich.

Der erste Artikel in dem man meinen Namen hervorhob, und ich im Interview sagte, Sekt oder Selters, entweder ich schaff es oder ich schaffe es nicht. Jedes Jahr gab es ein Begleitfahrzeug für Schwertransporte dazu und meine Richtung zeichnete sich mehr und mehr ab. Der Lkw wurde älter und die Gerüchte von einer Lkw-Maut kamen auf. Was wird das kosten? Kann ich das überhaupt tragen? Mein Lkw hatte schon ein Alter erreicht, wo ich überlegen musste, ob ich in einen neuen investiere oder nicht. Wenn man überlegt, dass ich innerhalb von den ersten fünfzehn Monaten mit diesem Lkw 240.000 km gefahren war und der jetzt knapp vier Jahre alt war, wurde es Zeit, eine Entscheidung zu treffen. Genau an dem Tag, als meine kleine Tochter ihren fünften Geburtstag feierte, verkaufte ich den Lkw und beschränkte meine Arbeit auf die Schwertransportbegleitung. Mit einem mulmigen Gefühl gab ich meinen Traum-Lkw ab, und selbst meine Tochter trauerte, weil auch sie ihn sehr mochte, den „großen Roten". Ich hatte also umgesattelt und mich für die Schwertransportbegleitung entschieden. In meinem Fuhrpark gab es nun vier große „Sprinter" als Begleitfahrzeuge für Schwertransporte und zwei kleine Pkw. Schnell hatte ich mir im Revier und auch deutschlandweit einen Namen gemacht. Meinen Service erweiterte ich immer mehr. Den Fuhrpark und die Anzahl der Angestellten hielt ich bewusst klein, was sich später als richtig herausstellen sollte. Zu meinem Fuhrpark, gehörte auch ein Wohnmobil, welches ich umfunktioniert hatte als Begleitfahrzeug. Diese Idee allein, zumal ich einer der Ersten war, gab mir ungewollt weiterhin Werbung. Mit dem Fahrzeug hatte ich auch ein recht angenehmes Berufsleben.

Wenn ich in Süddeutschland war und Richtung Heimat fuhr, kam ich oft am Edersee vorbei und machte dort gerne übers Wochenende halt. Es waren diese Wochenenden, an denen ich nicht nach Hause wollte zu Sternchen. Die Streitigkeiten wurden immer mehr, und ich fühlte mich oft nicht mehr wohl zu Hause. Wenn ich ihr erzählte, ich brauche von Hamburg nach Hause fünfzehn Stunden, dann glaubte sie mir das. Ich begann mich langsam selber in einen Sumpf von Lügen und

Gemeinheiten zu begeben. Wie oft stand ich freitagabends fünfzehn Kilometer von daheim auf einem Autohof und trieb mein Unwesen, anstatt nach Hause zu fahren. Stattdessen kam ich dann Samstagfrüh heim und infolgedessen war ich wieder eine Nacht weniger zu Hause. Am Wochenende immer das Gleiche, sie putzte, kaufte ein und ich habe die Autos gewaschen, Büroarbeit erledigt und etwas Schlaf nachgeholt. Es wurde immer eintöniger und das Einzige, was noch klappte war in meinen Augen der Sex. Denn darüber gab es nie eine Diskussion, doch alles andere, was ein Paar zusammenhalten sollte, zerbrach immer mehr. Wochen und Monate vergingen wieder und ich lebte immer mehr nur noch für die Firma, anstatt etwas mit der Familie zu unternehmen. Zu tief saß die Enttäuschung, dass Sternchen mir frischweg ins Gesicht log.

Alles, was ich unternahm, prallte an ihr ab. Immer noch fand ich die ungeöffnete Post. An den Wochenenden sah sie aus wie eine Putzfrau und ihre einstige Attraktivität sah ich nur noch, wenn ich unter der Woche auf einen Überraschungsbesuch vorbeikam oder förmlich darum bettelte. Morgens besprachen wir, dass wir am Abend mal rausgehen wollen. Zum frühen Abend hin hatte sie dann keine Lust mehr und wollte lieber auf der Couch bleiben.

Ob sie mich jemals in unserer gemeinsamen Zeit betrogen hat, weiß ich bis heute nicht. Ich könnte es ohne Beweise auch nicht glauben. Doch was sie nicht tat, das tat ich!

Ich fühlte mich immer mehr unverstanden und von Aufmerksamkeit und Unterstützung keine Spur. Alles, was eigentlich die Liebe mit sich bringen sollte, fehlte mehr und mehr. Ich begann mich mit anderen Frauen zu unterhalten und eine von denen arbeitete hier im örtlichen Sonnenstudio. Sie hörte mir zu, und wir redeten oft und viel. Sie war verheiratet, und ich dachte mir, dass dann nichts passieren könnte. Weit gefehlt, denn ihr schien es genauso zu gehen wie mir. Ich merkte, dass es ihr genauso guttat zu reden wie mir. Von da an trafen wir uns heimlich. Ich bekam einfach bei ihr alles, was ich zu der Zeit suchte und brauchte. Ja, ich habe mein Sternchen betrogen! Es war nur eine Frage der Zeit, und ich habe Sternchen lange genug gewarnt. Sie nahm mich nicht ernst und die „andere" gab mir alles, was ich brauchte. Damit nahm die Affäre ihren Lauf. Meistens trafen wir uns im Hotel, zum Kuscheln und natürlich auch manchmal, um Sex miteinander zu haben. Von dem Tag, als ich mein Sternchen anfing zu betrügen, geriet mein Leben immer weiter aus den Fugen. Die Frau aus dem Sonnenstudio war hinterher nicht mehr die Einzige. Schlussendlich nahm ich alles, was nicht schnell genug auf die Bäume kam. Egal, an welchem Ort oder egal, wo sie herkamen. Ich ließ mich auch dazu hinreißen, in Nachtklubs die „wilde Sau" zu spielen und vögelte, was das Zeug hielt.

Ich schwöre, dass ich mich mit dem Iglesias auf eine Stufe stellen könnte, was die Anzahl der Frauen angeht. Die ersten Male, als ich fremdging, schämte ich mich noch dafür.

Ich wollte Sex und Aufmerksamkeit, die ich bei anderen Frauen bekam, zu Hause jedoch schon seit längerer Zeit nicht mehr. Selbst die Frauen in den Nachtklubs hörten mir zu, und es gab mit denen mehr anständige Dialoge als mit Sternchen.

Es waren viele Frauen, bei denen ich eine Schulter suchte, und ich fand immer wieder eine. Es kam, was kommen musste, und diesen Tag werde ich in meinem Leben nicht vergessen. Die Naivität meines Sternchens, der Stillstand ihrer Entwicklung und auch unsere unterschiedliche Entwicklung führte zu einem großen Knall. Wir stritten wieder mal am Telefon, und ich hatte es so satt. Ich konnte das alles nicht mehr hören. Ich weiß auch heut' nicht mehr genau, worum es damals genau ging, doch was passierte, das weiß ich noch sehr, sehr genau! Ich schrie sie am Telefon an und sagte: „Ich komme jetzt nach Hause und lasse eine Bombe platzen!" – eigentlich wollte ich nicht nach Hause. Diesen O-Ton weiß ich bis heute noch und wutentbrannt fuhr ich heim. Zu Hause angekommen ging es auch gleich zur Sache, und Gott sei Dank waren die Kinder nicht da. Wir saßen uns am Küchentisch gegenüber. Es war eine komische Stille und eine ungewohnte Stimmung. Kein wirkliches Geschrei oder so, sondern sachlich sagte ich ihr, was gerade in mir vorging. Dann sagte ich ihr ganz einfach: „Ich habe dich betrogen!" Sie fragte mich mit einer normalen ruhigen, aber etwas sarkastischen Stimme, wer die Frau sei und es wäre doch hoffentlich keine aus dem Dorf? Doch!

Es war eine aus dem Dorf und den Namen habe ich ihr bis heute nicht verraten. Ich habe ihr auch bis heute nicht verraten, wie viele es wirklich waren, innerhalb von einem Jahr. Ich dachte, oder eher ich hoffte, dass sie mir endlich den Kopf abreißt und mal wach wird. Nein! Wisst ihr, was sie darauf sagte, nachdem der Satz raus war?

Sie sagte: „Daran bin ich ja selber Schuld, hab' dich ja dazu getrieben und deine Warnungen nicht ernst genommen." Für mich war das ein Schlag ins Gesicht, denn sie reagierte anders, als ich erwartet hatte.

Sie wurde nicht wütend, schrie nicht und es gab auch keine Tränen! Ich dachte immer nur, warum zerreißt die mich nicht in der Luft? Warum haut die mir nicht ins Gesicht? Ich habe doch eine Todsünde für jede Beziehung begangen! Meine einzige Frage war: Wie es weitergeht? Das konnte ich nicht wirklich beantworten. Nach ein paar Tagen beschlossen wir weiterzumachen, auch wenn sie mir sagte, dass sie das wohl nie vergessen würde. Dennoch wollte sie versuchen, mir zu vergeben, weil sie ihre Schuld zu dem Zeitpunkt einsah. Es war eine schlimme Zeit, kann ich nur sagen. Wir versuchten gemeinsam, ihre Insolvenz voranzutreiben, gingen gemeinsam zum Anwalt und es schien so, als würden wir uns davon erholen.

Ein Trugschluss, wie sich schon bald herausstellte. Es ging vielleicht drei Monate gut und dann fing alles wieder von vorne an, und ich begann auch sofort wieder, sie zu betrügen. Eigentlich wollte ich ihr damit Schmerz zufügen, doch schlussendlich, habe ich mir genauso damit geschadet wie ihr. Es gab keine Reaktionen von ihr, und das trieb mich weiter in eine traurige moralische Flucht in die Arme anderer Frauen. Meiner Firma ging es zu der Zeit ganz gut und ich hatte wieder so einen „Kollegen" kennengelernt. Bei dem dachte ich echt, der ist nicht so eine Ratte wie der damals aus Hamburg. Nein, der Kollege wurde nach und nach sogar noch schlimmer, kann ich euch sagen. Mit diesem Kollegen überlegte ich, eine zweite Firma aufzubauen, und wir suchten eine Immobilie im Frankfurter Raum.

Schnell wurden wir durch seine Kontakte fündig, und es war ein ehemaliges Straßenbahngelände. Ein Kulturverein trieb dort sein Unwesen, und die hatten Räumlichkeiten ohne Ende.

Der Verein wollte uns gern die Räumlichkeiten zur Verfügung stellen, damit sie selber von den Einnahmen ihren Verein besser unterstützen konnten. Wir schauten uns das Objekt an und wurden uns schnell einig.

Die Räumlichkeiten waren so groß, dass wir jeder ein Büro hatten und noch einige weitere Räume zur Verfügung standen. Zu Hause bei Frau und Kindern erklärte ich die Situation. Die Vor- oder Nachtteile, und ich stieß auch nur auf geringen Widerstand. Ich eröffnete die zweite Firma mit diesem Kollegen zusammen. Aus dem Grund zog ich mich vom Fahren etwas zurück und verbrachte von nun an mehr Zeit im Büro als auf der Straße. Es sah so aus, als wenn meine harte Arbeit langsam anfangen würde, Früchte zu tragen. Den Traum weiterleben und weniger fahren, dafür mehr für die Familie da sein. Zu der Zeit hatten mein Sternchen und ich kein zweites Auto. Notgedrungen beschlossen wir für die Anfangszeit, dass ich unter der Woche in Frankfurt wohne und nur am Wochenende nach Hause komme. Es sollte kein Problem werden, denn wir führten ja eh die ganze Zeit eine Wochenendbeziehung. Doch Pustekuchen, schaut mal weiter.

Wir renovierten fleißig in Frankfurt die neuen Büros.

Die angrenzende Wohnung mietete ich gleich mit und richtete sie mir spartanisch aber wohnlich ein. Super, ich dachte, ich wäre weiter beruflich auf Erfolgskurs. Eine eigene Firma, eine zweite, an der ich 50 % besaß. Dazu jemand, mit dem ich zusammenarbeitete und der mich vieles lehrte. Es lief alles wie geschmiert außer dem Stress natürlich zu Hause, der ist leider geblieben. Immer wieder rauften wir uns zusammen, doch mein Fremdgehen hat sie mir logischerweise nie verzeihen können. Es war natürlich immer wieder Thema zwischen uns und sie hatte recht, ich betrog sie weiter, weil ich das nicht mehr bekam, was ich in den letzten zwei Jahren gebraucht hätte. Wir lebten uns immer mehr auseinander, und gut ein halbes Jahr nachdem ich das erste Mal zugab, sie betrogen zu haben, war dann endgültig Schluss. Ich blieb in Frankfurt wohnen und hatte zwei Firmen am Hals, die meine ganze Kraft in Anspruch nahmen.

Als ich an einem ganz normalen Tag meine restlichen Sachen holen wollte, stand sie bei meiner Ankunft im Hof meiner Mutter. Ich stieg nicht einmal mehr aus dem Wagen, denn nach vielen endlosen Streitigkeiten und der Schmach, dass mein Fremdgehen mir selber mehr geschadet hatte als ihr, sah ich sie da treudoof stehen. Ich kurbelte die Scheibe runter. Sie schaute mich mit traurigen Augen an und fragte mich: „Warum steigst

du nicht aus? War es das jetzt endgültig mit uns?" Für einen Moment sah es so aus, als dachte sie, ich käme, um mich mit ihr zu versöhnen. Ich war so was von kalt innerlich und fühlte rein gar nichts mehr. Ein Gefühl, was ich nicht kannte, aber sehr schnell merkte, dass die Luft raus war. Wie ferngesteuert antwortete ich: „Ja, das war's!"
Ich kurbelte die Scheibe einfach hoch und fuhr los. Der Drang war echt stark von ihr wegzukommen. Es war mir alles so kalt und emotional fremd geworden. Zurück in der neuen Wohnung in Frankfurt fühlte ich, wie gut es mir tat, dort zu sein. Ganz alleine für mich, ohne Streit und Stress, hatte ich ein neues Zuhause gefunden. Das erste Mal in meinem Leben raus aus diesem Dorf und weg mit Sack und Pack. Mein „Ex-Sternchen" heulte oft Rotz und Wasser, wenn sie bei mir in Frankfurt zu Besuch war.
Auch vor den Kindern, und das ging über Wochen so. Ich war total kalt, und sie wollte mich immer noch zurück und von vorne anfangen. Wie oft denn noch?
Ich traute ihren Worten nicht mehr und fühlte mich in ihrer Gegenwart nur noch kalt und leer. Selbst ihr Körper reizte mich nicht mal mehr. Diese Situation ging noch gut sechs Wochen, und so oft, wie ich sie in der Zeit habe weinen sehen, hatte sie die ganzen acht Jahre nicht geheult. Das war echt krass und dennoch ließ es mich weiterhin kalt. So saß ich in Frankfurt alleine in meiner Wohnung. Mit jetzt mittlerweile zwei Hunden auf einem einsamen, alten und abgelegenen Straßenbahndepot. Ich zwar froh, meine Tochter mal zu sehen, aber auch froh, wenn ich dann wieder alleine war.
Das war wohl nichts mit ewiger Liebe! Ich begann wieder zu leben, doch veränderte mich das alles immer mehr. Es schlichen sich Dinge ein, die nicht nur mein Leben lang schon da waren, sondern ich grub mein eigenes Grab immer tiefer. Ich wurde zum Lügner und einem notorischen Fremdgeher, der überall Aufmerksamkeit suchte und nix anbrennen ließ. Mit meinem „Kollegen"(Geschäftspartner) ging es regelmäßig ab in die Nachtklubs.
Wir feierten dort unsere Erfolge und aus Spaß an der Freude, wie andere in eine Kneipe auf ein Bier gingen, besuchten wir beide die Klubs und verfickten einen Haufen Kohle. Derweil

zettelte mein Ex-Sternchen bei meinen Eltern einen Riesenstreit an. Sie kündigte ziemlich zügig ihre Arbeit bei meiner Mutter im Betrieb und suchte sich im Nachbardorf eine neue Wohnung. Mir tat dabei die Kleine immer leid und die Große natürlich auch. Die Große erlebte eine Trennung jetzt zum zweiten Mal, und ich wollte eigentlich nie, dass meine Tochter mich auf Besuchsrecht sieht. So wie es bei mir und meinem Vater war. Nun, ich hatte meinen „Sekt" und war weit weg vom „Selters", aber die Liebe war auf jeden Fall verloren. Nur im Internet fand ich immer wieder meine „Opfer". Ich schaffte es oft in kurzer Zeit sie in die Kiste zu bekommen. Mit der einen oder anderen blieb ich auch mal für ein paar Wochen zusammen. Meistens jedoch immer nur, bis sie mir auf den Sack gingen oder ich ihnen. Wie auch immer, wir schenkten uns alle nichts. Die nächste unangenehme Angelegenheit sollte nicht lange auf sich warten lassen. Das Blatt drehte sich und ich merkte, wie ich immer schlechter mit dem Alleinsein zurechtkam. Die beiden Hunde, das Büro sowie die eine oder andere Nacht doch mit rausfahren, um Transporte zu begleiten.

An den Wochenenden stand ich meistens alleine da. Es sei denn, einer meiner Fahrer war bei mir geblieben und leistete mir übers Wochenende noch Gesellschaft. Frauen, die kamen und gingen, die emotionalen Verluste oder Gleichgültigkeit in Bezug auf Frauen prägten mich immer weiter, und ich war selber Schuld dran. Ich kann mich noch erinnern, dass ich mal mit jemand aus Herford zusammen war. In die war ich total verknallt, doch sie servierte mich nach mehreren Wochen Beziehung eiskalt ab.

Mein Spiegelbild der Seele begann sich zu formen und ich bekam zurück, was ich selber anrichtete. Auf jeden Fall war ich emotional am Ende, heulte wie ein Schlosshund und war von Herford auf dem Weg nach Frankfurt in mein zweites Zuhause. Mein erstes Zuhause war ja eigentlich noch bei meinen Eltern und die Wohnung stand mittlerweile leer, nach dem Ex-Sternchen ausgezogen war.

Die Betonung liegt auf „war" mal mein erstes Zuhause. Diese Tür zu meiner Familie schloss ich auch. Nachdem ich heulend bei meiner Mutter anrief, als ich auf dem Weg von Herford nach Hause war. Damit meine ich jetzt Frankfurt! Ich klagte ihr mein

Leid, wie schlimm doch alles wäre, wie scheiße mein Leben lief. Die Frauen, immer wieder diese Frauen, die ich verarsche und die mich verarschen. Ich war total aufgelöst. Das erste Mal in meinem Leben so gesehen psychisch am Ende und extrem empfindlich sowie total kopflos in meinen Handlungen und Worten. Meine Mutter hörte mir geduldig bis zum Ende zu, worüber wir geredet haben, kann ich heute nicht mehr genau sagen. Doch eins weiß ich noch sehr, ja sehr genau!

Ich klagte und klagte am Telefon meiner Mutter, während ich über die Autobahn raste mit Tränen in den Augen und zum Schluss sagte ich ihr bei 200 km/h: „Hättest du mich mal lieber an die Wand gespritzt, dann müsste ich dieses Scheißleben nicht ertragen!"

Sie schrie mich auf einmal an und legte auf. Was sie sagte, weiß ich nicht mehr, ich weiß nur, dass in ihrer Stimme Seufzer waren, als sie den Hörer aufknallte. Von dem Tag an hatte ich meine Familie verloren und der Kontakt wurde von beiden Seiten eingefroren.

Jetzt war ich ganz alleine auf mich gestellt und der Bruch zwischen mir und der restlichen Welt nahm Formen an. Oftmals war ich in dem Glauben, dass sich die ganze Welt gegen mich verschworen hatte, und dabei merkte ich nicht, wie ich mir Monat für Monat mein eigenes Grab immer tiefer schaufelte. Ich machte alle andere für mein Leben und meine Lebenssituation verantwortlich. Da wusste ich noch nicht, dass meine Erziehung auch eine entscheidende Rolle spielen sollte. Ich flüchtete wie so oft ins Internet und suchte nach Frauen, nach Frauen zu denen ich eine Verbindung aufbauen konnte. Blöde war ich ja nicht, was das anging, nur merkte ich zu der Zeit nicht, wie sehr ich mir selber schadete. Eine hier, eine da.

Am Wochenende um die Häuser ziehen mit Kollegen oder auch mit meinen Mitarbeitern. Eins muss ich an dieser Stelle mal festhalten. Ich hatte selber natürlich in meinem Leben Erfahrungen mit Alkohol gemacht, und ich kann an beiden Händen abzählen, wie oft ich in meinem Leben betrunken war. Zu dem Zeitpunkt habe ich schon lange abstinent gelebt, was den Alkohol betraf. Wenn ich ein Bier in Gesellschaft trank, war das viel und ich machte es aus Anstand, um anzustoßen. Ich hasste mittlerweile den Alkohol, der mein Leben so extrem beeinflusste, ob mit Frauen, mit den Männern meiner Mutter, mit Fahrgästen beim Taxifahren oder auch bei mir selber. Wenn ich zu viel getrunken hatte, wurde ich hemmungslos oder depressiv. Ich wusste halt zu der Zeit nicht, was das bedeuten sollte.

Im Internet lernte ich Sabine kennen, verliebte mich Hals über Kopf in sie und das, obwohl sie nicht mein Typ war. Nicht klein und blond, sondern groß und schwarzhaarig. Wie eine Indianerin könnte man sagen, und so werde ich sie hier auch nennen („Rothaut")!

Sie kam aus dem Rheinland, hatte einen Sohn und war eine richtige Frohnatur, die gerne und am liebsten jeden Tag Karneval gefeiert hätte. Wie ich auf die reinfallen konnte, weiß ich erst heute. Diese Erkenntnis ist echt schmerzhaft, weil ich heute mehr und mehr verstehe, warum ich so gehandelt habe. Was ich mit der erlebte, war ein weiterer Hammer, seit der Trennung von Ex-Sternchen und allen anderen, die ich heute nicht mehr aufzählen könnte. Da war sie nun, die Rothaut. In einer Singlebörse hatte ich sie kennengelernt und das scheint heute normal zu sein. Wobei kennenlernen nicht der wirklich zutreffende Begriff ist. Ihr wahres Gesicht kam erst nach und nach zum Vorschein. Sie war jemand, der Machtspiele exzellent führen und auch meistens gewinnen konnte. Ich war immer noch auf dem Weg zum Sekt und das Selters war weit von mir entfernt. Dennoch schaffte es diese Person, mein Leben gehörig durcheinanderzubringen. In kürzester Zeit wurden wir ein Paar, und sie signalisierte mir, dass ich der Mann fürs Leben wäre. Ich war damals gerade innerhalb von Frankfurt umgezogen, ein paar Hausnummern weiter, von dem alten Straßenbahngelände zu einem kleinen Bauernhof mit Reitställen und großer Abstellfläche für Fahrzeuge. Die Wohnung dort war extrem primitiv. Die Büros waren auf der anderen Seite des Gebäudes in einem etwas neueren Anbau. Die Rothaut kam das erste Mal zu mir, verliebte sich sofort in die Gegend und den alten Bauernhof. Es waren gerade, wenn es hoch kommt, sechs bis acht Wochen vergangen und sie beschloss, in einer sogenannten Hauruckaktion oder einer scheinheiligen Ich-hab-dich-lieb-Situation, zu mir vom Rheinland nach Frankfurt zu ziehen. Ihren Sohn hatte sie damals total krass zurückgelassen.

Sie überließ die Erziehung des Sohnes dem Vater, mit der sie anscheinend überfordert war. An dieser Stelle muss ich noch mal anmerken, dass ich viele negative Dinge zwar gespürt habe, doch mein Bewusstsein es als normal schmerzhaft empfand und mein Verstand oft von den wahren Gefühlen unterdrückt wurde. Denn hätte ich auf meinen Verstand gehört, dann wäre mir einiges im Leben sicher erspart geblieben, wie mit der Rothaut. Ich wusste ja immer noch nicht, was genau mit mir los war, dass ich immer wieder solche Frauen anzog und mir mehr Schwierigkeiten damit machte, anstatt klug mit Verstand abzuwägen. Im inneren Einklang von Herz und Verstand gute Entscheidungen zu treffen, setzte jedoch auch eine entsprechende Erziehung voraus, die mir nie zuteilwurde. Ob es am Ende Sekt oder Selters wurde und was das Wort Liebe für eine Rolle spielen würde, blieb abzuwarten. Die Rothaut war nun zu mir gezogen, sie arbeitete seinerzeit im Rheinland in einer Drogenentzugsklinik als Krankenschwester. Täglich pendelte sie zu ihren Schichten hin und her und ich betreute weiter meine Firma (mit den Schwertransporten). Ich fuhr nicht mehr so viel wie früher, sondern machte die etwas wichtigeren Dinge, die ich meinen Mitarbeitern nicht überlassen konnte. In kurzer Zeit lernte ich auch die Familie von der Rothaut kennen, und da hätte ich schon wach werden müssen. Doch meine rosarote Brille hat das richtig schön verhindert. Ich wollte ja nicht wieder alleine sein, und in dem Moment sah es ja nach einer ernsthaften Beziehung aus, die mich am Anfang zu befriedigen schien. Ihr Bruder bezeichnete sich selbst als „Hexer", legte Karten und war auch ziemlich extrem esoterisch angehaucht. Von ihm habe ich das im Großen und Ganzen bis heute übernommen. Es gibt Bücher, die ich gelesen habe, und viele andere spirituelle Dinge, an denen ich bis heute noch interessiert bin.

Von ihm erfuhr ich einiges über mich selber und dennoch glaubte ich nicht alles, was er mir erzählte. Durch den Bruder kam ich auch an das Network-Marketing, bei dem Menschen wie bei einem schneeballähnlichen System verarscht werden und nur die Großen das Geld machen. So ist meine Meinung bis heute darüber geblieben. Auf jeden Fall habe ich mir da etwas aufschwatzen lassen, um nebenbei mehr Geld zu verdienen. Das tat ich, damit ich mehr Sekt auf meiner Erfolgsgeschichte stehen hatte, als ich trinken konnte, scherzhaft gesagt. Ich dachte, ich wäre ein Teil von dem Produkt und ließ auch gleich die Werbung an alle Autos aufbringen und investierte eine Menge Kohle in das Projekt. In der Stadt war dann eine Vorführung mit all den bedeutenden Leuten aus Amerika und Deutschland in höchster Position, die für dieses Produkt warben.

Wir fuhren mit unseren Autos dorthin und ich war der Erste mit seinem Werbeaufruf für dieses Produkt. Keiner hatte sich so gut dargestellt wie ich. Vor Hunderten von Leuten standen meine Autos (Sprinter) vor dieser Halle direkt am Eingang. Doch wen interessierte es? Anscheinend keinen, denn nicht einer kam auf die Idee, mal zu fragen, wer ist das da draußen, der sich so für das Produkt einsetzt und etwas machte, was noch keiner vorher getan hatte. Niemand! Niemand, fragte danach. Keiner rief auf und wollte wissen: „Wer ist das?" Mir kam es vor, als wären die alle blind daran vorbeigelaufen! Enttäuscht fuhren wir irgendwann im Konvoi nach Hause und ich merkte langsam, auf was für einen Blödsinn ich mich da eingelassen hatte. Das Gelaber von dem Bruder, der davon immer noch so überzeugt war, ging mir Woche für Woche immer mehr auf die Nerven. Nach geraumer Zeit musste ich mir dann eingestehen, dass ich das Geld in den Sand gesetzt hatte, und dieses Produkt mich nicht weiter nach vorne brachte.

Die Fassade bröckelte langsam auf dem Bauernhof zwischen mir und der Rothaut. Dazu kam, dass es mit meiner zweiten Firma auch nicht mehr so super lief wie es am Anfang aussah. In den ersten Monaten hielt ich die zweite Firma mit Aufträgen aufrecht und dann, nach und nach sollte sich das ändern. Die zweite Firma (hatte auch mit Schwertransporten zu tun) sollte mir in meiner Firma etwas mehr unter die Arme greifen mit Aufträgen. Das klappte jedoch nicht und mein Kumpel schien andere, ganz eigene Interessen zu verfolgen, was ich zu der Zeit nicht erkennen konnte. Ich fand mal heraus, dass er mich überwachte, dass er durch seine Webcam von zu Hause das Büro überwachte, als ich mit ihm telefonierte. Er wusste genau, was ich tat. Obwohl er zu Hause war! Er kontrollierte mich und vertraute mir nicht. Seine Frau machte die Steuer unserer gemeinsamen Firma und ich hatte von vielen Dingen keine Ahnung. Wir stritten uns immer öfter, um Geld, um Aufträge und, und,

und. Von einer auf die andere Woche stieg ich aus der zweiten Firma aus, nachdem mir die Rothaut ein wenig die Augen geöffnet hatte. Mein „Ex-Partner", der sehr redegewandt war, teilte mir mit, dass ich mit minus aus der Firma rausgehen würde, er jedoch so gnädig sei und mich damit nicht belasten würde. Gelaber, Rhabarber kündigte er seinen Mietvertrag mit dem Vermieter, ohne mir was zu sagen und zack war er auf einmal weg. Ich stand mit dem ganzen Scheiß am Ende alleine da. Frankfurt sollte mir wohl kein Glück bringen. Ich war auf dem Bauernhof alleine, ohne Geschäftspartner, der mehr gelogen hat als alles andere auf der Welt. Der nur an seinen eigenen Vorteil dachte, weil er genau wusste, wie naiv ich war. Zu der Zeit war nur noch die Rothaut da und gab mir Sicherheit.

Ich war weg von meinen Eltern und der Bruch war spürbar, denn schon fast ein Jahr hatte ich mich bei meiner Mutter nicht mehr gemeldet, und dazu sah ich meine Tochter auch nur noch alle vierzehn Tage. In meiner Frankfurter Zeit, von Ex-Sternchen getrennt, teilte sie mir mit, dass sie zu ihrem neuen Freund ziehen würde, den sie knapp ein halbes Jahr nach unserer Trennung kennengelernt hatte. Ich dachte, ich höre nicht richtig, als mir bewusst wurde, wie weit weg die Kleine dann von mir wäre. Ex-Sternchen wollte genau zur anderen Seite unseres Gebietes ziehen und das waren mal eben schlappe 90 km, die mein Kind von mir weg wäre. In mir stieg der Zorn auf über ihre Entscheidung und das, ohne mich gefragt zu haben. Warum sollte sie mich auch fragen? Ich habe ja kein Mitspracherecht. Ich hatte nichts an Recht auf meiner Seite, und sie konnte so gesehen mit unserem Kind machen, was sie wollte.

Ich schrieb Ex-Sternchen einen Brief, der sich gewaschen hatte und in dem ich ihr erklärte, dass ich nicht damit einverstanden war, dass sie so weit wegging. Dadurch würde ich meine Tochter nur noch alle vierzehn Tage sehen. Die Reaktion von Ex-Sternchen auf meinen Brief war ziemlich sauer. Der Brief zeigte doch nur meine Enttäuschung über den Sachverhalt und ihre egoistische Art, in der sie ihre Entscheidungen traf, ohne mich oder das Kind zu fragen! War ein neuer Mann so viel wichtiger als das eigene Kind? Wollte das Ex-Sternchen mir nur eins auswischen? Ich stand wie gelähmt da und musste mit ansehen, was passierte. Endlose Diskussionen mit der Rothaut kamen noch hinzu. Diese Frau stachelte mich mehr und mehr an, um mein Kind und meine null Rechte zu kämpfen.

Und das, obwohl die Rothaut in keinem Fall besser war als Ex-Sternchen. Doch in meiner Verzweiflung und angesichts des Verlustes sah ich das alles nicht zu dem Zeitpunkt.

Ich konnte nichts dagegen unternehmen, dass mein Kind so weit weg war, und an Sorgerechtsgeschichten dachte ich in dem Moment auch nicht. Ich war so vernebelt von der allgemeinen Situation und der „Rothaut", die ich dachte zu lieben. Eine Frau, deren Geisteszustand sich auf ihren Körper auswirkte, dass man meinen könnte, sie kenne keine Hygiene. Das Allerschlimmste war, dass sie in einer Entzugsklinik die Harte spielte, und selber regelmäßig eine „Tüte" rauchte, und ich sie in meiner Blindheit sogar noch unterstützte.

Ich entfernte mich immer mehr von mir selber und funktionierte nur noch, für die Firma und für das, was ich damals Leben nannte.

Noch konnte ich Sekt trinken, weil ich immer noch erfolgreich war mit meiner Firma, auch wenn mein Kopf in Wahrheit hätte eine psychische Entziehungskur machen sollen. Ich kann heute nur noch mit dem Kopf schütteln. Wie sehr ich mich habe manipulieren lassen oder wie sehr ich mich verbog, um der Rothaut zu gefallen, damit ich ein wenig Liebe bekam. Eine Liebe, die auf Machtspielen beruhte und niemals ehrlich war.

Die Rothaut nutzte jeden Moment, um ihren Arsch in die richtige Position zu drehen. Wo Männer mit Glatze und Tattoos waren, da war sie auch oder dort wollte sie sein. Ich sah all das und unternahm nichts, was für mich gut gewesen wäre. Ich duldete es Tag für Tag, fuhr mit ihr Drogen besorgen und ließ mich sogar zwei- bis dreimal dazu hinreißen, selber mal mitzurauchen. Dieses Gefühl, welches ich dabei hatte, machte mir eher Unbehagen, als dass ich auf einer Wolke schwebte oder so ähnlich. Ich ließ auch schnell wieder meine Finger von dem Zeug und sah trotzdem weiter zu, wie mein Leben ganz langsam aus den Fugen geriet.

Wie oft habe ich mich mit der Rothaut gestritten, wenn sie etwas getrunken hatte oder bekifft war. Wenn die was getrunken hatte, warf sie sich Gott und der Welt an den Hals. Am schlimmsten war es an Karneval, wo diese rheinische Frohnatur jeden Moment nutzte, um andere Männer zu knutschen.

„Bützen" nennen die es dort und für mich sah es bei ihr anders aus, und ich fühlte jedes Mal, wie sie triumphierte, dass jeder ihr die Zunge in den Hals stecken durfte. Es war eine schlimme Zeit. Schaut mal, was noch passierte.

Schon ein Jahr zu meiner Mutter keinen Kontakt mehr, mein Kind weit weg, eine Freundin, die mein Misstrauen täglich schürte und ihr „Ding" durchzog. Dazu Arbeit ohne Ende in der Firma und Fahrer, die ich hätte zum Teufel schicken sollen, für das, was sie alles an Blödsinn machten. Ich könnte ein Buch mit mindestens 2.000 Seiten darüber schreiben!

Ich vertraute der Rothaut immer weniger, fand in ihrem Handy eindeutige SMS, und ich gab sogar zu, dass ich sie kontrollierte – mit Recht steuerte mich mein Unterbewusstsein. Es gab einen Riesenstreit deswegen, und da gab ich das erste Mal zu, dass etwas mit mir nicht stimmte und suchte psychologischen Rat. Zu der Zeit sollte es mich nicht weiterbringen, denn es waren nur ein paar Sitzungen. Ich brach das Ganze ab, weil ich das Gefühl hatte, ich selber könnte die Therapeuten manipulieren. Ich klammerte mich immer mehr an meine Verzweiflung und an die Rothaut, dass ich kaum mehr etwas als „gut" empfand. Immer wieder gab es Streit mit ihr, und ich wurde von Tag zu Tag unglücklicher mit meinem Leben und mit mir selber. Ich arbeitete hart, oft Tag und Nacht, dabei saß ich tagsüber manchmal im Büro und schlief in Etappen. Das Ganze ließ mir wenig Zeit zum Nachdenken, geschweige denn zum richtigen Handeln oder weise Richten. Zu diesem Zeitpunkt war mir nicht bewusst, was so alles an Negativem in mir schlummerte.

Ich fühlte mich wertlos und mein Selbstbewusstsein war schon lange im Keller. Es kam immer seltener zum Vorschein. Dazu bemerkte ich kaum noch, wie viel Scheiße ich in meinem Privatleben produzierte.

Das Einzige, was ich noch wahrgenommen habe, war mein Name in der Schwertransportbranche und welches Vertrauen mir namhafte Kunden entgegenbrachten. Sie wussten, dass ich der Einzige war, der die ganze Produktpalette angeboten hatte.

Ich kümmerte mich um Genehmigungsverfahren, um Begleitungen, um die Polizei, Streckenprüfungen, Schildermontagen und, und, und. Es war ein kleiner Höhepunkt meines Lebens, doch auch dort merkte ich nicht, wie es langsam bergab ging.

Weil ich mehr und mehr mit mir so beschäftigt war und meine Psyche kaum noch Platz hatte für die wichtigen Dinge, baute ich psychisch immer mehr ab. Mit meinem Ex-Sternchen war die Situation total zerfahren.

Die Rothaut war mittlerweile auch fehl am Platz bei mir. Ich fühlte mich in Frankfurt nicht mehr wohl und die Beziehung zu der Rothaut, die mir mehr Ärger als alles andere einbrachte, tat ihren Teil dazu. Ihre fröhliche Art schien mir derart übertrieben, dass ich dachte, die muss doch täglich dauerbekifft sein. Obendrein bekam sie auch mit sich selber mehr und mehr Probleme. Dies ließ sie dann oft an mir aus oder machte mich dafür zum Schuldigen.

Zwei Dinge, die ich mit ihr erlebte waren gut. Ich lernte, was es bedeutet in die Sauna zu gehen, und sie überraschte mich außerordentlich an meinem fünfunddreißigsten Geburtstag. Sie hatte hinter meinem Rücken eine Familienzusammenführung auf die Beine gestellt. Fast alle waren zu meinem Geburtstag gekommen, bis auf den Zweimetermann, der das Familienunternehmen zu Hause betreute. Meine Mutter war da, sogar mein Bruder mit Familie. Meine Tochter und der „Pitbull", die Haushaltshilfe meiner Mutter, waren auch mit dabei.

Ich hatte ja kaum noch Kontakt zu meiner Familie und auf einmal waren sie alle da. Das war schon echt überwältigend und die Überraschung war der Rothaut gelungen.

Einer der wenigen Momente, für die ich ihr bis heute dankbar bin, denn sonst wäre alles andere, was es in diesem Buch zu lesen gibt, nicht passiert. Dieser Geburtstag war einer der wenigen schönen Momente in meinem Leben, an die ich mich bewusst erinnern kann.

Ein Mercedes-Kombi, nagelneu, rundete den Tag für mich ab und der stand dann auch auf dem Hof, als die Leute kamen. Ich nahm wieder ein wenig Kontakt mit meiner Mutter auf und merkte schnell in den darauffolgenden Wochen, wie mein Heimweh wieder stärker wurde. Ich wollte wieder in dieses Dorf zurück. Doch wohin da? Meine alte Wohnung war an den Pitbull vergeben, die unsere Oma nach ihrem Schlaganfall pflegte, und so musste ich mich nach etwas anderem umsehen. Ich suchte alle Immobilienportale wochenlang ab und fand nichts, was ich mir hätte leisten können, oder die Firma mit den Autos unter einen Hut bekommen würde. Erinnert ihr euch noch an den Bruder der Rothaut? Der Hexer? Eines Tages saßen wir mal wieder bei ihm zu Besuch und ließen uns mal wieder die Karten legen. Ich kann mich noch sehr gut erinnern, schon allein weil es mir zu kurios erschien, was er uns da erzählte. Der Bruder legte Karten und sagte, dass die Rothaut und ich umziehen werden, in ein Haus mit vielen Zimmern! Der ist bekloppt, dachte ich, wer soll das denn bezahlen? Der nächste Hammer war, als er sagte, ich würde zur Arbeit fahren. In dem Moment war ich wieder hin- und hergerissen zwischen meinem Verstand und dem Glauben an mein Sein. Ich hatte doch meine Firma immer bei mir und musste doch nicht fahren.

Was meinte er damit?

Wochenlang grübelte ich mir einen Wolf und das Leben ging weiter. Nach gut zwei Monaten klingelte eines Morgens bei mir das Telefon und meine Mutter war dran. Sie sagte, ich solle sofort zu ihr kommen. Die Oma war verstorben. Ich fuhr auch sofort los und gab allen während der Familienkrisensitzung meine Anteilnahme zu verstehen. Ich half sogar noch den Mitarbeitern des Beerdigungsinstitutes, die Oma in den Sarg zu schaffen. Es ging ihr in letzter Zeit immer schlechter und jeder Besuch war ein Abschied und ich sagte immer zu ihr: „Oma, geh zu Opa, geh ruhig, du kannst ruhig gehen." Die Trauer in der Familie war groß und dennoch ging man sehr schnell wieder zur Tagesordnung über. Der Familienbetrieb „musste" weiterlaufen. Dieses Wort „muss" hasse ich heute wie die Pest, es ist ein Wort aus dem Munde meiner Mutter, welches mich mitunter auch krank gemacht hatte. Von da an ging alles sehr schnell. Mein Bruder hatte ja das Haus alleine geerbt, und er selber wollte dort nicht einziehen. Er wohnte schon seit Jahren bei seiner Frau. Ich glaube auch, das hätte ihn seine Freiheit gekostet, denn dann wäre er immer für die Firma greifbar gewesen. So wie ich hätte er parat stehen müssen. Das brauchte er so nicht, weil er zu weit weg wohnte. Kurzerhand fragte er mich, ob ich das Haus nicht mieten möchte! Da war es auf einmal, das Haus mit den vielen Zimmern. Meine Rückkehr war schnell beschlossene Sache und die Rothaut und ich uns schnell einig, die 170 m² zu mieten. Ein Haus mit vielen Zimmern. Die Firma passte dort hin mit den ganzen Autos. Dort, in dem Haus ist die Firma 1999 geboren worden. Wir renovierten den Altbau wie die Doofen und alle halfen mit. Innerhalb von sechs Wochen war der Umzug vollzogen.

Während wir dabei waren, alles zu renovieren, ging wieder mein Telefon, und es war ein Spediteur am Apparat. Dieser Spediteur fragte mich, ob ich nicht für ihn arbeiten wollte. Ich sollte bei ihm in seinem Büro arbeiten! Jetzt war da auch die Fahrt zur Arbeit und irgendwie hatten es die Karten ja vorausgesagt.

Ich möchte noch mal zurückkommen zu der Rothaut und mir. Nachdem wir umgezogen waren, veränderte sich unsere Beziehung rapide, in ein großes Chaos. Von den Emotionen dabei mal ganz zu schweigen. Im Bett hatte es nie richtig funktioniert und meine Dominanz machte ihr immer öfter zu schaffen.

Die Machtspiele wurden immer mehr und immer heftiger. Wir beide kämpften förmlich gegeneinander, und sie verlor die Realität mehr und mehr aus den Augen, was meiner Meinung nach nur an den Drogen liegen konnte. Ihre berufliche Unzufriedenheit gab ihr am Ende den Rest. Ich fuhr jetzt mittlerweile jeden Morgen ins Büro (wie die Karten es voraussagten). Wenn ich heimkam, kümmerte ich mich noch um meine eigene Firma.

Die Rothaut hatte schon länger einen Krankenschein und lag wie so oft bekifft auf der Couch oder turnte im Internet rum. Sie schaute nach anderen Männern. Als es mir auffiel, und ich sie zur Rede stellte, gab es noch mehr Streit. Meine Kritik war berechtigt, wie sich später rausstellte. Auf die Frage hin, wer denn welcher Mann ist und in welchen Zusammenhang sie mit denen stand, sagte sie mir genau, mit wem sie schon mal was vor mir hatte und welche Rolle derjenige zu unserer Zeit noch spielte. Ich fragte sie, was sie damit noch bezwecken wolle, wo wir doch jetzt schon über ein Jahr zusammen waren? „Das kann man nie wissen", sagte die Rothaut und ihr Gesichtsausdruck ließ mich vor Wut bald platzen.

Es war wieder so ein Gesicht, welches ich kannte und mich innerlich emotional in die Knie drückte. Sie wusste, wie viel Macht sie mittlerweile über mich hatte, und das nutzte sie gnadenlos aus.

Doch es sollte noch viel besser kommen. Nach langem Drängen löschte sie die Kontakte mit den Worten: „Mal gut, dass ich mir die Namen auch merken kann, und wenn du dann zufrieden bist, mir egal, ich weiß auch, wo die Typen wohnen." Tolle Antwort, dachte ich mir, und so machte sie fröhlich weiter und zeigte mir täglich, welchen Wert ich bei ihr noch hatte. Es kam, was kommen musste.

Der Auslöser war mal wieder der schlechte Sex, den ich mit ihr hatte. Es war einfach nichts mehr, und es war auch ohne Gefühl. Da hätte auch ein totes Stück Fleisch liegen können, und manchmal habe ich drauf gewartet, dass sie mir noch sagt, was wir einkaufen müssen, wenn wir Sex hatten. Meine Dominanz wurde ihr auch mehr und mehr zu viel, und sie verstand dieses Spiel nach über einem Jahr immer noch nicht. In meinem ganzen Leben hatte ich noch nie so wenig und dazu noch schlechten Sex. Warum nur war ich mit ihr so lange zusammen und hab sie nicht gleich in den ersten Wochen schon wieder in den Arsch getreten? Die Antwort darauf würde ich noch bekommen.

Es kam, was kommen musste, und sie verpisste sich nach einem Streit wie von langer Hand geplant zu ihrem Bruder. Das Ende war schon mehrfach ausgesprochen worden und das nicht nur, als sie bei ihrem Bruder war, sondern auch vorher schon. Als sie für zwei Wochen zu ihrem Bruder ging, um Abstand von mir zu bekommen, nutzte ich alle rechtlichen Möglichkeiten, damit sie mir nicht mehr ans Bein pinkeln konnte. Ich räumte alle ihre Sachen in die obere Etage und dann wechselten wir die Schlösser aus. Hier lief ein Trennungskrieg vom Feinsten ab. Irgendwann kam sie wieder mit ihrem Siegerlächeln im Gesicht, welches schnell in Wut umschlug. Denn das erste Mal begann ich, mich gegen sie zu wehren. Mit Rücksicht auf meine Tochter und ihren Sohn möchte ich da nicht weiter drauf eingehen und beende das Kapitel hier mit ihrem letzten Satz, als sie durch die Tür ging, nachdem der Möbelwagen gepackt war. „Ich fahre jetzt zurück, wo ich herkomme, und dort wartet ein Bodybuilder, der mich erst mal richtig durchvögeln wird." Das waren ihre letzten Worte. Nachdem sie die Haushälterin Pitbull aus dem Weg geschubst hatte, beförderte ich die Rothaut ein wenig unsanft aus dem Haus. Als diese Frau weg war, brach für mich eine Welt zusammen. Nicht nur, dass sie über Wochen noch mit meinem Handy Telefonrechnungen produzierte und auf die Firmen-Tankkarte weiter tankte, obwohl wir auseinander waren, sondern ich spürte wieder diese Niederlage, die emotionale Einsamkeit, den Verlust. Es war alles vorhanden an negativen Emotionen, was es nur geben konnte. Natürlich war ich auch froh, sie los zu sein, doch das rückte in den Hintergrund. Endlich war dieses Martyrium, was schon alleine ein Buch füllen würde, beendet und meine rosarote Brille zersplittert. Doch es war am Ende gut so, und besser für mich, dass die Rothaut weg war.

Meine beste Freundin „Tamara" und eine weitere gute Freundin aus dem Dorf, kümmerten sich um mich und hörten sich fast täglich mein Gejammer an. Eine Mischung aus, „ich kann und will nicht mehr" und über meine ausweglose emotionale Situation, in der ich gefangen zu sein schien. Woche um Woche verging. Es kehrte nur ganz langsam Ruhe ein, und das Rad des Lebens hörte natürlich nicht auf, sich zu drehen. Es dreht sich unaufhaltsam weiter und lehrte einen, weiter das Leben zu leben, und den Versuch, weiter seinen Verpflichtungen nachzukommen. Das Kapitel Rothaut war vorbei und trotzdem noch lange nicht verarbeitet oder abgeschlossen. Nie konnte ich etwas verarbeiten oder abschließen. So ging es auch weiter.

Die Wochen und Monate vergingen! Oft dachte ich auch, es kann nicht mehr schlimmer werden. Falsch gedacht! An einem Dienstagmorgen, rückblickend kann ich mich an das Wetter nicht mehr erinnern, es war mir auch egal. Wichtiger war mir in dem Moment, wie jeden Morgen meine Tasse Kaffee zu trinken und anschließend den Hund rauszulassen. Nachdem ich mit Lukas, meinem Golden-Retriever-Mischling, der noch aus der Beziehung zu Sternchen stammte, eine kleine Runde gegangen war, fuhr ich ins fünfzehn Kilometer entfernte Büro. In das Büro von dem Spediteur, bei dem ich immer noch arbeitete. Wie jeden Morgen warf ich als Erstes die Kaffeemaschine an und drückte den Knopf vom PC. Langsam kamen auch die Kollegen. Da ich immer einer der Ersten war, war ich schon dementsprechend vorbereitet. Es sollte ein Tag werden, wie er üblich war. Das Speditionsgewerbe ist ein hart umkämpfter Sektor. Meine Aufgabe bestand darin, Genehmigungen einzuholen und mit Kunden die Organisationen der Transporte zu besprechen.

Auch an diesem Tag sollte ich wieder viele Telefonate mit den Ämtern und Behörden führen, um Wegstrecken zu planen und zu organisieren. Es war das Gleiche, was ich auch in meiner Firma machte, die immer noch nebenbei weiterlief. Der Tag zog sich mal wieder wie Kaugummi. Ich war froh, als mir die Uhr signalisierte, dass es Feierabend war. Auf dem Weg nach Hause dachte ich an sie! Ja, es gab nach vier Monaten wieder eine neue Frau in meinem Leben. „Chantal", die Frau, die mir zu der Zeit am Nächsten stand, ging mir an diesem Tag nicht aus dem Kopf. Es war eine „neue" Beziehung. Chantal war seit ein paar Wochen in meinem Leben und ich dachte, meine Beziehung zur Rothaut hätte ich schon verarbeitet. Doch es war wohl ein Trugschluss oder machte ich mich wieder zum Opfer, indem ich mir alles gefallen ließ und nur wieder einem kurzen Rock hinterher wollte? Auf jeden Fall war das Gefühl, Chantal an diesem Tag etwas Liebevolles zu texten, sehr stark und die Zeit meiner Poesie und Reime begann in mir zu wachsen.

Die Nacht zum Tag gemacht,
dein Lächeln im Herzen trage.
Die Sonne für uns alleine lacht,
drum hör' was ich dir sage.
Mein Herz hast du berührt,
Lächeln geweckt.
Hab es lange nicht mehr gespürt.
Zum guten Schluss
schicke ich dir einen fetten Kuss.

Als ich zu Hause ankam, war der erste Weg zu Lukas, meinem Hund. Wir gingen eine Runde, und ich wusste, dass noch mehr Arbeit auf mich wartete. Ich hatte ja noch meine eigene Firma, um die ich mich nachmittags noch kümmern musste.

Ich setzte mich diesmal in mein Büro und schaute nach dem Rechten. Wieder musste ich Telefonate führen. Nachdem ich das erledigt hatte, lehnte ich mich einen Moment zurück. Mir wurde klar, wie schwierig es war, einmal bei einem Spediteur zu arbeiten und zusätzlich seine eigene Firma zu leiten. Ich bemerkte schon eine ganze Weile, dass sich die allgemeine schlechte wirtschaftliche Lage zugespitzt hatte. Bei mir waren die Aufträge mittlerweile auch rückläufig, und ich kam somit auch nicht mehr anders zurecht, als nebenbei noch bei dem Spediteur zu arbeiten. Zu der Zeit musste ich einen enormen Druck aushalten.

Erst heute ist mir klar geworden, dass so etwas auf Dauer nicht gut gehen kann. Wie ich mich fühlte, konnte ich in einem Reim rauslassen.

Am Ende des Tages,

die Seele müde und betrübt.

Harte Zeiten und hab mich oft selbst gerügt.

Die Wahrheit schmerzt und hilflos macht.

Doch der Tag wird kommen,

an dem die Sonne irgendwann wieder

aus meinem Herzen lacht.

Der Tag an dem mir strahlende Augen,

die Richtung zeigen.

Es ging mir nicht besonders gut. Trotzdem erledigte ich die Arbeiten, die von der Woche noch übrig geblieben waren. Zudem musste ich auch noch einkaufen fahren. Bei mir in der Firma war samstags auch Waschtag, damit die Fahrzeuge montags wieder sauber auf Tour gehen konnten. Ich merkte, dass mir das alles zu viel wurde, und dazu kamen auch noch die Unstimmigkeiten mit Chantal. Dafür, dass wir uns noch nicht lange kannten, stritten wir ziemlich häufig über Alkohol, Zärtlichkeit, Sex und Aufmerksamkeit. Ich hatte eigentlich keine Lust, sie zu treffen, sagte mir mein Verstand. Doch mein Herz suchte nach Nähe, Wärme und Aufmerksamkeit. Es ist wie eine Sucht.

Immer auf der Suche nach Zärtlichkeit klammerte ich mich an diese Frau. Ich konnte mich ihr einfach nicht entziehen, deshalb fuhr ich trotz der Differenzen am Abend zu ihr. Der Abend war schrecklich und das Erwachen nicht besser. Mühsam stand ich auf und machte mir einen Kaffee.

Die Stimme und das Lächeln sind verstummt,
verzehrt das Gesicht.
Träume schwinden ins Bodenlose.
Gehe hart mit mir ins Gericht,
der Weg voller großer Steine.
Leg' das Gesicht ins Kissen,
denn so sieht man nicht, wie ich weine.

Diese Zeilen schickte ich einer guten Bekannten. „Liesel" war auch aus dem gleichen Ort wie Chantal und ich. Liesel war mit meiner ganzen Situation seit vielen Monaten vertraut. Es war wieder mal eine Möglichkeit, die ich genutzt habe, um meinem Frust und meinen Gefühlen freien Lauf zu lassen. Das Verständnis, was ich von Liesel bekam, tat mir gut und baute mich wieder auf. Ich wusste, dass es oft nicht lange anhielt, und ich wieder in ein emotionales Loch fiel.

Raus kam ich dort nur, wenn ich jemanden fand, der meine SMS las, und mir Zuspruch gab. Chantal mit den schönen Augen, dem heißen Körper, konnte mit der Situation und meinen Emotionen nicht umgehen.

Als ich sie kennenlernte, spielte ich gleich mit offenen Karten und erzählte ihr von meiner Krankheit – zu der Zeit war es Burn-out. Burn-out „ausgebrannt" sein, der schleichende Beginn in Richtung Depressionen. Eine Diagnose, die ich von dem Therapeuten damals 2007 bekam, als ich noch in Frankfurt wohnte und mit der Rothaut zusammen war. Anfangs bekam ich von Chantal noch den gewünschten und auch teilweise geforderten Zuspruch. Mit der Zeit merkte ich jedoch, dass ich sie damit nerve. Sie nahm Abstand von mir und auch im Bett lief es nicht mehr rund. Ich war ihr zu dominant und forderte es zu oft ein. Dabei merkte ich, dass es mir wieder mal eigentlich nur um Sex, Nähe, Geborgenheit und Aufmerksamkeit ging. Nicht um die Person selber. Da ich mich selbst und meine Bedürfnisse in den Vordergrund gedrängt hatte, waren mir ihre Gefühle und Ansichten nicht sonderlich wichtig. Mir ging es mit der Situation nicht gut, und das teilte ich meinem Umfeld mal wieder per SMS mit:

Das Kerzenlicht den Raum erleuchtet sanft und warm.
Traurig in die Zukunft blicke.
Eine Frau mit Herz mir fehlt in meinem starken Arm.
Fühl' die Liebe noch in mir, sanft und zart.
Das Leben mir nix mehr gibt,
traurig beginnt der neue Wochenstart.

Ich war froh, Liesel zu haben. Heute weiß ich, was mir das alles bedeutet, und ich bin sehr dankbar dafür, in schweren Zeiten diese Kontakte nutzen zu können.

Die Tage kommen und gehen. Meistens sind sie gleich. Ich arbeite viel und habe kaum Zeit für mich. Meine Emotionen machen mich wahnsinnig. Immer auf der Suche nach allen Dingen, die mir fehlten wie Nähe, Aufmerksamkeit und Liebe. Wer kann mir das geben? Chantal kann es bestimmt nicht, denn daran glaube ich mittlerweile nicht mehr. Sie meinte sogar in ihrer eigenen Enttäuschung (so empfand ich es damals), dass ich eine Macke hätte. Dies teilte ich sofort Liesel mit – beide kennen sich und können sich nicht sehr gut leiden. Ich wusste auch, dass Liesel sich zeitgleich in mich verknallt hatte, aber ich konnte es nicht erwidern, denn mein Herz schlug in dem Moment für Chantal.

Von Liesel bekam ich daraufhin folgenden Text:

Die Macke lt. „Chantal". wäre mir scheißegal, so was wie dich kann man suchen wie eine Nadel im Heuhaufen, Ich hoffe, dass es noch so ein Exemplar für mich da draußen gibt, aber bei meinem Glück wird es wieder ein Arsch, dann lieber einen mit einer Macke.

So war es nur eine Frage der Zeit, bis es auch mit Chantal in die Hose ging. Keiner in meinem Umfeld kam mit ihr klar und „Keule", ein Kumpel von mir, hatte sie mal live erlebt und mir danach gesagt, wenn die noch mal mit uns mitkäme, dann bliebe er zu Hause! So ein unzufriedenes Gesicht und diese arrogante Art konnte er nicht ertragen.

Ich konnte es eigentlich auch nicht ertragen, zudem wollte ich nicht wieder die gleichen Fehler machen und langsam mal aus den vergangenen Beziehungen lernen. Diese Frau, die mit über 30 Jahren noch bei den Eltern im Keller lebt und meiner Meinung nach sonst nicht sonderlich viel auf die Kette bekam, passte einfach nicht zu mir und mal wieder war ich das Opfer, bzw. machte ich mich zum Opfer. Denn ich war selber nicht in der Lage, zu erkennen, was richtig und was falsch war. Auf mein Bauchgefühl konnte ich mich eh nicht wirklich verlassen. Aus verletztem Stolz, wie ich vermute, streute Chantal Gerüchte. Ich ließ mir das alles gefallen.

Sie wurde von mir verlassen. Wer beim Sex heult und sagt „ich liebe dich", der hat wohl keine andere Wahl. Der kann nur sein Gesicht wahren, indem er Blödsinn erzählt. Wenn ich sehe, dass wir heute noch wie Feuer und Wasser sind, dann sagt das doch alles, oder? Wenn ich ihr beim Autofahren freundlich zuwinke, zeigt sie mir den „Stinkefinger".

Beruflich war ich noch beim Sekt. Das hielt mich zu der Zeit noch am Leben, auch wenn die Arbeit durch weniger Aufträge oft unerträglich wurde und es kaum noch Freizeit gab. Ich merkte dabei nicht, wie ich mich weiter unaufhaltsam innerlich zerstörte.

Hatte ich die große Liebe schon? Stand sie noch vor mir, die große Liebe? Keine Ahnung, schaut mal weiter!

Es vergingen wieder einige Wochen, in der mich die Einsamkeit quälte und die Sehnsucht meinen Seelenfrieden immer wieder störte. Was war nur aus mir geworden? Ich hatte eine fünfjährige Beziehung hinter mir mit Barbara und war ein halbes Jahr alleine, dann schaffte ich es mit der Kindsmutter, meinem Sternchen, auf knapp acht Jahre und danach ging es immer wieder in die Hose.

Ich muss zugeben, dass ich selbst heute noch ziemlich starke Gefühle für die Kindsmutter hege, aber das ist wohl eher nur sexueller Natur. Immer wieder hinterfragte ich die Situation, warum ich es mit keiner länger als sechs Monate aushielt oder auch umgekehrt, dass es keine mit mir so lange aushielt. Diese Fragen versuchte ich mir mal von meiner Mutter beantworten zu lassen, und als ich sie fragte, wie ich es dann mit der Kindsmutter so lange geschafft habe, sagte sie trocken darauf: „Mein Sohn, du warst doch kaum da, da ist es leicht, es so lange miteinander auszuhalten, und für eine Frau eine Leichtigkeit am Wochenende die Beine breitzumachen, damit Ruhe herrscht.

Wärst du jeden Tag zu Hause gewesen und nicht Lkw-Fahrer geworden, dann hätte es garantiert nicht so lange gehalten."
Na toll, was soll das denn heißen? Oder hatte sie vielleicht sogar recht, mit dem was sie sagte? Mich verunsicherte das wieder einmal und ich wusste nicht, wo ich stand mit meinen Gedanken. Meine Mutter sagte dann noch: „Die Frauen von heute sind nicht mehr die, wie wir es früher waren. Sie sind selbstständiger und nicht mehr auf einen Mann angewiesen und trennen sich schneller wegen jedem Scheiß als früher. Wenn du die Richtige an deiner Seite gehabt hättest oder auch hast, dann hättest du viel weniger Sorgen." Die Frau habe ich aber nicht an meiner Seite. Es kann doch nicht sein, dass ich, wenn ich eine gut funktionierende Beziehung habe, automatisch geheilt bin, oder doch?

Ich wurde immer müder von diesen Gedanken, die mein Leben analysierten und die immer wiederkehrenden Fragen, die ich mir nicht beantworten konnte. Wenn ich Antworten von anderen bekam, ließen sie mich an mir selbst zweifeln. Immer wieder wurde mir bestätigt, dass ich schon sehr gute Qualitäten habe als Partner, doch dennoch sehr speziell bin. Doch womit hat das zu tun, speziell zu sein? Auch darauf werde ich die Antwort noch bekommen!

In Beziehungen seit längerer Zeit erfolglos, versuchte ich täglich im Job meinen Mann zu stehen. Doch auch das fiel mir immer schwerer, denn die letzten Monate zehrten an meiner Kraft. Bei dem Spediteur, bei dem ich nebenbei arbeitete, wurde es auch immer schwerer, dem dort herrschenden Druck standzuhalten. Zusätzlich musste ich mich auch nach Feierabend noch um meine Firma kümmern, wo ebenfalls immer wieder Probleme auftraten, die meine Mitarbeiter verursacht hatten. Ich musste immer wieder versuchen, das Ruder im Lot zu halten. Ich hatte selten das Glück, einen fähigen Mitarbeiter zu haben und oftmals zerstörten sie, was ich mir über die Jahre mühsam aufgebaut hatte. Der eine machte Schäden in die Tausende, der nächste tankte anstatt Diesel lieber Benzin und ganz zu schweigen von all den Totalschäden.

Auch wenn da mal einer keine Schuld daran hatte, kostete es immer so viel Geld, dass es für mich immer schwerer wurde, denn in der Spezialbranche mit Schwertransporten ist es nicht einfach, so was zu kompensieren. Mein Kopf war immer öfter nicht mehr bei der Arbeit, bei dem Spediteur und bei meiner Firma auch nicht. Es war zudem auch das Jahr der Wirtschaftskrise und ich merkte Monat für Monat, dass es immer enger wurde als früher und dann verlor ich auch noch die Zusammenarbeit mit dem Spediteur zu einem echt ungünstigen Zeitpunkt.

Es war Jahresmitte und ich hatte schon 25 % Umsatzverlust in meiner Firma und auch bei dem Spediteur war deutlich der Auftragsrückgang zu spüren. Überall, wo man anrief, waren die Kollegen am Jammern und man hörte immer wieder von Insolvenzen von Kollegen, die das Gleiche machten wie ich.

Die Preise waren eh schon nicht die besten und der Markt hart umkämpft, dass es sich manchmal mehr lohnte, ein Auto stehen zu lassen als damit weiter Kosten zu produzieren für einen Appel und ein Ei. Es war eine verdammt schwierige Zeit, und ich fand immer weniger Auswege aus der Misere. Der Karren war im Dreck, doch wie tief, das sah ich schon nicht mehr wirklich. Jede Bemühung weiterzukämpfen, kostete so viel Kraft, dass ich als Ausgleich auch genauso viele mentale Pausen brauchte. Ich fuhr sogar schon wieder nebenbei Taxi, damit ich keinen Lohn aus der Firma für mich rausziehen musste. Es schien nichts zu nützen, denn die Aufträge wurden immer weniger, innerhalb von vier Monaten war ich kurz vorm Aufgeben.

Ich machte einen Termin bei einer Kartenlegerin, weil ich wissen wollte, wie mein Leben weitergehen würde, denn so, wie es sich anfühlte, anscheinend nicht mehr lange. Meine beste Freundin Tamara aus dem Dorf hatte sie mir empfohlen und wir fuhren an einem Nachmittag beide zu dieser Kartenlegerin. Die alte Dame sagte mir prompt, dass ich wohl Ärger mit dem Finanzamt hätte. Ich muss dabei sagen, bei der Dame war ich verschlossen, denn ich wollte ihr nicht die Möglichkeit geben, etwas aus meinen Worten erkennen zu können. Doch woher wusste sie, dass ich ein paar Tage vorher eine Vollstreckungsankündigung vom Finanzamt bekomme hatte?

Sie sagte mir auch prompt, dass es noch schlimmer kommen wird, wenn ich nicht aussteigen würde! Ich und aufgeben? Ich war so müde, kraftlos und wirr im Kopf, dass dabei völlig unterging, dass ich noch in dem Jahr eine Frau kennenlernen würde. Mein Kopf war voll, und ich fühlte mich total ausgelutscht. Das

Gefühl von „ich kann nicht mehr" wuchs von Sekunde zu Sekunde mehr und mehr.

Auf dem Heimweg war ich total in Gedanken und versuchte, mich innerlich schon mit der Niederlage und dem Glas Wasser (Sekt oder Selters) abzufinden. Es vergingen weitere drei Tage, und ich überprüfte noch mal Einnahmen und Ausgaben, sah die offenen Rechnungen und ja sie hatte recht. Das ist unmöglich aufzuholen, und die alte Kartenlegerin sollte recht behalten mit ihren Voraussagen.

Als Erstes teilte ich es meinen Eltern mit, dass ich aufhören würde, und die verstanden die Welt nicht mehr. Sie wussten wohl, dass es bei mir nicht gut lief, aber dass ich aufgeben würde, hätten sie nicht gedacht. Ich rechnete ihnen alles vor und letztendlich gaben sie mir recht. Denn auch sie erkannten, dass es keinen anderen Ausweg mehr gab. Es war besser jetzt aufzuhören, als zu warten bis alles noch schlimmer würde. Ich meldete mein Gewerbe ab und informierte alle möglichen Leute darüber.

Danach machte ich erst einmal zwei Wochen lang das Telefon aus, denn ich wusste genau, was jetzt kam. Meine Fahrer habe ich entlassen und bin ihnen nichts schuldig geblieben, was mir sehr wichtig war. Die Kündigung reichte schon, aber dann noch kein Geld bekommen, so was gibt es bei mir nicht. Ich dachte mir, das, was noch an Geld da ist, sollen lieber sie bekommen als das Finanzamt, und dann war ich fertig damit.

Ich zog mich mehr und mehr zurück und kam mit der Niederlage und dem Glas Selters überhaupt nicht zurecht. Ständig versetzte es mir einen Stich ins Herz, jedes Mal wenn irgendeine Bank einen Sprinter abholte, wusste ich Sekt oder Selters, und ich habe verloren! Von nun an wird mit Wasser angestoßen und wohin mich das alles brachte, werdet ihr sehen. Die Firma war geschlossen und ich fuhr weiter nebenbei Taxi, um am Leben zu bleiben. Mit dieser Niederlage zu leben wurde für mich ein wahnsinniger Kraftakt, der vorerst der letzte werden sollte, denn nach ein paar Wochen funktionierte ich einfach nur noch. Vormittags Taxi fahren und den Rest des Tages in den Seilen hängen und schlafen und einfach nix mehr tun, höchstens grübeln, wie es weitergehen soll, und das wurde zu einem Teufelskreis.

Ich fuhr an einem für mich ganz normalen Tag wieder mal Taxi und da erlebt man ja so einiges, worüber es schon viele Bücher gibt. In meiner Situation voller Kraftlosigkeit und Selbstmitleid wusste ich kaum noch einen Ausweg, an diesem Tag kam mir Kommissar Zufall zu Hilfe. Ich wehrte mich immer noch, anzuerkennen insolvent zu sein und seit der Gewerbeabmeldung habe ich mich auch um nichts mehr gekümmert. Es hatten sich schon Spinnweben im Büro verbreitet und alles lag noch so da, wie ich es verlassen hatte. Ich konnte das alles nicht mehr sehen, was mich an diese Niederlage erinnerte. Einer meiner Fahrgäste war eine Dame aus dem Milieu. Ich hatte sie schon öfter gefahren und kannte sie ein wenig. Als Taxifahrer ist es eigentlich normal, dass man Kontakte zum Rotlichtmilieu hat, gerade dann, wenn man in der Nacht oft unterwegs ist. Ich fuhr die Dame mit dem Taxi zum nächsten Bahnhof, und wir kamen schnell ins Gespräch.

Ich erzählte ihr, dass ich einen anderen Job suchte, wo ich mehr verdienen möchte. Nur wollte ich nicht mehr Lkw fahren, das Ding ist erst mal gelaufen. Ich fragte sie einfach, ob sie nicht etwas wüsste, wo ich nebenbei etwas Geld verdienen könnte. Darauf sagte sie total trocken, „klar, ich wüsste da was, bei uns im Nachtklub wird ein Masseur gesucht" und als sie das sagte, musste ich erst mal lachen. Ich im Puff als Masseur? Meine Mutter würde mich erschlagen, wenn das rauskommt, glaubte ich. Vorsichtshalber ließ ich mir ihre Handynummer geben, und ich sagte ihr, ich würde mich in der nächsten Zeit melden.

Irgendwie war das ja ein Highlight, dass ich dann immer an der Quelle der Hammerfrauen wäre und jeden Tag etwas auf die Augen bekäme, denn die waren heiß, die Weiber im Milieu, das wusste ich von früher als ich noch Nachtschichten fuhr.

Dieser Gedanke ließ mich nicht mehr los, und ich fühlte mich hin- und hergerissen zwischen der Niederlage und einer neuen Richtung. Täglich kämpfte ich mit dem negativen Gedankenkreisel und der Niederlage, alles verloren zu haben und alleine zu sein. Aus früheren Erfahrungen wusste ich, dass das Milieu eine große Familie ist, doch würde ich da ein neues Zuhause finden? War das meine Lösung, dort zu arbeiten? Ich verdrängte schon die ganze Zeit viele Dinge um mich herum, wie zum Beispiel endlich die Insolvenz zu beantragen.

Ich krebste immer noch vor mich hin und schaffte es nicht, meinen Kopf so zu sortieren, damit ich alle Angelegenheiten ordentlich lösen konnte. Fast täglich hätte ich heulen und den Kopf in den Sand stecken können, anstatt zu handeln. Es fiel mir immer schwerer, kluge Entscheidungen zu treffen.

Dabei hatte ich immer die Angst im Nacken, völlig wertlos zu werden, weil ich die Firma in den Sand gesetzt hatte. Die Wirtschaftskrise brach mir schließlich das Genick und ich hatte kaum noch Kraft, nach Lösungen zu suchen, denn so weit hatte mich mein Leben bis dahin gebracht.

Ich rief die Dame aus dem Milieu an und sagte ihr zu, ich würde den Job für ein paar Wochen annehmen. Bis zum vereinbarten Termin war es noch eine Weile, und ich meldete mich zu einem Kurs als Wellness-Masseur an. Dieser ging über ein paar Tage und ich hatte noch genügend Restgeld über, um mir das leisten zu können.

Dann war es so weit und ich rief sie an, dass ich bereit wäre und es losgehen könnte. Ich ging zu dem Probearbeiten und wurde auch sofort genommen. Dort im Milieu gibt es natürlich keine Verträge, sondern nur Geschäfte per Handschlag. Mein Gewerbe war gerade ein paar Wochen abgemeldet und so fuhr ich am Vormittag Taxi und von 20 Uhr bis Open End ging ich massieren in einem Nachtklub.

Das war eine echt krasse Zeit und es hat eigentlich auch Spaß gemacht, aber leider nur eigentlich. Wenn ich die Freier massieren musste, war das natürlich harte Arbeit und wenn dann zwischendurch mal eine Hure kam, wurde das Leuchten in meinen Augen immer heller. Das war natürlich etwas, wovon man nur träumen konnte. Solche geilen, nahezu perfekten Körper zu massieren.

Dazu noch von denen provoziert zu werden! Da musste ich manches Mal total aufpassen, nicht einen Ständer in der Hose zu bekommen, so versaut wie die waren. Es gab natürlich auch Mädels, die gezwungen wurden, und auch welche die es genauso wie ich auch aus finanziellen Gründen machten. Mit den einen konnte man gut reden, und manche andere hatten ihren Verstand schon weggevögelt und die Drogenabhängigen waren die schlimmsten.

Die zogen sich vor jeder Nummer erst mal eine Nase, damit sie den Wahnsinn auch ertragen konnten. Also tauschen wollte ich mit denen bestimmt nicht. Man musste auch immer auf der Hut sein, mit wem man über was redete, denn die Wände waren sehr dünn. Dafür machte ich dort gut Kohle und vor einer Sache bin ich immer gewarnt worden: Fange nie etwas mit den Mädels an.

Das war schwieriger, als ich dachte, denn manche forderten mich regelrecht heraus und provozierten ohne Ende, denn für sie war ich auch ein Tabu in der Branche und dennoch versuchten es die einen oder anderen immer wieder, mich in die Kiste zu bekommen. So dauerte es nicht lange, bis mir eine kleine Albanerin den Kopf verdrehte, und als sie mir erzählte, welche Probleme sie hatte, kam bei mir wieder der Beschützerinstinkt durch. Ich nahm sie mit nach Hause und sie bedankte sich mit einer heißen Nacht bei mir. Es sah so aus, als wollte sie aussteigen aus dem Milieu. Ich wusste, dass man Frauen freikaufen konnte oder musste, wenn man etwas mit ihnen hatte, aber dafür hatte ich bestimmt keine 10.000 Euro übrig. Ich redete mit der Bardame darüber, die Frau, die mir den Job besorgte und sie fing sofort an, mir den Kopf zu waschen und ich sollte die Finger von ihr lassen.

Das war echt nicht einfach, denn es war eine totale Granate und reden konnte diese Frau auch, doch darin war die Gefahr, denn solchen Frauen konnte man nicht vertrauen.

Sie lebten so und verdienten ihren Lebensunterhalt mit ihrem Körper und konnten verbal jeden Mann um den Finger wickeln. Ich gewann Abstand von ihr, und das bekam ich ganz schnell zu spüren in dem Klub. Sie nutzte jede Gelegenheit, um mich schlecht zu machen, nachdem ich mich von ihr abgewandt hatte.

Mir kam unerwartet eine andere Bardame zu Hilfe, die ich erst zweimal dort gesehen hatte. Da meine Augen immer bei den Prostituierten waren, nahm ich sie vorher überhaupt nicht wirklich wahr. Sie hieß Katharina, aber ich nannte sie von da an immer „Diva". Sie half mir, mein Gesicht in dem Klub wahren. Wir verstanden uns echt gut, und sie war keine die ihren Körper verkaufte, sondern dort nur als Thekenkraft arbeitete, die

Getränke servierte und sich um die Wäsche kümmerte. Sie war also so eine wie ich, die dort nur des Geldes wegen arbeitete und nicht wegen Sex oder auch nicht, um mit Sex Geld zu verdienen. Für sie war es ein ganz normaler Job. Die Kohle, die ich dort verdiente, konnte ich echt gut gebrauchen, unversteuert natürlich, aber scheißegal irgendwie musste ich am Leben bleiben.

Katharina, die Diva, war äußerlich auch locker den anderen Klubmädels überlegen, denn sie war von Natur aus schon „scheiße" hübsch und fast zwei Köpfe kleiner als ich. Das gefiel mir sowieso. Klein, blond und einen sexy Body hatte sie. Ich war froh, dass sie damit kein Geld verdiente, denn dieser kleine Wirbelwind passte da nicht hin. Ich erfuhr, dass sie einen Sohn hatte und alleine lebte in der Nähe von dem Klub. Nach ein paar Wochen verabredeten wir uns privat und trafen uns zum Essen in ihrer Stammkneipe. Da war etwas zwischen uns, und ich konnte mir in den letzten Tagen mehr vorstellen, als sie nur ins Bett zu kriegen. An dem Tag, nachdem wir ein paar Stunden zusammen waren, kamen wir uns auch näher und beschlossen, eine Partnerschaft zu versuchen. Wir wussten beide schon eine Menge voneinander.

Wenn nachts im Puff nichts los war, wo wir zusammen arbeiteten, waren wir natürlich am Quatschen über Gott und die Welt.

Juchhe ich hatte eine neue Beziehung, und dass in einer meiner schwersten Zeiten, die ich gerade durchlebte, und alles, was ich ihr über mich erzählte, egal wie negativ es war, schien sie nicht zu stören. War es die aus den Karten? Die Frau, die die alte „Kartenlegerin" beschrieben hatte? Es sah ganz danach aus, wieder hatten die Vorhersagen zugetroffen, und ich fühlte mich wie im siebten Himmel. Meine Sorgen waren weit, weit weg. Die Chemie zwischen uns schien echt zu stimmen, und wir sahen uns so oft wir konnten. Jedes Mal, wenn wir uns trafen, ging es auch ab in die Kiste und sie war genauso eine kleine Sau, wie ich es mochte, und es war leidenschaftlich, wie ich es schon Jahre nicht mehr hatte. Sie war der gleiche Typ wie Sternchen, und die beiden ähnelten sich in vielen objektiven Dingen. Menschlich jedoch, also charakterlich waren sie zwei verschiedene Paar Schuhe. Nach einigen Wochen merkte ich, dass meine Sorgen immer noch da waren und ich sie eigentlich nur verdrängt hatte, und die Diva machte es mir auch oft leicht zu vergessen. Mit ihr nahm ich wieder aktiver am Leben teil und es war echt schön, bei ihr zu sein und weg von meiner Welt, die mich an alles, auch an die Niederlage, den Verlust meiner Firma erinnerten und in der mich die Gedanken quälten, wie es weitergehen sollte.

Sie versuchte, mich mental zu unterstützen, und biss sich oft die Zähne an mir aus. Dem Selbstmitleid verfallen sah ich nicht viel. Ich zweifelte an allem, was sich um mich herum bewegte. Selbst als sie mir helfen wollte, mich als Masseur selbstständig zu machen, zweifelte ich an mir und meinen Fähigkeiten. Während da jemand an mich glaubte, sah ich nur meine Verzweiflung und suchte Nähe, Aufmerksamkeit, und als ich beides bekam, verhielt ich mich wie ein hilfloses, kleines Kind, welches verzweifelt versuchte, sich das erste Mal den Knoten in die Schnürbänder zu machen.

Mein Leben hatte mich schon zu sehr geprägt, um da alleine rauszukommen, nur konnte ich das zu der Zeit nicht erkennen und wusste nicht wirklich, was ich da tat. Um mich selber zu verstehen, kannte ich mich nicht genug und wusste nicht immer gleich, was ich da machte. Ich wollte nur bei ihr sein, am liebsten nach Wochen schon zusammenziehen, und nicht mehr alleine sein, das wollte ich und alles andere habe ich nicht mehr wahrgenommen. Somit war es auch klar, dass die ersten Streitigkeiten nicht lange auf sich warten ließen. Ich klammerte und jaulte rum, wie ausweglos meine Situation war.

Ich war so unzufrieden mit mir und erinnerte mich, dass die alte „Kartenlegerin" sagte, sie würde sehen, dass ich mal Bus fahren werde. Ich und Bus fahren? Warum nicht, es war ein großes Fahrzeug und der Gedanke begann mir zu gefallen, zumal ich mich ja mit der Personenbeförderung gut auskannte vom Taxifahren her. Doch wie komme ich dahin? Beim Arbeitsamt sagte man mir, dass ich den Busführerschein nicht bewilligt bekomme, und ich sollte doch lieber wieder Lkw fahren. Nein, das Kapitel Lkw war abgeschlossen, und ich glaube, diese Einsamkeit auf dem Bock hat dazu beigetragen, dass ich krank wurde.

Nein, das wollte ich nicht mehr, öfters so lange von zu Hause weg sein. Bus fahren hingegen fand ich locker aus der Fernsicht und das mit dem Massieren in dem Nachtklub sollte auch nicht von Dauer sein. Ich wechselte zwischendurch in einen anderen Nachtklub nach Wuppertal, um zu sehen, ob ich dort mehr verdienen kann. Das ging nach hinten los und so ging ich mit der Diva zusammen in einen Swingerklub. Sie wollte auch weg von dem Klub, wo wir uns kennengelernt hatten. Die Diva kellnerte, ich massierte und so waren wir beide zusammen. Es gab mir Sicherheit, und ich vergaß wieder alles andere um mich herum. Die Diva konnte sich meine Unfähigkeit nicht mit ansehen und setzte mich mehr und mehr unter Druck, endlich etwas zu unternehmen. Ich fühlte mich jedoch immer noch wie gelähmt und funktionierte einfach nur, ohne groß zu überlegen, denn wenn ich überlegte, kam eh nur scheiße bei raus und das Grübelrad drehte sich dann unaufhaltsam. Ich ging noch mal heimlich zur alten Kartenlegerin und suchte nach Antworten bei ihr und sie sagte mir immer wieder, dass sie mich als Busfahrer sieht und ich sollte doch noch mal zum Amt gehen, am besten zu einer Frau. Na toll, dachte ich, bei uns am Amt sitzt aber nur ein Mann und da gibt es keine Frau. Ich verwarf den Gedanken erst mal wieder, als Busfahrer zu arbeiten, denn für mich wäre der Führerschein zu teuer, wenn ich es aus eigener Tasche zahlen müsste. Meine Zukunft sah ziemlich düster aus und mein Leben geriet mehr denn je aus den Fugen. Ich hatte mich mal wieder an ein Mädel geklammert, weil ich alleine nicht zurechtkam und mir die Nähe und Zärtlichkeit fehlte. Ich achtete mal wieder nicht darauf, ob die Person wirklich zu mir passte. Ich fuhr Taxi und in den Nächten quälte ich mich als Masseur rum. Wann ich das letzte Mal richtig und vor allen Dingen gut geschlafen habe, wusste ich schon gar nicht mehr. Ich kämpfte mit mir und einer nicht wirklich gut funktionierenden Beziehung zur „Diva", die mehr auf Sex und Nicht-alleine-sein-Können aufgebaut war, anstatt darauf, etwas zu unternehmen. Ich verstand mich selber nicht mehr. Was war denn los mit mir? Früher habe ich doch so vieles auf die Reihe bekommen und immerhin ohne Grundausbildung eine Firma aufgebaut und elf Jahre führen können. Zwei lange Beziehungen von fünf und acht Jahren habe ich geschafft und viele Krisen mit den Eltern und in meiner Firma überstanden und jetzt? Ein Haufen Elend, ein nervliches Wrack und genauso, wie ich mich fühlte, zeigte ich mein Gesicht der Welt draußen. Mit dem Gesicht und den Gedanken blieb mir keine Wahl mehr. Ich musste den Weg gehen, den ich nie gehen wollte. In diesem Dorf, wo es eine Schmach war, genau dorthin zu gehen. Zum Sozialamt bin ich gegangen und habe immerzu gehofft, dass mich keiner sieht oder erkennt, denn ich bin hier immerhin noch ein stadtbekannter Hund, der so alles an Blödsinn gemacht hat in der Jugend, was er nur machen konnte, und viele zeigten mit dem Finger auf mich.

Das war schon immer so!

Ich beantragte Hartz IV und zeitgleich dazu die Privatinsolvenz. Mittlerweile häuften sich die Rechnungen, die eine Größenordnung hatten, die ich hätte eh nicht mehr zahlen können, und das Ganze am 23. Dezember, einen Tag vor Weihnachten!

Alter Schwede ging es mir beschissen, und keiner konnte mich wirklich auffangen. Alle Worte prallten an mir ab oder verhallten im Raum, und ich sank immer tiefer und tiefer in diese Hilflosigkeit und Unfähigkeit, etwas zu unternehmen. Es wurde ein Weihnachten wie es schon so viele gab. Voll mit negativen Emotionen und einer Traurigkeit, die jede Kette hätte sprengen können. Mein ganzes Leben lang gab es Weihnachten oder Silvester und die Geburtstage noch dazu, die mich traurig machten. Es kam nie das Gefühl auf, welches man an solchen Tagen eigentlich hätte haben soll. Ich kannte diese Gefühle, und ich wollte sie nicht mehr, ich hasste sie und kam nicht dagegen an, jedes Mal das Gleiche und dieses Jahr schlimmer als je zuvor.

Das Jahresende nahte, und ich feierte bei der Diva Silvester und sah dort wieder Mal ihr wahres Gesicht. Ein Gesicht, welches ich die ganze Zeit nicht sah. Ich war wieder mal blind vor Liebe oder besser gesagt, war da jemand, der mit meinem Schwanz umgehen konnte und ich konnte der Einsamkeit entfliehen. Mehr war das eigentlich nicht, im Nachhinein betrachtet. Wieder so eine tolle Nacht mit zu viel Alkohol. Dann wurde noch eine Freundin von ihr auf der Party vergewaltigt und es ging richtig gut die Post ab. Wo war ich da wieder gelandet? Soll so mein Leben weitergehen? Das kann doch nicht sein?

Ich war wieder einer Frau verfallen, die gerne einen über den Durst trank, wenn es, was zu feiern gab, und dementsprechend im Suff fühlte ich mich auch scheiße von ihr behandelt, und es fühlte sich so an, als suchte sie nur nach Gründen, um mich zu verletzten. Was ich euch noch nicht erzählt habe, ist, dass auch die Diva allzu gerne und zu oft eine „Tüte" rauchte, was mir überhaupt nicht gefiel. Okay, im Bett ging die ab wie ein Zäpfchen, und dennoch ist mir ehrlicher Sex mit Gefühl und Herz lieber als die wilde Nummer. Sie war auch oft scheiße drauf und behandelte mich bekifft wie einen kleinen Deppen, da musste ich mir eine Menge gefallen lassen. Sehr oft hat sie mir zu verstehen gegeben, dass ich eine Mogelpackung wäre.

Kein harter Kerl, auch wenn ich so aussehe, sondern eher ein Weichei, einer der nichts auf die Kette bekommt. Ständig musste ich mich erniedrigen lassen und verlor mehr als mir lieb war. Ihre Machtspiele und meine funktionierten schon lange nicht mehr. Wir schossen regelmäßig aneinander vorbei. Ich ging dennoch viel zu oft zu Boden, öfter als gut für mich war. Überhaupt war ich in den letzten Jahren zu oft zu Boden gegangen und immer wieder aufgestanden.

Doch mir fehlte echt langsam die Kraft, und ich klammerte mich an jeden Strohhalm, den ich kriegen konnte, damit ich wenigstens etwas Geborgenheit und Sicherheit spüren konnte. Natürlich fatal und heute weiß ich das auch. Aber seht mal, was noch so passierte.

2010, das neue Jahr hatte begonnen, und wie immer sagte man sich, was man alles besser machen wollte, und was besser werden sollte. Immer das Gleiche, die sogenannten guten Vorsätze für das neue Jahr. Mit dem Massieren hörte ich auf, denn in dem Swingerklub lief es nicht so gut. Die meisten wollten dort nur rumvögeln und sich weniger für Geld massieren lassen. Es war nichts mehr für mich und der Inhaber verlangte von mir, dass ich auch aktiv mitmachen sollte, und das war echt nicht mein Ding. Ich hab' ja schon eine Menge gemacht, aber da im Rudel zu bumsen war nicht mein Ding, und es reichte mir schon, dass ich es mir oft genug angucken musste, dass ich mir anhören musste, wenn die Frauen stöhnten oder schrien, als wären sie ein Schwein am Spieß. Nee, das war nichts für mich und da fehlte mir jeder Sinn für Romantik und Leidenschaft. Aber das war es, was ich suchte und wirklich wollte, mich mit einem festen Partner vereinen, ihn lieben und mich nicht durch die Welt vögeln, das war einmal. Ich wusste immer noch nicht, wie es weitergehen sollte und wo ich stand. Dabei hatte ich noch im

Hinterkopf, was die Kartenlegerin sagte wegen der Busfahrergeschichte. Zwei Wochen trug ich das noch mit mir rum und ich wusste, dass der Mann von dem Amt mir das eh nicht bewilligen würde. Dennoch ging ich an einem Morgen im Januar zum Amt und versuchte noch mal mein Glück, denn bisher hatte die Kartenlegerin immer recht gehabt mit dem, was sie sagte. Ich klopfte an die Tür des Betreuers für Arbeit und hörte auf einmal eine weibliche Stimme, die mich hereinbat.

Ich war so verblüfft, dass ich nicht einmal mehr „Guten Morgen" sagen konnte, und die Dame nur fragte, wo Herr M. wäre. Ich dachte, ich höre nicht recht, als sie mir sagte, dass er im Urlaub wäre und sie ihn vertreten würde. Würde ich jetzt doch meinem Ziel näher kommen und würde die alte Kartenlegerin recht behalten? Ich schaffte es, die Urlaubsvertretung dermaßen zu beeinflussen, dass ich einen Bildungsgutschein in Höhe von fast 14.000 Euro bekam und sogar innerhalb einer Woche die Schulung zum Berufskraftfahrer im Personenverkehr beginnen konnte. Echt krass, ich werde doch Busfahrer und das, obwohl ich mich immer fragte, wie ich das ohne Kohle schaffen sollte. Es war auf einmal so einfach.

Habe ich gerade einfach geschrieben? Der Schulungsbeginn passte zeitlich. Okay, das lief dann jetzt, und ich musste wieder die Schulbank drücken für mindestens sechs Monate. Der theoretische Teil lief nur bedingt gut, mit den Dingen, die ich vom Lkw-Fahren her wusste, gab es kleine Vorteile für mich, und trotz alledem war es anders als früher. Was war denn los? Ich hatte große Schwierigkeiten, den Stoff zu lernen und zu behalten. Lag es an dem ständigen Stress mit der Diva oder an der Insolvenz, dem Harz IV vielleicht? Zu der Zeit lag es für mich an der Diva, in die ich vernarrt war, und an der ich hing wie eine Klette. Es war nicht der geile Sex, den wir hatten, egal, ob in der Sauna, auf dem Küchentisch oder sonst wo. Nein, ich war einfach nicht mehr alleine. Ich hatte jemanden an meiner Hand, der mir Sicherheit gab, die ich mir schon eine ganze Weile selber nicht mehr geben konnte. Jemand, der da war und oft auch wieder nicht.

Eine Frau, die ihre Ziele „versuchte" zu verfolgen und oft stecken blieb und in ihrer Sucht und Verzweiflung kiffte, dass die ganze Bude qualmte.

Ohne Rücksicht auf ihren Sohn, der ein ums andere Mal nicht schlafen wollte, und hyperaktiv ins Wohnzimmer sprang, wenn der Joint noch dampfte. Ich kam nicht los von dieser Diva, die sich gerne im Bett unterwarf, und mit der ich fast machen konnte, was ich wollte. Die Quittung bekam ich damit, dass sie dafür im Alltag mit mir machte, was sie wollte, und ich mir das oftmals gefallen ließ. Schwach war ich, ich konnte ihr nicht mit Stärke entgegentreten wie ein Mann. Für jeden meiner Partner wäre ich, um sie zu schützen, vor ein Auto gesprungen oder hätte eine Niere gegeben, wenn es hätte sein müssen, und mit mir kamen sie nicht zurecht! Warum? Darauf gibt es eine Menge Antworten. Es gibt immer zwei Lager, die einen, die verstehen, und die anderen, die mit dem Kopf schütteln. Ich werde wohl niemals sehen und erfahren, wer gerade mit dem Kopf schüttelt oder nicht. Wer sich vor meinen Stärken verneigt oder über meine Schwächen lacht. Das ist mir ehrlich gesagt nicht egal, aber ich werde versuchen, das zu akzeptieren. Ich wollte für die Diva alles aufgeben, nachdem ich die Ausbildung zum Busfahrer bekam. Wir waren gerade mal drei Monate zusammen, und ich preschte wieder voll drauf los und war mit meinen Gedanken schon wieder viel weiter als meine Handlungen. Ich bettelte förmlich, dass ich bei ihr hätte einziehen dürfen, wenn ich mit der Ausbildung fertig wäre. Doch kein betteln half etwas, und sie bockte immer mehr. Ich versuchte, ihr zu beweisen, wie ernst es mir war, und übte die Straßennamen im Atlas und besorgte mir in ihrer Nähe eine Praktikumsstelle. Doch nichts von dem half mir am Ende der Ausbildung, wir wären dann acht Monate zusammen gewesen, bei ihr einzuziehen. Sie hatte enorme Angst, wenn sie es zulassen würde, und ich bei ihr einzöge, dass ich nicht für die beiden sorgen könnte. Solange sie noch vom Amt abhängig war, hatte sie Schiss, ihre Bezüge zu verlieren.

Selbst mein letztes Ass im Ärmel half nichts, und ich wusste sehr genau nach bürgerlichem Gesetzbuch, dass eine angehende neue Beziehung ein Jahr lang davon befreit ist und ein sogenanntes eheähnliches Verhältnis somit nicht gewertet wird. Das heißt, auch wenn ich bei ihr eingezogen wäre, dann hätte uns das Amt ein Jahr lang nichts anhaben können, doch das alles wollte sie nicht sehen.

So kämpfte ich während der Ausbildung täglich mit meinen Gedanken um sie, um mich und um die allgemeine Zukunft. Der praktische Teil war für mich eine Kleinigkeit, weil mir der Umgang mit großen Fahrzeugen im Blut lag. Doch theoretisch hatte ich das Gefühl unterzugehen in der Klasse, wo es auch noch sechs andere gab, die mit mir zusammen die Ausbildung machten. Dinge, die ich hätte wissen müssen, und nicht beantworten konnte, ließen mich wie einen Volldeppen aussehen, der einen Lkw-Führerschein besitzt und keinen Plan hatte. Mein Kopf trieb mich in den Wahnsinn und mein Körper wurde immer müder. Mit der Diva lief es immer schlechter, und die schönen Tage, die wir mal hatten, wurden immer weniger. Die vergangenen Zeiten wurden trotz all dem Schönen, was wir erlebt hatten, nichtig und klein. Klein? Ja, ich wurde immer kleiner! Hatte kaum eine Meinung mehr, die ich festhalten konnte, und die Machtspiele von beiden Seiten taten ihren Teil dazu, dass alles immer schlimmer wurde. Es war unglaublich, was Worte, Taten und Geschriebenes auf einmal an Wert verloren.

In der Woche während der Ausbildung fuhr ich am Abend so oft es ging dann noch zu ihr. Am Wochenende ging sie noch nebenbei arbeiten. Weg vom Puff, weg vom Swingerklub, ich schaute ihr manchmal dabei zu, wie sie jetzt in einer Kneipe arbeitete.

Je mehr ich mich bemühte, ihr zu zeigen, wie ernst es mir war, umso schwieriger wurde es. Es kam dann, was mal wieder anscheinend so kommen musste. Nachdem wir von ihrem Nebenjob aus der Kneipe zu ihr nach Hause fuhren, gab mal wieder ein Wort das andere und ich war schon lange nicht mehr der, der das aushalten konnte, und dabei ging es nicht einmal um den Inhalt, sondern wie man miteinander damit umgeht. Noch spät am Abend stritten wir weiter um die Wette. Für mich machte sich immer mehr das Gefühl breit, dass sie förmlich nach Gründen suchte, um mich loszuwerden.

Ich werde nie vergessen, wie wir im Bad standen und sie zu mir sagte: „Ich habe keinen Bock mehr auf dich, du bist einfach zu weich und ich zu stark." Sie brüllte nur noch so rum und rief immer wieder, sie würde es nicht schaffen, und in dem Moment fragte ich mich, wer hier eigentlich die Probleme hatte, sie oder ich. Ihr Verhalten war ziemlich beziehungskontraproduktiv. Ich sagte nicht mehr viel, nur dass ich jetzt gehen würde. Ich packte alle meine Sachen und sah wie ein bepackter Esel aus, als ich zur Tür rausging, während sie noch heulend im Bad stand. Draußen rief ich ihre beste Freundin an, die mich erst einmal zu sich nach Hause holte und wissen wollte, was los war. Sie verstand es nicht, denn die Diva tönte bei ihr immer nur, wie toll ich sei und jetzt war alles vorbei? Ich konnte meine Schnauze nicht mehr halten und sagte, was alles zwischen uns ablief, dass sie nicht aufhören konnte mit den Drogen, und dass sie mit ihrem besten Freund gepoppt hatte und, und, und. Die Freundin war total enttäuscht und überfordert mit der Situation. Ich wurde dann noch zum Bahnhof gebracht, denn ein Auto hatte ich zu dem Zeitpunkt nicht mehr. Mein Mercedes war vor ein paar Tagen als letztes Auto von einer Bank eingezogen worden und ich war endgültig bei Selters angelangt.

In dieser Phase der Trennung und trotz meiner Gefühle musste ich weiter an die Ausbildung denken, und das wurde verdammt schwer. Hin- und hergerissen von Gefühlen, die mich regelmäßig ohnmächtig machten, bestand ich die Theorieprüfung mit null Fehler und war am Ende Klassenzweitbester von sieben Leuten und die praktische Prüfung war der Hammer. Wir nahmen noch eine Fahrstunde vor der Prüfung und an einer roten Ampel bin ich mit dem Bus fast zu früh losgefahren und der Fahrlehrer schüttelte sich, denn so kannte er mich nicht und stellte mir frei, die Prüfung zu verschieben. Nein, ich wollte es durchziehen, obwohl ich kaum klar denken konnte, und immer wieder versuchen musste, meine Gefühle im Zaum zu halten.

Ich bestand die praktische Prüfung und bekam den „Lappen", doch wirklich freuen konnte ich mich nicht darüber. Draußen am Bus schrie ich nur in mich selbst hinein „ja, ich hab' es geschafft, trotz der blöden Diva", mehr Emotionen hatte ich nicht, außer der Traurigkeit, allein zu sein mit meinem Erfolg. Mein Gesicht war kalt vor den anderen, die sich wunderten, warum ich mich nach außen nicht freuen konnte. Am liebsten hätte ich geheult, doch zu der Zeit wusste ich nicht, was für mich das *Tal der Tränen* bedeuten sollte.

Ein paar Tage später sollte schon das Praktikum losgehen und ich sollte Reisebus und Linienverkehr fahren. Es war krass, denn ich merkte, dass mir das Fahren wohl Spaß machte, aber der Rest war ein einziges Drama für mich. Die Linien konnte ich mir sehr schnell und gut merken, aber der Zeitdruck machte mir arg zu schaffen und die Arbeitszeiten waren heftig. Am schlimmsten waren für mich auch die Fahrzeuge, die einen krank machen konnten. Fahrersitze, die so was von kaputt waren und den Rücken belasteten, dass man nach einer 12-15-Stunden-Schicht dachte, man wäre völlig durch.

Die vielen verschiedenen Ticketstufen konnte ich mir nur schlecht merken und mit dem Ticketdrucker kämpfte ich immer wieder, um die richtigen Fahrscheine rauszubekommen. Ich muss dazu sagen, dass bei einer Verkehrsgesellschaft in der Regel drei Wochen mindestens angelernt wird und bei dem Busunternehmer, für den ich gerade fuhr, wurde ich nach fünf Tagen mit allem alleine gelassen, und das setzte mich so unter Druck und forderte meine restlichen Reserven, wobei ich schon keine mehr hatte, doch das wusste ich zu dem Zeitpunkt noch nicht. Ich wurde immer unzufriedener über die Verhältnisse in dieser Firma und bekam ständig andere Busse, an denen immer etwas defekt war. Es war unglaublich, in was für einen Markt ich da reinschnupperte, einen Markt, den ich ja so vorher nicht kannte, der mich aber interessierte. Am Anfang war das zumindest so.

Meine Wahrnehmung veränderte sich stetig und ich bemerkte das oft nicht einmal, dabei wurde ich körperlich und geistig immer müder. Mir fehlten regelmäßig meine Kräfte, ich wurde das Gefühl nicht los, dass alles, was ich tat, nicht wirklich etwas einbrachte und ich drohte an dem Selters zu ertrinken.

Ich versuchte, den Job so gut es ging hinzubekommen, und die drei Monate Praktikum durchzuhalten, doch unter den Bedingungen wusste ich sehr schnell, dass ich dort nicht hätte anfangen wollen zu arbeiten. War die Ausbildung jetzt für die Katz'? Ein Leben lang war mein Leitsatz „ich werde Lkw-Fahrer" und nun sollte ich Busfahrer werden?

Leben oder Tod?

Wie schon das eine oder andere Mal lernte ich im Internet ein Mädchen kennen. Ich nenne sie „Miriam", denn ich suchte mal wieder nach Nähe und Aufmerksamkeit. Redegewandt schaffte ich es, sie schnell für mich zu begeistern. Wir wohnten nicht weit auseinander und da wir uns gut leiden konnten, dauerte es nicht lange, bis wir uns das erste Mal trafen. Wie gewohnt redeten wir über Gott und die Welt. Was man sich eben erzählt, wenn man sich kennenlernt.
Wer hat was in der Vergangenheit erlebt, wie sieht die Gegenwart aus und welche Gedanken hat man für die Zukunft.
Ich gehe jetzt mal nicht tiefer ins Detail, denn wie ich schon erwähnte, gab es bei dieser Person einen Knackpunkt, der für mich von entscheidender Bedeutung war. Ich werde jetzt mal versuchen zu schildern, was dazu führte, dass ich nicht mehr wusste, welchen Wert mein Leben noch haben sollte.
Wir waren jetzt ca. sechs Wochen zusammen. Auch sie war ein Mensch mit einem extrem bewegten Leben und nicht immer allzu vielen positiven Erlebnissen. Ihr Ex-Freund war verstorben und auch das hatte Spuren hinterlassen. Sein Todestag rückte näher und ich merkte, dass es sie sehr beschäftigte. Also versuchte ich, sie mit Feingefühl zu unterstützen und auf sie einzugehen. Als der Tag bevorstand, fragte ich sie, ob sie lieber alleine sein wollte oder ob ich kommen dürfte und sie mich sehen wollte. Sie sagte, ich könnte gern rumkommen, auch wenn sie mir durch die Blume sagte, dass sie mir in dem Moment nicht nahe sein konnte. Ihr Bruder und dessen Freundin wären auch da und somit wäre es dann eine nette Runde an diesem schweren Tag.

Man konnte jetzt nicht erkennen, dass es ihr arg schlecht ging, und in der Runde wurde nicht viel darüber geredet, sondern sie war relativ abgelenkt. Da ich mittlerweile die Geschichte von den beiden kannte, die auch sehr emotional war, hielt ich mich zurück und versuchte einfach, sie mit meiner Anwesenheit zu unterstützen. Je länger der Abend ging, umso mehr hatte ich das Gefühl, fehl am Platz zu sein und meine Grundstimmung sank immer mehr in den Keller.

Ich bekam in keinster Weise irgendeine Aufmerksamkeit und dementsprechend fühlte ich mich als neuer Partner arg zurückgesetzt. Ich wollte aber nicht gehen, weil ich ja für sie da sein wollte. Es wurde immer schlimmer und viel schwieriger, meine Gefühle unter Kontrolle zu halten. Ich wartete förmlich drauf, dass die anderen endlich gingen, um mit ihr in Ruhe reden zu können.

Es schien mir, als wenn sie nicht reden wollte. Dennoch konnte ich meine Gefühle nicht mehr zurückhalten und suchte das Gespräch mit ihr, wobei ich sehr provozierend war. Ich sagte ihr, dass mir auffiel, dass er noch ziemlich präsent wäre in ihrem Leben. Überall waren noch Bilder von ihm zu sehen und ich stand irgendwie daneben. Ich wusste nicht, wo ich bei ihr stand. Genau das wollte ich herausfinden. Mir tat die Situation nicht nur weh, ich fühlte mich in dem Moment wie abgeschrieben. Sie gab mir nichts und war total kalt. Kein Kuss, keine Nähe, kein „schön, dass du da bist" und „Danke, ich brauch' dich jetzt". Sie war irgendwie nicht wirklich da, und ich fühlte mich wie ein Kumpel, der nach Liebe buhlt bei einer Frau, die es nicht zeigen, geschweige denn geben konnte. Es wurde eine Diskussion daraus, bei der es nicht fetzig abging, ich wollte ihr nur verdeutlichen, was ich gerade empfand und wie sehr mich das verletzte. Wir redeten teilweise echt aneinander vorbei und jeder versuchte, dem anderen etwas zu erklären, aber etwas anderes.

Der Treffer für mich war jedoch, als sie mir sagte, dass ihr Ex-Freund einen festen Platz bei ihr hatte und sie „nicht" bereit war, etwas zu ändern. Das hatte gesessen. Es wäre ja auch gerade erst ein Jahr her und trotz der Schwierigkeiten, die sie oft hatten, waren immer noch große Gefühle für den verstorbenen Ex-Freund da. Ich fragte sie, ob da überhaupt Platz für mich wäre und was das Ganze hier werden sollte.

Ob sie überhaupt Gefühle für mich hätte, die eine gemeinsame Zukunft aufzeigen würden. Sie machte mir unmissverständlich klar, dass ich Miriam mit ihm teilen müsste, wenn ich sie wollte, und es nur über die Zeit ging, wenn es denn überhaupt gehen sollte.

Nach dem was ich mit ihr bisher an Schönem erlebt hatte, war es wie ein Schlag ins Gesicht. Ich fühlte mich wie ein Lückenbüßer, der ihr über die Zeit helfen sollte. Ich müsste mir meinen Platz hart erkämpfen. Nach dem, was ich bisher in meinem Leben erlebt hatte, merkte ich aufgrund der Umstände, dass meine Bereitschaft dafür mit einem Schlag verschwunden war. Ich sollte mich gegen einen Verstorbenen durchsetzen? Meine Gedanken schweiften ab, und ich fand mich im leeren Raum wieder, wobei mein Kopf bald zu platzen schien. Was nun, dachte ich? Kann ich so was überhaupt? Muss ich das? Welchen Part übernimmt sie?

Auf eine Weise kam ich mir lächerlich vor, denn er war doch keine Konkurrenz für mich, da er ja nicht mehr lebte. Wovor musste ich Angst haben? Andersrum fünftes Rad am Wagen wollte ich auch nicht sein. Es gab für mich gar keinen Platz und er war immer noch extrem real, sodass ich dennoch eine Art Konkurrenz hatte.

Ich musste mich mit ihm messen, damit ich seinen Platz einnehmen konnte und sie es zuließ, die Zukunft mit mir zu planen. Sie stellte sich total stur, und ich konnte an seinem Denkmal nicht annähernd rütteln.

Zu hoch hatte sie ihn gehoben, dass es fast unmöglich war, an ihn heranzukommen. Während wir redeten und jeder seinen Standpunkt verteidigte, war mein Drang zu gehen kaum noch unter Kontrolle zu bringen. Ich sagte ihr auf den Kopf zu, dass, wenn für mich kein Platz wäre, ich mir zu schade wäre, gegen etwas zu kämpfen, worauf nur sie Einfluss hatte. Wenn sie damit abgeschlossen hätte, wäre der Weg frei gewesen, aber er legte uns in ihrem Kopf große Steine in den Weg. Ich sah es nicht nur so, sondern ich spürte es auch und schließlich gab ich auf und sagte ihr, dass es so nicht funktionieren könnte, wenn sie nicht wirklich frei wäre von ihm für etwas Neues. Sie sprach auch nicht dagegen, und es kam mir alles vor wie eine Lüge. Mir kam es vor, als sei sie nicht ehrlich zu sich selbst, und nachdem ich meine Bedenken geäußert hatte, fühlte ich mich durch ihr Verhalten bestätigt. Ich beschloss zu gehen und es auch somit gleich zu beenden. Ich sagte ihr, dass ich mit der Situation nicht zurechtkäme und es besser wäre, es zu lassen und keine Beziehung zu erzwingen. Auch dagegen sagte sie nichts und ich verabschiedete mich von ihr. Damit nahm das Drama endgültig seinen Lauf. Ein Stein wurde angestoßen und in den nächsten Tagen folgte die Zeit, die über Leben oder Tod entscheiden sollte.

Eine Entscheidung, von der ich immer dachte, dass ich sie niemals treffen müsste.

Ich stieg in mein Auto und in mir kochten die Emotionen schubweise immer höher. Voller Selbstzweifel und in einem Bad von Selbstmitleid sowie der Frage nach dem Warum. Warum mal wieder ich eine Niederlage erlebte, und ich fuhr kopflos in Richtung Autobahn.

Die Emotionen konnte ich kaum noch in den Griff bekommen. Ich fuhr auf die nächste Raststätte und suchte verzweifelt nach Antworten.

Jetzt weiterzufahren, selbst dazu war ich dann nicht mehr in der Lage. Was nun?

Ich rief meine beste Freundin Tamara an. Völlig am Ende wollte ich ihr Bericht erstatten, was gerade passiert war. Total aufgelöst versuchte ich, ihr der Reihe nach zu erklären, was sich ereignet hatte, doch meine Gefühle waren wie ein Vulkan Sekunden vor dem Ausbruch. Ich redete und redete und die Tränen schossen mir ins Gesicht. Immer wieder suchte ich den Fehler bei mir, doch ich fand ihn nicht. Ich fühlte mich schlecht, wieder mal als Verlierer und mein Wert ging in den Keller. Diese Fragen hämmerten mir immer wieder durch den Kopf und ich konnte mich nicht mehr beruhigen.

Wie gelähmt und voller Melancholie saß ich fest in dem Fahrersitz und fühlte mich nicht mehr in der Lage weiterzufahren. Ich bat meine beste Freundin Tamara darum, mich zu beruhigen, damit ich wenigstens noch bis nach Hause komme. Sie redete mit Engelszungen und extrem viel Geduld auf mich ein und versuchte, mich zu beruhigen. Es tat wieder so höllisch weh, dass eine angehende Beziehung nicht funktionieren wollte und ich wieder alleine war. Im Gegensatz zu früher wollte ich es nicht erzwingen. Ich wollte niemanden verbiegen, manipulieren und auch nicht mich selbst aufgeben. Das hatte ich drei Monate zuvor noch bei der aus Recklinghausen getan. Deswegen sah ich nur mich und zog die Konsequenzen aus der Situation und beendete es lieber als wieder eine Never-Ending-Story zu produzieren.

Doch warum tat es so weh nach nur zwei Monaten mit dieser Frau? Warum war ich so voller unkontrollierbarer Emotionen? Immer bin ich der tolle Kerl, den sich so manche Frau wünscht und dann klappt es nicht.

Das Karussell wurde immer schneller und meine beste Freundin hatte es echt schwer, meine Tränen und Gefühle zu reduzieren.

Es machte mich müde und fertig, ihr alles zu erzählen, und dazu was mir sonst noch durch den Kopf schoss. Sie sagte mir, ich solle nicht immer die Schuld bei mir suchen, und die richtige würde schon noch kommen. Aber selbst das nahm ich nicht mehr auf und es konnte mich auch nicht beruhigen, denn meine quälenden Fragen drehten sich in einem Teufelskreis. Nach einiger Zeit, ich war müde geworden, versuchte ich weiterzufahren, und bat meine beste Freundin am Telefon zu bleiben bis ich sicher zu Hause angekommen war.

Es waren noch gut fünfzehn Kilometer und gemeinsam nahmen wir den Weg und ich redete während der Fahrt mit ihr weiter. Ich wurde ruhiger und mein Kopf war voll, aber zum Reden war ich mittlerweile zu müde geworden. Es funktionierte mal wieder. Eine gute halbe Stunde, gefühlt wesentlich länger, brauchte ich, um runterzukommen von den Emotionen und schließlich kam ich auch heil zu Hause an. Meine beste Freundin war wie immer sehr besorgt und dann doch froh, dass ich endlich zu Hause war und ruhiger wurde.

Die Tränenkanäle waren leer und ich fühlte mich wie nach einem Marathonlauf. Zu Hause angekommen setzte ich mich an den Küchentisch und verzweifelte innerlich. Es ging auch schon nicht mehr um das Mädchen und die Gründe, sondern in meinem Kopf drehte es sich nur um mich. Wie komme ich da wieder raus?

Wie kann ich die Gedanken stoppen die mich an den Rand des Wahnsinns brachten? Zum Schlafengehen war es noch etwas zu früh, denn wäre ich jetzt ins Bett gegangen, hätte ich wieder die halbe Nacht nicht geschlafen und weiter am Rad gedreht. So saß ich in meinem Sessel.

Innerlich total angespannt und weiter grübelnd, was passiert war, und immer dieses ganze Warum, Wieso, Weshalb. Ich meine, es war auch an einem Sonntag, als sich das alles ereignete. Am Montag darauf fühlte ich mich wieder total leer und wollte irgendwohin. An einen Ort, wo ich schreien und weinen konnte. Ich machte mich auf den Weg zu unserem Trimm-dich-Wald nahe dem Ort, wo man an einem kleinen See vorbeikommt, und folgte den Wegen kreuz und quer durch den Wald. Ich ging an dem See vorbei, an dem Leute auf einer Bank saßen. Ich schämte mich und dachte, die wissen bestimmt, wie es dir gerade geht, und senkte meinen Blick. Wortlos ging ich an ihnen vorbei. An einer Hütte angekommen setzte ich mich dort hin und versuchte zu weinen. Zu verstehen und zu analysieren, was gerade in mir vorging. Doch ich konnte nicht weinen, auch wenn ich in Selbstmitleid versank und kaum einen Ausweg für meine Situation wusste.

Ich schrieb einer Freundin folgende SMS:

... fühle mich im inneren Tod,
leer am Ende zerrissen in höchster Not.
Meine Erfolge sind gedämpft,
zu lange schon an vielen Fronten gekämpft.
Dachte, ich hätte es alleine geschafft,
doch jede Kleinigkeit raubt mir die Kraft.
Enttäuschung ist groß,
wie beende ich die bloß? ...

Nun saß ich dort und versank immer mehr im Sog der Gefühle. Ich war am Überlegen, wie ich meinem Leben ein Ende setzen könnte.

Mir war alles egal. Ich wollte einfach nicht mehr. Ob ich wirklich den Mut gehabt hätte, kann ich nicht sagen, aber diese Gedanken hörten einfach nicht auf. Ich schaukelte mich förmlich auf und sah nur die letzten Wochen und Monate mit all den negativen Erlebnissen und den Verlusten, die meinen Gefühlshaushalt total zerstörten. Ich schrieb wieder eine SMS:

Im Trimm-dich-Wald suche nach Ruhe,
geöffnet wurde die schon gedachte, verschlossene Truhe.
Hier sieht niemand, wie ich weine,
flüchte in gedanklich grenzenlose Reime.
Die Einsamkeit mich bedrückt,
kämpfe mit kaum noch Kraft und es macht mich fast verrückt.
Warum hat sie es getan?
Ich Idiot immer erliege dem Wahn.

Verdammt, was ging es mir dreckig, und ich nahm kaum noch etwas wahr. Ich suchte nach noch mehr traurigen Worten, um mich weiter runterzuziehen. Ich wusste nicht, wie tief man so was schaffen kann, denn jeder sollte meine Hilferufe hören. Ich versuchte per SMS auch mit dem Inhalt auf mich aufmerksam zu machen. Ich saß immer noch an der Hütte, versuchte zu weinen und es ging immer noch nicht.
Zu schreien habe ich mich nicht getraut und suchte weiter in SMS nach Aufmerksamkeit. Die nächste ging wieder an meine beste Freundin.

Gedanken mich quälen,
kann sie kaum noch erzählen.
Müde und leer,
hoffte ich dennoch, sie gibt mich nicht mehr her.
Doch ist für mich bei ihr kein Platz,
trägt in sich einen anderen Schatz.
Vermisse sie sehr,
doch trat sie mich unbewusst mehr und mehr.

Ich hege keinen Groll,
fand die ehrlichen Tage mit ihr toll.

Eine weitere SMS ein paar Minuten später wieder an meine beste Freundin.

Am Wegesrand ein Bäumlein steht,
Wind sachte durch die Äste weht.
Vögel singen Lieder,
vom Winde verweht, wann lebt er wieder?
Die Spuren seiner Füße im Sand,
getragen von Gottes Hand.
Ist er nicht alleine,
umgeht die ganzen Steine.
Am Ende des Lebens stand geschrieben,
von der Liebe nicht in den Abgrund getrieben.

Doch wird es wirklich so sein, wie ich es schrieb? Ich konnte mich selber nicht mehr verstehen. Ich suhlte mich in Selbstmitleid und wusste nicht mehr, ob ich noch leben wollte, und dennoch suchte ich unbewusst den Kampf. Es war so, als würden sich Engelchen und Teufelchen auf meinen Schultern streiten. Der Teufel nahm mir immer wieder die Lebensqualität, weil er mich in der Hölle sehen wollte, und das Engelchen gab mir Denkanstöße, nicht aufzugeben und für das Gute weiterzukämpfen. Total verrückt wie in einem Liebesfilm ohne Darsteller außer mir, der sein eigenes Drama schrieb. Alle Darsteller waren verschwunden, und ich spielte diese Rolle alleine, versunken in mich selber.

Ich weiß nicht, wie lange ich an der Hütte saß, doch irgendwann trieb es mich wieder nach Hause. Die Antworten von meinen Freundinnen, was denn mit mir los sei, beachtete ich nicht. Zu Hause angekommen setzte ich mich wieder in meinen Cocktailsessel am Esszimmertisch und grübelte lange über meine Situation. Ich merkte überhaupt nicht, dass ich mich immer tiefer reinritt in mein Selbstmitleid. Ich hatte dabei auch mit dem Gedanken gespielt, in eine Klinik zu gehen.

Meine Angst wurde immer größer, dass ich meine Suizidgedanken irgendwann wahr machen würde. Hin- und hergerissen schaute ich am Laptop im Internet nach Hilfe und schaute mir nebenbei auch Kliniken in ganz Deutschland an.

Ich spürte mehr und mehr, dass es nicht weiterging. Ich war endgültig in einer Sackgasse mit Wänden um mich herum, die nicht zu erklimmen waren.

Es war jetzt der dritte Zusammenbruch innerhalb von zwei Jahren, und ich halte es einfach nicht mehr aus. Diese Gedanken, keine Kraft mehr zu haben, einfach nicht mehr weiterzukönnen, machen mich mürbe. Ich kann so nicht mehr, und ich will so nicht mehr, hämmerte es mir zum tausendsten Mal durch den Kopf. Ich vergaß wieder alles um mich herum, meine Tochter, meine Erfolge, meine Stärken und sah nur noch mein vermeintlich gebrochenes Herz und meine emotionale Schwäche. Es fühlte sich alles so wahnsinnig intensiv an, ein Schmerz der Gefühle, der mich regelrecht in die Knie zwang. Hilflosigkeit und Selbstmitleid zwangen mich zu Boden. Warum schaffte es eine Frau, die ich kaum kannte und die mich nicht glücklich zu machen schien, mich so weit zu bringen? Ich fand keine Antwort darauf.

Ich sah mich nur noch am Boden und ohne die Hand meiner Mutter konnte ich nicht aufstehen. Zum wiederholten Mal innerhalb der letzten drei Tage rief ich meine Mutter zu mir, um Halt und Trost zu finden. Sie hob mich vom Boden auf, und ich schaffte es nur unter endlos laufenden Tränen, mich an den Tisch zu setzen. Ich war nun endgültig im *Tal der Tränen* angekommen. Dieser dritte Tag ging auch an ihr nicht spurlos vorbei.

Ich sah ihr förmlich ihre Hilflosigkeit und die meiner Meinung nach enorme Erschöpfung wegen meiner Situation deutlich an. Meine Mutter schien nicht mehr zu wissen, was sie mit mir machen sollte, nachdem sie drei Tage versucht hatte, mich aus meinem Loch zu ziehen.

Letztes Jahr schaffte sie es noch, und es war nicht so extrem wie die letzten drei Tage. Sie sagte mir nur: „Mach etwas, es kann so nicht weitergehen", und mit verunsicherter Stimme fügte sie hinzu: „Gehe zum Arzt, ich weiß nicht mehr, wie ich dir noch helfen soll." Sie gab mir nur noch den Rat, nicht nach „Apeldorf" zu gehen, denn die Einrichtung dort hatte bei uns keinen guten Ruf, das war selbst mir bekannt und dort wollte ich auch aufgrund des Rufes nicht hin. Nachdem ich mich nur ein wenig beruhigt hatte, ging sie wieder. Ich dachte nur noch, dass ich weit, weit weg wollte. Weg von hier, weg von allem, so weit es geht und unerreichbar. Ich wollte von niemandem mehr was hören oder sehen. Mit letzter Kraft suchte ich im Internet den Rest des Tages nach Kliniken weit weg und am liebsten an der See. Ich fand einige und schaute mir die Internetseiten so gut es ging an. Ich listete ein paar Kliniken auf mit deren Kontaktdaten und legte mir den Zettel für den nächsten Morgen zurecht, um ihn meinem Hausarzt vorzulegen. Ich war hundemüde, denn die emotionalen Tiefen raubten mir enorm meine Kräfte.

Ich kannte das zwar, aber an diesem Tage wurde mir endgültig bewusst, dass es mir immer schwerer fiel, da wieder rauszukommen. Ich versuchte, mich schlafen zu legen und selbst das wollte mir nicht wirklich gelingen. Es wurde Zeit für eine Veränderung, Zeit für eine Wandlung. Im nächsten Kapitel beginnt der Weg, auf dem ich mich bewusst für mein Leben entschied.

Die Zeit der Wandlung

Der erste Tag der Wandlung:
Ich hatte eine harte Nacht hinter mir und so gut wie nicht geschlafen. Jede Stunde wurde ich wach, drehte mich hin und her. Tausend Dinge quälten mich im Schlaf und meine Gedanken davon abzuhalten, mich selbst zu quälen, schlug wie schon so oft fehl.

Dieser Morgen sollte wider Erwarten mein Leben auf drastische Art und Weise verändern.

Nach meinem gestrigen dritten Nervenzusammenbruch in Folge wurde mir unmissverständlich klar, dass wenn ich jetzt nix unternehme, mein Leben schneller vorbei war als mir und meiner Seele lieb wäre. Mein Herz schrie so dermaßen die letzten Wochen und Monate, unbewusst sogar Jahre, verzweifelt um Hilfe, dass mir aufgrund der letzten drei Tage keine andere Wahl blieb, als meinen Hausarzt aufzusuchen. Wie jeden Morgen drehte ich mir meine Zigarette und machte mir einen Kaffee. Ich war müde und körperlich total ausgelaugt, als hätte ich tagelang versucht, einen Marathon zu laufen. Neben mir am Esszimmertisch lag die Liste, die ich am Vorabend erstellt hatte, mit Kliniken, die weit genug weg waren und teilweise auch am Wasser lagen. Meine emotionale Situation ließ mich nur darüber nachdenken, dass ich jetzt dahin musste, denn sonst wäre es aus. Dabei war ich extrem verunsichert, weil ich nicht wusste, was mich jetzt erwarten würde. Dennoch waren meine Gedanken zielstrebig genug, den Weg zu gehen. Trotz der Verunsicherung und der Ängste steuerte ich mich selber, diesen Weg zu gehen.

Es war so weit und sehr früh machte mich auf den Weg zu meinem Hausarzt, um als erster an die Reihe zu kommen.

Mein Hausarzt eine freundliche Erscheinung mit fast weißem Vollbart, ich mag so was, wenn einer aussieht wie Kapitän Iglu, kam zu mir ins Behandlungszimmer. Er begrüßte mich wie immer mit einem Handschlag und er sah auch gleich, dass es mir nicht gut ging. Er war es auch damals 2007, der mich in der sogenannten Burn-out-Phase begleitete. Damals gab es für ihn nur die entscheidende Frage, ob er sich um mich Sorgen machen müsste. Was heißen sollte, ob die Gefahr bestand, dass ich mir etwas antun könnte, denn dann würde er mich zwangseinweisen lassen. Zu der Zeit damals war ich noch so stark, dass ich immer wieder betonte, dass ich eine Tochter habe, eine Firma, Mitarbeiter und einen Hund, welche mich davon abhalten, irgendeinen Blödsinn in Form von Suizid zu begehen. Ich konnte ihm und auch mir das immer glaubhaft versichern.

An diesem Morgen jedoch war alles anders. Er fragte, warum ich da wäre, und wie aus der Pistole geschossen kamen mir die Tränen hoch, und ich versuchte ihm zu erklären, was alles passiert war und dass ich mich am Ende fühlte. Nachdem ich ihm die Geschichte der letzten Tage und Monate so kurz wie möglich erklärt hatte, stellte er mir wieder diese entscheidende Frage. „Muss ich mir Sorgen machen?", fragte er mich wieder.

Ich sagte ihm darauf: „Ganz ehrlich, das kann ich Ihnen heute nicht beantworten."

Mein Hausarzt zögerte keine Minute, denn er kannte mich, und er wusste, dass es brennen musste, so wie ich heute aufgetreten war.

„Du musst in die Klinik, ich werde dich sofort einweisen!", sagte er zu mir und wollte schon nach dem Hörer greifen. Ich konnte ihn gerade noch davon abhalten und legte ihm meine Liste vor mit den Kliniken, die ich mir im Internet angesehen hatte. Er schaute sich die Kliniken an und meinte, dass es schwierig wird, dort einen Platz zu bekommen, weil ich nicht aus der Ecke dort stammen würde.

Er wusste, dass ich nicht in die Psychiatrie hier in der Nähe wollte. Sie hatte keinen guten Ruf meiner Meinung nach. Ich war eigentlich zu unerfahren, um das zu beurteilen, und er fügte hinzu, dass es in anderen Kliniken Wochen dauern kann, bis ich aufgenommen werde und das wäre aufgrund meines Zustandes nicht ratsam. Ich bat ihn, einen Anruf zu machen bei der Klinik, die als Erstes auf der Liste stand.

Ich betone, diese Klinik stand dort zufällig an erster Stelle und ich bat ihn eindringlich um nur diesen einen Versuch. Ich wollte einfach nicht in die Psychiatrie hier um die Ecke und ich erklärte ihm, dass ich doch Privatpatient wäre und freie Klinikauswahl hätte. Er erinnerte sich und gestattete mir den einen Versuch. Mittlerweile schien es mir so, als hätte er verstanden, worum es mir ging, dass ich weit weg wollte und nicht hier in eine Klinik. Er nahm den Hörer in die Hand und wählte die Nummer der Klinik in Hamburg, die wie gesagt, zufällig an erster Stelle stand. Mein Hausarzt kam auch sofort durch, ließ sich mit der Psychiatrie verbinden und erklärte den Sachverhalt. Während des Gespräches fühlte ich eine komische Erleichterung. Das Rad begann sich zu drehen, es tat sich etwas und es befreite mich ein wenig von der Last der letzten drei Tage. In dem Gespräch sagte er der Stimme am anderen Ende der Leitung, dass ich ein Akutfall sei und auch noch am gleichen Tage kommen könnte, nachdem ich genickt hatte, während er das sagte.

Die Klinik schien ihm grünes Licht zu geben, und er legte mit den Worten auf: „Der Patient wird gegen Mittag bei Ihnen sein." Ich guckte ihn verdutzt an und sagte: „Wissen Sie, wie weit das ist? Koffer packen muss ich auch noch, das schaffe ich in der Zeit gar nicht."

Mein Hausarzt blieb ziemlich trocken. Er sah mich erst weinen und dann voller Aufregung, wie ich das alles schaffen sollte in so kurzer Zeit. Er sagte zu mir: „Das ist mir in 20 Jahren nicht passiert, ein Anruf und der Patient kann sofort kommen." Ich war total überfordert und er machte mir klar, dass es jetzt Zeit wäre zu handeln. Er schaute mir direkt in meine Augen und sagte: „Dann beeil dich, die warten auf dich, und ich wünsch dir alles Gute." Mit diesen Worten und einem total verheulten Gesicht ging ich wortlos aus der Praxis. Auf dem Weg zum Auto gingen mir tausend Dinge durch den Kopf. Man kann sich so etwas kaum vorstellen.

Mein Leben und die Situation liefen auf dem nach Hause weg ab wie in einem Film. Koffer packen, Mama Bescheid geben, was sage ich meiner Tochter und meinen Freunden? Das waren nur globale Dinge und von den Kleinigkeiten ganz zu schweigen. Dazu die Gefühle die in mir hochkamen. Auf der einen Seite die Angst, was würde da jetzt mit mir passieren. Ich Carlos in eine Psychiatrie, wo ich nie hinwollte und andere dafür früher verurteilte, die dort waren. Diese Traurigkeit und Enttäuschung über mein verkorkstes Leben. Dazu die Kraftlosigkeit, die ich seit Monaten in mir spürte. In mir die Freude auf Hamburg und des Weiteren ein Gefühl von Befreiung und Unterstützung. Es ging endlich los. Es tat sich etwas in meinem Leben.

Ich hatte einen riesigen Stein ins Rollen gebracht und auch, wenn ich nicht wusste, was auf mich zukam und das eine oder andere unterschätzt habe, ging ich weiter durch das *Tal der Tränen*.

Zu Hause angekommen erledigte ich alles im Laufschritt. Getrieben von meinen Gedanken und den letzten Tagen, wobei mir die Suizidgedanken mehr und mehr Angst einjagten, handelte ich dennoch irgendwie klar. Ich fühlte eine Art Schockzustand und funktionierte einfach nur und tat, was ich tun musste. Ich holte mir einen großen Koffer aus dem Keller meiner Eltern und dabei bemerkte ich, dass keiner zu Hause war. Sie mussten alle unterwegs sein. Unbeirrt machte ich weiter, packte alles ein, was ich meinte gebrauchen zu können, auch wenn ich nicht wusste, was mich erwarten würde. Ich packte sogar Inliner ein, weil zwischendurch sogar das Gefühl von Urlaub in mir aufkam. Meinen Laptop nahm ich auch mit, Handy und Geldbörse durften nicht fehlen. Es ratterte nur so in meinem Kopf. Ich lud mein Auto und fuhr noch zur örtlichen Tankstelle und tankte mein Auto voll. Mit einem Kaffee to go in der Hand ging es Richtung Autobahn. Ich habe alles in allem von meinem Hausarzt bis zur Autobahn eine Stunde gebraucht, getrieben von Verzweiflung, Angst und Hoffnung. Ich war total angespannt und hin- und hergerissen. Ich konnte keinem etwas erklären oder auf Wiedersehen sagen. Ich bin einfach ab und weg. Es fällt mir immer noch schwer, meinem Empfinden nach die Situation in Worte zu fassen, obwohl ich mich heute immer noch sehr gut an den Tag erinnern kann.

Ich fuhr auf die Autobahn und den Weg kannte ich sowieso, aufgrund meiner Erfahrung hatte ich nur einen kleinen Ausdruck von Hamburg mit dabei, wo sich die Klinik befindet.

Ich kann mich noch daran erinnern, es war Sommer und das Wetter sehr schön und um die fast dreißig Grad warm.

Ich war eine Weile unterwegs und schrieb meiner besten Freundin, die keine Ahnung hatte, was gerade passierte eine SMS:

... sehe endlose Weiten,
das Meer rauscht.
Freude wird es mir bereiten,
wenn meine Seele der Melodie der Freiheit lauscht.
Neue Ziele muss mir stecken,
den verlorenen Kampfgeist wieder wecken.
Die Ruhe werd' ich genießen,
zu mir finden, bis die Lebensblüten wieder sprießen ...

Meine beste Freundin Tamara hatte zwar die letzten Tage so weit mitbekommen, auch dass ich am Überlegen war, in die Klinik zu gehen, aber dass es dann doch so schnell ging, konnte ja keiner ahnen, und sie erst recht nicht. Sie schrieb mir auch noch irgendwas, aber ich schaltete von da an auf stumm. Das Einzige, was ich noch machte, war meine Mutter anzurufen. Ich war gerade eine halbe Stunde unterwegs und kurz hinter Münster. Ich rief sie an und sagte ihr, was los war und dass ich jetzt auf dem Weg wäre nach Hamburg. Leider kann ich heute nicht mehr sagen, wie das Gespräch genau lief denn zu diesem Gespräch habe ich eine Lücke und ich kann nicht mal mehr sagen, ob ich geweint habe.

Ich sagte ihr dann noch, dass ich mich melde, wenn ich angekommen bin. Alles andere und meine Freunde habe ich in dem Moment erst einmal versucht zu ignorieren. Was ich heute auch noch genau weiß, dass ich meine Ersparnisse und einen Teil der Einnahmen vom Busfahren mithatte. Ich wusste ja nicht, wie lange ich weg sein und was auf mich zukommen würde. Weit im Hinterkopf fühlte es sich auch manchmal wie Urlaub an, weit weg an einen Ort wie Hamburg, den ich eh sehr mochte und kannte. Kurz vor Osnabrück, kam dann die Autobahnpolizei und zeigte mir die Kelle. Scheiße, dachte ich mir, und das jetzt auch noch. Ich war mal wieder nicht angeschnallt und war noch nicht mal weit gekommen und durfte gleich zahlen. Ich ließ mir von den Beamten einen Zahlschein geben, und fuhr weiter mit tausend Gedanken in Richtung Hamburg.

Die Strecke fuhr ich eigentlich wie im Schlaf. Unzählige Male bin ich die schon gefahren auf meinen Touren mit dem Lkw. Dieses Mal war es wieder anders und ich fuhr wie in einem Schockzustand vor mich hin. Vieles kam mir neben der Autobahn bekannt vor und dennoch nahm ich es irgendwie nicht wirklich wahr. In diesen Momenten sollte ich lieber das Auto stehen lassen, weil mich meine Emotionen in der Wahrnehmung einschränkten. Doch wie sollte ich sonst so schnell da hoch kommen? Ich kam meiner Lieblingsstadt immer näher und ich fühlte mich total angespannt und aufgewühlt. Einerseits war es, als würde ich in den Urlaub fahren und könnte mal endlich ausspannen und abschalten, andererseits hatte ich Angst vor dem, was mich dort erwarten würde, und dann wiederum merkte ich, dass ich einen Stein der Wandlung losgetreten hatte, und man mir endlich half, mein Leben wieder auf die Reihe zu bekommen. Da ich mir Karten gut einprägen konnte, fand ich mein Ziel auch relativ zügig.

In Hamburg angekommen, es war gegen 13 Uhr, sah ich eine riesige Klinik vor mir. Ich suchte nach der Anmeldung und dort erfuhr ich, dass ich falsch war. Kein Wunder bei dem Riesengebäude, da konnte man auf Anhieb nicht den richtigen Eingang finden. An der Anmeldung zeigte man mir, wie ich zur Psychiatrie kam und ich fuhr mit meinem Wagen eine Straße weiter und dort fand ich dann die Klinik, bei der ich mich melden sollte. Dieser Teil der Klinik sah ganz anders aus als im Internet. Ich dachte, dort sind die Fenster vergittert und das Gebäude sah sehr alt aus und nicht modern, wie es im Internet zu sehen war. Wie früher eben. Die Bauweise war historisch und die Mauern dunkel und dreckig von den Jahren, die dieses Haus schon auf dem Buckel haben musste. Es gab mir einerseits kein gutes Gefühl, andererseits war ich froh, da zu sein, denn hier würde mir bestimmt geholfen. Ich ging auf direktem Wege zur Anmeldung, überflutet von all den Reizen und Eindrücken kam ich meinem Ziel näher. An der Anmeldung wusste man bereits von mir, denn man hatte mich ja schon erwartet. Ich musste mich noch einen Moment gedulden und das Warten ließ mich, total überfordert von den Eindrücken, ängstlich werden.

Es gab kein Zurück mehr und die Gedanken gingen in alle Richtungen. Im Wartezimmer saß eine Frau und ich fragte sie, wie sie hier mit der Klinik zurechtkäme und sie sprach mir Mut zu. Sie schien mir meine Verängstigung anzusehen.

Ich wurde aufgerufen und stellte mich dem Arzt vor und er fragte mich, warum ich da wäre. Ich erklärte ihm, was passiert war die letzten Tage und dass ich nicht ausschließen konnte, irgendeinen Blödsinn zu machen. Ich war einfach am Ende und weinen konnte ich auch nicht mehr.

Er sagte mir, dass es eine Akutklinik sei, wo genau solche Fälle wie ich es war, aufgenommen werden und dort unter Beobachtung stehen.

Da waren wieder diese Gedanken, die mich aufwühlten. So weit ist es jetzt schon gekommen. Hier werde ich so schnell bestimmt nicht wieder rauskommen. Der Arzt erklärte mir, dass ich auf eine offene Station käme und ich mich überall frei bewegen durfte. Mir war es sogar erlaubt, das Gelände zu verlassen, sofern ich den Schwestern Bescheid geben würde. Man war dort auf freiwilliger Basis und konnte auch jederzeit gehen, wenn man das wollte. Es irritierte mich etwas. Dachte ich doch, hier eingesperrt zu werden, aber dem war anscheinend nicht so. Zum Schluss fragte er mich noch, warum ich gerade nach Hamburg wollte. Ich erklärte ihm, dass Hamburg meine Wahlheimat wäre, und ich als Privatpatient freie Klinikwahl hätte. Außerdem wollte ich weit weg von zu Hause, um den nötigen Abstand zu bekommen. Er zeigte daraufhin Verständnis, nachdem ich ihm sagte, dass es auch Zufall war, dass mein Hausarzt und meine Recherchen dazu geführt haben, gerade in dieser Klinik zu sein.

Nachdem die Formalitäten erledigt waren, zeigte mir eine Schwester die Station und mein Zimmer. Es war im Erdgeschoss, und als wir in das Gebäude gingen, wurde mir echt so was von mulmig, als würde ich gleich in eine Geisterbahn gehen. Man darf nicht vergessen, ich kenne eine Psychiatrie nur aus dem Fernsehen und aus Erzählungen und diese Klinik sah aus wie nach dem Zweiten Weltkrieg. Renovierungsbedürftig mit sehr hohen Decken und weißen Wänden. Dazu die alten Fenster so wie in einem alten katholischen Kloster. Alles sehr alt und besorgniserregend, meiner Meinung nach.

Die Krankenschwestern jedoch waren sehr freundlich.Die anderen Personen, die mir auf dem Flur entgegenkamen, musterten mich von oben bis unten. Manchmal hatte ich echt das Gefühl, dass mich dort erwartet, was ich im Fernsehen schon sah. Düstere kranke Gestalten, die mich total verunsicherten. Da kam einer rein, angemalt von oben bis unten, und die schienen sich alle nach mir umzudrehen, als sei ich was Besonderes mit meiner Körperbemalung. Man zeigte mir mein Zimmer. Es war ein Einzelzimmer und ich war total erschrocken, als ich das Zimmer betrat. Wer weiß, wie eine Klinik in den Siebzigerjahren aussah, die zu der Zeit aber schon mehrere zehn Jahre auf dem Buckel hatte, der kann sich das bestimmt vorstellen, wie es dort aussah. Diese hohen Decken, die mich doch zu erdrücken schienen und diese kühle Einrichtung mit den alten Krankenhausbetten. Schnell verflüchtigte sich das Gefühl von Urlaub und Entspannung.

Nachdem ich wusste, wo ich die nächste Zeit verbringen würde, ging ich zu meinem Auto und holte mein Gepäck. Ich nutzte den Moment, auch noch meine Mutter anzurufen. Ich sagte ihr, dass ich angekommen war und jetzt den Weg gehen würde und versuchen würde, mir hier helfen zu lassen. Sie schien beruhigt zu sein, dennoch wirkte es auf mich, als wäre sie der Arbeit wegen mal wieder nur kurz und knapp. „Ich melde mich wieder", sagte ich ihr und beendete das Gespräch.

Anschließend rief ich meinen Hausarzt an und sagte ihm, dass ich angekommen war, und er freute sich, wünschte mir eine gute Besserung und ich sollte mich melden, wenn ich dort wieder raus wäre. Ich weiß heute nicht mehr genau, wen ich noch alles anrief.

Am Anfang versuchte ich auch, ein Staatsgeheimnis daraus zu machen und machte erst einmal mein Handy aus. Ich wollte allen sagen, wo ich bin, Mitleid empfangen und dennoch meine Ruhe haben. Es war richtig, das Handy mal eine Zeit nicht zu beachten. Ich ging zurück auf mein Zimmer und musste an dem Tag noch zu Körpercheck und Blutentnahme. Zum betreuenden Arzt sollte ich auch noch.

Ich lief die restliche Zeit rum wie Falschgeld und musterte die anderen Patienten und auch ich wurde gemustert von oben bis unten.

Man zeigte mir alles in der Klinik und ich wurde auch schnell mit dem ein oder anderen warm. Ich suchte nach Ruhe und ging immer wieder auf mein Zimmer, wo ich diese Ruhe aber nicht fand. Innerlich total aufgewühlt ging ich rein ins Zimmer und nach kurzer Zeit wieder raus. Ich wollte nichts verpassen und sehen, was hier abläuft. Ich hielt es nicht länger als 10 Minuten auf dem Zimmer aus und wartete immer, ob irgendwas mit mir gemacht wird oder was so dort passiert. Einige Patienten machten mir ein komisches Gefühl und ein bis zwei sahen aus und verhielten sich auch, wie ich es aus dem Fernsehen kannte. Ich ging zum wiederholten Male auf mein Zimmer und beschloss, ein Tagebuch über das zu führen, was mich die nächste Zeit erwarten sollte. Zu der Zeit wusste ich noch nicht, dass ich mal ein Buch darüber schreiben würde, sondern sah diese Zeilen als Hilfestellung, den Ärzten zu erklären, wie es mir ging und was ich fühlte und dachte, seitdem ich hier war.

Ich lag auf meinem Bett und dieses Zimmer machte mich wahnsinnig. Kein Wunder, dachte ich, dass die hier abdrehen, und ich fühlte mich hundeelend, sodass ich versuchte die Emotionen rauszulassen. Doch es ging nicht. Ich hatte Angst und fühlte mich dort nicht wohl.

Mir fehlten unheimlich mein Zuhause und meine Bezugspersonen. Ich weiß einfach nicht, was hier passierte und ich musste an „Miriam" denken, mit der ich ein paar Wochen zusammen war. Sie und die Situation mit ihr waren der Auslöser, dass ich hier gelandet bin.

Es kam mir hier vor wie in einem Knast, es war jedoch nicht die Realität, sondern nur meine emotional gesteuerten Gedanken, meine subjektive Sicht. Immer wieder hämmerte es mir durch den Schädel: Wie konnte es so weit kommen, dass ich hier gelandet bin?

Ich wünschte mir in dem Moment immer wieder, dass alles wieder so wäre wie früher.

Den Rest des Tages lief ich ziemlich orientierungslos rein und wieder raus. Mal nach draußen, um eine zu rauchen, und dann wieder rein. Bei den Mahlzeiten suchte ich mir einen freien Platz und wieder schaute ich mir die anderen an und die mich. Es waren zwanzig Leute auf der Station. Frauen und Männer gemeinsam mit unterschiedlichen Krankheiten. Es war so ziemlich alles vorhanden dort. Kurze Gespräche, die zum Kennenlernen dienten, versuchte ich in Abwehrhaltung mit den anderen

Patienten zu führen und ganz langsam taute ich auf und versuchte, über die Sympathieschiene zu entscheiden, mit wem ich rede und mit wem nicht. Es gab einen kleinen Erkeranbau an dem Speisezimmer der Platz bot für einen kleinen Tisch und bis zu fünf Stühle. Auf dieser kleinen Terrasse konnte man auch rauchen; dort tummelte sich meistens das Geschehen, und es saß immer einer da, mit dem man reden konnte. Der Tag ging langsam zu Ende und das ein oder andere Mal versuchte ich zögernd und zaghaft zu den anderen Kontakt aufzunehmen. Die, die mich auf Anhieb nett fanden, halfen mir, wo sie konnten.
Der zweite Tag in der Psychiatrie.

Ich habe die Nacht kaum geschlafen und bin auch erst spät ins Bett gekommen, weil ich so aufgewühlt war von dem Tag und den Eindrücken, die ich so schnell gar nicht verarbeiten konnte. Dadurch war an einschlafen auch nicht zu denken. Nach dem Frühstück ging ich duschen. Dafür musste ich auf den Flur, denn da waren die Gemeinschaftsdusche und die Toiletten. Zurück auf dem Zimmer ging es dann richtig ab. Ich fing an zu heulen, das erste Mal richtig und ohne Pause. Ich fühlte mich dort fehl am Platz und wartete immer darauf, dass etwas mit mir gemacht wird. Eine Therapie oder so etwas. Ich hing fest im *Tal der Tränen*. Langsam fehlte mir auch mein Zuhause wieder. Die gewohnte Umgebung und mein Schutzbereich. Ich hatte in dieser Klinik noch mehr Zeit zum Denken als zu Hause, und das machte mich noch unruhiger und fast wahnsinnig. Ich hatte dann auch endlich mein Erstgespräch mit dem für mich zuständigen Arzt. Ich erzählte ihm meine Geschichte und wie immer in Kurzform, denn kein Arzt der Welt hat heute mehr als fünfzehn Minuten Zeit. Die können in so einem Moment wie im Flug vergehen.

Der Arzt erklärte mir erst mal, was es bedeutet, in der Psychiatrie zu sein und wie der Aufenthalt dort abläuft. Man bekam ein Gespräch von einer Stunde in der Woche mit ihm und bei Bedarf und im Notfall auch mehr. Er erklärte mir, dass es hier in der Klinik darum ginge, sich runterzufahren und unter Beobachtung und mit Medikamenten keinen Blödsinn zu machen. Diese Station war eine offene und er sagte, ich könne nach Absprache jederzeit das Haus verlassen oder auch um meine Entlassung bitten. Das fühlte sich gut an, denn es nahm mir die Angst, für lange Zeit weggesperrt zu werden.

Ferner sagte er mir, dass nur die auf die geschlossene Abteilung kommen, die suizidgefährdet sind, einen Alkohol- oder Drogenentzug machten. Eine Suizidgefahr sah er bei mir nicht, zumal ich ihm sagte, dass es nur meine Gedanken waren, und ich noch nicht versucht hatte, es in die Tat umzusetzen.

Der Arzt bot mir auch an, Tabletten zu verordnen, doch dagegen wehrte ich mich vehement. Vor den Tabletten hatte ich zu viel Angst und wollte es ohne schaffen. Die anderen Patienten kamen mir eh schon komisch vor, und so wollte ich das nicht an mir sehen.

Dazu verordnete er mir Sport und Kunst, was auf freiwilliger Basis war. Ansonsten gab es dort nichts an Therapien für mich und den Moment. Man sollte sich erst einmal erholen und unter Beobachtung stehen. Somit war ich einen Großteil des Tages mit mir und den anderen Patienten alleine.

Von daher blieb mir nichts anderes übrig, als mich mit den anderen Patienten und am wichtigsten mit mir selber zu befassen oder die Freizeit außerhalb der Klinik zu verbringen. Doch dazu war ich noch nicht bereit, den geschützten Bereich zu verlassen, auch wenn ich Hamburg liebte und immer dort gerne etwas unternahm. Am Morgen hatte ich dann ein Kennenlerngespräch mit der Haussozialarbeiterin. Die Dame war sehr nett und von ihr bekam ich ebenfalls den gewünschten Zuspruch, den ich gerade brauchte.

Sie fragte mich, was sie für mich tun könnte, und ich sagte ihr, eine Therapie wäre nicht schlecht, denn so konnte es ja nicht weitergehen. Daraufhin sagte sie mir, dass es bei ihnen keine Therapien gäbe, denn dafür müsste ich in eine Psychosomatische Klinik, wo Therapien angeboten werden. Was soll ich dann hier, dachte ich mir?

Es muss doch jetzt etwas passieren und irgendjemand mit mir arbeiten an meinen Problemen. Schlussendlich sagte sie mir das Gleiche wie der Arzt vorher. Ich würde hier erst mal ein paar Wochen bleiben bis es mir besser ginge und man würde dann erst entschieden, wie es weiterginge. Die Sozialarbeiterin stellte mir dann doch später die Möglichkeiten, in einer anderen Klinik eine Therapie zu machen, in Aussicht, wenn sie genau wüsste, was ich für Diagnosen bekäme und so lange müsste ich warten, egal wie viele Wochen es dauern würde. Ein paar Wochen? Wie, so lange? Meine Ungeduld kam mal wieder ungebremst zum Vorschein. Ich bat sie, mich dabei zu unterstützen, den richtigen Weg mit mir zu finden.

Nach dem Gespräch, es ging mir etwas besser, ließ ich den Vormittag Revue passieren. Mir wurde hier geholfen, das war ein erleichterndes Gefühl, auch wenn der Ort mir immer noch Angst machen konnte. Ich hatte kaum vertrauen zu irgendjemandem oder irgendwas. Über den Nachmittag nahm ich Kontakt zu einigen Mitpatienten auf.

Ich sprach den ein oder anderen an, um zu sehen, wie sie so drauf waren. Ziemlich verhalten von beiden Seiten musterte man sich.

Die Gespräche mit dem ein oder anderen taten mir ganz gut und ich fühlte mich ein wenig besser. Den restlichen Tag war ich in meinen Gedanken weiter gefangen, rannte wie Falschgeld durch die Klinik und fand wenig ruhige Minuten. Jedes Mal, wenn ich zur Ruhe kam, wurde es mit den Gedanken, die sich im Kreise drehten schlimmer, und an keinem Ort hielt ich es länger als ein paar Minuten aus.

Am dritten Tag wuchs in mir ganz langsam und sanft das Gefühl der Entwicklung eines neuen Zieles.

Das Ziel, mir helfen zu lassen und das anzunehmen, was man mir hier an Aufgaben und Möglichkeiten gab, um wieder gesund zu werden. Wie lange und mühselig das werden würde, konnte ich zu der Zeit in meinen kühnsten Träumen nicht erahnen. Dennoch sah ich ein Ziel und war bereit mitzumachen. Es war Abend und das Wetter immer noch sonnig sommerlich warm mit Höchsttemperaturen. Zwei Patientinnen fragten mich, ob ich Lust hätte, eine Runde um den Block zu gehen.

Zögerlich stimmte ich zu und ging mit den beiden los. Wir gingen zu einem kleinen Teich, der in der Nähe der Klinik am Rande eines Wohngebietes lag. Wir redeten über mich, denn die beiden waren neugierig und sie boten mir auch ihre Unterstützung an, wenn ich Fragen hätte. Wieder kam in mir dieses wohlige Gefühl hoch, dass mich hier Menschen unterstützen. Die beiden erklärten mir auch, wo ich was finde. Die Post, einen Einkaufsmarkt und noch einige andere Möglichkeiten, etwas zu unternehmen. Ich erfuhr von den beiden auch, dass in den nächsten Tagen Schlager Move auf der Reeperbahn war. So eine

Art Love-Parade des Schlagers. Ich hörte den beiden aufmerksam zu und ließ die neuen Informationen sacken.

In Gedanken vertieft ging ich mit ihnen zurück, um den restlichen Abend auf der gemeinschaftlichen Terrasse zu verbringen. Als wir zurückkamen, waren die anderen schon da und wir setzten uns alle zusammen raus und genossen das noch warme abendliche Wetter.

Wir saßen lange dort bis tief in die Nacht und solange wir leise waren, störte es auch keinen. An schlafen konnte ich eh nicht denken, denn dafür war mein Kopf zu voll mit den Gedanken und neuen Eindrücken. Ich freundete mich derweilen mit Steve an. Er hatte eine ruhige Art an sich und dazu den norddeutschen trockenen Humor.

Er schien mir in meinen Augen auch relativ normal zu sein, von den ganzen Leuten hier, und mit ihm konnte man sich gut unterhalten. Wir verstanden uns echt gut, waren auf gleicher Wellenlänge und auf seiner schwamm ich eine Weile den Abend mit. Wir flachsten den ganzen Abend rum und hatten viele lustige Themen. Eins der Themen war, welche Filmrolle wir den einzelnen Personen zuordnen würden. Dazu drehten wir noch gedanklich unseren eigenen Film über uns und die Klinik, in der wir waren. Es kamen dabei total bekloppte Geschichten heraus und das ein oder andere Mal lachten wir uns krumm. Jeder bekam auch einen eigenen Namen und ich nannte Steve den „General".

Wir verloren mehr und mehr aus den Augen, warum wie hier in der Psychiatrie waren, und welch ein Ort es doch war, an dem wir uns gerade befanden. Da musste es ja auch so kommen, dass ich mir am Ende des Abends den Mund verbrannte, weil ich etwas sagte, was ich besser nicht hätte sagen sollen. Bei aufgelöster Stimmung und bei der Personenzuordnung zu passenden Filmen sagte ich zu einer anderen Patientin, dass zu ihr der Film passen würde „Der Feind in meinem Bett" und das kam wohl überhaupt nicht gut. Erst lachten alle und als sie trocken aber auch erschrocken sagte, der Witz war nicht gut und dann fluchtartig den Raum verließ, wurde es schlagartig still und ich schaute verdutzt in die Runde. Was hatte ich getan?

Was war mit der denn los? Ich schaute fragend in die Runde und obwohl sich einige das Lachen nicht verkneifen konnten, signalisierten mir die anderen Mädels, dass es unter die Gürtellinie ging. Ich verstand für einen Moment die Welt nicht mehr. Wir hatten alle rumgeblödelt und ich habe mir echt nix dabei gedacht, als ich den Namen des Filmtitels sagte.

Ich versuchte nachzufragen, was denn gerade passiert war, und der General konnte sich immer noch nicht richtig das Lachen verkneifen und versuchte dennoch ernsthaft mir zu sagen, dass diese Patientin die fluchtartig den Raum verließ, wohl aufgrund von Problemen mit Männern hier war und es dabei auch um schwere häusliche Gewalt ging. Bum und bei mir war der Groschen gefallen. Somit war es ja nicht verwunderlich, warum sie weglief und die Stimmung jetzt wieder kurz vor dem Nullpunkt war und alle wieder wussten, dass sie ein Problem hatten, weswegen sie hier waren. Damit hatte ich, der Elefant im Porzellanladen, gerade mal wieder den Rahmen gesprengt. Das Mädel sprach mit mir kein Wort, als es zurückkam, und es war still und leise, nach und nach gingen die Leute zu Bett. Meine Stimmung ging dann auch wieder in den Keller und es machte mich traurig, dass der Abend so endete. Ich kannte die anderen zu wenig und wusste nicht, warum der ein oder andere hier war. Der General sagte, dass es morgen bestimmt vergessen ist. Doch dem war nicht so, wie sich auch am nächsten Tag herausstellte. Für mich war in dem Moment klar, dass ich von nun an aufpassen müsste, was ich hier sagte, denn ich wollte ja keinen verletzen. Ich ging zu Bett und stellte dabei fest, dass ich immer noch kurzzeitig mit den Tränen kämpfte und Heimweh hatte, sobald ich tagsüber einen Moment allein war. Sofern es mir möglich war, rief ich meine beste Freundin Tamara an und kotzte mich bei ihr aus. Mit den Gedanken, den Eindrücken des Tages und der Situation des Abends ging ich ins Bett.

Der vierte Tag, begann mit der Morgenrunde, bei der alle zusammensaßen und sich mitteilen durften, wie es ihnen gerade ging.

Ich steuerte nicht viel bei, denn ich hing zu viel in meinen Gedanken fest und konnte mich darauf nicht einlassen. In den kleineren Gesprächsrunden, ohne die Ärzte und Schwestern ging es mir besser. Ich fühlte mich bei den anderen wohler als vor den Ärzten zu reden. Diese Runden mit den anderen waren das ein oder andere Mal auch lustig, und ich konnte merken, dass ich mal nicht über etwas nachdenken musste. Zwischendurch, wenn ich mich mal aufs Zimmer zurückzog, liefen schnell die Tränen.

Am Vormittag ging es das erste Mal zum Sport. Nur konnte ich das nicht als Sport ansehen, denn der Raum in dem es stattfand, hatte gerade mal vier bis fünf Geräte. Die waren auch eher für welche, die gebrochene Knochen hatten oder so. Ich versuchte, mit den vorhandenen Geräten zurechtzukommen und stellte mir meine Trainingseinheit selber zusammen. Am Ende der Stunde fühlte ich mich ganz gut, mal wieder etwas getan zu haben. Im gesamten wurde meine Stimmung langsam besser und ich fühlte mich bis auf ein paar Momente etwas wohler dort in der Klinik. Zwischendurch fragten mich die Krankenschwestern, ob es möglich wäre, mein Zimmer zu tauschen von einem Einzelzimmer auf ein Vierbettzimmer. Es gab Probleme mit einem Patienten, der auf einem Einzelzimmer besser aufgehoben wäre. Ich fragte, zu wem ich aufs Zimmer käme. Als ich erfuhr, dass ich zum General und dem homosexuellen „Karl" kommen würde, stimmte ich dem zu, denn der General wurde langsam wie eine Bezugsperson für mich, mit dem ich gut reden konnte und der mir regelmäßig gute Ratschläge gab. Somit fühlte ich mich mit dem Gedanken gut, nicht mehr alleine auf dem Zimmer zu sein, denn hier bekam mir das überhaupt nicht.

Der homosexuelle Karl war eine Nummer für sich. Vielen männlichen Patienten schmachtete er nach, und ich konnte es auf meine Person nicht ganz zuordnen. Ich kam mit Schwulen eigentlich zurecht, sofern sie mir nicht zu nahe kamen und Karl war mal richtig andersrum und dazu noch witzig und charmant. Ich sagte zum General, wenn er sich unter Kontrolle hielte, käme ich mit ihm auf dem Zimmer klar, ansonsten würde es rappeln, wenn er mir an die Wäsche will. Karl nutzte oft die Möglichkeit, mich zu provozieren, und als der General mir sagte, dass Karl nur „bellt" aber nicht „beißt", wusste ich das zu nehmen und flirtete sogar manchmal mit ihm.

Somit drehte ich den Spieß um und wann immer es ging, versuchte ich scherzhaft, Karl damit zu ärgern, indem ich mich lasziv meiner Kleidung entledigte und er meinen Körper wahrnehmen musste.

Er war verrückt nach mir und ich lachte mir eins ins Fäustchen, denn meine Körperbemalung törnte ihn regelrecht an. Der Vormittag war rum und meine Gedanken hielten sich etwas in Grenzen, da ich damit beschäftigt war, die anderen mehr und mehr kennenzulernen. Einige waren schon mehrere Wochen in der Klinik mit den verschiedensten Diagnosen und mir graute es bei dem Gedanken, über Wochen hier zu sein, und das ließ meine Ungeduld auf Veränderung wachsen. Seit dem Frühstück stand der Schlager Move noch immer im Raum. Ich war mir nicht schlüssig, ob ich dahin gehen wollte, denn solche großen Veranstaltungen waren in der Regel nichts für mich. Man machte mir auch klar, dass es hier um Entspannung ging und ich zur Ruhe kommen sollte in der Klinik. Wie soll das denn gehen? Denn innerlich bin ich eh dauerangespannt wegen der Gedanken, die sich in meinem Kopf im Kreise drehten.

Ich erfuhr nebenbei, dass eine Patientin und auch Karl, der Homosexuelle, ebenfalls dort hinwollten. ‚Was ist das hier?', dachte ich. ‚Urlaub? Ich bin doch krank und kann doch nicht dahin gehen. Anscheinend wohl doch, denn so was könnte mir ja auch gut tun, meinten die Schwestern, denn es ist immerhin eine Ablenkung, die mir auch positive Gedanken bescheren könnten. So hatte ich es noch gar nicht gesehen. Doch könnte ich mich wirklich drauf einlassen?

Bei allen Gedanken, die mir durch den Kopf gingen? Nicht mehr leben zu wollen, die Vergangenheit und die Gegenwart, dazu meine Handlungsunfähigkeit und die Schwierigkeiten, Entscheidungen zu treffen? Sollte ich nicht besser in der Klinik bleiben? Ich hatte keinen Plan und das Karussell drehte sich unaufhörlich weiter. Was mich zudem am allermeisten beschäftigte, war, was sag' ich dem Sternchen und meiner Tochter, dass ich für längere Zeit nicht da war? Es war ein paar Tage vor den Sommerferien und mein Kind sollte für die erste Hälfte von drei Wochen zu mir kommen. Es quälte mich, denn meine Angst, dass mir die Kindsmutter Ärger deswegen machen könnte wuchs Stunde um Stunde. Was wird sie denken?

Soll ich ihr und meinem Kind die Wahrheit sagen?

All das überforderte mich wieder und ließ meine Stimmung gleich wieder auf null sinken. Irgendwie ließ ich mich dann doch überreden, mit Karl und der anderen Patientin zum Schlager Move auf die Reeperbahn zu fahren. Zum späten Nachmittag hatten wir uns dazu verabredet und gemeinsam gingen wir zur S-Bahn, um damit zur Reeperbahn zu kommen. Die Bahn war sehr voll und viele verkleidete Menschen waren um mich herum. Ich war zum ersten Mal auf so einem Festival und in einem überfüllten Zug. Karl sah mich immer wieder an und lachte.

Es muss wohl echt lustig ausgesehen haben, wie ich staunte und welche Angst es mir machte. Wie ein kleiner Junge vom Land der die Großstadt entdeckte und das, obwohl ich mich früher solchen Situationen locker stellen konnte, war es diesmal anders. Meine Angst stieg, von den Menschenmassen erdrückt zu werden. Zu viele lustige Menschen, die verkleidet um mich herum grölten, machten mir kein gutes Gefühl. Meine Neugierde auf das, was mich erwartete, und die damit erhoffte Ablenkung zu erreichen, waren größer und das im Schutze von zwei anderen Patienten, die sich hier auskannten und wussten, wie man sich verhält.

Gerade Karl machte es sichtlich Spaß, und ich fragte mich in dem Moment: Wo ist der krank?

Wir kamen der Reeperbahn immer näher, und ich bat die anderen beiden einen Platz zu suchen, der nicht ganz so überfüllt war. Ich, derjenige der gerade überhaupt nicht mit sich und dem Leben klarkam, ging auf die Reeperbahn zum Schlagerfestival. Die beiden kümmerten sich super um mich und ließen mich auch nicht aus den Augen. Karl ging gleich los und organisierte drei Bier für uns und gemeinsam stießen wir auf uns an.

Alkohol macht die Birne hohl und meine negativen Erlebnisse damit schossen mir wieder durch den Kopf. Gott sei Dank, dachte ich mir, dass ich nicht so bin und meistens nicht mehr als ein, oder wenn es richtig gut läuft, nicht mehr als drei Bier trinke. Es ging langsam los, die Wagen setzten sich in Bewegung und fuhren nach und nach an uns vorbei. Klaus hatte einen guten Platz organisiert von dem aus man genügend sehen konnte, und an dem es nicht so voll war. Die Musik war echt okay und den einen oder anderen Schlager kannte ich sogar.

So schunkelten wir mit und bestaunten die ganzen verkleideten Menschen und es hatte auch den Anschein als wäre es Karneval in Hamburg. Zunehmend wurde es immer lockerer und Tausende von Menschen begleiteten den Zug. Ich wusste oft nicht, wo ich zuerst hinsehen sollte.

Ein Sommertag, wie er im Buche stand, viele Menschen, tolle Frauen und gute Stimmung. Ich mittendrin, schüchtern und zurückhaltend war ich in der Stellung des stillen Beobachters. Ich beobachte gerne Menschen und ihr Verhalten. Karl tanzte auf der Straße mit und forderte mich sogar zum Tanzen auf. Ich lachte und machte den Spaß einfach mit, es war ein komisches Gefühl, mit einem fremden, dazu noch homosexuellen Mann zu tanzen. Ich machte einfach mit und genoss die Stimmung. Nach ein paar Minuten schnappte ich mir die andere Patientin und drehte mit ihr ein paar Runden im Disco-Fox-Feeling auf Hamburgs Reeperbahn. Wenn das die Krankenkasse liest, denken die bestimmt, ich bin total bekloppt, aber seien wir mal ehrlich, das gehört doch anscheinend dazu, oder? Kein Patient, der nicht gerad ans Bett gefesselt oder auf einer geschlossenen Station ist, darf sich so eine Gelegenheit entgehen lassen und all das kann ja auch der Genesung dienen. Wie auch immer war es eine gute Entscheidung, da hingefahren zu sein, und ich bereute nicht eine Minute, auch wenn es melancholische Momente gab, an denen ich wieder meine Sehnsüchte nach einer passenden Partnerin spürte. Wir waren gute drei Stunden dort und einstimmig beschlossen wir, dass es für den Tag genug war und fuhren wieder zurück zur Klinik.

Was waren es doch für Eindrücke, die ich hatte, ich musste so viele Informationen verarbeiten. Meine Situation, warum ich hier war, schien für einen Moment in den Hintergrund zu rücken.

Am frühen Abend sollte mich die Gegenwart aber wieder einholen. Die Gedanken, wie ich das der Mutter meines Kindes erklären soll, kamen wieder in mir hoch und ließen mich gleich wieder traurig werden. Es warf mich doch im Nachhinein wieder ganz schön aus der Bahn, und was ich heute an Schönem erlebte, rückte sofort wieder in den Hintergrund. Ich konnte die Momente nicht mehr festhalten und die Gedanken überlagerten meine Gefühlswelt und beeinflussten sie negativ. Ich habe versucht, die Zeit zu nutzen, um mich bei dem Mädel zu entschuldigen, der ich den Abend vorher den Spruch mit dem Feind in

meinem Bett gedrückte hatte. Ich versuchte, ihr das noch mal zu erklären, und sie verstand auch, was ich ihr sagen wollte. Doch trotz alledem ermahnte sie mich, hier vorsichtig zu sein, was ich sage, und die Stimmung zwischen ihr und mir blieb kühl. Es reichte anscheinend nicht, sich für etwas zu entschuldigen, wo ich nix für konnte, weil ich nicht wusste, warum sie hier war, und alle haben mitgemacht. Kurz entschlossen ging ich noch am Abend etwas einkaufen und brachte dem Mädel Celebrations-Süßigkeiten mit und übergab sie ihr nochmals mit einem Zettelchen, auf dem ich mich entschuldigte.
Sie fand es recht süß, doch richtig warm wurden wir bis zum letzten Tag auch nicht mehr, was ich ziemlich schade fand. Die gemütliche Runde zum späten Abend auf dem Balkon gab mir wieder etwas Halt, aber trotzdem ging ich traurig zu Bett.
Der fünfte Tag in der Psychiatrie in Hamburg fing mit für mich normaler Stimmung an. Es dauerte nicht lange und sie verschlechterte sich, als mir wieder das Sternchen durch den Kopf schoss. Mit der wollte ich mich gerade überhaupt nicht beschäftigen. Es begann mich auch zu nerven, und mich damit zu befassen, überforderte mich gleich wieder maßlos. Da konnte ich den Abend vorher das erste Mal einschlafen, und auch wenn ich nicht durchgeschlafen habe, ging mir diese Frau nicht aus dem Kopf. Die macht mir bestimmt die Hölle heiß, weil ich so überstürzt weg war und meinen Verpflichtungen nicht nachkommen konnte, meine Tochter für die eine Ferienhälfte zu mir zu nehmen. Ich konnte ihr doch schlecht sagen, dass ich mal eben in die Psychiatrie bin. Die Frau würde es garantiert nicht verstehen, was passiert war, und ich war ihr doch sowieso egal, also, warum sollte ich auch gerade von ihrer Seite Unterstützung und Verständnis bekommen? Zumal ich gestern ja folgende SMS von ihr bekam:

Um meinem Ärger mal Luft zu machen. Tolle Ferien, die unser Kind bei ihrem nicht anwesenden Vater verbringt. 3 Mädels nachts bei dir alleine im Haus. Superidee. Hätte ich das vorher gewusst, wäre sie das Wochenende bei Oma und Opa geblieben und gut ist.

Bevor ich in die Klinik ging, teilte ich den beiden mit, dass ich zur Kur bin wegen meines Rückens und überraschend einen

Platz bekommen hätte, und den auch nun wahrnehmen musste. Eine Idee meiner Mutter war es, damit ich ihnen nicht die Wahrheit sagen musste.

Ist das eine Notlüge? Für mich war es das, um mir mehr Zeit zu verschaffen, und hier hatte ich auch die Möglichkeit mit professioneller Hilfe den beiden zu gegebener Zeit vernünftig zu erklären, was passiert war. Diese Situation belastete mich sehr und ich kann heute nicht mehr sagen, was ich auf die SMS geantwortet habe. Meine Tochter war ja dennoch bei mir, beziehungsweise bei meinen Eltern und ich fand, sie hatte auch ein Anrecht darauf, auch wenn ich nicht zu Hause war.

Meine Tochter fragte mich per SMS, ob sie sich zwei Freundinnen einladen, und dann bei mir alleine im Haus sein dürfte. Ich sagte dem zu, und das war die Reaktion von Sternchen.

Hatte sie so wenig Vertrauen zu ihrem Kind?

Auch wenn meine Eltern abends nach den Dreien gucken wollten und aufpassten, ließ es das Sternchen nicht zu und verbot es unserem Kind. Glaubt die eigentlich, dass Kinder anders sind, als wir früher waren? Mit Sicherheit nicht, doch anders erziehen konnten wir sie auf jeden Fall, aber das Sternchen und ich haben da selten an einem Strang gezogen. Auf jeden Fall störte es mich sehr, dass ich lügen musste, denn ich wollte mich vor dem Sternchen nicht noch mehr angreifbar machen. Dabei hatte ich zu viel Angst, sie könnte es mal gegen mich benutzen, wenn es um mein Kind ging.

Ich ging daraufhin noch mal zum Arzt dieser Klinik und suchte den Rat zu der Sachlage mit meinem Ex-Sternchen.

Bis der Arzt Zeit hatte, nutzte ich den Moment, um meiner besten Freundin Tamara eine SMS zu schicken. Die hatte ja auch schon seit Tagen nichts von mir gehört.

... ein paar Tage bin ich hier,
kämpfe mit mir wie ein Stier.
Oft fehlt mir die Kraft,
dachte ich hätte es geschafft.
Nun muss ich erkennen,
es bringt nichts, davor wegzurennen.

Bleib hier nun stehen,
versuch geduldig zu lernen und den Rest wird man sehen.
Hoffe auf ein positives Leben,
auferstehen und alles dafür geben ...

Eine weitere SMS ging an „Mönchen", die auch mitbekam, wie es mir die letzten Wochen ging. Ich kannte sie aus Kindertagen, doch hatten wir uns Jahre aus den Augen verloren und erst vor ein paar Wochen wieder getroffen. Zu ihr hatte ich auch einen guten Draht und konnte ihr alles sagen. Das tat ich auch mal wieder und machte daraus einen Reim.

... spüre in mir viele Gifte,
oft in die falsche Richtung drifte.
Sehnsucht, Höhen, Tiefen, Trauer, Melancholie,
freiwillig will lernen in einer Therapie.
Zu sehr verwundbar mich gemacht,
alte Wunden und die Freuden sind aneinandergekracht.
Eigene Messlatte oft nicht zu erreichen,
deprimiert stellte ich die falschen Weichen ...

Als der Arzt mich in sein Zimmer bat, sprach ich ihn gleich auf mein Problem an. Kurz gesagt kam ich für mich zu keinem Ergebnis, und seine Ratschläge prallten an mir ab. Ich hatte seinen Vorschlägen immer wieder etwas Negatives entgegenzusetzen und schlussendlich überließ er es mir, was ich daraus machen würde, denn mehr könnte er für mich nicht tun, als mir eine Richtung aufzuzeigen. Total unbefriedigt und mit dem Gefühl, wieder damit alleine zu sein, ließ ich erst mal alles im Raum stehen.

Mit ihm darüber nur allein zu reden, tat mir gut, und ich verdrängte dieses Thema, wie ich es dem Sternchen erklären würde, erst einmal.

Bevor ich vergesse das zu erwähnen, ich traf auf dem Flur die Sozialarbeiterin des Hauses, bei der ich auch schon am zweiten

Tag war. Ich schubste sie noch mal verbal an und fragte, wann es denn endlich losginge mit einer Therapie.

Ich sollte mir nicht so viel Gedanken darüber machen, denn die nächsten Wochen wäre ich eh noch hier, meinte die Dame und sagte noch im Weggehen: „Mal sehen, was ich für Sie finden kann." Wie, schon wieder dieses „ich bleibe ein paar Wochen hier"! Hamburg ist eine supertolle Stadt, aber für Wochen wollte ich auch nicht hier sein. Mir war es wichtiger, dass mal jemand mit mir spricht, meine Probleme erörtert und mir sagt, was ich dagegen unternehmen kann.

Ich beschloss, etwas für mich zu tun. Etwas Gutes sollte es sein, um Abstand zu bekommen, und so beschloss ich, bei dem schönen warmen Wetter alleine zu den Landungsbrücken zu fahren.

Der General wollte auch los nach Hause und nahm mich ein Stück mit seinem Auto mit. Die Landungsbrücken, eine meiner Lieblingsstellen in Hamburg, dort sollte es mir etwas besser gehen, dachte ich. An den Landungsbrücken angekommen genoss ich die Aussicht auf die Elbe und die umherfahrenden Schiffe. Es waren auch eine Menge Menschen unterwegs und sehen und gesehen werden war angesagt. Kurz entschlossen machte ich eine Hafenrundfahrt und begab mich auf eines der vielen Schiffe, die solche Fahrten im Stundentakt anboten. Zeitlich passte es auch, sodass ich zum Abendbrot wieder zurück sein würde. Als das Schiff ablegte, hatte ich wieder das Gefühl von Freiheit, Abenteuer und Urlaub in mir. Doch leider hielt es nur kurz an, denn es kam ein Gefühl in mir hoch, wie ich es schon sehr oft in meinem Leben hatte, wenn ich alleine unterwegs war. Ich sah ein knutschendes Pärchen und dieser Auslöser ließ mein Gefühl dahin gehen, wo es schon oft war in solchen Momenten.

Es wurde wieder emotional melancholisch schmerzhaft.

Das Gedanken-Roulette drehte sich mit einem Mal wieder und das nur, weil ich ein Pärchen auf dem Boot beobachtete. Alles Schöne war in dem Moment weg, was ich noch kurz vorher fühlte. Ich fühlte mich mal wieder total alleine, und was ich erlebte konnte ich mit niemandem teilen. Es belastete mich wieder extrem, dass ich alleine dort war. Pärchen fahren nach Hamburg zum Tor der Welt, um etwas zu erleben, und ich war wieder alleine dort. Keine Umarmung, kein Kuss. Nichts, was ich erlebte, konnte ich mit jemandem in Zusammenhang bringen in der Zukunft, wenn ich davon erzählen würde. Hallo? Ich habe das und das erlebt. Wie war es dort? Ja, ich war alleine. Wie alleine?

Ja, ohne Freundin, denn ich hatte keine. Was mir alles für ein Blödsinn durch den Kopf schoss, anstatt die Zeit hier zu genießen.

Es ging irgendwie nicht mehr, als ich die beiden sah, an einem wunderschönen sonnigen Tag in Hamburg auf der Elbe bei einer Hafenrundfahrt. Dieses Hin und Her meiner Gedanken und Gefühle nervte mich, und ich versuchte krampfhaft, mich abzulenken.

Doch es war wie verhext. Überall, wo ich hinsah, nur Pärchen.

So kam es mir zumindest vor, denn meine Wahrnehmung sah nichts anderes und in meinem Kopf kämpften wieder Engelchen, ‚du wirst die Richtige schon noch finden und mit ihr alles erleben', und Teufelchen, welches sagte, ‚wer will dich denn schon haben?

Einen arbeitslosen, emotional gestörten, nichts mehr auf die Reihe bekommenden Typen, der sich hinter seinem Aussehen versteckt und der Welt selten zeigt, wer er wirklich ist und wer er sein kann.'

Mein Gott ihr Arschgeigen, ihr beiden in meinem Kopf geht mir echt auf den Sack, dachte ich mir und schnell war die Stunde Hafenrundfahrt zu Ende. Schönes gesehen, einiges erlebt und Gedanken im Auf und Ab der Emotionen, ganz tolles Tennis dachte ich mir.

Mal wieder mit dem Netz Schwierigkeiten gehabt, dachte ich mir, anstatt den Ball mal locker drüber zu lupfen. Ich sah noch einmal auf die Elbe und mit diesem Wirrwarr der Gefühle – auf der einen Seite der tolle Tag und auf der anderen Seite das Alleinsein – fuhr ich langsam wieder zurück zur Klinik. Pünktlich zum Abendbrot war ich wieder dort. Danach schaffte ich es sogar, etwas in einem Buch zu lesen, welches ich von zu Hause mitgenommen hatte. Vor dem Schlafengehen ging ich noch auf die Terrasse, wo auch die anderen wieder saßen. Wir sprachen über den Tag und das Erlebte.

Ich erfuhr bei ihnen weiterhin Unterstützung, Aufmerksamkeit und es tat am Ende des Abends richtig gut, mit Menschen dort zu sitzen, die mich anscheinend verstehen konnte. Das erste Mal, dass mich Menschen verstanden, seitdem ich in diese Situation geraten war. Die Runde war wieder wohlig angenehm, auch wenn man aufpassen musste, was man sagte, um nicht irgendwen unnötig zu verletzen.

Der sechste Tag in der Klinik
Die Stimmung an dem Morgen war so weit in Ordnung und die angesagten sportlichen Aktivitäten förderten die gute Laune. Zum Nachmittag war wieder Kunststunde, und als ich sah, was andere aus den Specksteinen machten, war ich auch gleich Feuer und Flamme.

Ich schaute mir noch am Vormittag bei der anderen Gruppe genau an, wie die es machten. Jetzt muss ich mal wieder schmunzeln, Feuer und Flamme? Aber so was von, dass ich, als ich anfangen wollte, auch schon wieder keine Lust mehr hatte, nachdem ich mitbekam wie lange so was dauert mit den Steinen, und welche Sauerei dabei rauskommen kann. Zack, da war das Feuer erloschen, denn in Wirklichkeit war es wie beim Essen, die Augen sehen mehr als der Magen und so war es dann auch. Hm, dachte ich, was also tun am Nachmittag? Auf dem Flur kam mir „Jenny" entgegen. Ein zierliches Mädchen so ca. Ende zwanzig schätzte ich sie. Sie hatte mal wieder ein Problem mit einem anderen Patienten, der ihr immer etwas zu nahekam, und das mochte sie gar nicht. Oftmals suchte sie Schutz bei mir, oder ich ließ von ihrer Seite nicht ab, wenn er kam, denn vor mir hatte er Schiss und ging ihr dann aus dem Weg. Man hätte es draußen locker einen Stalker nennen können und sein apathischer Blick machte ihr auch gehörig Angst. Da ich ihr ansah, was los war, nahm ich sie mal kurz in den Arm.

Das war unsere erste Annäherung, obwohl ich schon oft ihre Nähe gesucht hatte, ging sie mir immer schüchtern aus dem Weg, es sei denn, der andere Patient nervte, dann machte es ihr nichts aus in meiner Nähe zu sein. Wie auch immer, in dem Moment fragte ich sie, ob sie Lust habe, mit mir etwas zu unternehmen, und sie meinte, dass sie noch einkaufen müsste. Das war eine gute Idee, denn das musste ich auch mal langsam wieder, und ich fragte sie, ob wir zusammen gehen könnten. Sie willigte ein mit den Worten, „dann bin ich endlich diesen Typen los und muss nicht alleine gehen." Wir verabredeten uns für den Nachmittag.

Es war jetzt kurz vor dem Mittagessen, als mir wiederholt die Sozialarbeiterin der Klinik über den Weg lief. Sie sprach mich an und bat mich nach dem Essen zu sich. Sie hätte da wohl etwas für mich gefunden. Oh, dachte ich, na dann bin ich mal gespannt und wie viele andere Nachrichten auch, machte es gleich die Runde, denn jeder erzählte hier jedem, was es so Neues gab. Was eben nur nicht gesagt wurde, was der einzelne so hatte und warum er in der Klinik war.

Das bekam man nur in Einzelgesprächen heraus und sofern der andere drüber reden wollte. Doch in so einer Klinik war die Vertrauensschwelle ziemlich hoch und man erzählte sich vieles, was man draußen bestimmt nicht gemacht hätte. Alle freuten sich mit mir über diese Nachricht, dass sich bei mir jetzt schon so schnell etwas tun würde. Nach dem Mittagessen ging ich mit großen Erwartungen zu der Sozialarbeiterin und hörte mir an, was sie mir zu sagen hatte. Sie sagte mir, dass sie mit dem Arzt der Klinik gesprochen hätte und da ich stabiler wäre, als bei meiner Ankunft vor einer Woche, könnte man dann doch in eine andere Klinik überweisen.

Oh, jetzt geht es los, dachte ich. Sie sagte mir, dass sie intern nachgesehen hatte, welche Kliniken infrage kämen. Intern? Ach so! Ja, es war ja eine Klinikkette und so würde ich in eine andere Stadt kommen, aber unter dem gleichen Kliniknamen behandelt werden. Als sie mir das sagte, dachte ich noch so, scheißegal wohin, Hauptsache es passiert endlich was. Die Sozialarbeiterin hatte sogar schon mit der anderen Klinik gesprochen, teilte sie mir mit. Sie gab mir ein Prospekt von der Klinik, welches sie vorher ausgedruckt hatte. „Da werden Sie hin überwiesen", sagte sie mir. Ich sollte mir das Prospekt mal ansehen und ihr sagen, ob es für mich okay war.

Den Ort kannte ich vom Hören, er lag bei Kassel.

Nach kurzem Überlegen sagte ich ihr, was ich eh schon dachte. „Das ist mir egal, Hauptsache es geht langsam los." Da ich zustimmte, sagte mir die Dame, dass sie mich dann jetzt dort anmelden würde, und diese Klinik würde sich dann bei mir melden. Die Unterlagen hatte sie schon dort hingefaxt in meinem Beisein. Ich wusste zu dem Zeitpunkt noch nicht einmal genau, was ich habe.

Leider habe ich auch das Schreiben heute nicht mehr zur Hand, welches mir der Arzt damals mitgab für die andere Klinik. Welche Diagnosen ich also schlussendlich hatte, erfuhr ich erst in der anderen Klinik, und das könnt ihr schon bald lesen.
Die Aussicht bald aus dieser Klinik in Hamburg wegzukommen, stimmte mich fröhlich, denn so toll war es da ja auch nicht. Das Essen war zwar okay und wie es in einem Krankenhaus auch üblich war, nach Bestellung eine Woche vorher, bekam man das, was man nun mal angekreuzt hatte, und wer das dann nicht mochte, schaute dann, ob er außer Haus etwas anderes bekam.
Meine Verabredung mit Jenny zum späten Nachmittag rückte näher. Sie wartete schon auf mich und gemeinsam gingen wir los zum Einkaufen. Sie kannte sich in der Ecke aus, denn ich war ja auch der Einzige aus dem Ruhrpott da oben. Alle anderen Patienten kamen selber aus Hamburg und wohnten teilweise sogar irgendwo um die Ecke. Auf dem Weg zum Einkaufszentrum erzählte ich ihr von der Neuigkeit. Sie war sichtlich erschrocken, dass ich womöglich schon bald nicht mehr da wäre. Ich fand das echt süß, denn ich war ja zu ihrem Beschützer geworden wegen des anderen Patienten, der ihr immer Angst machte mit seinen Blicken und dem Verhalten, welches einem Stalker ähnelte.
Ich sagte ihr, sie solle sich an den General wenden, der würde dann auf sie aufpassen. Ich wusste auch, dass er es machen würde, denn da war er genauso wie ich. Das Gespräch mit der Sozialarbeiterin war jetzt gut vier Stunden her, und ich dachte intensiv daran, wann es denn endlich losginge und grübelte darüber, was mich dann dort erwarten würde, nachdem ich jetzt wusste, wo ich als nächste Station haltmachen würde.
Angst hatte ich weniger, dafür aber immer noch sehr hohe Erwartungen, dass man mir dort vielleicht schnell helfen könnte. Jenny erzählte ein wenig von sich, nachdem ich ihr sagte, dass ich bald weg sein werde. Wann genau ich gehen würde, wusste ich selber zu dem Zeitpunkt nicht. Jenny sagte mir, dass sie schon sieben Wochen in der Psychiatrie wäre und kaum Fortschritte machte, sondern eher das Gefühl hatte, auch mal mehrere Schritte wieder zurückzumachen.
Ich ermunterte sie, dranzubleiben und ihre Unzufriedenheit der Sozialarbeiterin und dem Arzt mitzuteilen, damit man auch

für sie einen geeigneten Platz finden würde, wo man sie weiterbehandeln könnte. Sie freute sich, und es tat ihr gut, dass ich sie unterstützte, und für mich war es selbstverständlich, für sie da zu sein und zu helfen, wo ich konnte. Der letzte Abend gehörte auch ihr und wir machten einen Spaziergang, bei dem sie mich aus heiterem Himmel fragte, ob sie mich in den Arm nehmen dürfte, und ich willigte gerne ein, um ihr zu geben, was sie sich gerade wünschte. So bin ich eben, und so wurde es Zeit, meine nächste Reise anzutreten. Meine nächste Reise wird es schon bald im zweiten Teil zu lesen geben.

Der Beginn meiner Reise

Von einem auf den anderen Tag bin ich von Hamburg weg in die nächste Klinik nach Nordhessen. In dieser Klinik versuchte ich, mich zurechtzufinden und das dauerte einige Tage. Ich habe die Tage vergehen lassen und nicht sonderlich viel dazu geschrieben. Meine Gedanken waren nur bei mir und wie es weitergehen würde. Hier lernte ich erst mal, was mit mir los war, und es dauerte eine Weile, bis ich es verstanden hatte.

Mittlerweile war der neunundvierzigste Tag angebrochen seitdem ich von zu Hause weg war. Jeden Tag lernte ich ein wenig mehr über mich, und langsam fing ich an, zu mir und zu meiner Vergangenheit zu stehen. In der nächsten Therapiesitzung würde ich erfahren, wann es nach Hause geht. Ich bin schon wahnsinnig gespannt, wann der Tag X sein würde. Es war wie ein Schlag in die Fresse, als ich in der Sitzung erfuhr, dass ich schon in zwei Wochen nach Hause sollte.

Für mich brach eine Welt zusammen. Noch mal in eine Tagesklinik, sagte er mir noch dazu, und da war ich endgültig fertig für den Tag. Mein Weg war also doch noch nicht zu Ende. War ich zu naiv, zu glauben, nach ein paar Wochen hier in der Klinik, meine ganze Vergangenheit verarbeitet zu haben? Es schien wohl so, denn sonst hätte es mich nicht so aus der Bahn geworfen, als ich erfuhr, wann und wie es weiterginge. Daraufhin schickte ich meiner allerbesten Freundin, die ich damals hatte, nämlich Tamara, folgenden Text:

... meine Reise die geht weiter,
bin oft müd' und manchmal heiter.
Der Weg ist oft verschwommen,
das Liebste wurde mir genommen.
Klare Gedanken ersehnt,
fühle ich mich oft wie gelähmt.
Will das gern verändern,
mit Augen voller Rändern.
Hoffe auf den klaren Blick,
so kämpfe ich wieder und wieder
um mein altes Leben zurück ...

Mein altes Leben. Das Leben, wovon ich immer sprach, wenn ich jemandem davon erzählte, wie es mir gerade ging. Mein altes Leben, welches früher anders war als heute. Ich war stärker und hatte meine Ziele, teilweise sogar gnadenlos, verfolgt. Meinen Traum (selbstständig mit einem eigenen Lkw quer durch Europa zu fahren) gelebt sowie noch vieles mehr erreicht. Doch heute? Was ist aus mir geworden? Jetzt kämpfe ich gegen diese Vergangenheit, die sich heute aber nicht mehr so schön anfühlt. Warum vermisse ich diese Zeit so? Warum wünsche ich mir diese Zeit zurück? Hat sie mich doch auch hierher in die Klinik gebracht. Wieder diese quälenden Fragen. Ich sehe heute, dass ich damals nicht nach rechts und nach links schaute und mich darüber hinaus dabei vergaß.

Alle anderen habe ich um mich herum ignoriert und mich dazu am meisten. Leben? Was war das? Heute weiß ich, dass es mich auch noch gibt und mir das Leben unerschöpfliche Reichtümer schenkt, die es gilt auszukosten.

Am Nachmittag ging es mir nicht so gut. Ich fühlte mich leer und ausgelaugt. Vor der Eingangstür sitzend traf ich auf Chris.

Ein Mann, der das berufliche Leben hinter sich gelassen hatte. Chris war mit Ende vierzig „ausgestiegen".

Ich erzählte ihm, dass es mir Schwierigkeiten machen würde, zu wissen, wann ich gehen werde. Hatte ich doch das Gefühl, noch nicht so weit zu sein, um die Klinik verlassen zu können. Er schaffte es, mich kurzfristig aufzubauen mit den Worten: „Du schaffst das, du bist ein toller Kerl." Diesen Moment werde ich nie vergessen, danke an dieser Stelle, Aussteiger! Auf dem Weg zum Zimmer traf ich meine Expo und erzählte ihr, dass ich bald gehen werde.

„Theresa" war meine Klinik-Expo (Expo = sich bewusst Situationen aussetzen und versuchen sie zu bestehen). Sie war überrascht, dass ich bald gehen würde, aber sie fand den Gedanken nicht schlimm, weil, wie ich im Gespräch mit ihr erfuhr, auch sie an mich glaubte. Zudem sagte mir Theresa, dass ich meine Gefühle, die in mir hochkamen, doch mal in der Basisgruppe besprechen sollte. Es wäre ein guter Zeitpunkt mal auch vor den anderen die Hosen runterzulassen, was ich bisher noch nicht getan hatte. Ich hatte in der Basisgruppe immer eher das getan, was meinem Wesen am meisten entsprach, ich half den anderen anstatt mir selber!

Ich grübelte lange darüber, ob ich mich vor den anderen öffnen sollte. Bei dem Basistermin angekommen war wie immer die Frage, wer ein Anliegen hätte, sollte es doch bitte vortragen.

Es war so weit. Meine Zeit war gekommen, ich konnte es deutlich spüren. Ich meldete mich und die Gruppe stimmte zu, ich durfte mein Anliegen vorbringen.

Ich habe vielleicht drei oder vier Sätze gesprochen, ich weiß es gar nicht mehr genau, und in mir fing es an zu brodeln. Ja, es fing förmlich an, in mir zu kochen. Da waren sie, die Emotionen, die mich an den Rand meiner Kräfte brachten.

Ich erzählte meine Geschichte, von der Insolvenz, die ich letztes Jahr anmelden musste. Meine Kämpfe in den Jahren um meine kleine Firma und die Wirtschaftskrise, die mich in die Knie zwang, dass dazu alles so viel Kraft kostete, die ich schon lange nicht mehr hatte.

Doch das gestand ich mir erst zu dem Zeitpunkt ein, als es schon zu spät war. Den schweren Weg einen Tag vor Weihnachten zum Sozialamt, um Hartz IV zu beantragen, in einem Dorf, wo jeder jeden kennt. Welche Schmach es für mich war, fügte ich noch hinzu.

Ich hatte mich vorher fast zwei Monate verkrochen, von der Gewerbeabmeldung im Oktober bis Hartz IV im Dezember, und in Selbstmitleid gebadet, anstatt etwas zu unternehmen. Im Raum wurde es still.

Die Erzählungen über meine Tochter und meinen Vater, mit dem ich seit 20 Jahren nicht mehr rede. Von meinen Eltern und ihrer Firma und was es heißt, ein Sohn zu sein. Ich erzählte von meinen Ängsten, und es fing richtig an, in mir zu brennen.

Was ist, wenn ich hier rauskomme? Bin ich dann geheilt? Schaffe ich das hier alles überhaupt? Nein, es ist ein Trugbild, es wird noch Monate dauern. Was ist, wenn ich es „draußen" nicht schaffe? Finde ich einen Job?

Wie nimmt mein Umfeld das alles auf? Meine Freunde?

Sind es überhaupt Freunde? Dabei ging das Positive, was in der Zeit passierte, völlig unter. Dass ich innerhalb von vier Wochen im Januar eine Umschulung zum Busfahrer bewilligt bekommen hatte, die Ausbildung als Zweitbester bestand. War es eine neue Zukunft?

Meine Stimme wurde zittrig, und ich begann zu weinen. Werde ich noch lange ohne Partner bleiben? Wo ist der passende Deckel? Was wird aus meiner Tochter?

Ich weinte den ganzen Müll raus. Es fiel mir schwer weiterzureden, und man reichte mir schnell ein Taschentuch. So viele Baustellen hatte ein Mann, der nach außen aussah wie ein Baum, dem nichts etwas anhaben konnte, ein Typ, eine männliche Erscheinung, der so weich wurde und es innen drin ganz anders aussah.

Die anschließende Stille im Raum war mir unheimlich.

Alle saßen da wie versteinert und mit traurigen Gesichtern. Was für eine Anteilnahme in dem Moment stattfand. Carola weinte sogar fast mit. Meine Geschichte hielt nicht nur mich in Gefangenschaft, sondern hatte auch die anderen zu Zellengenossen gemacht. Die ganze Basisgruppe war betroffen und meine Emotionen entluden sich in einem wahren Tränenmeer. Ich konnte den anderen kaum in die Augen sehen, und merkte, wie mein Rücken immer krummer wurde, und ich die Last kaum noch tragen konnte.

Mir tat es schon richtig weh wegen meiner falschen Körperhaltung.

Langsam begann ich, mich wieder zu fangen, nachdem die Tränenkanäle leer waren. Ich versuchte meinen Blick wieder aufzurichten. Dabei erzählte ich mit zittriger Stimme weiter und konnte deutlich die Betroffenheit der anderen Patienten sehen.

Nachdem ich meine Geschichte erzählt hatte, sagte die Gruppenleiterin: „Wie kann die Gruppe ihm helfen?"
Was ich dann erlebte, war für mich unglaublich, traurig, enttäuschend, verzweifelnd. Ich sah nur ratlose, versteinerte und traurige Gesichter, die mit den Achseln zuckten. In den anderen Gruppengesprächen kamen sonst immer Rückmeldungen, aber bei mir diesmal nicht. Die Gruppenleiterin sagte: „Okay, machen wir eine Pause." Alle gingen raus und ich konnte ihnen nur schwerfällig folgen. Für mich unverständlich nahmen mich nach und nach wildfremde Menschen in den Arm. Diese Menschen kannte ich erst ein paar Wochen, und sie versuchten, mich zu trösten.

Dieses Gefühlschaos konnte ich kaum beschreiben. Zuspruch zu bekommen war ich zwar gewohnt, doch nicht so, denn so eine Anteilnahme von fremden Menschen zu erfahren war ein ganz neues aber nicht schlechtes Gefühl. Es fühlte sich liebevoll und unterstützend an. Sie alle hatten im ersten Moment keine Vorschläge für mich parat. Zu sehr waren sie betroffen von meiner Geschichte, und sie fühlten wie sehr ich im *Tal der Tränen* festhing.

Es tat mir echt gut, dass es Menschen gab, die mitfühlen konnten und Verständnis für mich hatten. Nach der Pause war die Betroffenheit über meine Lebensgeschichte immer noch sehr groß.

Es kamen nur wenige Vorschläge, die mir helfen sollten.

Wir verabredeten, die Sitzung zu verschieben, um mal zwei Nächte darüber zu schlafen, und dann zu sehen, welche Möglichkeiten es geben könnte, mir zu helfen. Erleichtert verließen alle den Raum und ich bemerkte an mir, dass mein Rücken langsam wieder gerade wurde. Eine Last war mir von den Schultern gefallen und genommen worden.

Es war eine gute Entscheidung sich vor der Gruppe zu öffnen und mal den ganzen Seelenmüll loszuwerden. Draußen, wie immer beim Rauchen, traf ich sie alle wieder. Nach einem kurzen Zug von der Zigarette sagte ich denen, die nicht mit dabei waren, was ich gemacht hatte und wie es war. Ich habe mich der Gruppe geöffnet und die anderen fanden das super und klopften mir auf die Schulter.

Wieder erfuhr ich Aufmerksamkeit, Nähe und Unterstützung. Das gab mir für den Rest des Tages wieder ein besseres Gefühl und ich bekam auch langsam wieder Freude auf das bevorstehende Fußballspiel am Abend. Als ich zu meinem Zimmer ging, sah ich schon von Weitem einen Briefumschlag vor meiner Tür liegen. Es ist mir an dieser Stelle sehr wichtig, euch mitzuteilen, was in diesem Brief stand und von wem er war.

Originalauszug, Carola schrieb wie folgt:

Hi,

obwohl wir am gleichen Tag angereist sind und nun schon auf den Tag genau sechs Wochen hier sind, habe ich das Gefühl, Dich erst heute richtig kennengelernt zu haben. Du kannst sehr stolz auf Dich sein, dass Du heute den Mut gefunden hast, Dich der Basisgruppe zu öffnen und Dein Anliegen vorzutragen.

Du hast mir hier schon Trost und Halt gegeben und ich wünschte, ich hätte Dir heute mehr hilfreiche Gedanken und Lösungen sagen können. Leider konnte und kann ich dies nicht, weil ich selbst nicht weiß, wie man aus so einem Loch wieder rauskommt. Mir bleibt nur zu sagen, dass ich an Dich denke, an Dich glaube und Dir ganz, ganz viel Kraft wünsche!

Ich hoffe, dass all Deine Träume in Erfüllung gehen!

Alles Liebe Carola

P.S. Schokolade macht glücklich ...

Die Schokoladenpackung, die sie dazugelegt hatte, habe ich gleich verputzt und mit einem dankbaren Lächeln an sie gedacht. Ich freute mich sehr, über diese anhaltende Unterstützung, welche ich an diesem Tag bekam. Es ging mir auch schon wieder viel besser. Vor dem Abendbrot nutzte ich den Moment meiner wieder zurückgewonnenen guten Gefühle von Freude und Selbstvertrauen, um meiner Expo Theresa folgenden Text zu schicken:

... vor der Klinik auf dem Hügel sitze,
endlos reißen wir die Witze.
Vergesse und genieße die Zeit,
wünsche, dass von der Vergangenheit nichts mehr bleibt.
Fühl mich geschützt,
Ruhe und die Zeit mir einiges nützt.
Kraft zu tanken ist mein Ziel,
erwarte nicht zu viel.
Das Leben ist mein,
freue mich aufs neue Leben und daheim

Es wurde langsam Zeit, zum Fußballspielen aufzubrechen gegen die andere Hobbymannschaft. Wir trafen uns wieder vor dem Klinikeingang und kickten noch ein wenig herum. Dann ging es langsam los zum Sportplatz, im Konvoi von mehreren Fahrzeugen kamen wir dort an und die anderen Kicker waren auch schon vor Ort. Wie immer zogen wir unsere eigenen Trikots über, in einem knalligen Orange – der Farbe des Kliniklogos – standen wir dann auf dem Platz, und es war immer wieder amüsant, dies anzusehen. Vorne stand der Name der Klinik und hinten standen das Alter des Einzelnen sowie ein Fantasiename, ein Spitzname, den man von den anderen aufs Auge gedrückt bekommen hatte. Ich hatte mir den Spitznamen „Carlos" eingefangen, weil ich für die anderen spielte, wie dieser Brasilianer Roberto Carlos.

Natürlich nicht wegen der Spielweise, sondern eher weil ich auch eine Glatze habe wie Roberto Carlos. Jetzt kann man auch erkennen, warum ich mich heute immer noch so nenne und diesem Buch den Namen gebe.

Es gab aber auch andere Namen wie Foräst (aus dem Film mit Forrest Gump), Broot usw. und man beachte dabei die Schreibweisen, welche sehr auffällig und lustig waren.

Wir begannen zu spielen. Zur Halbzeit stand es 10:2 gegen uns, was aber nicht weiter schlimm war. Es war total witzig, da nicht wirklich viele richtig Fußball spielen konnten. Das merkte man unter anderem auch hinterher an den Verletzungen, wie

Zerrungen, blaue Flecken, und eine dicke Nase. Einige zogen sich heftige Rippenprellungen zu. Ich schaffte es an dem Abend sogar echt ein Fallrückziehertor zu machen, und anschließend schmerzte meine Schulter total, weil ich darauf gefallen war. Dass war mir in dem Moment aber völlig wurscht, denn der Spaß stand im Vordergrund.

Es war schön, sich auszupowern gegen die jungen Burschen, die zwischen 16 und 30 Jahre alt waren. Es war unter anderem auch das erste Abschiedsspiel von einem Mitpatienten, der am nächsten Tag abreiste. Der nette, sympathische Bulle aus dem Berliner Raum würde gehen. Er wünschte sich nach dem Spiel seinen Abschied in geselliger Runde im Brauhaus hier am Ort.

Nach dem Fußballspiel gingen alle schnell duschen und machten sich schick für den Ausgang ins Brauhaus, um ihn zu verabschieden. Wir hatten unglaublich viel Freude, scherzten über die Klinik, die Leute sowie über das Fußballspiel.

Jeder wurde so ziemlich durch den Kakao gezogen und zum Abschluss verließen wir alle „nüchtern" das Lokal mit einer Polonaise, welches von den anderen Gästen nicht unbemerkt blieb und alle lachten sich schlapp, während wir singend aus dem Lokal gingen. Die ganzen Ereignisse an diesem Tag hatten mich sehr müde gemacht, dennoch ging ich zufrieden ins Bett.

Dieser Morgen war ein anderer als sonst. Der Ablauf war zwar so ziemlich gleich, doch es sollte wahnsinnig emotional werden, wie sich später rausstellte. Der Aussteiger würde am nächsten Tag auch nach Hause fahren. Dieser Supertyp sollte einen tollen Abschied bekommen.

Ich hatte für ihn eine Überraschung vorbereitet, die ich ihm in der Visite machen wollte. Wie immer trafen wir uns alle um 9 Uhr im Gruppenraum.

Nachdem sich alle zusammengefunden hatten, übernahm ich mal wieder die Führung. Als Patientensprecher war das leicht und ich nutzte die Situation für mich aus. Ich stand auf und ging zum Flipchart (Klemmbrett, Tafel), hängte das Plakat auf, auf dem stand, wie wir den Aussteiger als Mensch sahen, und was wir ihm wünschten.

Ein paar andere Mitpatienten und ich hatten dies den Abend vorher heimlich vorbereitet. Langsam ging ich auf den „Aussteiger" zu und las ihm vor, was auf dem Plakat stand. Er war total gerührt von dem, was in dem Moment auf ihn einprasselte. Er hatte damit nicht gerechnet, schon gar nicht damit, dass ich es so aufziehen und sogar gegen die Regeln der Visite verstoßen würde. Die Situation wurde für ihn noch emotionaler, als ich ihm das Gedicht vorlas, welches ich persönlich für ihn geschrieben hatte.

Am Raucherhügel stand ein Mann mit Kappe,
er stellte sich vor und ich merkte, Mann, hat der eine große Klappe.
Mit seinem Witz und Charme,
lagen ihm schnell eine Menge Frauen in dem Arm.
Zuerst dachte ich, man ist der verwirrt,
doch er belehrte mich eines Besseren und ging seinen Weg unbeirrt.
Viele Stunden haben wir mit Stavro, so heißt er, verbracht,
endlose Diskussionen im Einzeln und dennoch viel gelacht.
An einem Abend hat er den Frust bei einem Bier begossen,
dafür bekam das Rippsche auch was auf die Flossen.
Er kam sah und siegte,
ein Tag mit ihm und die Freude überwiegte.
Der „Aussteiger" gar nicht dumm,
hat begriffen und somit ist seine Zeit hier rum.
Nun lieber Aussteiger, sattel Dein Pferd,
reite nach Hause und helf' Deiner Frau am Herd.
So, schön, das Gedicht aus ist,
wir wünschen Dir schlussendlich alles Gute und bleib wie Du bist.

© *Carlos*

Der Aussteiger war total gerührt von meinen Worten, und man merkte, als er sich bedanken wollte, dass der Kloß im Hals bei ihm ganz schön dick war. Wir sind hier zu einer Gemeinschaft zusammengewachsen, sodass es jedem schwer fiel, zu gehen. Ich fühlte mich als sein Freund und er gab mir oft unbewusst die Kraft, hier in der Klinik weiterzumachen. Der Spaß, den er verbreitete, war fast unheimlich. Ein toller Mann, der vieles erreicht hatte im Leben und seinen Humor nie verlor, egal was passierte, war er immer für alle da, wenn sie ihn brauchten. Er würde mir auf jeden Fall fehlen.

An diesem Tag hatte ich viel Ruhe und wenig therapeutische Anwendungen. Ich habe mir den Luxus gegönnt und einen wohltuenden Mittagschlaf gemacht. Meine Gedanken waren trotz alledem überall und nirgendwo. Mal lief mein Leben wie ein Film in mir ab, und manchmal versuchte ich, mit den Gedanken im Jetzt und Hier zu bleiben.

Das Grübeln hielt sich emotional in Grenzen, auch wenn der Tag der Abreise des Aussteigers bevorstand, konnte ich gut damit umgehen, denn wir hatten uns für den Abend im Brauhaus mit der ganzen Truppe verabredet, und das wurde bestimmt wieder lustig.

Am Abend gingen wir alle zusammen wie verabredet zum Brauhaus. Meine Klinik-„Affäre" hatte auch noch eine Überraschung für ihn und wir waren gespannt, wie er darauf reagieren würde. Die Kellnerin war eine Supernette und ich war so gut drauf, dass ich sofort versuchte, mit ihr zu flirten. Die Gruppe hatte eine Menge Spaß, denn der Aussteiger drehte mal wieder richtig auf. Sein Lachen war extrem ansteckend und seine raue Stimme trug ihren Teil dazu bei.

Ich kann heute gar nicht mehr genau sagen, über was wir alles gelacht haben, aber jeder wird wissen, wie schön so ein Abend verlaufen kann. Meine Klinikaffäre holte ihr Geschenk hervor. Ein orangefarbiges Buch. Es war ein Bilderbuch mit Bildern aus der tollen Zeit, die wir mit dem Aussteiger zusammen hatten. Sie überreichte es ihm, und ich meine gesehen zu haben, wie sich seine Augen füllten mit einer glänzenden Flüssigkeit. Er war wieder total gerührt, bedankte sich bei allen und wir stießen unsere Gläser zusammen, guckten uns in die Augen und prosteten ihm zu. Man stelle sich vor, dass der Abend so lustig war, dass wir spontan beschlossen hatten, mal wieder das Brauhaus mit einer Polonaise zu verlassen. Das Gelächter war groß, als wir alle mit den Händen auf den Schultern des Vordermannes zur Tür rausgingen.

Der Abend war total schön. Die Fröhlichkeit, die alle vermittelten, sprang förmlich auf mich über. Es war eines der wenigen Male, dass ich das Gefühl hatte, wieder zufrieden ins Bett zu gehen.

Der folgende Morgen würde schwierig werden. Es gingen immer mehr Leute, die ich hier kennengelernt hatte. Sie kamen und gingen. Freundschaften entstanden, jeder Abschied ist immer wieder schwer. Dann kam auch der Tag, an dem der Aussteiger endgültig abreiste.

Er ist der Leader gewesen.

Der Clown, derjenige, der immer alle zum Lachen brachte.

In seiner Nähe zu sein, hieß automatisch, dass es was zu lachen gab. Ich werde die Zeit nie vergessen, Zeit die mir Freude bereitete und ein Stück Lebensqualität wiedergegeben hat. Ich durfte oftmals neben ihm stehen und das erfüllte mich mit Stolz.

Es ist auch nicht verwunderlich, dass alle sehr traurig waren, als er ging. Der Aussteiger, der Verrückte, machte es sogar wahr mit seinem Jeep zum Abschied über unseren Raucherhügel zu fahren, an dem wir immer saßen. Das war ein Spaß, und wir haben uns alle darüber köstlich amüsiert.

Er würde ein Loch reißen, aber das war uns allen bewusst und somit war für mich auch die Traurigkeit darüber, dass er ging, in Ordnung. Diesen Schmerz konnte ich ertragen, weil ich ja wusste, dass wir uns im November des gleichen Jahres wiedersehen würden. Die Freude darauf überwog, und dennoch war der Tag wie schon geahnt ruhig, als er dann weg war. Er war gerade weg und wie so oft stand ich in meiner Clique vor der Klinik und rauchte eine selbst gedrehte Zigarette. Was ich dann sah, konnte ich kaum glauben. Ein Mädel, was genau meinem Typ entsprach. Blondes Haar, nicht größer als 1,60 cm, knackige, junge Figur. Und ein zauberhaftes Gesicht, welches mich von Anfang an faszinierte. Ihr schüchternes Lächeln zog mich gleich in den Bann. So war es wieder mal um mich geschehen.

Sie sah einfach so aus, wie ich mir meine Traumfrau in meinen kühnsten Träumen immer vorgestellt hatte.

Ich merkte, dass in mir die Gefühle verrücktspielten. Es war eine Mischung aus sexuellem Wahnsinn und Sehnsucht nach genau so einem Typ.

Sie ist eine optische Versuchung. Wie ich schnell erfuhr, wohnte sie sogar auf der gleichen Etage. Ich bemerkte, dass ich immer wieder ihre Nähe suchte. Ich bin förmlich ziellos durch die Klinik gelaufen, in der Hoffnung, dass sie mir über den Weg läuft. Es machte mich total verrückt, weil ich nicht wusste, wie ich sie ansprechen sollte.

Der Kommissar Zufall half mir doch sehr schnell, dass wir in Kontakt kamen. Es war der Horror. Meine Gefühle drehten sich ohne Ende, denn jetzt habe ich zu diesem kleinen, warmen, weichen, fabelhaften Wesen auch noch eine Stimme. Die klang in meinen Ohren wie ein Engel und ich musste mich sehr zurückhalten, denn ihre Lippen ließen mich fast verzweifeln, weil ich sie ja nicht einfach so küssen durfte.

Ich musste dann leider zur Basisgruppe, um mein Thema der Gefühle und Gedanken von vor zwei Tagen weiterzuführen. Die Gruppe traf sich wie gewohnt, und wir diskutierten munter weiter. Es gab sogar ein paar mehr Vorschläge als beim letzten Mal. Meine Emotionen hatte ich gut im Griff, und ich verfolgte aufmerksam die Sitzung, auch wenn es anstrengend und ermüdend war. Von daher war es mal ganz gut, aus der Klinik rauszukommen. Unser geplantes Rückspiel gegen die andere Hobbymannschaft sollte mich ein wenig ablenken.

Die Jungs waren alle gut drauf und haben sogar zwei Kästen Bier mitgebracht. Es wurde ein tolles Spiel. Mit viel Kampf und Spaß waren wir bei der Sache und zum Schluss tranken wir noch in Ruhe ein Bierchen und ließen das Spiel noch einmal Revue passieren.

Das Torverhältnis war unwichtig, denn der Spaß stand ja wieder im Vordergrund. Die Mädels lachten sich einen Ast und die Jungs kämpften um jeden Ball.

Es war mittlerweile Abend geworden, der blonde Engel und ich sind uns noch mehrfach über den Weg gelaufen, haben aber nicht groß weiter miteinander gesprochen. Es regte mich auch auf, dass sie die ganze Zeit, mit einer älteren anderen Patientin unterwegs war.

Denn dadurch sah ich meine Chancen schwinden, näher an sie ranzukommen.

Ich war zu schüchtern, direkt auf sie zuzugehen, um den Kontakt auszubauen. Mir ist es lieber unter vier Augen mit ihr zu sprechen, denn andere sehe ich sonst für den Moment als Gefahr, da sie meinen Weg eventuell durchkreuzen könnten. Den Abend über begann meine poetische Ader mal wieder zu blühen, weil mir dieses süße Mädel nicht aus dem Kopf ging.

Ein blonder Engel vor mir stand,
meine Gefühle irrten
und ich sah sie in einem tollen Gewand.
Es war mir nicht geheuer,
spürte ich doch in mir das aufkeimende Feuer.
Wundersam und engelsgleich,
wurden ziemlich schnell nicht nur meine Knie weich.
In Fantasie begann ich sie schon zu spüren,
konnte mich kaum im Zaume halten,
sie nicht gleich zu verführen

Es ist dunkel geworden, und man sah einige Sterne am Himmel. Meine Gedanken waren so extrem bei diesem Engel, dass es schon anderen auffiel, beispielsweise einer anderen Patientin, die ich immer „Tante" nannte.

Sie durchschaute mich sofort, und ich konnte es auch nicht leugnen, dass ich unglaublich verrückt nach diesem Engel war. Plötzlich kam der Engel, wieder mit der älteren Dame, auch raus zum Rauchen.

Ich wurde nervös und zappelig.

Tante, die immer noch neben mir stand, versuchte mich zurückzuhalten. Am liebsten wäre ich dem Engel da schon um den Hals gefallen.

In einem Gespräch erklärte ich Tante, dass ich gerne Gedichte in SMS-Version schreibe. Sie wurde neugierig und ich zeigte ihr ein paar Entwürfe. Sie war davon so fasziniert und wie ich es schon oft hörte, sagte auch Tante zu mir: „Mensch, schreib das doch mal alles auf." „Das ist supertoll, was du schreibst." Ich sagte zu ihr, dass ich nicht weiß, wie man ein Buch schreibt. Sie war so überzeugt, dass es auch mich langsam packte, und ich merkte, dass in mir etwas vor sich ging.

Die Idee, ein Buch zu schreiben, wie mein Leben bisher verlaufen ist und auch noch läuft, fand ich mehr und mehr eine gute Idee.

Damit könnte ich vieles verarbeiten, sofern ich ehrlich zu mir selber war und bleiben würde. Diese Unterhaltung fesselte mich so sehr, dass ich den „blonden Engel" vergaß und mich dann auch kurzerhand entschied, ins Bett zu gehen. Als ich am nächsten Morgen wach wurde, war der Engel schon wieder da. Warum spukte sie mir jetzt schon so früh im meinem Kopf herum?

Als Erstes an diesem Morgen traf ich Tante und fragte sie, ob es Taktik war, mich gestern Abend von dem Engel fernzuhalten, damit ich keinen Kontakt aufnehmen konnte. Sie grinste mir frech ins Gesicht, und ich sagte ihr, dass es wohl für den Abend funktioniert hatte. Während wir uns unterhielten, kam der blonde Engel wie erhofft auch raus zum Rauchen. Sie stellte sich ein wenig abseits von den anderen und uns. Sie sah mich an und mir wurde gleich wieder warm und kalt zugleich. Man merkte, dass da etwas zwischen uns war.

Immer wieder lächelten wir uns an, und man hatte das Gefühl, keiner würde den ersten Schritt machen. Ich ging daraufhin zur morgendlichen Visite und hoffte, sie schnell danach wiedersehen zu können. Nach der Visite lief sie mir im Haus auch gleich wieder über den Weg. Wieder lächelten wir uns an. Dies nahm ich diesmal zum Anlass, sie zu fragen, wo sie denn hinwolle. Sie war schüchtern und verstört. Sie erklärte mir, dass sie den Weg zu einem Raum nicht finden könnte. Es war für mich die Gelegenheit, sie zu unterstützen und mein Beschützerinstinkt wurde geweckt.

Ich erfuhr, dass sie Silvi heißt und aus der Nähe von München kam. Ihr Dialekt war manchmal schwer zu verstehen, doch das machte sie auch wiederum interessanter. Ich zeigte ihr ein wenig von der Klinik, wobei sie mir immer sympathischer wurde. Wie ich es mir schon dachte und auch insgeheim erhoffte, machte es mich noch wahnsinniger, in ihrer Nähe zu sein. Es war meine Bestätigung.

Meine nächste Expo (bewusstes Suchen nach Problemlösungen in Extremsituation und deren Ausführung erarbeiten) hatte somit in vollem Umfang begonnen.

Wir liefen uns an diesem Tage noch mehrfach über den Weg, und man merkte, dass es auf beiden Seiten knisterte. Nach mehreren kurzen aber intensiven Gesprächen teilte sie mir ihre Diagnose mit, mit welcher sie hier in der Klinik zur Behandlung war. Es machte mich sehr betroffen, denn sie hatte wahrlich ein echtes Problem. Mein Beschützerinstinkt und mein unerschütterlicher Wille ihr helfen zu wollen, ließen mich nicht mehr von ihrer Seite weichen.

Ich wusste zwar da schon, dass es mir nicht guttun würde, ihr zu helfen, denn auch deswegen war ich hier, weil ich mit solchen emotionalen Situationen nicht immer umgehen konnte. Es war ein Teil meiner Diagnose, dass ich wusste, dass sie mir Schwierigkeiten bereiten könnte. Wir verabredeten uns dann für später, fern von den anderen, um ungestört reden zu können.

Ich hatte mich vorher schon mit Tante verabredet, um endlich mit dem Buch anzufangen. Ich war sehr aufgewühlt und konnte mich kaum konzentrieren, wobei auch meine Diagnosen wieder zum Vorschein kamen. Tante hatte aber die Gabe, mich wieder zu beruhigen und wir fingen mit dem Buch an. Es packte mich und ich begann intensiv zu schreiben. Das Wichtigste war, ehrlich und authentisch zu bleiben.

Ich hatte mich für den Abend mit meiner Expo Theresa zum Kuscheln verabredet. Diese Verabredung wollte ich einhalten, weil Theresa mir guttat. Der blonde Engel ging mir auch bei Theresa nicht aus dem Kopf. Obwohl ich mich der Situation entzog, um mich zu schützen und nicht noch mehr ins Gefühlschaos zu verfallen, erzählte ich meiner Expo Theresa von dem blonden Engel.

Theresa hatte wie immer Verständnis für mich und war sehr tolerant gegenüber meiner Person sowie meinen Gefühlen.

Ich begann meinen Gefühlen mal wieder per SMS freien Lauf zu lassen. Diese SMS schickte ich einfach an Tante, ich wusste, dass sie mich verstehen würde.

... Ich denke an mein Ziel,
verarbeite durch die Ereignisse zu viel.
Es kostet Kraft ohne Ende,
meine Gedanken sprechen Bände.
Lieg' im Bett und bin müde,
das Gefühl macht mich traurig und der Tag wirkt trübe.
Wieder suche ich einen Weg,
kämpfe weniger, weil es auch kaum noch geht.
Täglich grüßt das Murmeltier ...

Die Nacht war sehr kurz. Ich habe auch absichtlich nicht meine Medikamente genommen, weil ich den Abend vorher voll und ganz für den blonden Engel da sein wollte. Ich fühlte mich wie ein altes Brötchen. Es war gerade 6 Uhr und ich konnte nicht weiterschlafen. Ich machte mir einen Kaffee. Dabei bemerkte ich, dass sie mir unheimlich fehlte. Kurz aber intensiv war unsere Zeit. Doch waren diese Gefühle echt oder war das wieder nur meine Sucht? Der blonde Engel hat auf jeden Fall einen bleibenden Eindruck hinterlassen, den ich selbst jetzt noch spüren konnte.

... es war eine harte Nacht,
der Teufel der Hilfsbereitschaft hat über mich gelacht.
Anstatt an mich zu denken,
zwang er mich, die Zeit jemand anderem zu schenken.
Warum lebe ich nicht für mich,
ist es die Angst, man lässt mich im Stich?
Hab' wieder was gelernt,
lasse nicht mehr zu, dass mich andere Kraft entkernt ...

Achtsam versuchte ich, mich auf mein Frühstück zu konzentrieren. Während ich in mein Brötchen beißen wollte, klingelte

mein Telefon. Mein Herz begann schneller zu schlagen, es war der blonde Engel. Ich hörte eine aufgeregte zittrige stimme: „Was ist los?" fragte ich, „bist du heile zu Hause angekommen?" „Wir sind nach einigen Problemen endlich zu Hause angekommen."
Der blonde Engel war mir trotz der Entfernung nur durch ihre Stimme alleine wieder sehr nah. Sie verabschiedete sich von mir mit der Aussage: „Wir hören voneinander." Ich konnte mein Frühstück nur mit Hängen und Würgen beenden. Es kam alles wieder hoch.
Mein Leben, meine Sorgen, meine Ängste und das Wissen, warum ich eigentlich hier in der Klinik war.
Den Nachmittag verbrachte ich wieder mit Tante, um weiter an meinem Buch zu arbeiten. Ein toller Mentor, der mir unermüdlich zur Seite stand, mein Werk voranzutreiben.
Wir saßen gute vier Stunden zusammen. Es wurde langsam Abend und wir gingen eine Zigarettenpause machen. Draußen unterhielten wir uns mit den anderen Patienten. Eine lustige Runde entstand.
Ein Mädel aus Norddeutschland, ich nannte sie „Valerie", spielte mit ulkigen Gummibrüsten rum, die sie beim Einkaufen gefunden hatte. Es sah total bescheuert aus, und wir lachten uns schlapp. Unglaublich, wie viel Spaß wir immer wieder entwickeln konnten, und irgendetwas Verrücktes passierte immer. Mit einigen ging ich dann zum Abendessen, dabei verabredeten wir uns beim Essen für den Abend in der Scheune zum Billardspielen. Ich war die letzten Tage kaum rausgekommen und freute mich sehr darauf, mal Abstand zu bekommen. Wie immer wurde es auch in der Scheune lustig.
Der Paul, auch genannt der Zitteraal, spielte wie ein Profi die Kugeln in die Löcher. Kugel um Kugel versenkte dieser unglaubliche, lustige Typ, und es folgte ein Spruch nach dem anderen. Wir krümmten uns vor Lachen.
Ein toller Abend, der dann noch mit der letzten Zigarette vor der Klinik endete. Wieder auf dem Zimmer angekommen telefonierte ich noch ein wenig mit dem blonden Engel. Ich wollte wissen, wie es ihr ging und erzählte ihr von dem Buch, dabei las ich ihr einige Passagen vor. Sie fand es toll, und in mir machte sich ein Gefühl von Stolz breit. Mit diesem Gefühl verabschiedete ich mich von ihr und ging ins Bett.

Doch bevor ich einschlief, schickte ich Tante noch folgenden Text:

> *... habe endlich begonnen zu schreiben mein Buch,*
> *die Last fällt ab, vertrieben wird der Fluch.*
> *Gehe den Weg, welch Schicksal für mich bestimmt,*
> *egal wie viel Zeit auch verrinnt.*
> *Nehme es an, egal was geschieht,*
> *lebe die Hoffnung, dass die Richtige mich sieht.*
> *Verzeihe mir selber auch,*
> *spüre das tief in meinem Bauch! ...*

Früher, als mein Wecker klingelte, wurde ich wach. Draußen war es sehr nebelig und laut Wettervorhersage sollte es ein schöner Tag werden. Ich ging wie immer eine selbst gedrehte Zigarette rauchen. Dabei traf ich Tante und versprach ihr, sie nach dem Frühstück zum Golfspielen zu fahren. Kaum wieder zurück setzte ich mich ans Buch, alleine, das erste Mal. Ich korrigierte und verfeinerte die schon geschriebenen Zeilen. Ich fühlte mich gut dabei.

Die Musik lief leise nebenbei. Ich musste an nichts anderes Denken. Meine Konzentration war ganz bei meinem Buch. Keine Probleme, (nein, ich nenne sie lieber Angelegenheiten, weil dieses Wort neutraler wirkt) lenkten mich ab. Umso länger ich da saß, gingen meine Gedanken doch wieder zu dem blonden Engel. Alles das tat mir gerade richtig gut und gab mir Auftrieb. Ich habe in dem Moment eine SMS von ihr erhalten, sie hat mir zwei Bilder per E-Mail geschickt.

Ich war sofort gucken und da war es auch schon wieder dieses Gefühl. Eine wahnsinnig toll aussehende Frau. Sie ähnelt denen aus meinen Träumen. Ich will sie kennenlernen, unbedingt! Doch sie ist so weit weg. Ich fühle die Gier, ich schmachtete nach diesem Körper. Diese Augen strahlten warm und leuchteten wie zwei rohe Diamanten. Ich musste etwas unternehmen. Diese Gefühle machten mich total durcheinander. Dazu stieg die Traurigkeit in mir hoch. Die Entfernung, meine Gedanken.

War es nur der Reiz. War ich verknallt, hatte es mich wieder einmal erwischt? War das echt oder nur ein Teil meiner Krankheit, die mir wieder einen Streich spielte? So viele Fragen, die mich verrückt machten! Was sollte ich tun? Einen neuen Anfang in München?
Nein, so viel Mut und Kraft hatte ich zu diesem Zeitpunkt sowieso nicht. Meine Familie, mein Kind, alles so weit weg. Das würde nicht gehen. Das ist schon einmal in die Hose gegangen und ich habe mich bis heute noch nicht davon erholt. So kam ich doch wieder vom Schreiben meines Buches ab. Diese Gefühle, Mann, was sollte ich nur tun? Da ist sie wieder, diese innerliche Zerrissenheit, die mich hierhin brachte und dies ließ ich raus in einer SMS.

... fühle ihre weiche Haut,
Gedanken auf wackelige Steine gebaut.
Es kreisen die Gefühle stark wie ein Tau,
Bilder von ihr schön wie ein prächtiger Pfau.
Sie fesselt mein Herz,
spüre wegen der Entfernung einen stechenden Schmerz.
Muss sie unbedingt wiedersehen,
schauen und meine Gefühle lernen zu verstehen.
Ich vermisse ihre Nähe sehr,
wünschte mir, sie gibt mich nicht mehr her! ...

Der Tag zog sich ein wenig hin, und obwohl das Wetter sonnig und klar war, mochte ich nicht sonderlich groß was unternehmen. Zu sehr war ich mit den Gedanken bei dem blonden Engel und meinem Buch. Am Abend hatte ich mich mit meiner Expo Theresa zum DVD-Abend verabredet. Ich schrieb und schrieb wieder weiter, feilte an jeder Stelle und konnte nicht mehr vom Buch lassen. Einfach so, ohne Hintergedanken, ich war einfach nur gut drauf.
Den Abend verbrachte ich wie gesagt bei Theresa. Wir schauten eine DVD, ich glaube, die hieß „Couchgeflüster". Wir ku-

schelten uns eng aneinander und schauten uns in Ruhe den Film an. Wir knuddelten und alberten rum. Ich musste an nichts weiter denken und genoss die Zeit. Am Ende der DVD verabschiedete ich mich von ihr mit einem langen, sanften, innigen Kuss und ging gut gelaunt aus dem Zimmer.

Wie jeden Morgen das gleiche Ritual. Ich schaltete den Kaffeekocher an, schnappte mir meine Tasse, meine Krebstasse. Ja, ich bin ein waschechter Krebs, geboren zwischen 22.06 und 22.07. Wer sich damit auskennt, sieht nun mehr und mehr, welcher Charakter dahintersteckt, genau wie es auch treffend auf der Tasse steht:

In des Krebses harter Schale,

wohnen hohe Ideale und dazu,

das hat man gern:

ein sensibler weicher Kern.

Schnell ist der Kaffee fertig, jetzt noch Milch und Zucker rein und dann geht's los Richtung Medizinische Zentrale meine Pillen abholen.

Von dort aus raus vor die Tür zu unserem „Raucherhügel" der gegenüber dem Klinikeingang lag. Zwischenzeitlich hieß er auch mal „Venushügel", weil dort zum Abend die schlüpfrigen Geschichten erzählt wurden. Einen Schluck aus der Tasse und dann einen Zug von der selbst gedrehten Zigarette. So fing hier so ziemlich jeder Morgen an, meistens um kurz vor 8 Uhr. Anschließend ging es zum Frühstück in den Speisesaal. Seit ich hier bin, habe ich meinen gewohnten Platz, der auch meistens frei war oder mir frei gehalten wurde. Meistens saßen auch die gleichen Leute am Tisch. Diejenigen, die sich auch außerhalb der Klinik verstanden, traf man immer an den gleichen Plätzen wieder.

Typische Gewohnheitsmenschen, die ihresgleichen suchten, und auch hier in der Klinik einen Alltag hatten. Mein Tag war ziemlich ruhig mit den Terminen. Zum Mittag war Walking angesagt und am Nachmittag Chi Gong, Thai Chi usw. Mehr stand heute nicht auf meinem Plan, was auch gut so war. Die Zeit dazwischen füllte ich mit schreiben und schlafen, denn die letzten Tage waren mal wieder ziemlich anstrengend.

Ich fühlte mich nach den emotionalen Momenten immer total leer, müde und ausgelaugt, als wäre ich einen Marathon gelaufen. Meine Gedanken waren auch immer noch regelmäßig bei dem blonden Engel. Die hatte es mir echt angetan und meinen Gefühlshaushalt ordentlich durcheinandergebracht. Tausend Gedanken gingen mir durch den Kopf. Meinen Kopf hat mir dann Tante mal wieder richtig gewaschen. Wir hatten eine relativ einseitige Diskussion am Nachmittag. Sie merkte genau, wie ich durch den Wind war. Sie schaute mir tief in die Augen und redete eindringlich und bestimmt auf mich ein. „Carlos", sagte sie, „lass die Finger von ihr!" Tante wusste genau, was los war, und dass es eine Never-Ending-Story werden würde. Sie hielt mir unmissverständlich vor Augen, dass eine Beziehung zu dem blonden Engel niemals gut gehen würde. „Sie ist krank und sie wird dich leersaugen, lass den Beschützer fallen und kümmer' dich um dich selber", waren ihre Worte. „Ihr wohnt zu weit auseinander und da ihr beiden nicht stark genug füreinander seid und sie zu jung und noch am Anfang ihrer Krankheit steht, habt ihr keine Chance." Zudem sagte Tante, dass meine Gefühle irrational wären, denn auch das war ja meine Symptomatik, die ich in dem Moment wieder mal vergaß. „Das ist keine echte Liebe, beende das", sagte sie zum guten Schluss. Ich begann daraufhin nachzudenken und ging tief in mich. Diese Sehnsucht nach dem Objekt der Begierde, nach Liebe, Nähe und Aufmerksamkeit waren mir bekannt, doch musste ich einsehen, dass es einfach keine Zukunft hatte und die Voraussetzung nicht annähernd ausreichend waren, daraus eine Beziehung zu machen. Ich fasste den Entschluss und schrieb dem geliebten blonden Engel einen Brief. Handschriftlich, so wie man es früher machte und nicht per E-Mail, was mir unpersönlich schien.

Ich schickte ihn auch sofort ab. Jetzt gibt es kein Zurück mehr, und meine Gefühle muss ich somit neu sortieren, damit ich am Ende nicht wieder daran kaputtgehe. Der Abend rückte näher. Wir gingen mit mehreren Leuten in die Scheune. Während ich der lustigen Runde zusah, schrieb ich einen Text an Tante, von der ich zuvor einen kleinen Speckstein bekam, der mich vor schlechten Gedanken bewahren sollte.

… halte Deinen Stein in der Hand,
steh mit dem Rücken zur Wand.
Möchte mich nicht mehr verdrehen,
Gefühle spalten, das nötige Ich, um loszugehen.
Halte Deinen Stein,
danke für den Rückhalt, das finde ich fein.
Er ist zwar klein,
mit der Zeit öffnet er bestimmt mein inneres Sein.
Danke sage ich Dir,
drück dich mal in dem Jetzt und Hier …

Es war unter anderem auch der letzte Abend mit mir und meiner wichtigsten Expo in der Klinik. Nachdem ich aus der Scheune zurück vom Billardspielen war, schickte ich eine Nachricht, dass sie jetzt rüberkommen kann. Es klopfte an meiner Tür und ich rief: „Herein!" Da kam sie, meine Expo Theresa. Sie hatte wieder ihren Lieblingsjogger an und die Figur zeichnete sich einwandfrei ab.

Sie hatte noch feuchtes Haar und sie duftete wieder herrlich. Es war einer der Düfte, der mich wahnsinnig machen konnte, einer bei dem mein Verstand in die Hose rutschen konnte. Sie setzte sich aufs Bett und gab mir einen innigen Kuss. Als Nächstes nahm sie den Stein mit der Inschrift „Liebe geht durch den Magen", den sie mir geschenkt hatte, und besprühte ihn mit dem Rest aus ihrer Parfümflasche. „Damit du mich noch riechen kannst", sagte sie mit einem feinen, warmen Lächeln. Ich hob die Bettdecke hoch und forderte sie auf, sich zu mir ins Bett zu legen. So, wie wir es schon oft gemacht hatten, kuschelten wir uns aneinander und verschränkten unsere Beine wie bei einem Knoten. Wir schauten uns tief in die Augen. Ich zog sie an mich, obwohl es eigentlich gar nicht näher ging, nahm ich meine Hand und hob ihren Kopf zu mir hoch. Wir küssten uns leidenschaftlich innig.

Es war warm, feucht, weich und fühlte sich irrsinnig gut an, denn küssen konnten wir beide echt gut. Es war als wären unsere Lippen füreinander gemacht gewesen. So lagen wir noch eine gute Stunde Arm in Arm und schauten TV. Sie wurde müde, was ich zu meinem Leidwesen bemerkte. Es ist ja auch kein Wunder, nachdem ich sie die ganze Zeit gekrault und gestreichelt hatte. Es wurde Zeit zu gehen, bevor unsere Expo noch ins Wasser fällt und wir doch noch übereinander herfallen und uns der Leidenschaft hingeben.

Sie ging und ich war froh, dass sie gegangen war, denn wäre sie noch viel länger geblieben, hätte ich für nichts mehr garantieren können. Ich merkte, wie es in mir brodelte und die Lust auch schon spürbar stäker wurde.

Doch es war unser Deal, unsere Expo, keine sexuellen Handlungen. Es hatte geklappt und wir haben uns zügeln und zusammenreißen können. Der Deal war echt gut, denn ich habe es das erste Mal geschafft, mal nicht jemanden für meine Gier und Sucht zu missbrauchen. Es war alles abgesprochen, knutschen, streicheln aber nicht mehr und das habe ich gut 2 Wochen ausoder eher gesagt durchgehalten, und wer hier als Mann liest, weiß, wie schwer das sein kann. So war der Abend dann auch zu Ende und ich ging eines der wenigen Male zufrieden ins Bett.

Ein Tag der Verabschiedungen. Der „Geldeintreiber", meine Expo Theresa und auch „Sina" fuhren an diesem Tag nach Hause. Alle waren wie bei jedem Abschied sehr angespannt und traurig. Ich habe mich, glaube ich, sogar dreimal vom „Geldeintreiber" verabschiedet und ihm spaßeshalber am Hosenbein gehangen, damit er nicht fährt.

Der Geldeintreiber, dieser feine Staatsdiener mit Herz, Hirn, Verstand und mit seinem kühlen, trockenen norddeutschen Humor. Er war der Stille in unserer Truppe, von dem eine herzliche Wärme ausging und der immer ein gern gesehener Typ war. Beim Abschied glaube ich gesehen zu haben, dass er etwas bleich wurde und sein Abschied ging an dem großen Blonden auch nicht spurlos vorbei. Ich legte ihm noch ein Bild von mir und meiner Ex-Affäre auf seinen Beifahrersitz und dann fuhr er endgültig davon.

Tja, dann kam mein Schätzlein und Expo Theresa an die Reihe. Mit ihr habe ich mich heimlich am Parkplatz vor der Scheune verabredet, denn keiner wusste von unserer heimlichen Liebschaft. Das sollte auch so bleiben und unser eigener persönlicher Abschied werden. Sie kam angefahren und parkte total schräg ein und ich sah ihr trauriges Gesicht. Wir nahmen uns in den Arm und hielten uns lange fest. Wir klammerten förmlich aneinander und wollten uns gar nicht mehr loslassen. Einen kurzen Moment lösten wir uns dann doch und unsere Lippen trafen sich zu einem letzten innigen Kuss. Ich gab ihr noch ein Foto und einen Brief in die Hand und dann sagte ich zu ihr: „Unsere Expo ist hiermit zu Ende, danke für die schöne Zeit, wir werden uns nie wiedersehen, das weißt Du." Sie sagte darauf: „Egal wenn etwas ist, bin ich für dich da! Bitte verliere dich selbst nicht aus den Augen, du schaffst das." Ich erwiderte mit den Worten: „Nein, Kleines du wirst nie wieder von mir hören, dass war der Deal. Kein Kontakt nach der Klinik, wie abgesprochen. Du wirst niemals erfahren, wie es mir geht. Ich wünsche mir nur, dass du mich im Herzen trägst und niemals vergisst." Sie fügte hinzu: „Niemals werde ich dich vergessen, du hast mir mein Leben wieder gegeben!"

Kurz und knapp mit einem traurigen Lächeln sagte ich zu ihr: „Hau jetzt ab, sonst muss ich heulen." Sie stieg wortlos in ihr Auto, schaute mich noch mal an und fuhr mit traurigen Augen davon. Ich winkte ihr noch nach und drehte mich dann um und ging zurück zur Klinik. Dort angekommen traf ich auf Sina, die immer noch da war. Auch zu Sina hatte ich ein besonderes Verhältnis, wovon sie lange selber nichts wusste. Ich war froh, dass ich ihr nicht auch zu nahegekommen bin. Denn auch sie war eine Kandidatin, welche mein Gefühlschaos hätte durchbrechen können.

Da aber ein anderer Typ immer an ihrer Seite war, ist es nie zu einem engeren Kontakt gekommen. Darüber war ich eigentlich froh, da ich ja auch schon genug Probleme hatte. Zudem schien es auch, dass bei den beiden etwas läuft. Ich habe Sina dann noch gewarnt, sich nicht auf einen Mann einzulassen, der nach derzeitigem Wissen noch verheiratet ist, nicht weiß, was er will und einem Menschen schlecht in die Augen gucken kann. Ich hoffte, sie hielt sich an meinen Tipp, denn sie hatte schon genug Probleme. Nach dem Mittagessen war sie auf einmal verschwunden, was aber okay war für mich.

Am Nachmittag war mal wieder Basisgruppe. Ich nutzte die Chance, ihnen von meinem Buch zu erzählen, dass ich es jetzt echt angefangen hatte zu schreiben, mit viel Freude daran war und es mich mehr und mehr fesselte, mein Leben niederzuschreiben. Ich sah die hellen und erfreuten Augen der anderen. Da ich schon einmal dabei war, habe ich mich bei allen in der Runde für die Unterstützung und die Ermutigung, das Buch zu schreiben, herzlich bedankt. Alle freuten sich für meine neue Zukunftsperspektive mit mir. In der Basisgruppe ging es diesmal darum, wie man das Gelernte draußen richtig anwendet. Einige hatten Angst, dass es draußen nicht mehr umsetzbar sein würde, was man hier gelernt hatte. Was auch verständlich war. Wir fanden Sichtweisen, die helfen sollten das Handwerkszeug, das wir hier erhielten, konsequent einzusetzen. Zum einen ist es wichtig, sich die Zeit zu nehmen, sich das Erlernte regelmäßig zu bestimmten Zeiten nochmals vorzunehmen und immer wieder durchzulesen. Es soll ein Automatismus entstehen, der sich mehr und mehr manifestiert, wieder Eigenverantwortung übernehmen und seinen Tag sowie die Woche neu durchstrukturieren.

Das Wichtige dabei ist, dass man sich in der Grauzone bewegt und die Angelegenheiten Schritt für Schritt angeht und nach und nach die Dinge löst. Man stelle sich einen Stundenplan vor, so wie früher in der Schule, und trägt die Dinge, die man erledigen möchte und muss, zu Zeiten und Tagen ein, und versucht sich dementsprechend daran zu halten. Wieder eine gerade Linie finden, und wenn man doch mal abweicht davon, den Weg wieder zurückzufinden, denn das ist das Wichtigste. So soll man auch lernen, sich nicht dafür zu bestrafen oder gar schlecht zu fühlen, wenn mal etwas nicht gleich klappt. Wir sind Menschen, Menschen machen Fehler, sind nicht perfekt und man lernt hier in der Klinik, sich zu vergeben und dass es auch völlig in Ordnung ist, solange man den Weg wieder zurückfindet und dies ist im System das Entscheidende. Das Ganze kann wie folgt aussehen:

Morgens, achtsam frühstücken, die Bewegungen genau beobachten und die Einzelheiten wieder wahrnehmen. Anschließend dreißig Minuten walken gehen, danach ausgiebig duschen und mal den Wasserstrahl auf der Haut erleben. Dann seiner Arbeit nachgehen und die Pausen sinnvoll genießen. Zudem nach der Arbeit für Entspannung sorgen, ein paar Minuten der Ruhe und dabei in sich gehen, können schon reichen.

Dafür eignet sich ganz gut Thai Chi oder Chi Gong sowie die Muskelrelaxation nach der Jacobsen-Methode. Am Abend dann soziale Kontakte pflegen und Sport treiben sowie ins Kino gehen oder andere schöne Dinge machen, wie z. B. einen Spaziergang. Alles ist möglich! Zur Nachtruhe versuchen mit positiven Gedanken ins Bett zu gehen, den Tag noch mal Revue passieren lassen und für ausreichend Schlaf sorgen.

Das Ganze wird selbstverantwortlich auf die Woche genauestens durchstrukturiert, um sich wieder an einen geregelten Tagesablauf zu gewöhnen. Das Allerwichtigste, was ich hier jedoch lernte, war die Wahrnehmung auf die Dinge zu richten, die mir guttun und achtsam zu sein. Meine Handlungen beobachten und diese regelmäßig überprüfen, ob alles den Tatsachen entspricht, und die negativen Dinge, über die ich mir Gedanken machte, auch wirklich eintreffen könnten.

Liebe Leserinnen und Leser, jetzt hat man mal gesehen, wie es hier so in einer Basisgruppe abläuft, und über was gesprochen wird. Welche Gedanken einem durch den Kopf gehen, was man hier lernt und wie man es auch anwendet.

Ich schrieb noch eine Weile meine Gedanken auf ein Schmierblatt und ging dann zum Abendessen. Nach dem Abendessen war wieder Fußball angesagt, was sich schon zu einer festen Angelegenheit entwickelt hatte. Zudem ist es diesmal das Abschiedsspiel von dem Paul, der trotz seiner Rippenprellung mitkam. Es war wieder ziemlich hart gegen die Jungs zu spielen, die Raucher streckten ziemlich schnell alle viere von sich, zu denen gehörte ich auch.

Trotz allem war es ein schönes sowie lustiges Spiel, und wir verabredeten uns gleich wieder für den nächsten Sonntag, denn dann würde es mein Abschiedsspiel sein. Am Abend waren wir dann wie meistens nach dem Fußball in der Scheune auf ein Bierchen verabredet und wollten noch dem Paul den Laufpass in den Alltag geben. Der Paul spielte an dem Abend wie ein Irrer Billard, wenn ich das mal so sagen darf. Der Chaot haute Kugeln rein, die von der Spielweise unmöglich, nein, unglaublich waren. Nur bei der Acht am Ende des Spiels, machte er sich den ganzen Erfolg kaputt und versenkte die schwarze Kugel im falschen Loch. Das ging den ganzen Abend so, und wir hatten eine Menge Spaß zusammen.

Es war wieder einer der Abende, an dem ich zufrieden ins Bett ging und das, nachdem ich Tante meine wieder neu geschriebenen Zeilen habe gegenlesen lassen. Sie war sichtlich berührt und erfreut über meine Fortschritte. Die Nacht habe ich diesmal nicht zum Tag gemacht, sondern gut geschlafen und bin alleine vor dem Klingeln des Weckers wach geworden. Am nächsten Tag fuhr der Paul nach Hause.

Es war ein ruhiger Morgen. Ich hatte nur einen Termin bei der Sozialberaterin, die mir helfen sollte, eine Tagesklinik zu finden, in die ich im Anschluss gehen mochte. Eine Tagesklinik, die auf Borderline und DBT (DBT = Dialektisch-Behaviorale Therapie) spezialisiert war. Die Dame war sehr hilfreich und öffnete mir noch ein paar Türen, durch die ich dann nur noch durchgehen musste.

Nach dem Termin bin ich erst mal einkaufen gefahren. Ich brauchte noch Tabak, Getränke und andere Kleinigkeiten. Meinen Lottoschein überprüfen zu lassen hatte ich natürlich wieder mal vergessen.

So ist das, wenn man zudem auch noch ADHS hat.

Da kann man Millionen verlieren, kann ich da nur scherzhaft drauf sagen und grinse mir gerade einen, während ich das in die Tasten tippe. Kurz vor dem Mittagessen klopfte es an meiner Tür. Da stand der Neue. Der kleine Türke, der das Zimmer gegenüber von mir hatte, wo vorher der Geldeintreiber einquartiert war. Er fragte mich, was ich noch so vorhabe, und ob ich ihn zum Mittagessen begleiten würde. Er bot mir an, wenn ich Langeweile hätte, könnte ich mit seinem Hund spazieren gehen. Ich hatte den Hund am Tag zuvor kennengelernt, als der „Türke" angereist war. Eine süße belgische Schäferhündin.

Ich hatte ihm bei dem Kofferwagen geholfen, damit er nicht wegrollt, da sprang die Süße aus dem Auto und begrüßte mich freundlich. Ich nahm das Angebot von ihm an und schnappte mir die Hündin und ging gut 30 Minuten mit ihr spazieren. Das tat echt gut.

Nach dem Spaziergang gingen der Türke und ich zum Mittagessen. Danach musste ich zu meinem Einzeltermin bei meinem Therapeuten. Das Gespräch war wieder tiefsinnig, und wir besprachen, wie meine Zukunft aussehen sollte. Ich erzählte ihm, dass ich angefangen hatte, mein Buch zu schreiben und er signalisierte mir sofort, dass auch er gern ein Exemplar hätte, wenn es denn fertig wäre. Weiter ging es mit dem Termin um die Tagesklinik und meiner zukünftigen Planung. Ich werde die Worte nie vergessen, die er mir zum Abschluss sagte:

„Herr Carlos, wenn Sie nur die Hälfte davon umsetzen und sich Ihre Einstellung manifestiert, sind Sie auf einem sehr guten Weg."

Der hat gesessen, kann ich nur sagen. Es tat echt gut, das mal von ihm zu hören, und mein Selbstbewusstsein stieg ins Unermessliche. „Chaker", sagte er dann noch, und ich ging zufrieden zurück zu meinem Zimmer.

Den Nachmittag über schrieb ich weiter an meiner Biografie, Lebensgeschichte, einem wichtigen Kapitel in meinem Leben. Als ich auf die Uhr guckte, sah ich, dass es Zeit wurde, mich zurechtzumachen. Ich hatte mich um 18:30 Uhr mit dem General zum Döneressen verabredet. Wir wollten mal etwas anderes zwischen die Zähne bekommen als das normale, aber dennoch gute Abendessen, wie es in der Klinik üblich war.

Außerdem wollten wir die Zeit nutzen, mal über die letzten Tage zu reden. Da der General in der anderen Klinik gegenüber war, bekam er nicht immer alles mit, was hier so passierte. Beim Döner-Laden trafen wir Valerie und den Banker, das Patientenpärchen aus der Klinik. Sie kommt aus Norddeutschland und er aus dem hessischen Raum. Wie dem auch sei, saßen wir dann alle zusammen am Tisch, schwatzten ein wenig und blödelten rum. Wir stellten fest, dass ich immer noch nicht wusste, wie das Zimmer vom General aussah. Der General und ich beschlossen das kurzerhand zu ändern und fuhren zu seiner Klinik. Er zeigte mir sein Zimmer, welches schöner eingerichtet war als das Zimmer in meiner Klinik.

Der General hatte sogar eine Couch, was mich sehr amüsierte. Er sagte mir, dass sie im Keller einen Billardtisch hätten, den die Patienten kostenlos nutzen dürften. Mein Blick sagte ihm wohl, dass ich da jetzt Bock drauf hätte, und er ging zur Rezeption und holte die Kugeln. Während wir die Partie spielten, gesellten sich noch zwei andere zu uns.

Wir spielten zusammen gegen die beiden anderen Patienten und gewannen auch das Spiel. Mein Magen drehte sich mittlerweile von dem Döner und mir wurde es etwas unwohl. Ich verabschiedete mich vom General und wollte eigentlich noch in die Scheune, um den Abschied der „Sängerin" zu feiern. Doch mir war so übel, dass ich es vorzog, direkt auf mein Zimmer zu gehen und mich ins Bett zu legen.

Was war das wieder für eine Nacht! Mehrmals wurde ich wach, schweißgebadet und mein Kopfkissen war klitschnass. Was ist das schon wieder für ein Mist, dachte ich. Was habe ich die Nacht bloß verarbeitet? Leider bekam ich keine Antwort, warum ich so intensiv geträumt hatte. Ich schnappte mir meinen Kaffee, diesmal schwarz, weil ich keine Milch mehr hatte, und ging raus zum Rauchen.

Anschließend ging ich wie immer zum Frühstück und diesmal waren es sogar drei Brötchen mit Honig. Die Nacht musste wohl echt Kraft gekostet haben, dass ich so einen Hunger hatte, und das obwohl ich mich fit und ausgeschlafen fühlte. Die anschließende Visite war flach und kurz an diesem Morgen. Ich ging wieder raus und drehte mir eine Zigarette. Draußen standen schon einige Leute, um der Sängerin Auf Wiedersehen zu sagen. Dort reihte ich mich ein. Ich mochte dieses kleine, Pfundsweib, die Highway to Hell singen konnte wie eine Große und der ich immer gerne zuhörte, wenn sie sang. Egal ob es das Lied Westerland oder ihr eigener Hit war.

Ich nahm die Kleine in den Arm und dankte ihr für die tollen Stunden, die sie mir beschert hatte. Daraufhin zückte sie eine Karte aus ihrer Tüte. Einen Gorilla, der den Mittelfinger zeigte und darauf stand „Du mich auch". Hinten drauf war eine persönliche Widmung, wobei sie mich als „liebenswertes Arschloch" betitelte.

Diese außergewöhnliche Bezeichnung war mir nicht unbekannt, da ich diese selber oftmals in den Mund genommen habe. Mir war es wichtig, dass mein Umfeld und Menschen, die mich kennenlernten, merkten, dass ich beides bin, denn wenn schon Arschloch, dann bitte ein liebenswertes. Warum ich mich als Arschloch bezeichne? Fehlendes Selbstbewusstsein war mit einer der Gründe, warum ich mich so sah.

Okay, es klingt zwar etwas hart, auch wenn ich früher nicht immer gewusst oder eher gemerkt habe, was ich alles so an Sprüchen rausgehauen habe, war es dennoch nicht okay, wie ich mit dem einen oder anderen umgegangen bin. Ich bin halt nicht der große Diplomat, eher ein Elefant im Porzellanladen. Von daher ist es nicht verwunderlich, dass so mancher, der mich nicht kennt, im ersten Moment denkt, einen Macho-Arsch vor sich zu haben, zumal das Äußere auch passen könnte.

Mein offenes Haar (Glatze) dazu die ganzen auffälligen Tätowierungen und meine überdurchschnittlich sportliche Erscheinung tragen ihren Teil dazu bei. Doch wie ihr sehen könnt und schon bestimmt gemerkt habt, bin ich ein spezieller Mensch.

Okay, ich schlage zwar etwas aus der Art, was auch wiederum etwas Besonderes ist. Ich bin halt, wie ich bin, anders aber nicht schlechter und meine Fähigkeiten suchen oft ihresgleichen. Doch nun wieder zurück zum Klinikalltag.

Als ich mich umdrehte, kam der Türke auf mich zu. Ein kleiner südländischer Typ. Ich sah seine traurigen Augen und wusste sofort, was los war. Er nahm mich ohne zu fragen und ohne Worte in den Arm und schluchzte, dass seine Hündin jetzt weg sei. Ein Mann, den ich erst 2 Tage kannte. Ich redet ihm gut zu und sagte: „Alles gut, lass es raus, mache dir keine Sorgen, es ist besser für euch." Es dauerte nur den einen Satz lang, und er drehte sich um und ging mit gesenktem Kopf wieder rein. Ich rief ihm noch hinterher, dass er Bescheid sagen sollte, falls er mich brauchen würde. Ich musste dann auch rein zur IBT (= integrative Bewegungstherapie). Ich war trotz allem immer noch gut gelaunt, was allen anderen auch auffiel. Immer wieder wurde ich angesprochen und sagte, dass ich einfach zufrieden wäre.

Ich schrieb mein Buch und lernte jeden Tag mehr und mehr, war achtsam in meinen Bewegungen und Handlungen. Achtsamkeit wurde hier in der Klinik groß geschrieben und ist ein wesentlicher Bestandteil der Therapien. Wir begannen mit der Therapie. Der IBT-Therapeut hatte ein enormes Wissen und wir machten Übungen aus dem Thai Chi und Chi Gong. Dabei erzählte er uns von Achtsamkeit und dem Wie und Warum. Es machte Spaß und tat mir gut, das zum einen, weil ich gut gelaunt war und weil ich immer mehr verstand, worum es ging. Die anderen waren erstaunt, dass meine Entwicklung innerhalb einer Woche so enorm war.

Der ein oder andere guckte ungläubig und konnte mich nicht einschätzen. Doch trotzdem hörten sie mir gespannt zu, wenn ich von meinen Erfahrungen erzählte, und bestätigten auch mein Wissen, welches ich hier erlangt hatte.

Ich kann nur für mich sagen, dass ich den Punkt erwischt habe, mich einzulassen und immer wieder an mir arbeite. Ich denke, es war der Tag, an dem ich mich in der Basisgruppe öffnete. Ich sehe einfach heute viele Dinge anders. Egal ob ich durch den Regen spazieren gehe (es gibt kein schlechtes Wetter, nur schlechte Kleidung) oder mir bewusst die Hände wasche. Das Wasser auf der Haut fühle, die Hände reibe und das Ganze langsam wie auch aufmerksam. In dem Jetzt und Hier bleiben, nicht mit den Gedanken abschweifen.

Wenn ich mir eine Tasse Kaffee mache, mache ich mir eine Tasse Kaffee und denke dabei an nichts anderes. Es gibt viele solcher Beispiele und Techniken, das Bewusstsein zu trainieren. Es war Mittagszeit und ich ging etwas essen. Danach wollte ich mich eine Stunde ausruhen und ein kleines Schläfchen machen.

Mein Wecker klingelte und es ging zum letzten Mal zur Basisgruppe (ich fahre ja nächste Woche Dienstag nach Hause). Wie immer gab es am Anfang die Befindlichkeitsrunde, bei der jeder sagen konnte, wie es ihm ging. Mir ging es gut, ich war zwar etwas müde aber zufrieden. Das Thema war heute wieder Achtsamkeit.

Wie kann ich achtsam werden:

1- innhalten

2- was ist gut für mich

3- auf körperliche Veränderungen achten

4- im Moment sein und bleiben

5- jetzt Leben ohne zu bewerten

6- mit den Sinnen wahrnehmen

7- Verneigung und Würdigung

8- beim Spülen spülen

9- Lebensmittel bewusst auspacken und mit den Sinnen genießen

10- progressive Muskel-Relaxation

11- ein leichtes Lächeln, für sich und andere

Nach der Pause, ich wollte gerade reingehen, schickte mich die Therapeutin gleich wieder raus.

Zur Verabschiedung ist es üblich, dass derjenige rausgeht und die anderen ihm ein Plakat anfertigen zum Abschied und natürlich auch als Überraschung gedacht. Ich wünschte mir, dass mir die Gruppe sagen würde, wie sie mich vorher sahen, wie sie mich heute sehen und was sie mir wünschen. Ich musste bestimmt 15 Minuten warten bis sie fertig waren und Carola mich wieder reinholte. Die kleine blonde Grundschullehrerin, die mir immer sehr nahe war und toll mit mir mitgefühlt hatte. Das beruhte auf Gegenseitigkeit. Es war eine tolle Stimmung.

Ich freute mich schon die ganze Zeit auf dem Flur wie ein kleines Kind auf das, was mich drinnen erwartete. Ich setzte mich auf meinen Stuhl und der „Wächter" stand an dem Flipchart und kommentierte, was dort stand. Es war wahnsinnig emotional für mich. Es flossen zwar keine Tränen in dem Sinne, aber ich war total aufgewühlt und erfreut über das, was ich da alles lesen konnte. Ich fand es auch einmalige Spitzenklasse, wie der Wächter es moderierte.

Er las nicht einfach das stupide ab, was dort an der Tafel stand, sondern kommentierte jeden Satz auf seine eigene Art und Weise, sodass die Worte eine richtige Dynamik bekamen. Echt toll, das habe ich in der ganzen Zeit hier so nicht erlebt. Vielen Dank, Wächter.

Ich möchte euch auch daran teilhaben lassen. Auf der Tafel stand:

DU warst:

immer für andere da
ein Kopfmensch
verzweifelt und hoffnungslos
wütend
am Ende Deiner Kräfte
ziellos

DU bist:

großartig
liebenswert
immer noch für andere da
UND FÜR DICH !!!
euphorisch
motiviert
kreativ
fröhlich
klarer
ein guter Freund
zugewandt
achtsam
ein Macher

WIR Wünschen Dir:

mehr Nähe zu Deiner Tochter
einen Bestseller, einen Tanzkurs
ein paar Fallrückzieher
dass Du Dir Deine neue Stärke bewahrst
Gelassenheit, Durchhaltevermögen,
Gesundheit + Zufriedenheit
ein glänzendes Auto, Ausgeglichenheit

Das alles stand auf „meinem" 68x99 cm großen Flipchart-Pad, welches ich mitnehmen durfte. Danke, meiner Basisgruppe an dieser Stelle für die Kraft, Ausdauer und Unterstützung. Es tat gut, und ich ging erhobenen Hauptes aus dem Raum direkt auf mein Zimmer.

Ich kümmerte mich noch mal um den Platz in der Tagesklinik und bekam auch ein Vorstellungsgespräch. Die nächsten Schritte waren vorbereitet und gemacht. Es konnte weitergehen. Ich schrieb noch eine Weile an meinem Buch und es wurde langsam Zeit fürs Abendbrot. Für heute hatte ich auch wieder eine Patenschaft übernommen.

Neue Patienten waren angereist und die wurden von den Paten in alle wichtigen Dingen eingewiesen. Eine Patenschaft sollte den Neuankömmlingen in den ersten Stunden etwas Hilfestellung geben, um sich schneller und besser einzugewöhnen. Ich war mittlerweile zum Patenkönig geworden, denn ich glaube, es ist schon meine fünfte oder sechste Patenschaft. Nach Absprache holte ich mein Patenkind wie immer zum Abendbrot ab.

Es war eine Frau, wir begrüßten uns und gingen auch gleich los. Sie war sehr froh darüber, dass ein anderer Patient wie ich ihr persönlich zur Seite stand und alle Fragen so gut wie möglich versuchte zu beantworten. Nachdem wir zusammen Abendbrot gegessen hatten, zeigte ich ihr die wichtigsten Dinge, die man über die Klinik wissen sollte. Anschließend ging ich auf mein Zimmer, um weiter an dem Buch zu arbeiten.

Während ich wieder an meinem Buch arbeitete, klingelte mein Handy. Es war meine Tochter. Ich fragte sie, wie es ihr ginge und sie freute sich schon sehr darauf, mich bald wiederzusehen. Sie fragte mich, was ich gerade machte, und ich sagte ihr, dass ich am Tagebuchschreiben wäre.

Darauf sagte die Kleine im O-Ton: „Ich hoffe, du hast auch darin stehen, ‚ich vermisse meine Tochter.'" Ich grinste innerlich und hier ist der Satz wie versprochen für immer verewigt.

„Ich vermisse Dich sehr mein Schatz. Es ist nur schwer zu ertragen. Zu lange haben wir uns schon nicht gesehen. So lange wie noch nie seitdem Du auf der Welt bist. Es sind jetzt bald drei Monate und ich wünsche mir, dass es niemals wieder so lange dauert, bis wir uns in die Arme nehmen können!"

„Ich liebe Dich mein Kind, Du bist mein Leben."
(dieser Satz ist nur für Dich mein Schatz)

Ich legte mich ins Bett und wollte einen Film schauen. Daraus wurde nichts, weil ich einfach eingeschlafen war. Und am

nächsten Morgen war ich wieder mal früher aufgewacht, als der Wecker klingelte. Wie jeden Morgen das gleiche Ritual: Kaffee kochen, ab nach draußen und eine selbst gedrehte Zigarette rauchen. Ich saß so da und dachte über meine Abreise nach. So viele nette Menschen hatte ich kennengelernt.
Menschen, die einen verstehen und mit denen man reden konnte wie mit sich selber. Doch sie kamen und gingen. Bald war ich dran zu gehen, und das machte mir gemischte Gefühle. Auf der einen Seite wollte ich hier gar nicht weg, weil es hier sicher für mich war und die Leute, die ich hier kennengelernt habe, nicht missen wollte. Auf der anderen Seite freute ich mich aber auch, endlich nach Hause zu können.
Meine Familie, Freunde und natürlich meine Tochter endlich wiederzusehen. Mag ich doch über den Abschied hier noch nicht nachdenken. „Schwester" kam auch raus und setzte sich zu mir. Kati, die ich immer Schwester nannte. Warum weiß ich eigentlich nicht mehr so genau. Ich mochte Schwester einfach; es fühlte sich für mich wie ein Bruder-und-Schwester-Verhältnis an und einiges haben wir ja auch zusammen hier erlebt. In der Basisgruppe und auch oft draußen haben wir zusammengesessen. Ich spielte auch gerne mit ihr Billard und genoss es einfach in ihrer Nähe zu sein.
Wir redeten über die Menschen, die hier kommen und gehen. Man merkte ihr sichtlich an, dass es ihr schwerfiel, dass die Truppe, die sich hier gebildet hatte, langsam aber sicher auseinanderbrechen würde. Es machte ihr zu schaffen. Ich hörte heraus, dass sie ein wenig melancholisch wurde in der Unterhaltung.
Wieder jemand, der sich traute zu sagen, wie schön es doch war, und dass man den ein oder anderen vermisst. Sie war sehr traurig, dass so viele in der folgenden Woche abreisen würden und sie meinte sarkastisch, dass zu viele alte Leute gekommen wären, und sie mit einigen Neuankömmlingen nix anfangen könnte. „Dann habe ich nur noch den Wächter, den ich mag und mit dem ich auch gut zurechtkomme."
Ich sprach ihr gut zu und sagte ihr, dass wir doch alle Adressen austauschen und ja nicht aus der Welt sein würden. Zur Schwester waren es von mir aus auch gerade mal 90 km, sodass man sich auch nach dem Klinikaufenthalt mal treffen könnte.

Es wurde Zeit für unser Frühstück. Ich nahm sie am Arm, und wir gingen zum Frühstückssaal. Anschließend war wie immer Visite, und ich nutzte die Chance, die anderen Patienten zu fragen, ob sie Lust hätten, an einer Lesung von mir teilzunehmen. Ich wollte wissen, ob es überhaupt jemanden gab, der daran teilnehmen würde, etwas aus meinem Buch und von mir zu erfahren. Ich war völlig erstaunt, dass fast alle die Finger hoben und gerne dabei sein wollten. Ich hatte mich gestern schon mal mit dem Gedanken anzufreunden versucht, war mir aber nicht ganz sicher, ob ich es machen sollte mit der Lesung. Der Stein kam also ins Rollen und über Tag sprachen mich viele an, wann es denn stattfände. Ich wählte den Montagabend um 20 Uhr. Den restlichen Nachmittag schrieb ich, wie auch schon am Vormittag, weiter an dem Buch. Am Abend war ich ziemlich müde davon und ging raus zum Rauchen, um zu fragen, was die anderen, die draußen waren, so vorhätten. Mir fehlte etwas die Lust, rauszugehen in irgendeine Kneipe und genügend Geld hatte ich auch nicht mehr. Ein sonniger nächster Morgen und der Wetterbericht hielt, was er versprochen hatte. An diesem Morgen fragte ich jeden, der mir über den Weg lief, ob er zu meiner Lesung kommen würde. Immer wieder hörte ich: „Ja, ich komme." Ich machte mich etwas zurecht, denn es wurde Zeit, sich mal wieder zu rasieren. Der, der da vor dem Spiegel stand, war nicht der, den ich kannte. Eigentlich bin ich damit ziemlich eitel, aber das Buch fesselte mich so sehr, dass ich in den letzten Tagen nicht wirklich dazu gekommen war.

Ich traf den Türken beim Rauchen, und er fragte mich, was ich heute so vorhätte bei dem schönen Wetter. Ich sagte ihm nichts Besonderes, mal sehen, was so kommt. Er fragte mich, ob ich Lust hätte mit ihm in die Stadt zu gehen und kurzerhand willigte ich ein. Wir gingen einkaufen und der Türke kaufte sich extra neue Fußballschuhe für Sonntag. Ach ja, Morgen war ja auch mein Abschiedsspiel.

Das hatte ich schon gut verdrängt. Anschließend gingen wir in eine Eisdiele und tranken in Ruhe einen Kaffee. Der Türke war im Übrigen auch ein Kraftfahrer, so wie ich früher, und er hatte auch immer etwas zu erzählen. Nachdem wir den Kaffee getrunken hatten, gingen wir wieder los, zurück zur Klinik. Wir kamen an einem Geschäft vorbei und er blieb stehen und schau-

te sich die Bilder an. Ich sagte zu ihm: „Beweg dich mal, Kleiner."
Wenn er nicht wäre, wie er ist, hätte ich niemals diesen Spruch gesehen, auf den er mich dann eindringlich aufmerksam machte. Ich ging zu ihm und guckte auf die Tafel im Schaufenster. Ein toller Spruch, den ich mir sofort ins Handy tippen musste. Dort stand nämlich Folgendes geschrieben:

Liebe mich am meisten,
wenn ich es am wenigsten verdiene,
denn dann brauche ich es am nötigsten.

Am Nachmittag war nicht viel los. Ich habe versucht, ein wenig zu schlafen, aber eine Fliege ließ mich nicht in Ruhe. Aus dem Schlaf gerissen lief ich rum wie Falschgeld. Keiner war draußen. Die anderen waren wohl alle unterwegs bei dem schönen Wetter. Ich ging wieder rein und wollte Musik hören. Da kam der Türke vorbei. Wenn einer von uns da war, standen immer unsere beiden Zimmertüren offen, damit wir uns unterhalten konnten.
  Ich ging zu ihm rüber und wollte mal bei ihm aus dem Fenster schauen und den Innenhof betrachten. Nach dem Abendbrotessen, machten wir es wieder so. Wir setzten uns in die Türrahmen und spielten uns gegenseitig seinen Igelball zu. Dafür nahmen wir unsere Hausschuhe als Tischtennisschläger. Ich kann euch sagen, das sah ganz schön bescheuert aus und jeder der vorbeikam, schüttelte mit dem Kopf und sobald die vorbei waren, lachten wir uns schlapp.
  Mal ein wenig verrücktspielen, warum ging das nicht mehr? Wie kleine Kinder, denn das Leben ist doch eh schon ernst genug, oder etwa nicht?
  Habt ihr schon mal versucht, jemandem etwas zu erklären, der was getrunken hat und gerade eine Depri schob? Es ist der Hammer, man redet sich einen Wolf und teilweise kann es auch lustig sein. Ich saß nur im Slip auf dem Stuhl, hörte ihr zu und sie rauchte eine nach der anderen auf meinem Zimmer! Was strengstens verboten war, doch das war in dem Moment egal, denn auch ich rauchte heimlich auf dem Zimmer. Wo kein Kläger da kein Richter, oder wie war das noch? Nachdem sie mir ihr ganzes Leid ausgeschüttet hatte, und ich versuchte, ihr mei-

ne Sicht zu erklären, merkte sie endlich auch mal, dass ich müde war. Als Hildegard hier in der Klinik ankam, habe ich ihr schon mal erklärt, dass ihre kölschene direkte Art nicht jedermanns Sache wäre, und dass sie es schwer haben würde. So ist es dann auch gekommen, aber ich mag sie trotzdem, denn mir machte die Art nicht ganz so viel aus. Sie ging dann etwas erleichtert, und ich war immer noch frustriert, aus meinem Zimmer und ich konnte endlich schlafen.

Die Sonne schien und weckte mich sanft aus meinen Träumen. Es war noch früh, und ich ging wieder meinem morgendlichen Ritual nach. Nach dem Frühstück ging ich auf mein Zimmer. Ich war mit „Doro", der „Autorin", um 9.30 Uhr auf meinem Zimmer verabredet.

Sie kam pünktlich und setzte sich zu mir an den Tisch. Die Autorin, stellte sich mir noch mal kurz vor und nannte mir ihr Anliegen.

Doro wollte auch ein Buch schreiben, aber nicht so wie ich, sondern eins über die Patienten und ihre Geschichten. Eine Biografie über den ein oder anderen, der eine gute Geschichte vorzuweisen hatte.

Da sie wusste, dass ich auch ein Buch über mein Leben schrieb, war ich für sie genau der Richtige. Sie hatte das von anderen erfahren, dass ich dabei war, ein Buch zu schreiben. Wir redeten sehr lange sowie intensiv und es war ein wunderbarer Austausch zwischen zwei, die gerne schreiben. Ich machte ihr den Vorschlag für sie eine persönliche Lesung zu machen. Sie fand die Idee toll, und ich begann zu lesen, aus dem, was ich bisher verfasst hatte.

Die Autorin hörte mir gespannt zu. Ich beobachtete sie in den Sprechpausen und sah eine Frau, die aus dem Fenster schaute, mir zuhörte und nach meinem Empfinden leicht verträumt aussah. Zwischendurch sah ich sogar auch mal ein Lächeln bei ihr, was mich unheimlich beflügelte. Ich las eine gute Stunde aus meinem Buch vor. Als ich mit dem Lesen aufhörte, sah sie mich freudig an und gab mir ganz tolle Komplimente, wozu ich erst heute in der Lage bin, diese anzunehmen. Wir tauschten unsere Adressen aus und wollten in Kontakt bleiben, um eventuell in Zukunft etwas zusammenzuarbeiten. Freu' mich drauf! Während ich mit ihr noch so dasaß, bekam ich einen Anruf von Sina.

Sie wurde letzte Woche entlassen und sie fragte mich, ob denn so weit noch alle da wären, denn sie wollte uns besuchen kommen.
Ich sagte ihr, dass wir da wären, weil ja auch am Abend wieder Fußball und Scheune anstanden. Sina meinte, dass ihr die Decke zu Hause auf den Kopf fällt, und sie sich gerne das Spiel angucken wollte und anschließend auch mit in die Scheune gehen wollte. Ich freute mich darüber, denn ich mochte die Kleine ja sehr.
Es war mittlerweile Mittag und nach dem Essen saß Sina auch schon draußen am Raucherhügel. Einige schauten ziemlich dumm aus der Wäsche, weil sie sich fragten, was Sina schon wieder hier machte.
Ein Rückfall? Nein, sie erklärte jedem, dass sie nur auf Besuch hier war.
Wir verbrachten den Nachmittag zusammen und auch Sina nutzte die Zeit, mal mein Buch zu lesen, welches ich hier angefangen hatte. Über zwei Stunden hat Sina gelesen und als sie fertig war, klatschte sie in die Hände. Ich fragte sie, was sie gefühlt hat, als sie am Lesen war. Sina berichtete mir, dass sie vieles wiedererkannt hatte und auch nachvollziehen könnte, denn ihr ging es oft genauso.
Sina fand es total authentisch. Zumal sie ja selber mal hier war und mich auch ein wenig kannte. Wir gingen anschließend spazieren zum Teich und setzten uns auf eine Bank, von wo aus wir die Klinik, die Wiesen und die Kühe beobachten konnten.
Immer wieder sagte ich mir, „komm doch neues Leben, komm doch. Ich habe keine Angst und bin gespannt, was du mir zu bieten hast." Ich dachte auch gar nicht so weit voraus, auch wenn es mich kurzzeitig nachdenklich machte, was Sina erzählte. Es konnte mir weniger anhaben, als es früher einmal war.
Das Grübeln ist nur noch wenig vorhanden durch meine neue Gelassenheit, die ich hier entwickelt habe. Wir gingen langsam wieder zurück und der Himmel ist dunkel geworden. Es sah aus, als ginge gleich die Welt unter und es würde sich ein Tal der Tränen öffnen. Doch für mich war es so, als wenn diese Tränen eher reinigen würden und somit war es völlig in Ordnung. Zumal der liebe Gott auch mal weinen darf. Ich sah seine Tränen als Freudentränen, denn ich hatte hier das Gefühl, dass ich nicht

alleine war und er mich die ganze Zeit auf seinen Händen getragen hatte.

Es wurde ein witziger Abend und alle waren mitgekommen, um an meinem letzten Sonntag noch einmal gemeinsam mit mir Spaß zu haben. Leider wurde es mal wieder viel zu früh Zeit, in die Klinik zurückzukehren. Es regnete immer noch, aber das machte uns nichts aus, denn unserer guten Laune konnte der Regen nichts anhaben. Sina entschloss sich, die Nacht noch hierzubleiben und erst morgen früh zurückzufahren. Heimlich übernachtete sie bei einer ehemaligen Zimmergenossin.

Lieber Himmel, war das ein harte Nacht. Ich vergaß gestern meine Tabletten zu nehmen und habe kaum geschlafen. Andauernd wurde ich wach und drehte mich hin und her. Um 6 Uhr, zwei Stunden bevor der Wecker klingelte, war die Nacht endgültig vorbei. Ich hatte an meinem vorletzten Tag am Morgen noch Blutentnahme und Gewichtskontrolle. Ich ging direkt dorthin und ließ mir mein Blut abzapfen. Zwei Kilo habe ich hier in der Zeit nur zugenommen und das, obwohl ich hier einen geregelten Essensablauf hatte, bei dem ich oft mehr aß als früher.

Es scheint so, als wenn sich die sportlichen Aktivitäten hier doch auszahlen würden. Ich machte mir einen Kaffee und ging dem gewohnten Ablauf nach. In der Visite bekam ich noch meine offizielle Stationsverabschiedung, die mich rührte, weil alle supernett zu mir waren. Zur Freude aller las ich noch einen neuen Reim vor, der in den letzten Tagen entstanden ist.

... es wird langsam Zeit zu gehen,
lernte mich hier besser zu verstehen.
Sehe den Tag von nun an besonnen,
viele Erfahrungen hier gewonnen.
Menschen wie Du und ich,
waren auch gerne mal unter sich.
Die Zeit habe ich sehr genossen,
fühl' mich jetzt sehr entschlossen.
Meinen neuen Weg zu gehen,
dabei wird von nun an nur noch nach vorne gesehen ...

An dem Morgen sprachen mich noch einige auf meine Lesung an, die am Abend stattfinden sollte. Ich gab gerne Auskunft und freute mich auf die Dinge, die da kommen sollten. Mein Termin beim Psychologen stand an und mit Freude ging ich zu meinem Entlassungsgespräch.

Mein Psychologe hatte mal wieder ein leichtes Grinsen im Gesicht, als er mich sah. Pünktlich wie immer, sagte er, und ich fragte nach dem Kasten Bier, aber den Witz hat er nicht gleich verstanden. Nicht dass ihr denkt er hat eine Couch, nein, ich setzte mich in einen ganz normalen Stuhl. Wir redeten über meine Zeit hier in der Klinik.

Wie sehr ich mich verändert hatte. Er sagte zu mir, dass er erst das Gefühl hatte, dass ich mich an die Klinik zu sehr klammere.

Das stimmte auch, denn am liebsten wollte ich in den ersten Wochen hier nie mehr weg. Ferner sagte er mir, dass ich jetzt mehr reflektierender und geordneter ihm gegenüber erscheine. Er nannte mir die Fragenbogendaten, die ganz klar aussagten, dass sich viele Bereiche bei mir verbessert hatten. Physisch war auch alles in bester Ordnung. Ich hörte aber nicht nur Positives, sondern er mahnte mich auch, dass der Alltag mich einholen würde und sich erst da zeigen würde, wie ich damit zurechtkomme. Das wusste ich sehr wohl, doch dachte ich zu diesem Zeitpunkt nicht mehr so weit wie früher und machte mich nicht mehr gleich verrückt. „Lass den Alltag doch kommen, ich freue mich darauf und bin schon ganz gespannt, was mir das neue Leben bietet."

Ich grübele nicht mehr so viel und lasse die Dinge kommen und geschehen. Ich reagiere erst dann, wenn es so weit ist und nicht vorher. Wir sprachen auch über die noch anstehende Tagesklinik, die ich noch ein paar Wochen lang besuchen sollte und dann mal sehen, wie ich in den beruflichen Alltag wieder reinkäme.

Das Gespräch war wohltuend und informativ wie immer. Dieser Psychologe hat mich erreicht und den Rest habe ich in den letzten zwei Wochen selber beigesteuert.

Es hat einfach irgendwie klick gemacht und ich fühlte mich gestärkt. Den Rest wird die Zeit zeigen, wie es weiter geht, und ich werde euch, liebe Leser, auf dem Laufenden halten.

Nach dem Mittagessen ging ich auf mein Zimmer und schrieb an meinem Buch weiter. Es ist mein letzter Tag in der Klinik und am Abend soll meine Lesung stattfinden. Je näher der Abend kam, desto nervöser wurde ich. Ich wusste nicht wirklich, was mich erwarten würde und wie viele wirklich kommen würden. Würde es eine Niederlage für mich oder eher große Klasse? Vom Gefühl her war ich mir sicher, dass es ein Knaller würde, aber mein Verstand zweifelte daran. Es war dann so weit, ich nahm meinen Laptop und ging zum großen Raum, in dem auch immer unsere Visite stattfand. Ich stellte rund zwanzig Stühle auf und war mir nicht sicher, ob es ausreichend wäre. Ich baute meinen Platz in einer Ecke auf und wartete auf die Dinge, die da kommen sollten.

Die ersten Zuhörer kamen und der Raum füllte sich. Tante saß direkt in meiner Nähe, sodass es mir mehr Sicherheit gab, worum ich sie vorher gebeten hatte. Es wurde immer voller, und wir mussten dann doch noch Stühle besorgen. Der Türke stand noch am Eingang und ich sollte warten mit der Lesung bis er wieder drin war. Es waren insgesamt siebendreißig Leute in dem Raum, unglaublich denn damit hatte ich überhaupt nicht gerechnet. Als der Türke dann reinkam, konnte ich beginnen, auch wenn mich die Frage nervte, was der wohl draußen wieder im Schilde geführt hat. Es wurde still im Raum.

Ich stellte mein Projekt noch mal kurz vor.

Ein Buch zu schreiben, welches von meinem Weg erzählen sollte. Wie alles begann, von der Kindheit bis heute. Was passiert war und warum ich den Entschluss gefasst hatte, diesen Weg zu gehen.

Zu erkennen, dass ich eine Störung hatte und es höchste Zeit war, etwas zu unternehmen, um nicht für mich oder gar für andere zu einer Gefahr zu werden. Warum ich so lange gewartet hatte und was ich in der ganzen Zeit erlebt hatte. Mit Gefühlen, der Wahrheit, meiner Schuld gegenüber anderen und meinen Erfahrungen. Genau so wie es schon andere gemacht hatten, wie *Ulli Stein* oder *Toni Schumacher*, authentisch, mit Ehrlichkeit über sich selbst zu erzählen.

Ich begann zu lesen. Während ich las, schaute ich immer wieder die Leute an, die vor mir saßen. Sie hörten gespannt zu und man sah wie sie förmlich an meinen Lippen klebten. Je länger ich las, umso sicherer wurde ich auch in der Aussprache und dem Klangbild.

Gut, dass ich ganz gut lesen kann – hab mal den zweiten Platz im Schulwettbewerb gemacht. Meine Stimme war fest, deutlich und klar. Die anfängliche Nervosität war verflogen. Ich konnte einige Emotionen in den Gesichtern sehen, wenn ich meine Stimmlage je nach Satzinhalt veränderte. Einige sagten mir vorab, ich sollte nicht länger als eine halbe Stunde lesen, es würde dann schwierig, mir noch zuzuhören. Leute ich kann euch sagen, dass ich auf eine Stunde fünf Minuten kam und so lange waren die Menschen an den Stühlen gefesselt. Ich schaffte es sogar, das richtige Ende zum richtigen Zeitpunkt zu finden. Als ich fertig war, standen einige auf und der Applaus von allen dauerte, ohne zu übertreiben, mindestens eine Minute.

Eine Minute kann da sehr lange sein, gefühlt kam es mir viel länger vor. Unglaublich diese Resonance bei meiner allerersten Lesung aus meinem Buch. Ich war total überwältigt, glücklich, voller Freude und konnte kaum was sagen.

Dann stand auf einmal der Türke auf. Er sagte: „Danke für alles, alles was du uns hier gegeben hast und zum Abschied eine Karte für Dich." Er überreichte mir einen DIN A4 großen Umschlag mit einer großen Karte. Eine tolle Karte mit folgendem Text:

Zum Abschied:

Aufbruch

Die Klaviatur des Lebens

spielt eine noch unbekannte Melodie,

ein neues, spannendes Kapitel

im Buch des Lebens nimmt seinen Anfang!

Freudig Aufbruch wagen

Es war eine Karte ganz in Rot, wobei man die abgebildeten roten Rosen darauf immer noch erkennen konnte. Innen drin haben alle, die da waren, unterschrieben, und ich wusste nix davon.

Eine tolle Überraschung kann ich nur sagen, und das rundete eine wunderbare Lesung vollends ab. Danke euch allen dafür!

Ich stellte mich dann noch den Fragen der Zuhörer und nahm die Kritiken dankend entgegen. Wobei die Fragen eher darum gingen, was ich in Zukunft mit dem Buch machen würde. Wie ich mir den Weg vorstellte, den ich gehen wollte. Große Kritik vom Inhalt her gab es nicht wirklich. Ich nutzte mein Buch auch als Abrechnung vor allem mit mir, der Krankheit, Menschen, die mich verletzt hatten und als Erklärung für mein Verhalten und ein wenig auch als Entschuldigung. Eine Offenbarung meiner Person ungeschönt, ehrlich und authentisch. Als wir den Raum wieder umgeräumt hatten, gingen wir nach draußen zum Rauchen und der Abend endete mit dem Erlebten.

Der Tag meiner Abreise. Mir war es flau im Magen. Ich freute mich irgendwie auf zu Hause, aber andersrum mochte ich die Käseglocke nicht verlassen. Meine Koffer waren gepackt und es fühlte sich an wie eine Abreise aus der Jugendherberge. Ich machte mir meinen Kaffee und wollte raus zum Rauchen gehen. Als ich die Tür öffnete, lag die erste Karte vor meiner Tür.

Jemand, der mich vermissen würde und mir seine Anteilnahme und Aufmerksamkeit schenkte. Es waren noch eineinhalb Stunden bis zur letzten Visite, dann noch die Entlassungspapiere und holen und es würde ab nach Hause gehe. Ich rannte rum wie Falschgeld und immer, wenn ich in mein Zimmer ging und dann wieder raus zum Rauchen, lagen Karten vor meiner Tür mit persönlichen Widmungen, Danksagungen und aufmunternden Worten. Die Visite war kurz und knapp. Meine Verabschiedung war ja schon gestern in der großen Runde. Nachdem die Visite zu Ende war, ging ich meine Papiere holen. Auf den Gängen traf ich den ein oder anderen und verabschiedete mich von ihnen mit einer herzlichen Umarmung.

Mein Auto hatte ich zwischendurch schon vollgepackt. Mit den Papieren in der Hand ging ich raus zum Auto. Dort standen schon meine Liebsten, ein Teil von denen, die die Zeit hatten und keinen Termin wahrnehmen mussten, wollte mir Auf Wiedersehen sagen.

Es war total beklemmend und emotional. Kati, meine „Klinikschwester", sah mich traurig an. Ich nahm sie in den Arm und sprach ihr noch mal gut zu. Sie fing an zu weinen, und wir hielten uns einen sehr langen Moment in den Armen. Anschließend nahm mich der Wächter in den Arm und der knutschte mich auf die Wangen. Valerie und einige andere drückten mich und standen traurig Spalier.

Tante war auch dabei. Sie würde mir auch am meisten fehlen, da unsere Zeit ziemlich intensiv war, in Bezug auf das Buch und ihre Unterstützung ein unermesslicher Reichtum für mich. Eine echt tolle Frau.

In mir kochte es wieder, mir war total heiß und ich hatte das Gefühl, wenn es so weiterging, dann würde ich noch anfangen zu heulen. Ich stieg in mein Auto, legte die ganzen Karten (siebzehn Stück) auf den Beifahrersitz und ließ den Motor an. Sie standen alle da und machten die La-Ola-Welle, als ich den Wagen gestartete hatte.

Ich winkte ihnen noch freundlich zu und fuhr mit einem riesigen Kloß im Hals los. Ich traute mich nicht einmal mehr, in den Rückspiegel zu schauen. Zu sehr war ich durch den Wind und wollte erst mal nur noch weg. Auf dem Weg zur Autobahn gingen mir tausend Sachen durch den Kopf. Die Gedanken alleine in dem Moment würden reichen, um ein Taschenbuch zu füllen. Voller Wehmut in die Vergangenheit schweifend fuhr ich rauf auf die Autobahn Richtung Heimat. Mein kleines, altes Auto fuhr nicht viel schneller als 120 km/h und ich zuckelte in Gedanken auf der Autobahn rum.

Ich war noch nicht lange unterwegs, da bekam ich schon die erste SMS. „Danke für alles und Du fehlst mir", schrieb Kati noch hinterher. Ich war schon weg und bekam immer noch so viel Nähe und es tat gut, Menschen kennengelernt zu haben, die mich wirklich mochten und mir das auch sagen konnten.

Es ist nicht mehr weit bis nach Hause, doch da mochte ich noch nicht hin. Ich beschloss kurzerhand als allererstes meine beste Freundin zu besuchen. Ich klingelte bei ihr und Tamara kam die Treppe runter. Durch die Tür konnte ich schon erkennen, dass sie sich freute, mich zu sehen.

Meine beste Freundin Tamara öffnete die Tür und nahm mich in die Arme. Sie freute sich wie ein kleines Kind und war von ihren Gefühlen überwältigt. Über neun Wochen hatte ich sie nach meiner überstürzten Reise nicht mehr gesehen.

Der Mensch, der mich am besten kannte, mir treu zu Seite stand und mich die letzten zweieinhalb Jahre oftmals aus meinem emotionalen Loch geholt hatte. Sie machte uns einen Kaffee. Tamara konnte es immer noch nicht fassen, dass ich wieder zurück war. Sie hatte mich anscheinend echt vermisst. Meine beste Freundin fing sofort an, mich mit Fragen zu löchern und bereitwillig begann ich zu erzählen. Sie war so erfreut, dass es mir wieder besser ging als vor meiner Reise, dass ihr sogar ein paar kleine Tränen aus den Augen kullerten.

„Endlich geht es dir besser", sagte sie und stellte fest, wie schlecht ich damals drauf war. „Das mit der Vergangenheit ist jetzt erst einmal vorbei", erwiderte ich, „und wir werden sehen was die Zeit bringt."

Es war leider nur ein kurzes Gespräch, weil ich noch ins Dorf wollte. Ich brauchte noch einen Internet-Stick, um für Freunde aus der Klinik erreichbar zu bleiben, und um meine Mails zu checken. Es war kurz vor Mittag, und ich schaffte es noch vor der Pause, ihn mir zu besorgen. Ein paar Straßen noch und ich fuhr auf mein Zuhause zu. Was für ein komisches Gefühl. Ich parkte ein und ging ins Haus.

Es kam mir bekannt vor und es hatte sich nichts verändert. Doch es fühlte sich ungewohnt still und doch wiederum auch fremd an.

Ich ging durch die Zimmer und musste schnell feststellen, dass ich mich nicht direkt wohlfühlte in einem großen Haus wieder alleine zu sein. Ich ging in die Küche, und schaute total verloren raus in den Garten. Dort stand das Haus meiner Eltern, welches ich durch die Küchentür über den Garten erreichen konnte. Da sah mich auch meine Mutter schon hinter der Tür stehen, und ich sah, wie sie durch den Garten in meine Richtung kam. Ich öffnete die Tür und ging ihr entgegen. Dabei fühlte ich Leere und Freude zugleich. Ich nahm sie in den Arm und drückte sie und sagte: „Ich bin wieder da." Sie freute sich und nach einem kurzen Small Talk ging sie wieder zurück, sie musste ja weiterarbeiten und hatte nur kurz Zeit.

Der nächste Abschnitt begann. Erst mal die Sachen auspacken. Langsam sich wieder eingewöhnen. Ich legte alle Karten auf den Tisch und schaute sie mir alle einzeln noch einmal genau an.

Das war etwas fürs Leben, von Menschen die ich im Herzen tragen werde. Mit einigen habe ich auch zwischenzeitlich schon wieder per SMS Kontakt aufgenommen. In Gedanken an die Leute aus der Klinik fiel mir zu Hause alles ziemlich schwer. Ich merkte, dass ich müde wurde, und habe mich erst mal in mein lang ersehntes Wasserbett gelegt und zwei Stunden geschlafen. Als ich wach wurde, setzte ich mich wieder an den Tisch und ließ die Zeit Revue passieren.

Vor lauter Unentschlossenheit und ziellosen Gedanken beschloss ich rüberzugehen zu meinen Eltern. Mal sehen, was es bei denen so Neues gab und mal schauen, was denn ihre Firma machte. Wir saßen im Keller, wo sich das tägliche Leben abspielte, in dem Büro, wo ich auch schon nächtelang gesessen hatte und welches schon fast wie ein Wohnzimmer für mich war. Wir bestellten uns eine Pizza und während wir aßen, erzählte ich ein wenig von meiner Reise.

Ich muss sagen, dass ich immer von meinen Eltern auf ihre „Art" unterstützt wurde, aber man merkte auch, dass sie nicht alles nachvollziehen konnten, was ich erlebt hatte und wie es in mir drin aussah. Nach dem Essen ging ich wieder durch den Garten rüber zu dem Haus meines Bruders, welches er damals geerbt hatte und mir zur Miete überlassen hatte. Ich begab mich an meinen Laptop und suchte Bilder raus, um später damit eine Fotomappe im Internet bestellen zu können.

Ich suchte die schönsten Bilder raus, um sie auch mal anderen zeigen zu können. Am Laptop wäre es nicht so schön, es wären zu viele Bilder und da ist eine gute Fotomappe viel bewährter.

Ich schaute noch eine wenig TV und ging dann ins Bett. Meine Reise sollte damit noch lange nicht zu Ende sein und schon schnell wurde klar, dass ich nicht lange zu Hause sein würde. Wo es dann hingehen sollte, sieht man im nächsten Kapitel.

Wo geht es jetzt hin?

An diesem Morgen hatte ich einen Termin bei meinem Hausarzt. Den ersten seit ich weg war. Wir begrüßten uns, er fragte mich nach meinem Befinden. Kurz und knapp sagte ich ihm, dass es das Beste war, was ich hätte tun können und war ihm sehr dankbar für seine Unterstützung. Er verschrieb mir meine Medikamente weiter, und ich erzählte ihm von meinem weiteren Vorhaben mit der Tagesklinik und er befürwortete meine Einstellung.

Nach dem Arzttermin hatte ich mich mit meiner besten Freundin zum Frühstücken verabredet. Ihr neuer Freund war auch mit dabei. Wir redeten, philosophierten über die Vergangenheit, bevor ich in die Klinik ging, und über das Jetzt und Hier. Es tat echt gut und bei den beiden hatte sich ja auch einiges getan. Es war komisch, von den beiden zu erfahren, wie ich früher drauf war, bevor ich in die Klinik ging, und umso mehr wurde meine Entscheidung, den Weg in die Klinik zu gehen, untermauert. Das Gespräch mit den beiden war sehr intensiv und ich sagte ihnen, dass ich Gesprächsstoff für mehrere Tage hätte.

Deswegen kürzten wir ein wenig ab, weil ich merkte, dass es harte Arbeit für mich war. Es war auch schon kurz vor Mittag. Ich fuhr nach Hause und legte mich ein wenig schlafen. Komisch war es schon, dass ich mittags immer müde wurde, das war in der Klinik nicht so oft der Fall. Dort hatte man mehr Beschäftigung wie zu Hause. Zu Hause muss ich mich erst mal wieder einfinden. Ich hatte noch nicht einmal alle meine Sachen ausgepackt. Nach meinem Mittagsschlaf begann ich mit Rasenmähen, der hatte es echt nötig, mal wieder geschnitten zu werden. Um mich nicht gleich zu überfordern, schnitt ich nur einen

Teil. Zum Abend hatte ich mich mit dem „Griechen" verabredet. Der etwas kräftige Grieche, der sich in den letzten Wochen während meines Klinikaufenthaltes und seit meiner Rückkehr als verständnisvoller und unterstützender Zuhörer entwickelt hatte. War er doch der Ex-Mann von meinem Sternchen, und ich zog ein paar Jahre seine Tochter mit groß.

Als Erstes fuhr ich zur Tankstelle im Ort. Die Tankstelle, an der ich schon viele Stunden verbrachte, zwischen meinen Pausen und in meiner Freizeit. Man kennt sich eben in so einem kleinen Dorf (20.000 Einwohner). Dort erlebt man immer etwas und trifft einige Leute, um Neuigkeiten zu erfahren. Als ich zur Tür reinkam, sah ich die Frau des Griechen, die zufällig Schicht in der Tankstelle hatte. Sie nahm mich voller Freude in die Arme und begrüßte mich, und ich sagte ihr, dass ich gleich zu ihrem Mann fahren würde, um mal ein wenig zu schwatzen. „Mach das mal ruhig", sagte sie, „ihr habt euch ja eine Weile nicht gesehen." „Gut siehst du aus", sagte sie zum Abschied noch. Ich fuhr zu ihm und wir redeten eine ganze Zeit über meine Reise, und er hatte eine Menge Verständnis. Der Grieche zeigte und erzählte mir noch, was sich so alles bei ihm getan hatte. Als ich mein Bier ausgetrunken hatte, wollte ich eigentlich heimfahren. Es war mittlerweile nach 21 Uhr, und ich verabschiedete mich von dem Griechen. Als ich mich ins Auto setzte, dachte ich an Mönchen und rief sie kurzerhand an. Sie war zu Hause, wo sollte sie auch sonst sein um diese Uhrzeit als Mutter zweier Kinder. Ich fragte, ob sie Zeit für einen Kaffee hätte. Sie stimmte zu und ich fuhr zu ihr. Auch die Friedel, wie Mönchen auch heißt, öffnete mir freudestrahlend die Tür und nahm mich erst mal in den Arm. Sie machte mir einen Kaffee und wir redeten über meine Zeit und was geschehen war. Sie war es ja auch, die mir das leere Buch schickte, mit dem Hinweis meine Ferse dort einzutragen.

Das war mit eines der Antriebssignale, die ich bekam, etwas aus meinen Fähigkeiten zu machen. Sie war richtig stolz auf meine Leistung und Einstellung. Was für ein Abend, auch zu Hause erfuhr ich nach und nach immer mehr Zuspruch. Ich fuhr zufrieden nach Hause und legte mich ins Bett.

Am nächsten Tag ging es zum Neurologen, bei dem ich vor einem Jahr schon mal war, und der mich begleitet hatte bis in diesem Jahr im Februar.

Ich erzählte ihm, was passiert war, und bat ihn, mich wieder zu begleiten. Er gab mir dann noch die Adresse eines Psychologen, der mich nach der Tagesklinik weiterbegleiten könnte.

Ich fuhr nach Hause und begab mich in den Garten und mähte den restlichen Rasen, welchen ich mir noch übrig gelassen hatte. Schritt für Schritt und langsam wollte ich es die ersten Tage zu Hause angehen lassen, und es zeichnete sich ab, dass ich noch keine Struktur aufnehmen konnte. Es passierte so weit auch nicht sonderlich viel und oft nutzte ich die Zeit zum Nachdenken. Es war kein Grübeln, wie ich es sonst kannte, sondern eher an die schöne Zeit zurückdenken sowie daran, was ich im nächsten Moment so machen könnte. Ich hörte viel Musik, schrieb und schrieb an meinem Buch. Abends saß ich vor dem Fernseher oder hörte weiter Musik und textete mit meinen neuen Freunden aus der Klinik. Morgen werde ich mein Kind abholen. Bin mal gespannt, wie es wird.

Der Alltag und sein gewohntes Rad begannen sich wieder zu drehen. Erst einen Kaffee und die selbst gedrehte Zigarette durften nicht fehlen. Ich schaute dabei aus meinem Esszimmerfenster auf die Hofeinfahrt meiner Eltern. Ich muss gestehen, dass ich noch zu viel an meine Vergangenheit denken musste.

Es wird langsam Zeit, meine Tochter abzuholen. Ich konnte den Wagen meiner Eltern dafür benutzen.

Das Auto liegt mir nicht sonderlich, aber es ist halt nicht so alt wie meins, und ich bin schneller bei meiner Tochter und wieder zurück. So machte ich mich voller Freude auf den Weg, mein Kind von der Schule abzuholen.

An der Schule angekommen kam überraschenderweise mein Sternchen angefahren und übergab mir die Tasche von meiner Tochter. Ich hatte nicht mit ihr gerechnet, denn auf meinen Brief hatte ich ja auch keine Reaktion bekommen und ihr Lächeln war mit Sicherheit nicht als Zeichen der Freude, mich zu sehen, zu bewerten.

Es war wieder dieses unehrliche, hinterhältige Lächeln, anders konnte ich das nicht werten. Ich gab ihr wie gewohnt einen Kuss auf die Wange. Dabei bemerkte ich, dass mein Herz wieder anfing zu rasen, weil ich ja diesen Typ Frau eh mochte, und sie auch immer noch Klasse aussah. Dennoch war ich froh, als mein Kind kam. Mit der Hilfe meines Gumminoppenballs, den ich in der Hand hin und her knetete, verflogen diese Gefühle auch schnell wieder. Ich nahm mein Kind in die Arme und überprüfte gleich meine Gefühle. Innerlich fühlte ich Freude, sie wiederzusehen. Sie kam mir viel größer vor und sie ist schon genauso groß wie ihre Mutter. Mehr war da aber nicht. Ein richtiges Du-hast-mir-gefehlt-Gefühl war es auch wieder nicht. Es war wohl immer noch die Gewohnheit in mir, mein Kind mal eine Zeit nicht zu sehen, so wie es in meiner Kraftfahrerzeit auch war. Doch so lange waren wir noch nie getrennt, und als wir losfuhren, fühlte es sich schnell wieder normal an, so wie es halt ist, wenn man sein Kind alle vierzehn Tage abholt.

Sie fragte mich, wie es mir geht und wie es war. Ich erzählte ihr ein wenig und sie hörte aufmerksam zu. Von ihr erfuhr ich allerdings sehr wenig.

Da war wieder diese Verschwiegenheit, die ich an ihr nicht mochte und auch bis heute nicht verstehe.

Erlebt mein Kind überhaupt nix? Hat es nichts zu erzählen, wie die letzten Wochen für sie waren? Ich musste ihr alles aus der Nase ziehen, aber von alleine kam da nichts. Zu Hause angekommen, zeigte ich ihr erst mal die Bilder von der Klinikzeit und beantwortete ihre wenigen Fragen, die allerdings mehr auf die schönen Erlebnisse bezogen waren. Danach fuhr sie mit der Oma zum Einkaufen, und ich nutzte die Zeit zum Entspannen und zum Schreiben. Als sie wieder zurückkamen vom erfolglosen Einkaufen – sie brauchte eine Winterjacke, ihr hatte aber mal wieder keine gefallen –, setzten wir uns auf die Couch, um den Abend vor dem Fernseher zu verbringen.

Ich sprach mit ihr ab, dass sie diese Nacht bei mir schlafen würde – bei mir mit im Bett, sie liebt das Wasserbett – und morgen bei Oma. So ging der Tag dann auch zu Ende.

Es war ein schönes Gefühl von Zufriedenheit, mein Kind bei mir zu haben und sie neben mir schlafen zu sehen, dadurch war ich auch nicht mehr alleine. Als ich sie weckte, hörte ich wieder dies „Menno Papa, lass mich noch schlafen". Von daher freute ich mich noch mehr, sie zu wecken, denn das mochte ich, wenn mein kleines verschlafenes Kind sich immer wieder einkuschelte, und nicht aufstehen wollte. Ich legte mich zu ihr und wir kuschelten ein wenig, wobei ich es nicht lassen konnte, sie zu zanken.

Nachdem mein Kind gefrühstückt hatte, gingen wir einkaufen. Ich sagte ihr, dass wir zu Fuß gehen würden und der Blick, der mir entgegenkam, war verwirrt und sie dachte, ich wollte sie veräppeln.

Sie kannte das nicht von mir, aber die Zeiten im Hartz IV ändern sich eben und warum fahren, wenn es auch zu Fuß ging. Widerwillig ging sie mit mir mit, und wir kauften die wenigen Sachen ein, die ich am nötigsten brauchte.

Es war auch Markt in der Fußgängerzone, und ich hoffte, mal den ein oder anderen zu sehen. Doch dem war nicht so. Auf dem Rückweg gingen wir noch in einen Buchladen rein. Dort holte ich ein paar nette Karten für den ein oder anderen aus der Klinik. Ich wollte ihnen eine Freude machen, weil ich wusste, wie sie sich immer freuten, wenn sie Post bekamen. Wieder zu Hause angekommen, bekam ich eine SMS von Sina. Die Expo, die ein wenig Ähnlichkeit mit der Kindsmutter hatte. Ich wusste, dass sie am Sonntag zur Klinik wollte, um einige zu besuchen. Ich machte ihr den Vorschlag, auf ein Frühstück vorbeizukommen, denn es lag ja fast auf dem Weg.

Sina willigte ein und würde Bescheid geben, wenn sie von zu Hause losfuhr. Der Rest des Tages war sehr ruhig und mein Kind so extrem müde, dass sie sich auf die Couch legte und einschlief. Eigentlich wollten wir am Abend zu meiner besten Freundin fahren. Doch daraus wurde nix.

Meine Mutter machte die besten Rippchen der Welt im Backofen, und das war mir und meiner Tochter lieber, als zu meiner besten Freundin zu fahren. Nach dem Essen blieb meine Tochter auch gleich drüben bei meinen Eltern, und ich verzog mich auf die Couch.

Ich surfte den ganzen Abend im Netz, bei lauter 80er-Musik, dabei auf der Suche nach alten Bekannten und den Leuten, die ich in der Klinik kennengelernt hatte. Ich schickte auch Mönchen noch per Mail einen Auszug aus meinem Buch. Mir war ihre Meinung sehr wichtig. Sie hatte maßgeblichen Anteil daran, dass ich überhaupt angefangen hatte, das Buch zu schreiben, und ich schickte ihr freudig meinen Text.

Ich wurde müde, vergaß aber meine Tabletten zu nehmen. Die Nacht war der Hammer. Um 1 Uhr ging ich ins Bett und um 2 Uhr war ich wieder wach. So wie ich es aus Gewohnheit immer mache, wenn ich wach werde, nahm ich mein Handy und guckte wie spät es war. Eine Nachricht war in meinem Postkasten. Wer konnte das denn sein um so eine Uhrzeit? Es war der blonde Engel. Wie geht es Dir, war ihre Frage. Im Halbschlaf und etwas verwirrt schrieb ich ihr, dass es mir gut ginge und ich sie vermisste. Es war nicht das erste Mal, dass sie mir mitten in der Nacht so eine Frage stellte. Meistens bekam ich auf meine Antwort keine Nachricht mehr zurück und so war es auch dieses Mal wieder. Warum machte sie das? Keine Ahnung und soll mir auch wurscht sein, versuchte ich mir in dem Moment einzureden und versuchte weiterzuschlafen.

Kaum geschlafen wurde ich schon wieder früh wach und machte mir einen Kaffee. Ich setzte mich an meinem Laptop und schaute, was sich so über Nacht getan hatte, und prüfte meinen Posteingang.

Ich beantwortete, was ich las und währenddessen bekam ich eine SMS von Fräulein Mönchen.

Sie schrieb mir, dass sie geweint hat, als sie den Ausschnitt aus meinem Buch las. Es waren Freudentränen, wie sich herausstellte und sie bedankte sich für mein Vertrauen und dass sie es selber schaffte seit langer Zeit mal wieder zu lesen, wozu ich ihr unbewusst verhalf. Wahnsinn was für eine Resonanz und es freute mich, das bisher noch keiner meine Zeilen kritisiert hatte.

Die Zeit verging und jeden Moment müsste auch „Sina" eintreffen, die mir zwischenzeitlich mitgeteilt hatte, dass sie auf dem Weg wäre.

Es klingelte und da stand die kleine Maus aus der Klinik bei mir zu Hause vor der Tür. Ich bat Sina rein und nahm sie in den Arm und wir drückten uns einen kleinen Moment. Das tat echt gut, jemanden, der mir in kurzer Zeit so vertraut war, im Arm zu halten und mein Zuhause zeigen zu können. Ich machte ihr einen Tee und steckte die Tiefkühlbrötchen in den Backofen. Mein Kind schlief noch bei der Oma und so konnten wir ungestört über die Zeit in der Klinik reden. Sina fiel es nicht so leicht alleine zu Hause, da sie alleine war und in ihrer Zeit in der Klinik beschlossen hatte, sich von ihrem Freund zu trennen. Wir stellten dabei fest, dass es einige so machten, sich von dem Partner zu trennen. Mussten sie doch erst in eine Klinik gehen, um zu merken, dass sie mit dem falschen Partner zusammen waren? Das macht der Alltag aus einem Menschen, wenn er nicht erkennt, dass Liebe nicht gleich immer Liebe ist, und dass manche Menschen nicht die gleiche Richtung gehen im Alltag. Dadurch entstehen Konflikte, die der Schwächere so lange erträgt bis er sich im Extremfall einweisen lässt. Traurig aber wahr. Es tat gut, Sina in meiner Nähe zu haben, und es machte Spaß, mit ihr zu frühstücken.

Drei Stunden haben wir dagesessen und geredet, über uns und die Leute in der Klinik, zu denen sie ja noch fahren wollte.

Unterdessen kam auch mein Kind und Sina wollte aufbrechen. Ich verabschiedete mich wieder herzlich von ihr und widmete die restliche Zeit, die uns noch blieb, meiner Tochter.

Die Zeit verging wie im Flug und ich musste sie wieder zurückbringen nach Hause. Es war wieder eine Fahrt, die ich nicht mochte. Immer von einer Seite des Ruhrgebietes zur anderen Seite und bei dem Verkehr machte das nicht sonderlich viel Spaß. Als ich sie absetzte, war da dieses Gefühl, welches mich immer ankotzte.

Sie wohnt nicht gerade in einer tollen Gegend, wie sie es bei mir gewohnt war.

Ein Gefühl von Abschied, welcher mir immer das Herz brach, sie nicht für immer in meiner Nähe zu haben. Ich fuhr heim, setzte mich wieder an den Laptop, und schaute, was sich so getan hatte.

Es wurden immer mehr, die ich fand, und meine Freundesliste wuchs mehr und mehr. Am Abend telefonierte ich ein wenig mit Jenny aus Hamburg, die ich bei meinem Aufenthalt dort kennengelernt hatte. Ihr ging es langsam besser, was wohl an dem Wechsel der Klinik lag. In der Klinik, wo sie jetzt war, fühlte sie sich wohler, und das hörte man ihr auch an. Jenny einmal wiederzusehen wäre auch schön, aber im Moment ist Hamburg aus finanziellen Gründen für mich nicht erreichbar. Es wurde Zeit zum Schlafen, denn am nächsten Tag wollte ich das erste Mal wieder ein bisschen Taxi fahren, um meine Mutter zu unterstützen. Drei Stunden sollte ich wohl hinbekommen, und ich sah es auch als Danksagung an für ihre Unterstützung, während ich in der Klinik war, denn schließlich arbeitete ich umsonst.

An diesem Tag würde ich das erste Mal wieder ein paar Stunden Taxi fahren. Ich war schon sehr gespannt wie es werden und wie ich damit umgehen würde. Mein erster Fahrgast am Morgen musste ins Krankenhaus, wo er Bestrahlungen gegen Krebs bekam. Wie immer öffnete ich die Tür und war meinem Fahrgast beim Einsteigen behilflich.

Ich merkte ziemlich schnell, dass mir diese Fahrt mit ihm nicht lag und wenn man mich nicht zum Reden animiert, verhalte ich mich in der Regel ruhig. So war es dann auch die ganzen 20 Minuten, die die Fahrt dauerte, ich sprach nur das Nötigste. Als ich ihn abgesetzt hatte, war ich froh, wieder alleine im Auto zu sein. Meine Gedanken waren schon konzentriert beim Straßenverkehr, dennoch fühlte ich mich nicht wirklich wohl. Was es genau war, konnte ich noch nicht einmal sagen. Ich fuhr zu meinem nächsten Fahrgast und der Name, den ich über Funk hörte, sagte mir im ersten Moment nichts. Als ich bei der neuen Tour ankam, ich hatte noch einen Moment Zeit, fiel mir wieder ein, wer es war. Unbemerkt ging auf einmal die Beifahrertür auf und ich begrüßte meinen Fahrgast mit seinem Vornamen und er stieg ein. Ich weiß nicht, ob er mich sofort erkannte, aber ich dachte, ich sehe nicht richtig. Man kennt sich in so einem Dorf, auch wenn man sich nicht täglich über den Weg läuft oder sich auch nicht immer grüßt, doch war er mir anders in Erinnerung als der Mann, der auf einmal neben mir saß. Über diesen Mann habe ich sogar vor ein paar Tagen noch mit Fräulein Mönchen gesprochen. Mönchen, die einen Teil meines Buches gelesen hatte und zu Tränen gerührt war. Der Mann, über den wir sprachen und der jetzt mein Fahrgast war, war auch Buchautor und Mönchen hatte mir noch ein Buch von ihm gezeigt. Doch dieser Mann war sehr gezeichnet von seiner Krankheit. Kaum wiederzuerkennen durch seine extrem weiß-blasse unrasierte Haut, die dazu noch eingefallen war als wäre er magersüchtig.

Anders kann ich es einfach nicht beschreiben, denn wer weiß schon genau, was der Krebs aus einem macht? Auch dieser Fahrgast musste zur Bestrahlung und während der Fahrt nutzte ich die Zeit, ihn nach seinem Buch zu fragen.

Er erzählte mir einige brauchbare Details und wie hoch seine Auflage war. Mein Fahrgast schien jedoch nicht zufrieden zu sein, weil es nicht richtig lief, und er bedingt durch seine Krankheit auch nicht die Kraft hatte, sich mehr darum zu kümmern. Die Auflage sei gering und da ich wusste, worüber er geschrieben hatte, war es mir klar, dass es zu viel davon gibt. Im ersten Moment dachte ich, hoffentlich läuft es bei mir anders und nach einigen Minuten war ich wieder fest davon überzeugt, denn mein Buch soll und wird anders sein.

Meine Zielgruppe war nicht die gleiche wie seine. Ich setzte meinen Fahrgast am Krankenhaus ab und half ihm noch rein, denn laufen konnte er kaum noch. Ich reichte ihm meine Hand und verabschiedete mich von ihm. Das Gespräch hat mich aufgewühlt, aber nicht hoffnungslos gemacht, und ich fühlte mich viel wacher als vorher. Ich machte noch zwei Stunden Dienst und fuhr den einen oder anderen Fahrgast hin und her. Als ich Feierabend machen konnte, merkte ich, dass ich müde wurde und legte mich zwei Stunden aufs Ohr. Nach dem Mittagsschlaf sah ich eine SMS auf meinem Handy, es war Sina, die ja noch in der Klinik zu Besuch war.

Sie schrieb mir, dass sie jetzt nach Hause fahren würde, und ich fragte, ob sie nicht noch mal Lust hätte, auf dem Heimweg bei mir vorbeizukommen.

Ich war neugierig, was sie in der Klinik erlebt hatte, als sie die anderen, die noch da waren, besuchte. Sie willigte ein, und wir verabredeten uns zum späten Nachmittag. Ich freute mich, dass sie noch mal vorbeikam, denn am Sonntagvormittag mit ihr zu frühstücken war echt toll. Was wiederum auch kein Wunder war, denn ich musste nicht alleine frühstücken und ich mochte diese kleine Frau, die Ähnlichkeit mit dem Sternchen hatte.

Am darauffolgenden Dienstag passierte nichts Nennenswertes, worüber es sich lohnen würde zu schreiben. Auch am nächsten Morgen passierte erst einmal nichts Besonderes. Erst zum Mittag, da sollte ich Besuch bekommen. Miriam wollte mich besuchen und mit Sina wollte ich am Nachmittag zur Klinik fahren, um dort noch mal mit den Leuten Fußball zu spielen. Miriam, das war die Frau mit der ich zuletzt zusammen war, bevor ich in die Klinik ging. Ja, es war die Frau, die mir unbewusst und ungewollt den Anlass lieferte, endlich zu gehen. Endlich einzusehen, dass mit mir etwas nicht stimmte. Ich bin sehr dankbar dafür, sie kennengelernt zu haben, wer weiß, wie lange ich mein Leben zu der Zeit noch ausgehalten hätte, ohne Blödsinn zu machen? Sie kam dann auch zum Mittag und wir freuten uns beide sichtlich darüber, dass wir uns wiedersehen konnten. Wir sind ja nicht im Streit auseinandergegangen und somit konnten wir uns auch in die Augen sehen und einen Kaffee zusammen trinken.

Kurz und knapp versuchte ich ihr zu erzählen, was passiert war. Miriam wusste zwar, wo ich war, aber nicht warum, und dass sie indirekt auch etwas damit zu tun hatte, habe ich ihr erst an diesem Tag erzählen können. Ich las ihr sogar ein wenig aus dem Buch vor und sie fand es bewundernswert, was ich bisher geschrieben hatte.

Wir redeten und redeten. Natürlich redeten wir auch über uns.

Dabei wurden wir uns schnell einig, dass es auch im Nachhinein mit uns keine Zukunft hat.

Doch was dann wieder in meinem Kopf stattfand, war absolut typisch Mann und typisch ich. Ich fragte sie, ob sie denn in den neun Wochen jemand anders hatte, genauer gesagt, ob sie Sex hatte.

Sie sagte ja, und meine Vermutung war richtig, dass sie schnell mit mir abgeschlossen hatte. Das war eigentlich nicht weiter schlimm, aber ich merkte, dass in mir die sexuelle Sehnsucht stieg. Zum einen wusste ich, wie es mit ihr war und außerdem war es schon eine ganze Weile her, dass ich mit einer Frau geschlafen hatte. Es dauerte nicht lange und es ging auch um das eine, das Thema forderte ich förmlich heraus.

Ihr Spruch „willst du mit mir schlafen" kam von daher nicht von ungefähr. Ich versuchte, ihr zu erklären, was ich in der Klinik gelernt hatte, und was Expos bedeuten. Zudem wusste ich aus dem Gespräch, dass wir eh auf einer Welle sind. Ich sagte Miriam, wir wären doch beide erwachsen und ohne Partner. Mann und Frau haben eben Bedürfnisse, die gestillt werden wollen. Ihre Augen wurden größer und sie fragte mich, ob es eine nur rein sexuelle Beziehung sein sollte. Ich sagte: „Warum nicht?" Man trifft sich überwiegend nur dann, wenn man Lust aufeinander hat. So was habe ich selber bisher noch nie in so einer Form gehabt. Eher war ich früher so, dass ich versuchte, eine Beziehung daraus zu erzwingen oder den Mädels etwas vorzugaukeln, um sie ins Bett zu bekommen. Doch diesmal war es für mich anders. Ich war einfach ehrlich und sagte genau, was ich wollte. Miriam brauchte nicht lange und verstand sofort, worum es ging. Sie sagte zu mir, dass sie sich das mit mir sogar vorstellen könnte und nicht abgeneigt wäre, solange keiner von uns beiden einen Partner hätte. Sofern einer von uns beiden eine Partnerschaft eingehen würde, wäre die Sache auf der Stelle beendet, und das würde dann auch so bleiben. Mir war es recht so, auch mit dem Hintergedanken, nicht wild durch die Gegend zu vögeln, sondern lieber nur eine Frau zu haben, zumal ich sie ja auch kenne. Denke mal, dass es für beide auch gesünder ist, nur mit einer Person zu schlafen als mit vielen verschiedenen. Wir verblieben so, dass man sehen würde, was die Zeit brächte, und ich war echt gespannt, ob und wann es so weit sein würde, denn noch glaubte ich nicht ganz daran.

Es wurde langsam Zeit, die Sachen für das Fußballspiel zu packen und Miriam nahm das zum Anlass, nach Hause zu fahren. Sie verabschiedete sich mit einer innigen Umarmung und einem dicken Kuss auf die Wange. Miriam war gerade weg, da kam auch schon Sina um die Ecke. Wir tranken noch in Ruhe einen Kaffee und Sina einen Tee. Ich freute mich bereits den ganzen Tag darauf, wieder zurück zur Klinik zu fahren, und das musste ich nicht alleine durchstehen, denn Sina war ja mit dabei. Ich konnte in dem Moment auch nicht abschätzen, wie meine Gefühlswelt auf die Rückkehr reagieren würde. Wir fuhren auf die Autobahn Richtung zweite Heimat. Die Fahrt dauerte eine gute Stunde, doch dadurch, dass wir viel miteinander redeten, verging die Zeit wie im Flug. Ich fuhr in die Ortschaft, die ich mittlerweile gut kannte, und es fühlte sich komisch an. Ich wurde immer aufgeregter je näher wir der Klinik kamen. Sina bat mich an der Sparkasse anzuhalten. Sie benötigte noch ein wenig Geld für den Abend. Ich saß im Auto und wartete auf sie. Die Sparkasse lag direkt am Kirchplatz im Ortszentrum.

Von Weitem sah ich einen Fahrradfahrer ankommen und ich erkannte ihn, es war der Wächter. Der Wächter, der mir in der Basisgruppe das Abschiedsständchen hielt und vorlas, was auf der Tafel stand.

Ich stieg schnell aus, um ihn nicht zu verpassen. Ein lauter Pfiff von mir, und er schaute zu mir und erkannte mich auch gleich. Mit einem breiten Grinsen fuhr er auf mich zu und bremste im letzten Moment. War das schön, sich wieder zu sehen.

Wir nahmen uns in den Arm und drückten uns herzlich. Er fand es toll, dass wir extra zum Fußball zurückkamen. Der Wächter hatte immer die Befürchtung, dass die Fußballtruppe zusammenbrechen würde, wenn ich nicht mehr da wäre. Der Aussteiger und ich hatten die Truppe seinerzeit ins Leben gerufen. Da ich der letzte Macher der Truppe war, der ging, war seine Befürchtung nicht ganz unberechtigt. Ich sagte zum Wächter: „Schau mal, wer gleich aus der Bank kommt." Ich war ja nicht alleine gekommen, sagte ich ihm. Sina kam aus der Bank und die beiden nahmen sich auch in die Arme, wobei Tom anmerkte, dass es guttat, uns wiederzusehen. Er fuhr dann weiter zur Apotheke und wir gut gelaunt und freudig Richtung Klinik.

Es waren nur noch ein paar Meter bis zum Ziel. Von Weitem konnte man schon einige Leute draußen sehen, die wie immer am Raucherhügel standen. Als wir näher kamen, konnte ich auch schon meine Ex-Affäre wiedererkennen, die auch extra nur zum Fußballspielen zurückkam. Daneben standen noch einige andere, die ich noch aus meiner Zeit kannte. Ich hielt das Auto an und stürmte sofort auf die Leute zu, die sich unheimlich freuten, mich wiederzusehen. Nach und nach nahm ich sie alle in den Arm, und es fühlte sich an wie zu Hause und dazu die Wärme, die ich vermisst hatte. Der ein oder andere guckte etwas verwirrt, weil die nicht wussten, dass ich komme und dementsprechend groß war die Verwirrung, dass ich auf einmal wieder da war.

Wie in alten Zeiten rauchten wir alle zusammen eine Zigarette draußen am Hügel. Ich sah auch viele neue Gesichter einmal so nebenbei bemerkt, Die Neuen schauten ein wenig dumm aus der Wäsche, dass lag aber wohl daran, dass sie mich noch nie gesehen hatten, ich aber schon mein Fußballdress anhatte, wo vorne der Name der Klinik draufstand.

Da wir etwas früher ankamen als geplant und ich noch Hunger hatte, beschlossen wir, in den Speisesaal zu gehen. Ich mischte mich einfach unter die Leute, und es fiel den Neuen gar nicht auf, dass ich eigentlich nicht mehr dazugehörte. Andere, die dort wiederum saßen, freuten sich mit großen Augen, mich wiederzusehen. Es war mal wieder unglaublich, diese Wärme zu spüren. Es fühlte sich an, als wäre ich nie weg gewesen oder hätte nur Urlaub zu Hause gemacht. Wir nahmen auch gleich an dem gewohnten Tisch Platz und ich stellte wie immer die künstliche Blume als Erstes aus dem Weg. Dieses doofe Dingen störte mich immer, weil es Platz und einem auch die Sicht wegnahm. Nach dem Abendbrot sammelten wir uns draußen, stiegen in die Autos und fuhren zum Fußball. Sina seilte sich vorher ab und ging mit dem anderen Typen spazieren, was mir nicht wirklich gefiel. Die beiden kamen später nach. Was für ein Gefühl der Gewohnheit, Zufriedenheit und Freude sich breitmachte, als wir auf dem Sportplatz ankamen und ausstiegen. Ein wenig aufwärmen und dann ging es auch schon los. Es dauerte nicht lange und ich merkte, dass ich wenig Puste hatte. Seit ich wieder zu Hause war, hatte ich keinen Sport mehr getrieben. Das rächte sich, da ich natürlich mehr Pausen brauchte als die anderen. Ich war auch froh, als es vorbei war. Das Torergebnis war wieder zweitranig, Hauptsache wir hatten Spaß.

Da ich bei irgendeinem in der Klinik duschen musste, um im Anschluss an das Spiel schick ausgehen zu können, verabredete ich mich in der Pause mit Tante, um bei ihr auf dem Zimmer duschen gehen zu können. Ich wusste schon vorher, dass sie nach dem Spiel nicht mit in die Scheune käme. Tante stimmte meiner Idee zu. Es war auch die einzige Möglichkeit, mit ihr in Ruhe auf ihrem Zimmer sprechen zu können. Zurück in der Klinik gingen wir auf ihr Zimmer, und ich sprang schnell unter die Dusche. Wir redeten danach über meine Zeit zu Hause und andere Dinge, wie meine Gefühle und Gedanken. Sina spielte auch eine kleine Rolle, denn als sie mit dem anderen Typen beim Fußball war, suchte er die ganze Zeit ihre Nähe, und das passte mir nicht wirklich. Aber nun gut, lassen wir das Thema erst einmal beiseite. Ich hatte da ja auch noch etwas mit Tante zu klären. Es lag mir die ganze Woche schon auf dem Herzen. Ich schickte ihr auch eine Karte, genauso wie den anderen, doch Tante ließ nichts von sich hören. Kein Danke, so wie es von den anderen auch kam. Das beunruhigte mich sehr, und ich musste meine Gedanken echt unter Kontrolle halten. Eine Expo, auch wenn sie unbeabsichtigt von ihr war, war für mich wieder harte Arbeit.

Dadurch dass sie sich nicht meldete, dachte ich, dass sie mir für irgendetwas böse wäre, oder aus sonstigen Gründen nicht mit mir sprechen mochte. Das machte mich traurig und nervös, denn unser Kontakt war aufgrund des Buches sehr eng. Tante erklärte mir ihre Situation, auf die ich hier in Rücksicht auf sie nicht weiter eingehen möchte. Sie nahm mich in den Arm und mein Frieden war wiederhergestellt. Ich habe mir mal wieder unnötig Sorgen gemacht.

In dieser Woche war es schwierig mit der Grübelei umzugehen, doch dieses Mal konnte ich es besser kompensieren als früher. Es nahm mich nicht mehr so emotional mit wie sonst

Die Fußballtruppe traf sich wie gewohnt vor der Tür. Ich wollte aber unbedingt noch einmal Carola, die Lehrerin sehen (die mit dem Brief und der Schokolade).

Diese Verbindung war ja sehr herzlich, und wenn ich schon mal da war, wollte ich sie gerne überraschen und ihr etwas Nähe geben, was sie immer sehr genoss. Doch sie war nicht auf ihrem Zimmer, und ich konnte sie nirgends finden. Etwas traurig ging ich wieder raus und mit den anderen in die Scheune. Wir spielten wie gewohnt Billard und tranken einen Cocktail. Die Kellnerin war auch etwas durcheinander, hatte ich mich doch vor über einer Woche bei ihr noch verabschiedet. Wir hatten wieder mächtig Spaß und jeder wusste, dass wir an diesem Abend wieder gehen würden, doch von Traurigkeit keine Spur. Der Abend neigte sich dem Ende zu und wir gingen langsam zurück zur Klinik. Ich ging noch einmal schnell herein, um nach Carola zu sehen und fand sie auch am Internetcomputer. Als sie mich sah, freute sie sich unheimlich. Sie sagte mir, dass sie wusste, dass ich da war, aber mich nicht fand und umso mehr freute sie sich, mich doch noch zu sehen. Ich sah ihr in die Augen und sie waren mit Tränen gefüllt und wir lagen uns lange in den Armen. Bereitwillig gab ich ihr meine Nähe, und sie saugte es förmlich auf. Wir redeten noch kurz und dann musste ich leider los. Draußen verabschiedete ich mich noch von den anderen. Einer nach dem anderen wurde in den Arm genommen und man sah diesmal nur freudige Gesichter.

Der Abschied war ja schon vor über einer Woche und heute war es so, dass die Freude des Wiedersehens viel größer war.

Ich stieg mit Sina ins Auto und meine Ex-Affäre folgte uns, um den Weg zur Autobahn zu finden, und wir fuhren davon. Es war ein krasses Gefühl.

Doch es war anders, abgeklärter und nicht endgültig, so wie es beim letzten Abschied schien. Die Klinik war nur eine Stunde entfernt und man konnte jederzeit dorthin fahren, wenn man das Bedürfnis hatte. Mit diesen Gedanken fuhren wir zurück zu mir. Auf der Autobahn ließen Sina und ich den Tag noch einmal Revue passieren und sprachen über die einzelnen Eindrücke, die wir mitgenommen hatten. Es war schön, die Leute zu sehen, und es gab mal wieder Kraft.

Dennoch war ich froh, wieder nach Hause zu fahren. Mein neues Leben wartete auf mich, und so gern ich auch hätte dortbleiben wollen, musste ich meinen neuen Weg gehen. Während der Fahrt und in etwas melancholischer Stimmung suchte ich etwas Nähe zu Sina. Ich fragte sie, ob sie mir ihre Hand gäbe. Wir legten unsere Handflächen ineinander und hielten den Rest der Fahrt Händchen.

Ich vergewisserte mich mehrmals bei ihr, ob es ihr auch wirklich nichts ausmachte. Ich wollte nicht, dass es den Anschein hatte, dass so eine Geschichte dabei rauskommt wie mit meiner Ex-Klinik-Affäre. Sie fand es in Ordnung, und es machte ihr nichts aus, denn sie sagte, sie könne gut Nein sagen, aber es tat ihr in dem Moment selber gut. Bei mir zu Hause angekommen rauchten wir noch eine Zigarette und Sina musste dann ja noch 90 km heimfahren. Zum Abschied nahm sie mich in die Arme und bedankte sich bei mir, weil ich sie mitgenommen hatte. Ich sagte: „Kleines da nicht für, du kannst dich bestimmt mal revanchieren. Schicke mir bitte noch eine SMS, damit ich weiß, dass du heile zu Hause angekommen bist." Und dann war sie in die Nacht verschwunden.

Es dauerte nicht lange, und ich bekam eine Nachricht von ihr.

Es war mittlerweile Wochenende und Samstagmorgen. Ich war mit dem Griechen verabredet. Der Kontakt zu ihm wurde im Laufe der letzten Monate besser, was früher leider nicht so der Fall war.

Die Kindsmutter hatte ihn mir immer falsch beschrieben, und ich urteilte voreingenommen.

Doch die Jahre vergingen und hinter dem Rücken von meinem Ex-Sternchen verstanden wir uns immer besser. Da ich von ihr seit fünf Jahren getrennt war, war das auch für mich in Ordnung zu diesem Zeitpunkt und eine Sache zwischen dem Griechen und mir. Ich half dem schmalen Griechen einen Schrank aus dem Keller zu holen. Das dauerte mit aus- und einräumen gute zwei Stunden.

Danach gab es noch einen original italienischen Espresso.
Wir redeten über meine Klinikzeit und das Buch und auch von ihm erfuhr ich Unterstützung, was ich früher niemals von ihm gedacht hätte. So ist das leider, wenn man ein falsches Bild von Dritten vermittelt bekommt, und sich nicht sein eigenes Urteil bildet. Nach dem Kaffee fuhr ich noch bei meiner besten Freundin und ihrem neuen Freund vorbei. Auch hier redeten wir viel über mich und das Buch. Die Eindrücke von anderen waren mir sehr wichtig und ich brauchte die Kritik, um das Buch weiter formen zu können. Bis zu diesem Zeitpunkt hatte ich noch keine nennenswerte Kritik bekommen, höchstens kleine Änderungsvorschläge und es gab niemanden, der mir sagte, dass ich es lieber sein lassen soll, ein Buch über mich zu schreiben. Die Gespräche taten mir an dem Morgen richtig gut und gaben mir mehr Sicherheit und Zuversicht, dass mein Schreiben an dem Buch ein Erfolg werden kann.

Ich fuhr nach Hause und wusste mit dem Tag nicht wirklich weiter etwas anzufangen, obwohl die Sonne schien. Ich bekam eine SMS von Sina, mit dem Vorschlag sich zu treffen und in die Sauna zu gehen. Spontan sagte ich zu und somit sollte der Samstag gerettet sein.

Bis sie bei mir ankam, war noch etwas Zeit und ich machte ein kleines Schläfchen und anschließend schrieb ich noch am Buch weiter. Es klingelte und ich konnte die kleine Maus mal wieder in die Arme nehmen. Wir fuhren auch direkt los in die Sauna.

Die Sauna ist bei uns im Dorf und da ich ein Mann des öffentlichen Lebens bin und als Taxifahrer eine Menge Leute kenne, war mir etwas mulmig zumute. Mich kennt hier jeder und dann sehen die mich auch noch nackt!

Ich wusste ja, wie ich auf andere Menschen wirke, mit meinen ganzen Tattoos und das sah dann schon interessant aber auch ein wenig gefährlich aus. Ich hatte von der Sauna einen Gutschein, den ich zum Geburtstag bekommen hatte, und da ich in dem Moment nicht so flüssig war, kam es mir gerade recht, den Gutschein nutzen zu können. Nach ein paar Minuten waren auch meine Sorgen verflogen, dass mich jemand erkennen könnte, wofür die Wahrscheinlichkeit bei gut 100 Prozent lag.

Mein Leck-mich-am-Arsch-Gefühl, welches ich in dem Moment entwickelte gegenüber Leuten, die mich hier kennen könnten, ließ meine Gedanken wieder zu Sina schweifen. Ich konnte die kleine mal nackt sehen, wie geil ist das denn. Durch meine Gedanken, wie Sina wohl nackt aussehen würde, ließ es mich völlig kalt, was die anderen in der Sauna wohl über mich denken könnten. Sina kam aus der Umkleidekabine und sah zuckersüß aus. Sie hatte einen wunderbaren Körper an dem es nichts auszusetzen gab. Für mich war es eine Freude, sie so zu sehen. Die Sauna gibt es noch nicht so lange und ich kannte mich als Einheimischer selber nicht dort aus. Wir erkundeten den Bereich innen wie außen. Wie so eine Sauna eben ist, bietet auch diese ein entsprechendes Ambiente, wie einen Pool im Außenbereich und einen kleinen Teich sowie mehrere Ruhebereiche.

Wir beschlossen, die Licht- und Klangsauna zuerst zu testen. Gemeinsam setzten wir uns rein, und ich begann sie auch gleich mit meinen Augen zu scannen.

Ihr Körper war für mich echt reizvoll und irgendwie war ich froh, dass ich ihr in der Vergangenheit nicht schon an die Wäsche gegangen bin. Sie hatte kein Gramm zu viel und alles war an der richtigen Stelle und wohlgeformt. Nach unserem ersten Saunagang, sind wir in den Außenpool und haben dort ein wenig rumgealbert. Die Sonne schien immer noch und es war eine schöne Atmosphäre, in der man es gut aushalten konnte und das Gefühl von körperlicher Freiheit sowie das Wasser ohne Kleidung am Körper zu spüren, tat seinen Teil dazu. Nach dem nächsten Saunagang gönnten wir uns ein wenig Ruhe im Ruheraum. Wir lagen eine Armlänge auseinander und direkt am Fenster. Wir flüsterten, um die anderen nicht zu stören, und ich merkte, dass ich nicht richtig abschalten konnte. Immer wieder schaute ich sie an, während sie verträumt aus dem Fenster sah. Der Anblick ihres Körpers reizte mich unheimlich und das Gefühl von Sehnsucht nach Nähe und Körperkontakt machte sich immer intensiver in mir breit. Es war eine knisternde warme Stimmung und wir gingen als Nächstes zu einem Anisaufguss.

Das war ganz schön heiß, kann ich euch sagen, und zu dem Aufguss, gab es noch Lakritz dazu. Mit aufgeheizten Körpern gingen wir wieder zum Außenpool. Wir schwammen ein wenig herum und ich bat sie, sich an meinem Rücken zu hängen und zog sie dann durch das Becken. Es war echt witzig und nach kurzer Zeit, versuchte ich, ihr immer näherzukommen. Mit dem

Rücken lehnte sie sich an den Beckenrand. Ich schwamm ihr direkt vor die Nase und war ihr dadurch sehr nah.

Ich achtete sehr darauf, dass sich unser Unterleib nicht berührte. Es knisterte immer mehr, und wir nahmen uns kurzzeitig in die Arme, aber immer mit etwas Abstand. Sie genoss den Moment denn auch sie brauchte Köperkontakt und das Gefühl, welches sich breitmacht, wenn man jemanden im Arm hält. Ich versuchte sie daraufhin mehr und mehr zu provozieren, um zu sehen, wie sie darauf reagiert.

Sie wehrte sich nicht, und ich ging immer weiter. Ich kam ihr immer näher und wir blödelten und kuschelten auch vor den anderen Gästen im Pool herum. Man hätte meinen können, dass wir ein Paar wären, obwohl sich unsere Lippen nicht berührten, war unser Umgang miteinander dennoch sehr intensiv. Es war auch für mich als Mann nicht verwunderlich, dass mein Körper darauf reagierte und meine Manneskraft sich langsam begann lustvoll zu rekeln. Ich musste es unterbinden, denn sonst würde noch ein Unglück geschehen, was ich nicht wirklich wollte. Nur die Nähe war mir eigentlich wichtig, aber ich hätte es wissen müssen, dass der Moment nicht spurlos an mir vorbeigehen würde. Damit mein Verstand nicht gänzlich in die Hose rutschte, entspannte ich die Situation und machte den Vorschlag, etwas essen zu gehen. Eine gute Idee meinte Sina und wir gingen los. Das Essen war ausreichend und lecker, es gab einen Fitnessteller mit Orangensoße. Es war mittlerweile dunkel geworden und die Atmosphäre war echt romantisch und knisternd blieb es dabei auch. Wir beschlossen, nach dem Essen zurückzufahren. Da ich nicht wusste, ob sie über Nacht bei mir bleiben wollte, fragte ich sie, was sie jetzt vorhat.

Sie meinte, dass sie gerne bei mir bleiben möchte. Als wir bei mir zu Hause ankamen, gingen wir gleich auf die Couch und machten den Fernseher an. Ich deckte Sina mit meiner Decke zu und wir kuschelten ein wenig.

Was machte ich hier wieder? Ich war Single und konnte doch eigentlich machen, was ich wollte, oder nicht? War es moralisch verwerflich?

Ich habe niemandem etwas versprochen, sondern nur signalisiert, dass ich viel Nähe und Aufmerksamkeit suchte und brauchte.

Wir kuschelten uns aneinander, lagen auf der Couch in der sogenannten Löffelchenstellung. Sina vor mir und ich hinter ihr dabei legte ich meinen Arm um sie und wir waren uns sehr nah. Ich konnte es mir nicht verkneifen, ihren Hals zu küssen. Ich entschuldigte mich für meine Provokation, doch es schien ihr nichts auszumachen. Ich konnte auch nicht aufhören damit. Irgendwann wurde es Zeit, ins Bett zu gehen, denn es war schon nach Mitternacht. Wir lagen im Bett und ich bot ihr an, noch ein wenig zu kuscheln. Ohne mit der Wimper zu zucken, legte sie ihren Kopf auf meine Brust.

Ich streichelte sie dabei und sie tat das Gleiche. Ich hatte mich mittlerweile nicht mehr unter Kontrolle und mein Verstand begann auszusetzen. Ich zog sie näher an mich heran und gab ihr einen Kuss. Es war der allererste Kuss zwischen uns und die Luft brannte. Wieder wehrte sie sich nicht, als sich unsere Lippen trafen. Es war ein sehr intensiver und leidenschaftlicher Kuss, der Verlangen nach mehr machte.

Wir erlagen dem Verlangen und unseren leidenschaftlichen Gefühlen. Es war wunderschön, sie zu spüren und ich genoss den Moment ausgiebig. Ihr Körper war samtweich und fest, alles saß genau da, wo es hingehört. Eng umschlungen schliefen war danach ein.

Wir wurden am Morgen zeitgleich wach und kuschelten noch ein wenig. Anschließend machte ich mir einen Kaffee und sie sich einen Tee. Kurz abgesprochen gingen wir dann erst einmal in den Wald zum Walken. Frühstücken wollten wir danach. Es war an dem Morgen immer noch sonnig aber sehr frisch. Die Sonne, die durch die Bäume schien, erwärmte das Herz und die Stimmung war geprägt von Zufriedenheit und Freude. Nachdem wir eine halbe Stunde unterwegs waren, fing der Magen an zu knurren und für uns war es das Zeichen zurückzugehen, um zu frühstücken. Wir haben über den vorherigen Tag und die Nacht kaum gesprochen, nur dass es schön war, aber wir sind nicht weiter ins Detail gegangen. Nach dem Frühstück ging Sina noch duschen und danach verabschiedete sie sich von mir und drückte mich herzlich. Sie wollte noch mal zur Klinik fahren, um die Leute dort zu besuchen.

Ich hatte keine Lust darauf, nahm sie in den Arm und gab ihr einen Kuss auf die Wange. So fuhr sie dann von dannen.

Ich ging daraufhin auch duschen und wollte los zu meinem Kumpel „Keule", der im Krankenhaus lag, ich hatte ihm vor Tagen versprochen, ihn zu besuchen.
Bei Keule im Krankenhaus angekommen erwartete er mich schon vor der Tür, und wir gingen direkt in den Park. Wir drehten ein paar Runden und sprachen über seine Krankheit und rauchten eine nach der anderen. Ich war gut eine Stunde bei ihm, und er kam ja auch bald wieder nach Hause.
Den restlichen Sonntag schrieb ich noch weiter an meinem Buch. und freute mich auf den Abend, denn ich hatte mich mit Mika zum Telefonieren verabredet. Es war wieder ein sehr intensives Gespräch und wir beschnupperten uns gegenseitig. Wir suchten nach gemeinsamen Einstellungen und jeder wollte von dem anderen mehr und mehr Wissen. Wie zwei Verliebte, die sich gerade kennenlernten, hatte es für mich den Anschein. Es war unglaublich, denn, egal, was ich sagte, hörte ich von ihr das, was ich hören wollte, ohne dass wir uns kannten. Dadurch fühlte ich mich immer wohler, wobei es doch erstaunlich war, dass es so eine Ebene überhaupt gab. Mir war das nicht ganz unbekannt. Ich habe eine Art, sehr schnell für Vertrauen zu sorgen und man gibt mir sehr schnell Auskunft und fühlt sich wohl in meiner Gegenwart, auch wenn es am Telefon ist. Meine Stimme hat einen reizvollen Klang, was ich schon von anderen Gesprächen mit Frauen wusste.
Ich fühlte mich so wohl bei dem Telefonat, dass ich aufpassen musste, nicht wieder meine rosarote Brille aufzuziehen. Ein Gespräch konnte mich blind machen, wenn jemand an der anderen Seite mir Wärme vermittelte.
Ich stand um 6 Uhr auf und machte mein morgendliches Ritual. Etwas anders als in der Klinik. Hier zu Hause war es wieder so, dass ich zwei Tassen Kaffee trank und innerhalb von einer Stunde fünf Zigaretten rauchte bis ich mich ins Taxi schwang. Der Tag zog sich und es war einer wie früher auch, nur dass meine Gedanken und Emotionen beherrschbarer waren als früher.
Ich hatte mal wieder einen Mittagschlaf gemacht und war von einem Albtraum aus dem Schlaf gerissen worden.
Es war nicht direkt ein Albtraum, aber ich nenne es einfach mal so, weil ich danach ein wenig durch den Wind war. Wie

bescheuert war das denn? Ich stand auf und machte mir einen Kaffee. Dieser Traum machte mich völlig konfus und meine Gefühle drehten sich im Kreis. Ich merkte, wie in mir das Gefühl hochkam, dass ich die Klinik und die Leute vermisse, und wenn ich hätte heulen können, dann hätte ich das bestimmt auch getan. Es wurde Zeit, dass ich in die Tagesklinik kam, um weiter aufzuarbeiten, was mit mir los war. Ein wenig froh war ich, dass es nur knapp 30 Minuten dauerte, und ich meine Gefühle schnell wieder unter Kontrolle hatte. Früher wäre da ein Drama draus geworden, kann ich nur sagen.

Es waren wieder ein paar Tage in meinem Alltag vergangen Einen Alltag, den ich noch nicht wirklich viel auf die Reihe bekam. Ich funktionierte etwas besser als früher, und die Emotionen hielten sich in Grenzen. Wie es mein Therapeut gesagt hatte, würden die einen oder anderen Situationen wiederkommen, und erst dann würde ich sehen, wie weit ich wirklich war. So sollte es auch wieder mal sein, dass mich meine Gedanken wieder in harte Arbeit treiben würden.

Ich saß bei meiner Mutter im Büro und bekam eine Unterhaltung zwischen meiner Mutter und meinem Stiefvater mit. Es ging darum, dass er unzufrieden war, weil er nicht viel von seinem Auto hatte, da es meine Mutter öfter brauchte als ihm lieb war. Daraufhin musste er jetzt schon zweimal mit meinem vierzehn Jahre alten Polo zum Sport fahren. Mein altes Auto war für ihn nicht standesgemäß und auch technisch nicht seine Welt. Mein Auto war ihm schlichtweg zu alt, und er suchte mit meiner Mutter nach einer Lösung. Eine Lösung? Wofür? Es war mein Auto? Ich war mit dem Auto zwar auch nur bedingt zufrieden, aber das lag eher daran, dass ich mich nicht traute, damit weite Strecken auf der Autobahn zu fahren, doch für die Arbeit sollte es reichen. Manchmal durfte ich auch das Auto meiner Eltern für längere Fahrten auf der Autobahn nutzen.

Von daher war es für mich erst mal in Ordnung, auch wenn manchmal die Wehmut einsetzte und ich meinen Mercedes vermisste, den ich noch hatte, als ich selbstständig war. Doch es musste so gehen, und das ging auch, denn es ist nur die Frage der Einstellung zur Sache, und die bekam ich ja so gut wie möglich hin. Mein Stiefvater fragte mich, was ich für mein altes Auto wohl noch bekommen würde. Es war nicht viel, stellten wir fest und er suchte weiter nach Lösungen. Eine Lösung, die in erster Linie ihm galt und mir vielleicht einen kleinen Vorteil verschaffen könnte, auch mal mit einem zuverlässigen Auto fahren zu können. Noch einmal kurz zusammengefasst: Ich sollte mein altes Auto abgeben, damit er einen neuwertigeren Wagen besorgte, den ich mitnutzen durfte und das, weil er ihm nicht standesgemäß war, wenn er zum Sport wollte. Er fackelte nicht mehr lange und rief einen Autoverkäufer an und erkundigte sich, was ihn ein Fahrzeug nach seinen Vorstellungen kosten würde.

Einen Tag später fuhr ich mit meinem Auto zu dem Autohaus. Schnell wurde deutlich, dass mit meinem Auto nicht viel zu erreichen war. Ich unterhielt mich mit dem Verkäufer und wir fanden einige Fahrzeuge, die meinem Stiefvater gefallen könnten. Mit dem Ergebnis fuhr ich nach Hause. Er schaute sich die Informationen an und bat um ein paar Tage Bedenkzeit, und ich war echt gespannt, was er jetzt machen würde. Ich hoffte nur, dass ich mir nicht wieder ein Eigentor schoss und hinterher betteln müsste, ein Auto zu bekommen, mit dem ich meine Termine wahrnehmen könnte. Da war mein negatives Denken wieder, aber in der Vergangenheit war es schon zu oft der Fall, dass mir so was passiert war. Ich versuchte mir erst mal weiter keine Gedanken mehr darüber zu machen, was schon mal ein Teilerfolg für mich war.

Es war Wochenende und meine Tochter war bei mir. Auch dieses Wochenende war nicht der Hit. Ich war mal wieder mit mir beschäftigt und mein Kind hatte Bauchweh und verkroch sich den ganzen Tag im Bett. Ich schaffte es nicht, sie zu etwas zu animieren. Der Tag zog sich und es wäre nicht einmal aufgefallen, ob die Kurze da war oder nicht. Was für ein Wochenende mit einer Zwölfjährigen, die anscheinend nicht viel kannte, außer Handy und Internet sowie Fernsehen gucken. Meine Eltern hätten mich früher in den Hintern getreten. Zu meiner Zeit als Kind haben wir die Welt entdeckt. Auf Bäume sind wir geklettert, haben Fangen und Verstecken gespielt. Beim Klingelmännchen haben wir uns immer schlapp gelacht. Doch die Kids von heute kommen damit nicht klar. Es langweilte sie, und ich hatte es schwer, eine vernünftige Erziehung zu gewährleisten, wenn die Mutter nicht mitspielte. Ich hatte nur vier Tage im Monat mit ihr, wohne auf dem Dorf und sie in der Großstadt. Es ärgerte mich, wenn ich teilweise machtlos war und ich nur froh sein konnte, dass die Kurze in der Schule ganz gut klarkommt. Wo sind die alten Tugenden und moralischen Vorstellungen hin? Warum ist es heute so schwer den Kindern Werte zu vermitteln? Was ist aus dieser Welt geworden? Und ich versuchte, an vier Tagen die Welt wiederherzustellen. So was kann eigentlich nicht gut gehen und so versuchte ich wenigstens, ein herzlicher Vater zu sein mit Gefühl und Emotionen, damit sich die Kurze nicht völlig von mir entfernt.

Es war Abend, sie schaute bei Oma fern, und ich saß mal wieder alleine in dem großen Haus. Ihr Wunsch war mir Befehl und so nahm ich das erst mal hin und flüchtete selber ins Internet.

Ich hasste so was eigentlich, aber das habe ich in dem Moment mal wieder verworfen, weil es mir wichtiger war zu sehen, ob mir mal jemand etwas Nettes geschrieben hatte.

Immer und immer wieder habe ich mir alle diese Reime, Verse und Gedichte vor Augen zu führen. Immer und Immer wieder lese ich sie, um ein guter Mensch zu sein oder dadurch meine Einstellung zu verändern für eine positive Richtung. Dazu passt auch der nächste Text. Schaut ihn euch mal an:

Versuche nie die Gefühle eines Anderen zu verletzen, denn Gefühle sind aus Glas, wenn sie zerbrechen, zerschneiden sie die Seele.

Jeder sieht dein Lachen ...
... doch keiner weiß, wie du in dir kämpfst!

Jeder hört was du sagst
... doch keiner weiß, was du denkst!

Jeder liest, was du schreibst
... doch keiner weiß, was in dir vorgeht!

Jeder meint dich zu kennen
... doch keiner kennt dich wirklich!

Jeder denkt du bist glücklich ...
... doch bist du das wirklich?

Nein, ich bin es nicht immer. Doch auf einem guten Weg es zu werden, denn ich gebe einfach nicht auf. Wie ihr euch ja bestimmt noch erinnern könnt, hatte mal die Ruhrpottdiva am Ende unserer Beziehung gesagt, sie wäre zu stark und ich zu weich. Das kann ich heute nicht mehr so im Raum stehen lassen. Meiner Meinung nach finde ich es stärker, genau so einen Weg zu gehen, wie ich es die letzten Jahre gemacht habe. Mit all den Höhen und Tiefen, da durchzugehen und gerade die Tiefen machen es aus. Ich mag mich vielleicht nicht immer konstruktiv verhalten haben, dennoch diesen Weg zu überstehen, ist für mich Stärke, und nicht davor wegzurennen oder gar zu verdrängen, wie es andere tun.

Ich trenne mich nicht gleich von jeder Partnerschaft, nur weil es mal gerade nicht läuft. Oftmals bin ich sehr weit unten, gerade auch emotional, darüber hinaus wachse ich mit der Zeit an den einzelnen Situationen. Emotionen zu erleben sowie sie auch zeigen zu können ist für mich Stärke. Bildet euch eure eigene Meinung.

Das Wochenende mit meinem Kind war nicht so toll. Dadurch, dass es ihr nicht so gut ging haben wir auch nicht großartig etwas unternommen. Wie immer brachte ich sie am Sonntagabend nach Hause. Auf der Autobahn kam ich gut durch und in Höhe Oberhausen, fragte ich sie, ob wir einen Abstecher bei der „Ruhrpott Diva" machen sollten. Sie guckte mich verwirrt an und fragte mich, ob das mein Ernst wäre? Ich tat erst einmal so, als wenn es mein Ernst wäre und sie fragte mich, ob ich noch ganz klar wäre. Als sich meine Mundwinkel zu einem Lächeln verzogen, atmete sie auf und sagte, wenn dann könnten wir eher Lukas besuchen fahren anstatt zu der. Ihr Ton war abwertend gegenüber dem Besuch bei der Ruhrpottdiva, wobei ihr Gesicht auch Bände sprach, warum sie da nicht hinwollte. Ich sagte ihr, dass ich gar nicht wüsste, ob Lukas überhaupt noch lebte, weil ich mich schon Monate nicht dort gemeldet hatte.

Wir ließen es im Raum stehen, und ich brachte sie nach Hause. Endlich angekommen war, wie schon öfter, keiner zur verabredeten Zeit zu Hause.

Mein Kind rief ihre Schwester an, fragte wo sie denn wäre und wann sie käme. Wir mussten gute zehn Minuten warten und als ihre große Schwester ankam, hatte ich das Gefühl, sie schaute mich nur ungern an. Dementsprechend war auch die Begrüßung, mit einem kurzen Hallo war es für sie dann auch getan. Schon unglaublich nach den Jahren und der gemeinsamen Zeit kam es für mich mit Verachtung rüber. Ich war nur ein wenig enttäuscht, denn durch ihren eigenen Vater, den Griechen, war ich ja schon vorgewarnt worden. Er sagte mir, als ich bei ihm war, dass sich Isabelle während meines Klinikaufenthalts bei ihm nach mir erkundigt hätte.

Dem Griechen kam es gleich vor wie eine Art ausfragen, um etwas herauszubekommen. Er sagte mir das genauso überzeugend, wie er mir auch erzählte, dass er ihr nichts gesagt hatte. Wie denn auch, denn so viel wusste er ja auch selber nicht. Er sagte ihr, dass ich nun mal krank sei und es nicht wichtig wäre, was ich hätte, sondern es wichtiger wäre, dass ich wieder gesund würde. Seine Tochter machte ihm gegenüber wohl daraufhin eine abfällige Bemerkung, dass ich ja in einer Klapse wäre und in einer Tonart, welche nichts Gutes zu bedeuten hatte. Der Grieche machte ihr eine Ansage, dass sie mal darüber nachdenken sollte, was sie da sagte und noch keinerlei Erfahrung hätte, das mit siebzehn Jahren zu beurteilen. Doch er wusste auch genau, dass er nicht viel Einfluss hatte, denn auf der anderen Seite des Ruhrgebietes wurde über ihn und mich halt eben abfällig gesprochen und die Kinder lernen leider keine andere Sichtweise.

Ich habe mich von der Kurzen verabschiedet und die beiden verschwanden rasch im Hausflur. Auf dem Weg nach Hause ging mir wieder alles Mögliche durch den Kopf. Immer wieder dieses Abschiednehmen von meiner Tochter.

Die Tage vergingen mal zäh und mal zügig und in dieser Woche hatte ich noch meinen Termin in der Tagesklinik. Der Termin in der Tagesklinik war am frühen Morgen. Ich zuckelte mit einer Tasse Kaffee und meinem alten Auto los auf die Autobahn. Es waren gut vierzig Minuten bis zur Klinik. Ich war wie immer pünktlich.

Eine gute Tugend und Erziehung, die ich sehr an mir mochte. Lieber dreißig Minuten zu früh als eine Minute zu spät. Die Uhrzeiten waren aufgrund meiner Berufe auch ein sehr wichtiger Faktor. Die Klinik sah von außen ganz gut aus, modern aber klein und fein. Ich fragte mich durch und schaute mich um. Ich hatte ein gutes Gefühl. Bei dem Arzt angekommen freute man sich über meine Pünktlichkeit und bat mich auch sofort herein. Der Arzt sah aus wie ein südländischer Typ. Etwas indisch oder arabisch ich hatte keine Ahnung und er war jung und sympathisch. Ich hatte meinen Ordner dabei und gab ihm gleich die geforderten Unterlagen. Er schaute sich die Dokumente an und stellte die üblichen Fragen. „Wie geht es Ihnen? Was ist passiert? Warum ist es so weit gekommen?" Viele übliche Aufnahmefragen. Er wurde zwischenzeitlich etwas persönlicher und ging mehr und mehr ins Detail. Ich kann gerade die Frage nicht mehr genau wiedergeben, welche er mir stellte. Momentan kann ich mich nur daran erinnern, dass es mit meiner Tochter zu tun hatte und meinem Befinden.

Auf jeden Fall war es eine dieser Fragen zu einem Moment, der meine Emotionen innerhalb von Sekundenbruchteilen überschäumen ließ. Das kann man gar nicht beschreiben, das passierte einfach, auch wenn man merkte, wie sich innerhalb von Sekunden der Tränenkanal füllte, die Brust anfing zu schmerzen und dann auf einmal wie aus der Pistole geschossen kam der ganze Rotz hoch. Auch dieser Arzt hatte es geschafft, einen Punkt zu treffen, bei dem meine Gefühle mit mir durchgingen. Seit der Basisgruppe in der anderen Klinik habe ich nicht mehr geheult. Warum jetzt wieder?

Ich kann es nur erahnen und doch wusste ich in dem Moment, dass alles okay war. Es war völlig in Ordnung und es tat mir auch gut, denn ich wusste, dass mein Weg weitergehen würde und man mir hier auch helfen konnte und würde. Der Termin wurde festgelegt und bis dahin blieben mir noch gute vier Wochen, bevor es losging. Die Frage war nur, ob es stationär oder nicht wäre. Dem Arzt wäre stationär lieber, weil die Therapieform besser angewendet werden könnte, aber da hat die Krankenkasse auch noch ein Wort mitzusprechen. Ich kümmerte mich darum und dann warteten wir ab was passieren würde. Mir war es grundsätzlich egal, Hauptsache es ging weiter und ich würde wieder gesund. Ich verließ die Klinik mit gemischten Gefühlen. Hatte ich doch gerade eben noch im Tal der Tränen gehangen und versuchte auch nicht mein Gesicht zu verbergen vor den anderen Menschen in der Klinik und dennoch ging ich klar aber emotional angegriffen zu meinem Auto.

Erinnert ihr euch noch, dass mein Stiefvater der große Zweimetermann mit dickem Bauch, ein neues Auto kaufen wollte? Es kam in dieser Woche genau das, was ich vorausgeahnt hatte. Ich erzähle euch mal, was aus dem Deal mit ihm und mir geworden ist.

Als er in den letzten Tagen im Kreis der Familie mehrfach bekundet hatte, dass es unter seiner Würde wäre, mit dem alten Polo zum Golf zu fahren und ich für Autobahnfahrten sowieso immer sein Auto nähme, welches auch zur Firma gehörte, es doch besser wäre, ein neues zu kaufen. Ich sollte damit überwiegend fahren und einmal die Woche, wenn er zum Golf fuhr, drauf verzichten oder ein anderes verfügbares Auto nehmen. Ferner war der Deal, dass wenn das Fahrzeug mal für die Firma gebraucht würde, und das nur im Notfall, müsste ich auch dann darauf verzichten. Da ich aus Erfahrung wusste, dass es selten vorkam, und auch nur dann, wenn ich zu Hause war und das Auto nicht brauchte. Wenn ich mit dem Auto allerdings unterwegs war, wie zur Arbeit oder zu einem Kliniktermin, war ich davon ausgegangen, dass es Vorrang hat. Pustekuchen! Denn es dauerte ein zwei Tage und es kam ausgerechnet an diesem Tag zum großen Knall. In Bezug auf unseren Deal hatte er mittlerweile den Kaufvertrag unterschrieben und einen Tag vor Abholung wollte ich noch mal sicher gehen, dass der Deal auch weiterhin Bestand hatte und sprach ihn darauf an. Ich wäre ja sonst nicht so bescheuert und würde selbst meinen alten Polo für sein neues Auto mit in Anzahlung abgeben, wenn ich dann zu Fuß zur Arbeit oder zur Klinik gehen müsste. Doch es kam wie es kommen musste und wie es auch früher schon ablief. Ich sprach in darauf an und was er mir sagte, war wie eine Keule für mich. Nicht die erste von ihm, aber ich glaube ja immer an das Gute. Eigentlich ist er ja auch ein Guter, aber durch den Alkohol in den letzten Jahren war er schnellstens in der Lage, sich das wieder doppelt kaputt zu machen, obwohl er grundsätzlich kein Falscher war, was ich noch mal betonen möchte.

Es mag zwar einen Widerspruch darstellen, aber ich beziehe das rein auf den Alkohol und für mich ist das eine Krankheit, eine Sucht und das mag für ihn auch nicht leicht sein, das einzusehen. Was ich auch an meiner Tochter sehe, denn wenn er nichts getrunken hat, ist er gegen alle früheren Erwartungen ein toller Stief-Großvater und tut alles für meine Tochter. Nur bei ihm und mir finden immer noch diese blöden Machtspiele statt.

Mein Stiefvater sagte zu mir, dass das neue Auto überwiegend in der Firma eingesetzt würde und wenn er es braucht. Ich kam an letzter Stelle, und ich fragte ihn, wie ich in die Klinik kommen sollte oder zur Arbeit, sobald ich wieder eine hätte? Er antwortete darauf, dass ich mir keine Gedanken machen sollte, was in ein paar Wochen oder Monaten wäre, ich sollte doch froh sein, ein neues, zuverlässiges Auto fahren zu können, und es würde schon eine Lösung geben.

Doch ich sagte ihm, dass es wichtig für mich wäre, denn zu diesem Zeitpunkt hatte ich doch ein Auto und auch wenn es alt war, brachte es mich immer noch überall hin. Er selber war es doch neben meiner Mutter, die mir das alte Auto vor gut 6 Monaten geschenkt hatten, damit ich flexibel war und ein neues Auto für mich zu teuer war und somit auch auf keinen angewiesen wäre. Wir wohnen auf dem Land und die Verbindungen sind nicht gerade perfekt, wenn man weiter weg arbeiten gehen muss. Es begann eine hitzige Diskussion, wo er hinzufügte, ich sollte mir doch darüber mal Gedanken machen, wenn dieses alte Auto irgendwann mal kaputt geht! Irgendwann? Was will er von mir?

Ich verstand die Welt nicht mehr und da waren wieder meine Gefühle, die mich anfingen kaputtzumachen. Diese Machtspiele auf unbewusste Art und Weise, die mich immer wieder innerlich aufschrecken ließen. Solche Diskussionen gingen nicht spurlos an mir vorbei. Doch ich hatte noch genügend Kraft, um ihm Paroli zu bieten. Ich fand es überhaupt nicht fair und angemessen, dass er mir sagte, in Bezug auf sein neues Auto solle ich mir für die Zukunft keine Gedanken machen und in dem Jetzt und Hier bleiben und das fressen. Für mein altes Auto galt diese Denkweise auf einmal nicht mehr? Das kotzte mich unheimlich an, denn er drehte sich wie ein Fähnchen im Wind und kein Gegenargument half. Auch als ich ihm sagte, dass wenn mein altes Auto doch mal kaputt ginge, es immer noch reichen würde, sich dann Gedanken zu machen (in der Zukunft gesprochen, aber in dem Moment im Jetzt und Hier sein). Soll ich jetzt in der Zukunft denken oder im Jetzt und Hier bleiben. Was für ein Blödsinn, dachte ich mir. Gilt das Argument nur für ihn, im Jetzt und

Hier zu denken? Er hatte seinen Golftermin und verließ einfach die Unterhaltung mit den Worten entweder so oder gar nicht.

Ich diskutierte mit meiner Mutter weiter, die wesentlich mehr Verständnis hatte als er, aber auch zu keinem wirklichen Ergebnis kam. Sie fügte nur hinzu, ich sollte doch mal abwarten, wie es käme. Abwarten? Ich verlor gerade meine Freiheit und Flexibilität, wenn ich bei dem plötzlich geänderten Deal weiter mitmachte. Ich konterte mit Argumenten, die sie nicht entkräften konnte.

Doch es gab keine wirkliche Lösung, und das Risiko lag alleine auf meiner Seite. Ich hatte jetzt gut vierundzwanzig Stunden Zeit, mir etwas zu überlegen, denn ich sollte ja morgen meinen alten Wagen zum Autohaus hinbringen und den neuen abholen. Erst große Reden schwingen und Versprechungen machen.

Ich wusste, dass er nur geil auf das neue Auto für sich war, damit er stilvoll zum Golf fahren konnte und nebenbei ein zusätzliches Auto für die Firma hatte. Ich ging dabei völlig unter. Hauptsache er hatte durch mein altes Auto das Geld für die Anzahlung. Ich war in dem Moment, als ich den Raum verließ, total im Arsch und wollte etwas schlafen.

An diesem Tag war neben der Diskussion auch mein Termin in der Tagesklinik. Gut vier Wochen später sollte es losgehen mit der neuen Klinik, um am Feinschliff zu arbeiten.

Das hatte ich übrigens vor der Diskussion auch meinen Eltern mitgeteilt, damit sie sich darauf einstellen konnten, ab wann ich für sie nicht zur Verfügung stand. Sie hatten es wahrgenommen, aber sich nicht groß dazu geäußert, außer ein paar belanglosen Bemerkungen, die es nicht wert sind, in einem Buch erwähnt zu werden.

Als ich auf die Uhr schaute, wurde mir klar, dass Sina bald kommen würde.

Ich hatte mich mit ihr zum Walken und zum Reden über die Tagesklinik für diesen Tag verabredet. Sina kam wie immer pünktlich und wir hatten vorher am Telefon beschlossen, zusammen zu kochen.

Als sie jedoch ankam war mir nicht mehr nach kochen und mein Bauch hatte den Wunsch nach einem schönen Manta-Teller (Pommes, Mayonnaise mit Curry Wurst) geäußert. Sina war erfreut, denn auch sie hatte das schon lange nicht mehr gegessen.

Also fuhren wir in die nächste Pommes-Bude und hauten uns einen Manta-Teller rein. Anschließend fuhren wir noch einkaufen. Nachdem wir das erledigt hatten, gingen wir walken, aber diesmal sollte es eine große Runde werden. Die Kleine tat mir echt gut, denn da war sie wieder die Verbundenheit durch die Zeit in der Klinik und ein Mensch, der mit meiner Diagnose umgehen konnte.

Sina blieb heute nicht so lange wie sonst, denn sie hatte am nächsten Tag früh etwas zu erledigen. Es war wie immer schön, wenn sie mich besuchen kam, und es fühlte sich nach einer besonderen Freundschaft an, schon deshalb, weil sie bisher die einzige war, die mich besuchte und das mehr als einmal. Mit einem Mal klingelte mein Handy und mein Stiefvater rief mich an wegen des Autos, was er kaufen wollte. Ich merkte gleich, dass er emotional gereizt war, und er forderte mich auf, noch mal darüber nachzudenken, warum und für wen er das Auto kaufen wollte. Ich musste nicht lange überlegen und sagte ihm gleich, wenn es so bleibt wie bei der letzten Diskussion, dann gebe ich mein Auto nicht her.

Er wurde ausfallend und mir fiel zudem auf, dass er mal wieder etwas getrunken hatte. „Ich diskutiere nicht mit jemand, der was getrunken hat", sagte ich ihm und würde gern das Gespräch auf den nächsten Tag am Mittag verlegen. Doch er ging überhaupt nicht darauf ein, und ich kam kaum noch zu Wort. Er war dabei, mir die Freiheit wieder wegzunehmen, die er mir einst mit dem Geschenk des Autos wieder gab. Was für ein Blödsinn!? Nein sagte ich zu ihm und dass ich mein Auto nicht hergeben würde für ein neues, von dem ich hinterher nichts hätte. Womöglich müsste ich dann noch drum betteln, wenn ich mal das neue Auto haben wollte, denn er wollte es ja nicht für uns kaufen, sondern hatte die Firma in den Vordergrund gestellt. Das war sein Fehler und ich würde nicht dabei mitmachen, sagte ich ihm, wenn er mir falsche Versprechungen machte. Er wurde sauer und sagte mir, dann würde er das Auto wieder abbestellen. Ich antwortete ihm nur, er solle machen, was er für richtig hielt und dann legte er einfach ohne noch etwas zu sagen auf. Das Gespräch wühlte mich auf und und tat mir überhaupt nicht gut.

Ich ging am nächsten Morgen zum Dienst und sollte genau sein Auto nehmen, um damit meine Schicht zu beginnen. An der Garage angekommen öffnete ich sie und sah, dass am Auto Licht brannte. Na super, er hatte das Licht in seiner Wut angelassen und ich konnte mit dem Auto nicht fahren, weil die Batterie leer war und die Karre nicht ansprang.

Dieser ungeschickte Umstand brachte den ganzen Plan der Firma durcheinander und ich musste ein anderes Auto nehmen. So ist das. ‚Gerechte Strafe', dachte ich mir nur, begann meine Schicht und freute mich schon auf den Feierabend, um zu sehen, ob noch etwas wegen des neuen Autos passierte. Es kam nix, kann ich euch sagen, denn keiner sprach darüber und fragte mich nach meiner Meinung. Es war, als wäre nix gewesen, auch beim gemeinsamen Abendessen hoffte ich auf eine Reaktion zu dem abendlichen Telefonat. Doch es kam nichts und wieder hatte ich das Gefühl, man tat so, als wäre nichts gewesen. So musste ich das stehen lassen, denn meine Meinung hatte ich ja schon gesagt. Es schien so, als hätte er seine Drohung wahr gemacht und das neue Auto wieder abbestellt. Das bestätigte mir meine Mutter auch am nächsten Morgen, und mir sollte es recht sein, denn so hatte ich wenigstens meine Freiheit nicht verloren, solange mein altes Auto noch hält. Damit war auch klar dass ich am Wochenende nicht nach Hamburg fahren konnte, denn ein Auto werde ich jetzt eh nicht mehr bekommen, man hatte mir unmissverständlich klargemacht, dass ich, wenn ich den Deal nicht annehme, auch keine Autos mehr für die Autobahn bekäme.

Okay, dachte ich, dann eben nicht und mit meinem alten Auto war es mir eigentlich zu gefährlich, denn er sollte ja nur für um den Kirchturm sein. Doch so ist das, ich habe auch Stolz und krieche ungern in den Hintern oder mache mich noch mehr abhängig.

Es kam das Wochenende und ich wusste noch nicht recht, was ich nun machen würde. Es wurde ziemlich langweilig und ich war froh, als es endlich rum war. Der Montagmorgen war auch anders wie sonst.

An diesem Morgen hatte ich eine Tour (mit dem Taxi) in die Nähe der Klinik gemacht, in der ich vor ein paar Wochen noch war. Da ich wusste, dass dort noch eine Handvoll Leute waren, die ich kenne, war für mich klar, dass ich mir die Zeit nehmen würde, um denjenigen einen Besuch abzustatten. Der kleine

Türke wusste, dass ich vorbeikommen würde zum Frühstücken und so begab ich mich bei meiner Ankunft an der Klinik direkt in den Speisesaal. Dort traf ich einige alte Bekannte wieder und die Augen wurden vor Überraschung ganz groß, als sie mich sahen, und die Freude war herzlich und intensiv.

So wie es in der Käseglocke eben nun mal war. Aufgrund der Wärme zwischen den einzelnen Patienten nannten wir es immer die Käseglocke. Ich frühstückte mit ihnen und ließ mir erzählen, wie das Klinikleben jetzt noch war, und wie es jedem Einzelnen so ging.

Leider hatten wir nur eine gute Stunde, bis ich weitermusste. Viele Fragen musste ich beantworten, wie es mir so ging, und ich sagte ehrlich, dass es besser war als vorher, aber noch nicht gut genug und es noch eine Weile dauern würde, bis ich wieder auf dem Damm wäre. Es war wieder diese gegenseitige Unterstützung zu spüren und auch ich machte ihnen Mut, nicht aufzugeben und weiter an sich zu arbeiten, auch wenn es mal nicht leicht sein sollte. Ich musste dann auch langsam wieder los, um meine Tour zu beginnen.

Der kleine Türke kam mit raus und nahm mich noch zweimal in den Arm, bevor ich losfuhr. Seine Art mich in den Arm zu nehmen war komisch unter Männern. Er sah traurig dabei aus, so als wollte er mich nicht gehen lassen, und ich fühlte eine tiefe Männerfreundschaft, die für die Zukunft bestimmt noch lange Bestand haben würde. Ich stieg ins Auto und fuhr in die Klinik, in der ich ursprünglich meinen Fahrgast abholen musste.

Auch dieser Fahrgast war mir bekannt, und sie war eine der wenigen sympathischen Fahrgäste, die ich hatte. Die Dame mochte meine Art, meine Fahrweise und noch dazu wusste sie, dass ich mich überall gut auskannte. Sie schätzte auch meine ehrliche und direkte Art und wir fanden immer wieder angenehme Themen für die Fahrten. Ich empfand sie auch als einen tiefgründigen Menschen mit seiner ganz eigenen Geschichte, welche auch nicht ohne war.

Als wir losfuhren merkte ich an, dass auch ich kürzlich in einer Klinik gewesen war, was sie wohl anscheinend schon wusste. Sie erzählte mir, dass sie es von den anderen Fahrern erfahren hatte, aber dort war die offizielle Version, dass ich wegen meines Rückens zur Kur war.

Mit meinem Rücken hatte ich tatsächlich früher Probleme, und heute weiß ich auch warum. Zuviel Gedanken im Kopf und zu wenig Sport. Als wir auf die Autobahn fuhren, erzählte sie mir einiges von sich. Auch mein Fahrgast hatte aufgrund seiner Lebenserfahrung manchmal psychisch damit zu kämpfen, das Erlebte zu verarbeiten und zu bewältigen. Mir ging es ebenso und wir redeten und redeten über Situationen, Erfahrungen, Diagnosen und die Zeit verging wie im Flug. Es war ein angenehmes Gefühl, mit ihr über alles reden zu können und dabei festzustellen, dass ich wieder einmal nicht alleine war mit meinen Gedanken. Manchmal hatte ich das Gefühl eine gespaltene Persönlichkeit zu sein, die einen Mann im Ohr hat.

Doch meinen Diagnosen nach und von den unzähligen Untersuchungen weiß ich, dass es bei mir nicht der Fall ist und ein völliger Verlust der Geistesgegenwart nicht vorhanden war. Also eigentlich bin ich normal, aber andersrum wieder doch nicht.

Ich kann eben mit gewissen Situationen nicht richtig umgehen und verhalte mich dann nicht angemessen, um das mal verständlich auszudrücken. Das kommt aus der Kindheit, den Dingen, die ich erlebt habe oder die man mir beigebracht hat. Ich scheine es wohl ab einem gewissen Zeitpunkt nicht verstanden zu haben, meinen eigenen Weg zu gehen und meine eigenen Sichtweisen zu entwickeln. Das Ganze wurde zu sehr durch mein Elternhaus geprägt, wie ihr meiner Vergangenheit entnehmen konntet. Da ist es auch nicht verwunderlich, dass das eine oder andere, was ich erlebt habe, seinen Teil dazu gibt. Es waren zu viele negative Erlebnisse, die ich nicht verarbeiten konnte, vielleicht auch, weil mir nicht genau erklärt oder beigebracht worden war, wie man damit richtig umgeht. Dazu die aus meiner Sicht fehlende Liebe, Anerkennung und Aufmerksamkeit. Was für ein Kampf, doch ich habe beschlossen, ihn aufzunehmen und gegen das „Tal der Tränen" anzukämpfen.

Ich setzte meinen Fahrgast zu Hause ab und machte für den Tag Schluss mit der Fahrerei. Ich merkte auch immer öfter, dass ich schnell müde wurde auf langen Fahrten und meine Konzentration nachließ. Früher habe ich Stunden auf dem Bock gesessen und habe es locker geschafft, über zwanzig Stunden ohne Schlaf von A nach B zu fahren. Doch heute ist alles anders. Mein

Leben verändert sich gerade total, und ich muss sehen, wohin der Weg mich führt. Es macht mir Angst, aber es ist auch spannend, die Herausforderung anzunehmen, sich mit Leben und Tod auseinanderzusetzen und sich immer wieder gegen die suizidalen Gedanken zur Wehr zu setzen. Ich möchte einfach nicht so enden wie der Fußballer im vergangenen Jahr, der den Freitod an einem Bahnübergang gesucht hatte.

Niemals werde ich vergessen, als diese Nachricht im Fernsehen kam, und aufgrund der Verbundenheit mit seiner Krankheit habe ich mir das komplett reingezogen und in vielen Dingen konnte ich ihn verstehen. Dennoch hat mich am meisten erschüttert, wie sehr seine Frau leiden musste, die dachte, mit Liebe wäre alles machbar. Anscheinend wohl doch nicht, und ich überlegte immer wieder, warum er nicht mehr die Kraft hatte, mit seiner Frau zu reden und zu kämpfen. Ich verstehe das nicht, und ich möchte auch nicht an diesen Punkt gelangen zu wählen. Ich war schon oft davor, aber bisher waren es nur Drohungen und Gedanken, die ich nicht in die Tat umsetzen möchte. Das war mit einer der Gründe, warum ich diesen Weg jetzt gehe, um mich davor zu schützen und dem Tal der Tränen zu entkommen. Ich wünschte mir, dass die Therapien und das Buch mir dabei helfen würden.

Ich habe in den dann folgenden Tagen nicht wirklich viel geschrieben. Die meiste Zeit habe ich damit verbracht, vormittags meine Mutter etwas zu unterstützen, und am Mittag habe ich dann geschlafen. Zum Abend hin habe ich oft laute Musik gehört, mich in die Melodien und Texte hineinversetzt und den Gedanken, mal positive, mal negative, freien Lauf gelassen. Dazu die ganzen Telefonate und SMS mit meinen Leuten aus der Klinikzeit. Sina war zwischendurch auch mal wieder da zum Frühstück und anschließendem Walken. Sonst ist so nicht viel passiert.

Doch jetzt einmal was anderes. Wie ihr wisst, ist es nicht leicht mit einer Diagnose umzugehen und damit leben zu müssen. Deswegen komme ich noch einmal auf den Fußballer aus Hannover zurück. Ich weiß, wie es ihm wohl ergangen ist, dennoch verstehe ich seine Handlung immer noch nicht. Bin ich noch nicht tief genug gesunken, um mit meinem Leben abzuschließen? Ist mein Kampfgeist doch noch im Verborgenen da und kommt erst dann raus, wenn es kritisch wird? Ich weiß nur so viel, dass ich mich bemühe, weiterhin aufrecht zu gehen und nach Lösungen zu suchen.

Zum Beispiel schlafe ich jede Nacht mit Hörbüchern ein, um mein Unterbewusstsein zu unterstützen, die wichtigen Dinge zu behalten.

Es gibt eine Definition von Gesundheit. Die erscheint recht vernünftig:

> *Gute Gesundheit sollte bedeuten munter zu sein, für ausreichend Schlaf zu sorgen sowie einen gesunden Hunger zu haben, eine gute Hirnfunktion festzustellen, Spaß am Leben, eine gesunde Präzision in Gedanken und Handlung, Ehrlichkeit, Dankbarkeit und ein gewisse Art von Einfühlungsvermögen.* [(c) L. Haye]

Von daher mal meine Frage nicht nur an mich, sondern auch an euch da draußen. Wie gesund seid ihr eigentlich? Denkt mal darüber nach!

Jeder Mensch weiß, dass der Körper mit Geist und Verstand in der Lage ist, sich selber zu heilen. Das glaubt ihr nicht? Wie kommt es dann, wenn ihr euch in den Finger schneidet, dass sich die Wunde nach ein paar Tagen von selber wieder verschließt? Wollen wir das mal nicht weiter vertiefen, denn es ist nachgewiesen, dass der Körper dazu in der Lage ist, sich selber zu heilen und das Gleiche gilt auch für die Psyche. Nur ist es da viel schwieriger, es umzusetzen. Wir Menschen werden überwiegend von unseren Erfahrungen und Einstellungen durch unser Unterbewusstsein gesteuert. Okay, der eine oder andere weiß, wovon ich rede, doch ist es für mich wichtig, es noch einmal jedem Leser zu erklären. Das Unterbewusstsein nimmt aber tausendmal mehr Informationen auf als unser waches Bewusstsein. Es gilt, die Dinge zu trainieren. Man verändere seine Sichtweise, und präge sie sich ein.

Es wird zwar eine Zeit und unter Umständen eine sehr lange Zeit dauern, aber es ist möglich. Man muss so lange daran üben bis es zu einem Automatismus geworden ist und die veränderten „guten Gedanken" in Fleisch und Blut übergehen. Wie ist das zu verstehen?

Als wir Auto fahren lernten, mussten wir bestimmte Vorgehensweisen, wie Motor starten, in den Spiegel gucken, Blinker setzen, Gang einlegen usw. beachten und einprägen. Wenn man ein paar Jahre Fahrpraxis nachweisen kann, sieht man sehr schnell, wie die Dinge automatisch ablaufen und so funktioniert unser Gehirn auch in vielen anderen Situationen. Ich hoffe, ihr versteht, was ich euch damit sagen will? Wenn ich jeden Tag denke, dass es mir nicht gut geht, dann sitzt das irgendwann so tief im Unterbewusstsein, dass es schwer ist, es wieder zu ändern. Das Unterbewusstsein urteilt nicht, sondern handelt nur aufgrund dessen, was es lernt. Das hat auch nichts mit dem siebten Sinn zu tun oder Ähnlichem.

Eine CD beispielsweise ist für mich keine Heilermasche oder sonstiges an Scharlatanerie, sondern soll den Menschen helfen, eigene Verhaltensmuster zu erlernen und neue Lebenserfahrungen zu kreieren.

Alle Erfahrungen, die der Mensch macht, egal ob es gute oder schlechte sind, tragen dazu bei, dass sich Körper und Geist wohlfühlen oder nicht. Wir wollen eigentlich nicht krank sein oder werden, aber wir brauchen die Krankheiten, denn sie sind das Sprachrohr unseres Körpers, um uns mitzuteilen, dass in unserem Bewusstsein etwas nicht rundläuft. Der Körper und der Geist wollen uns damit sagen, dass wir auf dem falschen Weg sind und einige Denkweisen ändern müssen.

Jede Krankheit lehrt auch Wissen, vergleichbar mit dem Lernen in der Schule, wie dort Dinge gelehrt werden. Deswegen sollte man nicht gleich Trübsal blasen, wenn man eine Krankheit hat.

Okay, es wird nicht die Heilung eintreten, die man sich gleich wünscht, außerdem lernt man nicht gleich, dass man etwas daraus lernen soll. Krankheiten sollten einem Menschen nicht den Anlass geben, Verurteilungen oder Beschuldigungen zu äußern. Diese Krankheiten zeigen nur auf, wovon wir uns lösen sollten oder eher welche Dinge, Sachen und auch Menschen wir loslassen sollten, weil es uns dadurch oder damit nicht gut geht. Eine Krankheit ist die Zeit zur Heilung, und die Zeit in der wir unseren Körper und Geist wieder standhaft machen können gegen all die negativen Einflüsse der heutigen Zeit. Jeder Mensch und ich betone nochmals, jeder Mensch ist in der Lage dazu und sollte das Handwerkszeug dafür nutzen, welches ihm angeboten wird. Wenn der Mensch das Handwerkszeug zu verstehen und anzuwenden lernt, ist er auch in der Lage, bewusst Änderungen in seinem Leben herbeizuführen. Es ist ein Vorgang, der Zeit braucht, auch aufregend erscheint und zudem neugierig macht. Es ist ganz wichtig, die Einsicht zu finden oder zu erkennen, dass etwas nicht in Ordnung ist, und anzufangen, es positiv zu verändern. Denn dann hat der eigentliche Heilungsprozess schon begonnen bevor man es richtig merkt.

Was ich euch noch mal sagen möchte; In Bezug auf meine Person hat die Heilung schon begonnen, als ich gemerkt habe, dass etwas mit mir nicht in Ordnung ist. Dass ich dazu stehe, krank zu sein, aber nicht aufhöre zu kämpfen.

Mein Gedankengut wieder in eine positive Richtung zu bekommen, damit sich meine Lebensqualität wieder verbessert und ich zufriedener Leben kann. Viel mehr sagt der Text der CD auch nicht aus. Ich bin am Ball und ihr dürft dran teilhaben. Ich hoffe, ihr nehmt etwas davon mit.

Denkt immer daran, der Körper spricht immer mit uns, wir sollten ihm nur öfter mal zuhören und in uns gehen, um zu sehen, ob wirklich alles in Ordnung ist. Nachweisbar reagiert jede Zelle unseres Körpers bei jedem einzelnen Gedanken, den wir denken.

Somit überprüfe deine Gedanken, und dein Körper wird dir die entsprechenden Signale senden, wie Zufriedenheit, Freude und schließlich Gesundheit. Ich möchte hier auch nicht eine ganze CD wiedergeben. Ferner möchte ich euch nur daran teilhaben lassen, wie ich mit meiner Krankheit umgehe, und welche Möglichkeiten ich zu nutzen versuche, damit es mir einfach nur besser geht. Mein Geist kapiert das mit der Zeit auch, je öfter ich mir das zu Herzen nehme.

Es sind wieder ein paar Tage vergangen und ich muss die letzten Tage erst einmal Revue passieren lassen.

Immer auf der Suche nach Nähe und Geborgenheit klebte ich im Internet, dazu die Aufmerksamkeit nicht zu vergessen, die ich dort bekam. Es gibt einige Menschen, die von mir fasziniert sind. Mal ist es das Äußere von mir und mal sind es die inneren Werte, die so die eine oder andere gut finden. Für mich ist es auch nicht schwer in dem Sinne Kontakt zu finden, ob im Netz oder im realen Leben, nur ist es im realen etwas schwerer. Ich scheine wohl trotz der ganzen Tätowierungen eine vertrauenswürdige Art auszustrahlen.

Ich war mit meinem Taxi in der Nähe meiner besten Freundin Tamara und rief sie an, ob ich kurz vorbeikommen konnte, denn die Zeit ließ es gerade zu. Sie sagte ja und ruck, zuck war ich bei ihr.

Sie öffnete und wollte mich reinbitten, aber ich sagte ihr: „Nein, ich habe keine Zeit, bitte nimm mich einfach nur mal kurz in den Arm." Sie zögerte nicht einen Moment, denn sie wusste, wie es mir ging und dass ich es im Moment gut gebrauchen konnte, mal einfach in den Arm genommen zu werden. Ich musste weiterfahren und bedankte mich fürs kurze Kraftauftanken. Sie schenkte mir noch ein Lächeln und ich fuhr davon. Ich hatte heute Mittag wieder eine Dialysefahrt, bei der ich eine liebe alte Oma vom Krankenhaus abholen musste.

Ich mochte sie sehr, denn mit ihr konnte ich scherzen, flirten und meine zügige Fahrweise störte sie auch nicht ganz im Gegenteil. Ich ging auf die Station und begrüßte sie. Sie sah sehr fertig aus, wenn ich das mal so sagen darf. Doch anscheinend nicht nur von der Dialyse. Ich spaßte mal wieder und fragte sie, ob sie verpennt hätte und die Oma stöhnte, als würde es ihr körperlich überhaupt nicht gut gehen. Hätte ich eine böse Zunge, hätte ich auch sagen können, dass sie mir den Eindruck machte, nicht mehr lange zu machen, zu leben meine ich. Ich half ihr zur Waage und auch beim Anziehen der Jacke. Wie ein Gentleman das auch macht und die alte Schule ist mir ganz gut bekannt. Sie hakte sich bei mir unter und gemeinsam gingen wir dann zum Taxi und ich spaßte wieder und sagte ihr: „Guck mal Schatz, darfst wieder vorne neben mir sitzen." Sie war recht wackelig auf den Beinen und das kannte ich von ihr, denn sehen konnte sie auch nicht mehr so gut. Deswegen legte ich noch einen obendrauf und sagte zu ihr: „Na Schatz, wieder einen gehabt gestern?" (wieder zu tief ins Glas geguckt) Sie lächelte und stammelte irgendwas, das ich aber nicht verstand.

Auf jeden Fall nichts Böses, denn sie mochte meine Scherze in der Regel. Ich half ihr noch beim Anschnallen und dann fuhren wir los. Gerade losgefahren versuchte ich sie weiter aufzubauen und zum Lachen zu bringen, was früher recht leicht war. Doch irgendwas war anders. Ist sie echt so schlecht zurück? Sollte ich mich etwas zurückhalten? Was war mit ihr? Ich fragte sie, ob ihr Schatz (ich meinte ihren Mann) ihr wieder auf den Geist ginge und sie verärgert habe. Auch das brachte ich mit meiner lockeren Schnauze rüber.

In Sekunden, ich hatte nicht zu Ende gesprochen, da fing sie an zu schluchzen. Sie hatte wohl das Wort Schatz gehört und sie fing bitterlich an zu weinen.

In dem Moment war ich total überfordert, weil ich sie auch noch nie so erlebt hatte, und es wurde schlagartig ruhig um mich, damit ich mich besser auf den Verkehr konzentrieren konnte. „Weißt du denn nicht, dass mein Mann am Freitag gestorben ist?" Das war vor drei Tagen.

Der hatte gesessen! Wie ein Elefant bin ich mal wieder durch den Laden getrampelt. „Ach du Scheiße", dachte ich nur, denn ich kannte ihn ja auch schon seit Jahren. Ich sagte ihr: „Nein, das hat mir noch keiner gesagt." In diesem Moment ärgerte es mich, dass mich keiner vorgewarnt hatte von der Zentrale. Die wissen doch sonst alles im Büro und labern den ganzen Tag nur Blödsinn über andere Leute und ich stand da wie ein Depp. Erst jetzt fiel mir auch auf, dass sie ganz in schwarz gekleidet war, aber woher sollte ich das wissen? Ich sprach ihr mein Beileid aus und war für einen Moment echt benommen und mit meinen Worten würde ich sagen, völlig neben der Spur.

Ich redete nicht mehr viel mit ihr, denn ich war so überfordert, dass ich gar nicht mal wusste, wie ich sie aufheitern sollte. Kann man das überhaupt, jemanden in solchen Moment aufheitern?

Ich glaube, nicht wirklich, denn die beiden waren achtundfünfzig Jahre verheiratet. Ihr habt richtig gelesen. Das ist für mein Alter in Zukunft definitiv selten, aber in ihrem Alter normal und mit sehr großer Sicherheit ein Verlust, der schmerzte, und man war in dem Moment einfach nur machtlos. Ich meine, solche Situationen passieren einem Taxifahrer immer wieder, gerade in meinem Alter mit achtunddreißig Jahren, sterben einem die Fahrgäste von einem auf den anderen Tag unter den Armen weg. Jedes Mal trifft es mich dennoch, wenn es Menschen waren, die ich mochte und gerne gefahren habe. Dazu ist man sich auf dem Dorf eh viel näher als in einer Großstadt. Unheimlicher Moment und als wir bei ihr zu Hause ankamen, nahm ich sie wieder am Arm, sie gab mir wie immer den Schlüssel, weil sie alleine nicht öffnen konnte wegen ihrer schlechten Augen.

Wie immer? Nein, nicht wie immer, denn diesmal würde sie ins Haus gehen und alleine sein. Er war nicht mehr da. Keiner, der auf sie wartete. Mann, hatte ich einen Kloß im Hals, als sie reingegangen war und die Tür hinter sich schloss. Es dauerte ein paar Minuten bis ich die Fahrt verarbeitet hatte.

Die restliche Woche gestaltete sich leider dennoch schwieriger, als ich dachte. Meine Gefühle waren durch die Tabletten etwas gehemmt und das war auch gut so, doch meine Gedanken nahmen kein Ende. Zu viele Gedanken, die mich überforderten. Dann die Fahrerei und mein Papierkram, den ich mich immer noch nicht traute in die Hand zu nehmen.

Das geht auch schon seit Wochen so. Sina habe ich auch schon seit einiger Zeit nicht mehr gesehen und jetzt möchte ich das erst recht nicht. Ich wollte nicht, dass sie zur nächsten „Ex-Affäre" wird und da ging ich ihr lieber aus dem Weg und gleichzeitig wollte ich sie auch schützen. Habe ich das eine noch nicht mal verarbeitet, so springe ich doch nicht gleich zum nächsten Baum. Das wäre in meinen Augen nicht ehrlich und für eine Bettgeschichte wollte ich sie nicht missbrauchen. Da war es echt besser, dass ich ihr aus dem Weg ging.

Das nächste Wochenende nahte und ich spielte schon seit Tagen mit dem Gedanken, endlich mal nach Hamburg zu fahren und meine Freunde dort zu treffen. Sonst wird das dieses Jahr nichts mehr und die Elbe fehlte mir auch ein wenig. Ich war mir noch unschlüssig, ob ich das hinbekomme, und wollte es spontan entscheiden. Ich ließ mir die Option bis zur letzten Minute offen, nach Hamburg zu fahren.

In der Woche musste ich auch leider erfahren, dass sich mein Aufenthalt in der Tagesklinik verschieben würde, da meine Krankenversicherung nicht zügig genug arbeitete. Scheißegal dachte ich mir, denn für mich wurde und war alles gut.

Dann müssen wir halt warten und ich mich zum tausendsten Mal in Geduld üben, was ja eine große Schwäche von mir ist.

Das wird alles seinen Sinn haben, und wie gewohnt werde ich die Antwort irgendwann darauf bekommen. Ich hatte mich für Freitagabend spontan entschlossen, meiner besten Freundin zu helfen, ihre Flurdecken zu streichen. Ihr neuer Freund hatte es mit dem Rücken und ich musste mich zwingen, mich zu beschäftigen, und streichen kann ich ja und es sollte mir etwas von der gehofften Abwechslung geben. Zeitgleich entschied ich mich dann auch, Samstag in der Früh nach Hamburg zu fahren, und teilte das allen, die ich in Hamburg kannte, per SMS mit, dass ich sie besuchen kommen würde.

Ruck, zuck war ich mit dem Deckestreichen fertig und freute mich über meinen kleinen Erfolg, endlich mal etwas Produktives getan zu haben, und meine beste Freundin und ihr Freund freuten sich sehr darüber, dass ich ihnen geholfen hatte. Fix und alle fuhr ich spät am Abend nach Hause, packte schon vorab meine Tasche, denn um 5 Uhr sollte schon wieder der Wecker klingeln. Wie gesagt so getan fuhr ich um 6 Uhr auf die Autobahn in Richtung Hamburg.

Mein altes Auto sollte mir mal wieder seinen treuen Dienst erweisen und zeigen, dass ich auf das neue Auto, was mein Stiefvater ja kaufen wollte, nicht angewiesen war. Ich zuckelte so vor mich hin und mit ungewohnter Leichtigkeit nahm ich den Qualitätsverlust durch das Reisen mit dem alten klapprigen Auto einfach hin, denn die Freude auf Hamburg überwog. Ich hatte mich um 10 Uhr mit Jenny zum Frühstücken verabredet. Als ich an der Klinik ankam in der sie noch war, machte mir mein Kreislauf etwas Kummer.

Mir war richtig unwohl vom vielen Kaffee an diesem Morgen. Ich ging zum Eingang und Jenny kam zur Tür heraus.

Die Freude war echt groß, und wir nahmen uns erst mal richtig fest in die Arme. Fast vier Monate hatten wir uns nicht gesehen und mehrere Versuche, nach Hamburg zu kommen, waren gescheitert.

Wir gingen in ein nettes Bistro zum Frühstücken und redeten über die vergangene Zeit sowie die Leute und die gemeinsamen Erlebnisse. Nach dem Frühstück fuhren wir zu den Landungsbrücken, einer meiner Lieblingsstellen in Hamburg. Wir suchten uns ein Boot aus und machten eine Hafenrundfahrt. Das Wetter sagte eigentlich nichts Gutes voraus, aber als würden

Engel reisen, kam die Sonne raus, während ich in Hamburg war. Es war schon unheimlich, sagte Jenny zu mir. Anschließend gingen wir noch an den Landungsbrücken entlang spazieren und wie es der Zufall schon so oft in meinen Leben wollte, liefen mir auch diesmal Leute aus meinem Dorf über den Weg. Millionen von Menschen treffen sich tagtäglich und ich kann nie irgendwo hinfahren, ohne dort jemand zu kennen. Das ist mir schon ein paar Mal passiert, egal wo ich in Europa rumgereist war. Mittlerweile war es schon Nachmittag und leider hatte außer Jenny keiner Zeit für einen spontanen Besuch von mir. Ich hätte es wohl doch besser planen sollen und so blieb ich bis zum Abend noch bei Jenny und fuhr dann wieder nach Hause. Während der Heimfahrt ließ ich den Tag noch einmal Revue passieren und es ging mir so weit gut, denn die Leute, die ich jetzt nicht gesehen habe, werde ich in einer Woche auf dem Treffen bei Paul wiedersehen.

Ich hatte meine Elbe gesehen, gut gefrühstückt und wenigstens Jenny mal wieder gesehen und diese Gedankengänge trugen mich sicher nach Hause. Es vergingen die Tage und ich bekam mal wieder nicht wirklich viel auf die Reihe, denn mein Alltag war fast so wie vor meinem Zusammenbruch.

Ich hatte zwar eine Menge über mich erfahren, doch die Ärzte sagten mir von vornherein dass es Monate dauern würde, bis ich wieder gesund wäre. Dazu stand ja auch noch die DBT-Therapie an, die mir enorm weiterhelfen sollte. Der Termin stand noch nicht genau fest, wann ich wieder in stationäre Behandlung gehen sollte. Die Vorgespräche hatte ich schon geführt und ich wartete nur auf den Anruf der Klinik, wann ich den kommen konnte. Bis dahin vergingen knapp acht Wochen, als ich dann endlich Antwort bekam. Bis es so weit war, schaffte ich die Zeit mit der Freude auf das Treffen in Willingen rumzubekommen.

Der harte Kern aus der Klinik, die sich dort angefreundet haben, hatte beschlossen, sich von nun an jährlich zu treffen, um Erfahrungen auszutauschen und im Allgemeinen sich wiederzusehen. Einige tiefe Freundschaften entstanden zwischen den Einzelnen und der ganzen Gruppe, die mittlerweile aus über zwanzig Personen bestand. Die Gruppe traf sich dort, weil eines der Gruppenmitglieder dort ein Hotel besitzt und dieser selbstlos gute Konditionen anbot, um dort das erste Treffen zu veranstalten. Das Treffen sollte am Samstag stattfinden und bis Sonntag open End gehen, dennoch kamen einige am Freitagabend schon an. Genau wie ich, denn ich wollte das Wochenende für mich nutzen, und es alles in allem mit meinen Leuten genießen.

Es war mein letztes Wochenende bevor es wieder in die Klinik zur nächsten Therapie ging und im Internet hatte ich mich noch mit jemand aus der Nähe von Schweinfurt bei Würzburg angefreundet, die ich auch noch besuchen wollte. Während ich das schreibe, es ist Anfang März und kalt in der Wohnung, ziehe ich mir unser Vereinstrikot über. Ich fühle mich so der Situation mehr verbunden. Wie geplant fuhr ich los in ein spannendes Wochenende mit meinen Leuten. Ich war total neugierig, was jeder einzelne so erlebt hatte in den letzten Wochen, und die Freude war total groß. Es war ein kleines aber sehr feines Hotel in der Ortsmitte, und wer Willingen kennt, der weiß, was dort an den Wochenenden so abgeht. Dort sind Kegelklubs und Liebeshungrige gerne willkommen. Als ich dort eintraf, waren schon zwei von der Truppe da.

Es war total schön. Wir haben eine Menge gelacht und der Alkohol floss in Strömen. Ich hielt mich zurück und wie immer trank ich am Anfang ein Bananen-Weizen mit und stieg danach auf Cola um. Bei den anderen stieg der Alkoholpegel und es kam, was kommen musste. Ich weiß heute nicht mehr in welchem Dialog wir auf mein Buch zu sprechen kamen, ich weiß nur, dass eine hitzige Diskussion von meiner Ex-Affäre und ihrem neuen Freund entfacht wurde, auf die ich so nicht vorbereitet war.

Er machte mir unmissverständlich klar, dass er in dem Buch nicht erscheinen wolle. Schon alleine wegen seiner Frau, Freunde, Familie und auch der Arbeit wegen. Es wusste keiner, dass er in psychologischer Behandlung war wie wir alle. Gut, wenn er nicht dazu steht, das ist seine Sache. Ich stehe dazu und lasse mir nicht verbieten, darüber zu schreiben. Es wurmte ihn immer mehr, und wie ein Löwe – er wollte wohl meine Ex Affäre verteidigen – baute er sich am Tresen auf und wies mich auf rechtliche Dinge hin. Ich konterte, indem ich unmissverständlich klarmachte, dass die Namen der Personen nicht erscheinen würden, und alles andere ist meine Geschichte aus meiner Sichtweise. Das reichte ihm nicht und der Paul schaltete sich mit ein. Er kam mit der neuen Version, dass ich mich zu sehr an den kommerziellen Zweck des Buches klammern würde. Oha, hätte ich mal nichts davon gesagt, dass man mit einem Buch eventuell auch Geld verdienen kann. Auch diese Diskussion ließ ich über mich ergehen. Ich erklärte zum wiederholten Mal, dass mein Buch eine Biografie ist, über ein bewegtes Leben. Die Diagnosen meiner eigenen Erkrankung standen dabei im Vordergrund. Das Buch würde mir helfen, alles besser zu verarbeiten und ich wollte auch den anderen Menschen etwas mitgeben. Bei der Lesung in der Klinik gab es von allen Zuhörern Applaus und die können ja nicht alle lügen. Ich versuchte, ihnen meine Situation zu erklären, dass ich ein ehrliches, authentisches, emotionales Buch schreibe, um mich von meinen Altlasten zu befreien. Natürlich würde ich mich freuen, wenn ich es auf den Markt bringen sollte, dass es vielen anderen auch helfen würde, ihren Weg zu gehen, und wenn etwas Geld dabei hängen bleibt, dann ist das doch schön aber nicht mein Hauptziel. Klar, ich lebe im Moment von Harz IV und habe Insolvenz angemeldet, und würde ich etwas verdienen, wäre es eh weg. Es sei denn, es wäre so viel, dass alle Schulden bezahlt wären. Doch auch das wäre schön und nicht moralisch verwerflich, oder? Ich weiß doch heute nicht, ob es ein Knaller wird, auch wenn es andere behaupten. Ich schreibe hier über mein Leben und nichts anderes. Ich kam mir vor wie in einem Kreuzverhör und alles zielte darauf ab, dass ich mit dem Buch nur Geld verdienen möchte und der Absturz vorprogrammiert wäre. Oh Mann, was für ein toller Abend, dachte ich mir nur. Wenn das so weitergeht, dann kann ich auch nach Hause fahren. Ich meine, ich muss zugeben, wer träumt nicht davon dass sein Buch der Renner wird, doch dass es ausgerechnet meins werden soll, daran glaube ich nicht wirklich. Ich versuchte die Diskussionen zu beruhigen, denn das wäre für alle Beteiligten besser gewesen, da die Emotionen in verschiedene Richtungen gingen, sodass es auch hätte jederzeit explodieren können.

Ich entschloss mich dann, auf mein Zimmer zu gehen und telefonierte mit dem Mädel, welches ich im Netz kennengelernt hatte und am Sonntag noch besuchen wollte. Ich war müde und versuchte einzuschlafen, aber das ging überhaupt nicht.

Diese Unterhaltung an der Bar machte mir doch mehr zu schaffen, als ich dachte. Dazu das ungewohnte Bett, keine CD zum Einschlafen und obendrein noch Kopfschmerzen. Die Kritik über das Buch hatte mich wohl mehr getroffen, als die beiden verliebten Tauben zu sehen, und die Nacht wurde sehr unruhig. Ich fragte Sina per SMS, ob sie noch wach wäre, und sie bestätigte. Ich bat sie, zu mir aufs Zimmer zu kommen, weil ich nicht schlafen konnte. Sina war nach der ersten Klinik eine gute Bezugsperson geworden, die ich mir in meiner Ex-Affäre eigentlich wünschte, doch manchmal nimmt das Leben eine unerwartete Kehrtwendung. Wir lagen auf dem Bett und redeten und ich fragte sie, ob sie bei mir bleiben wollte die Nacht. Sie stimmte zu und mit kreisenden Gedanken schlief ich dann irgendwann ein.

Am nächsten Morgen ging ich von der Nacht total gerädert zum Frühstück. Das Personal von Paul war superfreundlich und ich kann den Laden nur empfehlen, darf es jedoch nicht aus rechtlichen Gründen. Ich war mal wieder einer der Ersten beim Frühstück und nach und nach trudelten die anderen ein. Was für ein Riesenhallo es doch war bei jedem Einzelnen. Man spürte immer wieder diese Freude und den Zusammenhalt über das gemeinsam Erlebte, was uns alle verband. Es ging den ganzen Tag so, dass irgendwer ankam und man sich nach und nach in den Armen lag. Bis auf drei Leute waren bis zum Abend auch alle da. Wir waren am Ende 16 Leute und selbst der Türke war mit seiner Hündin dabei. Nachmittags sind wir mit mehreren Leuten in eine Pommes-Bude am Ort gegangen und hatten mächtig Spaß zusammen. Am Abend wurde dann das große Wiedersehen gefeiert, nachdem alle angekommen waren.

Viele warteten auch auf unseren „Aussteiger, den mit der rauen Stimme und denjenigen, der die Stimmung zum Kochen brachte mit seiner offenen fröhlichen Art.

Es war eine feucht-fröhliche Stimmung und als der Aussteiger den Raum betrat, war es als würde eine La-Ola-Welle losgehen. Es gab auch in unserer Truppe Kritiker und Zweifler, ob überhaupt alle kommen würden. Das wir am Ende auf sechzehn Leute kamen, und ich meine, vier waren es die nicht konnten, war es für alle eine tolle Situation, sich auf diese Art und Weise wiederzusehen. Irgendwie merkte man auch, dass die Zeit eigentlich nicht ausreichen würde, um sich mit jedem im Einzelnen zu unterhalten, aber dies war nicht weiter schlimm. An zwei großen Tischen am Fenster verteilt saßen wir von Rauchschwaden umhüllt in dieser kleinen Kneipe, die mit zum Hotel gehörte. Es wurde getrunken und dort durfte man sogar rauchen und der Raum hatte nicht mehr wie 60 m³.

Ich kann das hier überhaupt nicht wirklich in Worte fassen und erklären, was da alles abging. Dennoch versuche ich es einmal.

Diese Wiedersehensfreude gemischt mit Warmherzigkeit, neugierige Menschen, die lachten über das Vergangene wie über das Gegenwärtige. Für mich war es eben etwas sehr Besonderes. Ein Treffen von tollen Menschen, die ich in einem Supersommer in der Jugendherberge kennengelernt hatte, und so in etwa dachte ich darüber. Was haben mir diese Leute gefehlt und in den vergangenen Monaten Freude und Halt beschert! Der Aussteiger brachte den Laden wieder zum Kochen. An seiner Seite war der Spaß vorprogrammiert. Mit dem Alkohol wurde die Stimmung bei den einen noch lockerer, jedoch bei meiner Ex-Affäre und ihrem Neuen ging das irgendwie nach hinten los.

Mitten in dem Treffen fing sie auf einmal an zu heulen. Ach nee, dachte ich, und alle meine Alkoholthesen bestätigten sich mal wieder. Manche sollten einfach die Finger davon lassen. Es tat der Stimmung zwar keinen Abbruch, aber angenehm war es auch nicht, sich das anzusehen, denn es ging fast die ganze Nacht so. Die Gründe, warum sie weinte, zeigten mir auch die negative Seite des Alkohols und der Problematik meiner Ex-Affäre. Sie hat sich wohl in den Falschen verguckt, und es kam mir so vor, als würde diese Bombe heute platzen. Sie suchte nach Nähe und Aufmerksamkeit, und bekam sie von ihm nicht. Dann ging es noch um ihre gemeinsame Zukunft, die sie wohl unterschiedlich sahen, und es machte ihr sehr zu schaffen, aber ihn interessierte es überhaupt nicht. Er wollte seinen Spaß an dem Abend haben und mochte solche Art von Feiern mit ihr auch nicht wirklich. Ich habe dann die Chance genutzt, mit Valerie ein wenig Fox zu tanzen und wir hatten Spaß ohne Ende, was die Fotos beweisen. Fotos haben wir viele geschossen, und ich glaube seit dem Sommer habe ich über 1000 Stück, die ich mir immer wieder ansehe und an denen ich mich erfreue. Der Paul bekam eine Torte als Dank geschenkt, dafür dass wir in seinem Hotel feiern durften. Auf dieser Torte war ein Bild von einem Zitteraal zu sehen. Das war sein zweiter Spitzname, denn immer, wenn wir Billard spielten, und er seine unmöglichen Spielstöße abgab, sah es aus, als spielte da ein Zitteraal, denn egal, was er machte, die Dinger gingen rein. Ich habe relativ lange durchgehalten bis nach Mitternacht, was ich sonst nicht schaffe. Wie immer bin ich auch gegangen als es noch am schönsten war. Es ist eine meiner Devisen. Ich mag mir keine Schnapsleichen ansehen oder Streitigkeiten unter Alkoholeinfluss mitbekommen, das habe ich schon zu oft in meinem Leben.

In dieser Nacht schlief der kleine Türke mit bei mir auf dem Zimmer und mitten in der Nacht fing der an, um sich zu treten. Dadurch hatte ich wieder kaum geschlafen.

Am Morgen, ich war mit dem Türken wieder einer der ersten, bin ich erst mal eine Runde mit seiner Hündin spazieren gegangen und dann schön in Ruhe frühstücken. Nach und nach kamen sie wieder alle aus den Zimmern und sahen nach wenig Schlaf lustig aus. Meine Ex-Affäre und ihren neuen Freund hat man die Nacht noch hören können, und anscheinend hatten sie reichlich Spaß auf dem Zimmer. Man sah es ihnen förmlich an und da war auch wieder diese Stutenbissigkeit zu spüren. Es kam mir vor, als markierte er den tollen Hecht vor mir, der jetzt an der Reihe war und von ihrer Seite kam das Gefühl auf, als wolle sie mir zeigen, schau mal, was du verpasst hast und wärst du mal bei mir geblieben. Es berührte mich nicht sonderlich, denn ich hatte immer noch das Gefühl, dass ich alles richtig gemacht hatte, und diese Person nicht zu mir passte, und die Umstände dort hatten mich in die falsche Richtung gehen lassen zu der Zeit. Ich war so weit zufrieden mit dem Ablauf des Wochenendes bis auf den Freitag wegen des Buches. Ich habe auch vermieden, am Samstag darüber zu reden, obwohl einige wissen wollten, wie es damit lief.

Ich wollte nicht, dass eine Riesendiskussion stattfand, die den Rahmen gesprengt hätte. Dieses Buch wird wie jedes andere genügend Stoff bieten, um sich zu freuen oder zu streiten und da wäre echt der falsche Zeitpunkt für gewesen. Man denke an das Buch von Ulli Stein oder Toni Schumacher. Kürzlich das Buch von Jack White und alle diese Personen. Sie haben 'ne Menge einstecken müssen wegen ihrer Ehrlichkeit und eigenen Sichtweisen. Das wird auch mir passieren, aber das ist mir völlig egal. Ich habe schon mit so viel Scheiße auf Deutsch gesagt zurechtkommen müssen, dann schaffe ich das auch noch. An dem Sonntag saßen wir noch alle lange zusammen und ließen den Abend und die Vergangenheit noch mal Revue passieren. Nach und nach verabschiedeten sich einer nach dem anderen und alle waren sich einig, dass es ein tolles Wochenende war, und wir das jedes Jahr wiederholen sollten.

Auf dem Heimweg?

Meine nächste Reise hatte begonnen. Ich war jetzt endlich in der nächsten Klinik in der eine weitere Therapie (DBT, erkläre ich noch später) aufgrund meiner Erkrankung notwendig war. Die letzten knapp 2 Monate zu Hause waren nur von kleinen Erfolgen gekrönt. Ich wusste auch, dass mein Weg noch nicht zu Ende ist. Wie es mir zu Hause ergangen ist und was ich erlebt habe, habt ihr ja in den vorherigen Seiten lesen können. Ich habe in den letzten Monaten schon einiges über mich und die Krankheit gelernt. Doch ist und bleibt es schwierig, das Erlernte im Alltag umzusetzen. Ich bin um einiges stabiler mit meinen Gedanken und Emotionen als früher, aber in Prozent würde ich sagen, liege ich gerade mal bei 50 % des möglichen erreichbaren in der Situation. Die letzten Wochen zu Hause waren auch nicht leicht und das Gelernte aus dem vorherigen Klinikaufenthalt zu übernehmen und weiterzuführen gestaltete sich doch viel schwieriger, als ich dachte, bevor ich im Sommer anfing, meinen Weg zu gehen. Jetzt jedoch gehe ich weiter und nehme alles in Kauf, um mein Ziel zu erreichen. Mein Ziel? Eigentlich ganz einfach, ich möchte nur noch gesund werden und besser mit der Krankheit zurechtkommen, sodass ein zufriedeneres Leben damit möglich wird.

Ich bin an dem Morgen früh wach geworden. Eine ganze Zeit bevor der Wecker geklingelt hätte. Meine Anspannung hielt sich in Grenzen. Ich freute mich auf eine Art, weil es jetzt weiterging und ich hoffentlich mehr Antworten auf meine Frage bekommen würde.

Andererseits war ich schon ziemlich nervös. Wie werden die Mitpatienten sein?

Die Zimmer und die Ärzte sowie das restliche Personal? Wie werden die Therapien sein? Und halte ich das durch? Welches Klima wird mich dort erwarten? Viele Fragen, die mich immer nervöser machten, und wie jeden Morgen trank ich aufgrund dessen einen Kaffee nach dem anderen und die Zigarettenstummel im Aschenbecher häuften sich.

Schnell schaute ich auch noch im Internet auf meinem Profil, welche Freunde mir geschrieben hatten, bevor ich ging. Meinen Koffer hatte ich schon am Vorabend gepackt, sodass nicht mehr viel zu tun war. Ich machte mich frisch und lud meine restlichen Sachen ins Auto. Es war gerade mal 7 Uhr, aber das machte mir nix aus, und wie immer wollte ich auch pünktlich sein. Ich stellte noch die Heizung aus, zog die Stecker aus den Steckdosen und schloss die Tür hinter mir. Bevor ich jedoch auf die Autobahn nach Dortmund fuhr, machte ich schnell einen Abstecher zur örtlichen Tankstelle und holte mir einen Kaffee to go.

Der Weg Nach Dortmund dauerte morgens gut eine halbe Stunde. Die Klinik war in einem Dortmunder Stadtteil und lag nicht gerade im Grünen, sondern hatte eher Stadtkerncharakter, aber das war mir erst mal egal. Dass es nicht so schön werden würde wie in der vorherigen Klinik, die in der Nähe bei Kassel lag, war mir klar. Die eine war damals eher wie ein Hotel aufgebaut und diese Klinik jetzt, war und ist eine Klinik, und so recht hatte es auch nun wirklich keinen Hotelcharakter, als ich auf diese Klinik zufuhr. Schon einen Parkplatz zu finden, war schwierig und ein Knöllchen fast vorprogrammiert. Ich stellte mein Auto ab, nahm meine große Reisetasche und ging zur Anmeldung. Wie immer der gleiche bürokratische Ablauf.

Jeder weiß, wie nervig das sein kann, aber egal, da muss ich jetzt durch. Nachdem der Papierkram erledigt war, sagte man mir, auf welcher Station ich mich melden sollte. Dies tat ich mit gemischten Gefühlen. Es war ein wenig beklemmend und Angst hatte ich auch vor dem, was mich dort erwartete. An der Station angekommen war ich ziemlich angespannt und versuchte jedoch cool zu bleiben und es mir nicht anmerken zu lassen. Da kam auch meine gewohnte Fassade zum Vorschein. Darin hatte ich schon Übung mit Lässigkeit den Leuten entgegenzutreten. Ich meldete mich auf dem Stationszimmer. Diese Station sah jetzt auch nicht wirklich wie eine gewöhnliche Station aus.

Es lag Teppich auf dem Boden und die Wände waren in einem warmen Ton gestrichen. Überall hingen große und kleine selbst gemachte Plakate mit positiven Affirmationen. Mit tollen Texten, die einem Kraft und Wissen vermitteln sollten. Gegenüber dem Stationszimmer war eine kleine Sitzecke, in der andere Patienten saßen. Ich wurde von denen auch gleich gemustert. Meine Tattoos waren ja wie immer für jeden der erste Aufhänger, um mich zu taxieren. Aus dem Stationszimmer kam dann eine Dame, die mich kurz einwies in die wichtigsten Dinge und Regeln der Station. Ich verstaute rasch meine Sachen und hatte danach direkt ein Vorstellungsgespräch bei dem Stationsarzt. Ich fühlte mich zwar verunsicherte aber auch nicht unwohl, und meine Emotionen versuchte ich wie immer zu verbergen und locker zu bleiben. Der Arzt begrüßte mich freundlich, und ich muss sagen, das waren sie alle hier bei meiner Ankunft. Der Arzt fragte mich nach meinem Befinden und hörte mir zu, als ich ihm von den letzten Monaten erzählte. Ich hatte schon einen Ordner über mich angefertigt in den letzten Wochen, den ich aber noch im Auto hatte.

Ich sagte das dem Arzt, denn nach viel reden war mir in dem Moment überhaupt nicht. Der Arzt schickte mich den Ordner holen, und ich merkte, dass es ihn neugierig gemacht hatte. Das nutzte ich auch, um meine restlichen Sachen aus dem Auto zu holen und so nahm ich meinen Koffer und ging wieder zurück zur Station.

In der kleinen Sitzecke nahm ich kurz Platz und es dauerte nicht lange, bis ich angesprochen wurde. Die einen oder anderen stellten sich bei mir vor und waren überaus freundlich zu mir und es fühlte sich sehr warmherzig an. Sie wussten auch schon, dass ich der Neue war. Einen kurzen Moment später saß ich wieder bei dem Arzt, der sich meinen Ordner nahm und in 10 Minuten sollte ich wieder bei ihm sein. Diese Zeit nutzte ich zum Rauchen und ging vor die Tür. Dort traf ich weitere Mitpatienten und sie suchten sofort den Kontakt zu mir. Es war ziemlich entspannt und wohltuend, sich gleich integrieren zu können zwischen fremden Menschen, mit denen man sich auf Anhieb verstand. Sie erklärten mir ein paar Regeln und klärten mich auf, was hier so alles abgeht. Es war hier, wie schon erwähnt, anders als in der vorherigen Klinik. Bei den Leuten hier sah man auch, was sie für eine Krankheit hatten. Mir sind gleich die Verbände an den Armen aufgefallen und teilweise unverdeckte Wunden die abheilten, eine Krankheit, die so sichtbar wurde. Wunden die man sehen konnte. Es war etwas, was ich kannte, besser kannte als die Wunden, die man in sich selber trägt. Dennoch fand ich es erschreckend mittendrin zu sein und es hautnah zu erleben. Zumal ich zwar die gleiche Krankheit habe, aber ich mich nicht selbst verletze in dem Sinne, dass ich meinem Körper Schaden zufüge, indem ich mich kratze oder gar mit einem Messer selber verletze.

In Rücksicht auf meine Mitpatienten werde ich hier keine Namen verwenden, sondern situationsbezogene Unterhaltungen zwischen einem weiblichen oder männlichen Menschen und mir erzählen. Die zehn Minuten waren mittlerweile vergangen und ich saß wieder bei meinem zuständigen Arzt. Er hatte den Inhalt meines Ordners überflogen und gab mir Unterlagen an die Hand, die mich während meiner Therapie hier begleiten sollten. Er merkte meine Anspannung und sagte mir nur mit kurzen Sätzen, was hier mit mir passieren würde und wie es weitergehen würde. Zudem stellte er fest, dass meine emotionale Störung sich mehr auf Situationen im Beziehungsbereich und den Umgang mit Stress bewegte. Meine Frage, woher das alles auf einmal kommt, konnte er mir nicht beantworten und wies mich noch daraufhin, dass es nicht alleine wichtig ist, woher es kommt, sondern hier zu lernen mit den emotionalen Situationen, die mich schnell überforderten, umzugehen. Ich ließ diese Aussage nur ungern stehen, aber ich hatte für den Moment keine andere Wahl. Es war langsam Zeit zum Mittagessen und meine Patin nahm mich an die Hand und zeigte mir, wo der Essensraum war. Auch hier ist eine Patenschaft üblich, was ich als sehr wichtig empfinde, und was auch in der anderen Klinik schon so war. Es vermittelte einem das Gefühl, nicht alleine zu sein in einer neuen ungewohnten Umgebung. Wir gingen alle zusammen zum Essen. Das Essen war hier natürlich auch anders. Kein Hotelcharakter mit Bedienung und Buffet mit verschiedenen Möglichkeiten an Gerichten, sondern alles auf Bestellung, so wie man es für die ganze Woche angekreuzt hatte. Jeder, der schon einmal im Krankenhaus war, weiß wie es ist, und auch wie es schmeckt. Bis zum Nachmittag lag für mich am ersten Tag nichts weiter an und ich genehmigte mir einen wohltuenden Mittagschlaf. Anschließend gab es eine sogenannte Stationsaktivität, bei der das Thema Türschilder oder Weihnachtsdekoration zur Auswahl stand. Ich entschied mich kurzerhand für Türschilder, denn das fand ich für mich kreativer, und es lag meiner Fingerfertigkeit eher als das Basteln.

Ich malte mir ein Türschild und setzte ein paar schöne Reime drauf. Danach, als die Stunde um war, war noch eine halbe Stunde Zeit bis zum Abendessen. Jeder Raucher nutzte die freien Minuten, um raus vor die Tür zu gehen. Hier waren die Rituale auch etwas anders.

Es wurde langsam Winter und es war nicht mal eben so leicht und locker wie in der anderen Klinik mal eben eine rauchen zu gehen. Nach dem Abendbrot gab es noch die Abendrunde. In der wurde besprochen, wie es einem an dem Tag emotional erging und wir durften nur positive Dinge benennen. Auf den Stühlen lagen dazu Süßigkeiten und das fand ich superlieb von der Stationsleitung, dass es solche Überraschungen täglich gab, wenn man das Zimmer der Abendrunde betrat. Als ich an der Reihe war, bedankte ich mich bei allen, so toll aufgenommen worden zu sein, und dass es sich hier sehr warm (warmherzig), anfühlt und ich mich auf die Zeit hier freuen würde und gespannt wäre, was ich hier alles lernen würde. Der restliche Abend stand uns zur freien Verfügung. Ich war eine kurze Zeit auf meinem Zimmer, als ich den Klang einer Gitarre wahrnahm und beschloss einmal nachzusehen, wer da so schön spielt. Mitten auf dem Flur spielten zwei Jungs auf dem Boden sitzend, der eine Gitarre und der andere mit einer kleinen Kiste übernahm das Schlagzeug. Spontan von der Stimmung angezogen setzte ich mich zu den beiden. Da war es dann doch wieder dieses Gefühl von Jugendherberge, wie ich es auch aus der anderen Klinik kannte.

Ohne weiter nachzudenken zog ich meine Hausschuhe aus und klatschte in die Hände und auf den Boden. Ich versuchte, im Takt der Gitarre meinen eigenen Beat dazu beizutragen, und es machte riesigen Spaß. Wie bei einer Harlem-Beat-Box saßen wir da und machten Musik, die gute Laune verbreitete. Gute Laune, die mir fehlte und die ich oft nicht zu Hause und auf

Feiern spüren konnte. Hier waren Gleichgesinnte, und es war anders. Ich brauchte mich nicht verstellen, ich musste nichts verbergen, so wie in der Öffentlichkeit, in der ich immer meine Maske aufhatte, und aus vielerlei anderen Gründen mein Gesicht wahren musste. Ob es beruflich vor meinen Mitarbeitern war oder beim Taxifahren oder anderen gesellschaftlichen Aktivitäten, wo keine Gefühle gezeigt werden durften, und ich es auch meistens nicht konnte.

Von daher passte es wieder, der Typ mit der harten Schale und dem weichen Kern, den er nur hier zeigen konnte und durfte. Patienten die an uns vorbeigingen, schenkten uns ein Lächeln und ich erfuhr wieder einmal, wie leicht es doch sein kann, Positives zu tun und zu erleben. Der Abend ging schnell vorüber und ich ging zufrieden und sehr müde (auch durch die Tabletten, Seroquel) ins Bett.

Der zweite Tag. Ich werde vor dem Klingeln des Weckers wach. Ich fühlte mich zwar nicht ausgeschlafen, aber dennoch tat der Schlaf gut, denn es war mal wieder ausreichend und durchgeschlafen hatte ich auch. Wie jeden Morgen gab es erst eine Tasse Kaffee, und die selbst gedrehte Zigarette nicht zu vergessen, und dann ab nach draußen zum Rauchen. Anschließend gemeinsames Frühstücken. Zu Hause war ich wieder ins alte Raster verfallen und habe kaum gegessen. Erst ab der Mittagszeit, habe ich mir Brötchen organisiert und zum Abend ab 18 Uhr gab es bei Mama erst etwas Warmes für den Magen.

Hier in der Klinik konnte ich wieder regelmäßig etwas essen. Was soll ich auch zu Hause essen? Wer Single ist, weiß, wie blöd es manchmal ist, zu kochen. Es lohnt sich für einen alleine meistens nicht und die Singleportionen sind auch oftmals um einiges teurer als die Familienpackungen. Da meine Mutter tagsüber arbeitete ist bei mir der Rhythmus nun mal so im Moment. Es war schön und auch lustig mit den anderen zu frühstücken. Nach dem Frühstück hatte ich 2 Stunden Zeit bis es für mich weiterging. Ich nahm mir die Unterlagen zur Hand, die ich am Vortag von meinem Arzt bekommen hatte, und las mir durch, um was es hier ging. Eine sogenannte DBT-Therapie, welche die vorherigen Klinikärzte vorgeschlagen hatten, aber dort nicht durchführen konnten. Hier in Dortmund war es möglich, eine solche zu machen.

Diese DBT-Therapie soll Menschen mit emotionalen Störungen (Borderline) helfen. Es ist ein Teil meiner Diagnose, dazu kommen noch die Depressionen und das ADHS. Ich glaube, das reicht denn auch, denn dazu kommt noch, dass sich die drei Diagnosen überlagern und nicht immer ganz eindeutig zuzuordnen sind. In den nächsten Zeilen zeige ich auf, was Borderline ist, und woher es kommt, und wie man dagegen angehen kann. Die Borderline-Störung ist vor allem eine Störung der Emotionsregulation. Menschen mit einer Borderline-Störung haben meistens Probleme, Gefühle zu steuern, d. h. sie haben eine Störung der Emotionsregulation. Sie werden häufig von schmerzhaften Gefühlen überflutet. Impulsive und selbstschädigende Verhaltensweisen sind häufig misslungene Versuche, mit schmerzhaften Gefühlen umzugehen. Ein Hauptmerkmal der Borderline-Störung ist eine sehr plötzlich auftretende, starke innere Anspannung, die sich eindeutig einem Gefühl zuordnen lässt.

Aha, dachte ich und das habe ich auch? Wenn ich ehrlich zu mir bin und das muss ich sein, sehe ich mich in einigen Dingen schon wieder. Doch es ging noch weiter und ich bekam noch mehr Hintergrundwissen, was es für mich bedeutete. Schaut mal weiter.

Die Probleme von Borderline-Patienten können in fünf Störungsbereiche gegliedert werden.

1. STÖRUNG DER EMOTIONSREGULATION (*Stimmungsschwankungen, Schwierigkeiten Gefühle zu steuern*).

2. STÖRUNG DES DENKENS (*Verzerrung von Zeit-, Raum- und Körperwahrnehmung/Wiedererleben von traumatischen Erinnerungen/Illusionen, die als Täuschungen erkannt werden/Gefühl, verfolgt zu werden/eine schlechte Meinung von sich selbst haben*).

> 3. STÖRUNG DER IDENTITÄT (*Gefühle von Unsicherheit, Fremdheit und Ekel im Umgang mit sich selbst und dem eigenen Körper/Das Gefühl, anders zu sein, als alle anderen/Unsicherheit bezüglich der Zukunftsziele, der eigenen Meinung, wichtiger Entscheidungen und Alltagsentscheidungen*).
> 4. STÖRUNG IM ZWISCHENMENSCHLICHEN BEREICH (*intensive und instabile Beziehungen/ein Wechsel zwischen Idealisierung u. Abwertung/Schwierigkeiten, alleine zu sein/Angst davor, verlassen zu werden und Angst vor Nähe*).
> 5. STÖRUNG DER VERHALTENSEBENE (*impulsive und potenziell selbstschädigende Verhaltensweisen/Hochrisikoverhalten*).

Ach du scheiße, dachte ich mir. Was mir da alles bekannt vorkam, war echt erschreckend, und ich fühlte mich auch gleich wieder sehr angespannt, nachdem ich das gelesen hatte. Doch ich konnte auch wiederum nicht aufhören zu lesen. Ich wollte es wissen, was mich krank gemacht hatte, welche Auswirkungen es hatte und wie ich damit lerne umzugehen. Zu gerne wollte ich mit mir ins Reine kommen und leben. Ehrlich leben und lieben, das ist mein Ziel, gegen die Emotionen, die mich oft fertigmachten, anzukämpfen, ist auch ein Teil davon. Nein, du kriegst mich nicht in den K. o., und nur weil ich am Boden liege, heißt es noch lange nicht, dass du gewonnen hast.

Du kannst mich mal. Zudem war ich froh, dass auch nicht alles von den o. g. fünf Punkten zu mir passte. Ich verletzte mich zum Beispiel nicht an den Armen oder an anderen Körperstellen.

Ich möchte zwischendurch mal anmerken, dass, immer wenn ich schreibe, es mich von meinen negativen Gedanken befreit, und es mir danach meistens besser ging, auch wenn es schwere Kost war, habe ich die Hoffnung, dass ich anderen damit helfen kann. Zu helfen, wie es ist, was es mit einem macht, wie man da wieder rauskommt und nicht aufhört, an sich zu arbeiten und weiterzukämpfen.

Mein Weg ist es erst mal, dieses Werk zu vollenden und es den Menschen draußen zu geben. In die Hand zu geben und an die Vernunft und Eigenverantwortung zu appellieren, nicht aufzugeben. Kämpft verdammt, für euch, für eure Kinder, für eure Familien und Freunde. Die können nichts dafür, dass ihr krank seid. Nur wir haben es in der Hand, und was ich kann, das könnt ihr auch. Lasst euch helfen und geht offensiv damit um, denn nur so können wir die Krankheit langfristig gesellschaftsfähig machen. Es ist keine Schande und ihr seid nicht schlecht.

Ich schreibe ein Buch, verarbeite in Poesie und sozialen Kontakten, die zu mir passen. So lasse ich meinen Gedanken freien Lauf, denn bei den Kontakten, die zu mir passen, werde ich verstanden. Wie viele können das? Macht etwas aus eurem Schicksal und sucht eure Fähigkeiten. Wir haben eine Menge unentdeckter Fähigkeiten und ein großes Wissen. Ihr kennt doch bestimmt Autisten? Auch diese Krankheit hat große Fähigkeiten hinterlassen. Nehmt euer Leben in die Hand, denn ihr habt nur das eine! Lernt, um kein Unheil zu hinterlassen, bei denen, die noch an den Sieg glauben. Seid stark und seht die Sonne, den Vogel auf dem Baum, spürt das Wasser im Gesicht und das Lachen in jedem Gesicht, welches dich sieht und dir somit Freude schenkt.

Das mal in eigener Sache und nun weiter zu meinem Lehrmaterial. Borderline gibt es, wie ihr seht, in verschiedenen Varianten. Es gibt welche, die sich verletzen und Schmerzen am Körper zufügen und es gibt Menschen wie mich, die das mit sich nach innen ausmachen. Mein Umfeld kann es teilweise noch nicht einmal sehen oder erkennen, dass es mir nicht gut geht oder ich gar krank bin. Zumal die Vermeidungstaktik für das Umfeld es noch viel schwerer macht zu urteilen, ob man nun krank ist oder nicht. Früher hat man mir immer nachgesagt, dass ich schlechte Laune habe, ein Tagesmuffel wäre und nicht lachen könnte. Einer, der sich viele Dinge zu sehr zu Herzen nimmt und auf Kritik innerlich so emotional reagiert, dass es nicht mehr gesund zur Realität steht, wie ich dann in den Momenten reagiere.

Als Nächstes hatte ich am Vormittag eine sogenannte Skills-Sitzung. Skills, was ist das?, fragen jetzt bestimmt diejenigen, die es noch nicht kennen.

Definition eines Skills:

Jedes Verhalten, dass in einer schwierigen Situation kurzfristig wirksam ist und dabei langfristig nicht schädlich ist, kann als Skill oder Fertigkeit verstanden werden. Alle Menschen verwenden Skills im Alltag. Häufig setzen wir sie ganz automatisch ein, ohne es zu wissen. Dysfunktionale Verhaltensweisen, wie z. B. Drogenkonsum/Alkoholkonsum, Selbstverletzungen oder Essattacken sind keine Skills, obwohl sie kurzfristig eine innere Spannung lösen können, denn langfristig Schaden sie Ihnen. Im Skills-Training werden Sie neue Skills erlernen und sich bereits vorhandene Skills bewusst machen.

Kurzfristig: bringt Ablenkung
Langfristig: Ablenkungen (Skills) schaden Ihnen nicht

Wenn Sie feststellen, dass Ihre Anspannung stark steigt oder andere Anzeichen von Problemverhalten auftreten, dann folgen Sie dem folgenden Ablauf.

Problemverhalten erkennen und unterbrechen.

1. *Entscheidung für den Skills-Einsatz*
2. *Auswahl eines wirksamen Skills*
3. *Entscheidung sich auf den Skills einzulassen*
4. *Unterprogramm Skills-Durchführung*
5. *Erarbeiten des nächsten Skills der Skills-Kette oder Ende, wenn letzter Skills erreicht ist*
6. *Bericht über Skills-Einsatz auf dem Protokoll*

Was für Skills gibt es?

SINNESBEZOGENE SKILLS: Sehen, Hören, Schmecken, Riechen, Spüren

Bei manchen kann Hochspannung (Anspannung) durch sinnesbezogene Skills beeinflusst werden. Sie können z. B. frischen Meerrettich, Chilischoten oder Ammoniak riechen oder kauen.

GEDANKENBEZOGENE SKILLS: Manche Personen können sich ablenken indem Sie z. B. ein Kreuzworträtsel lösen.

HANDLUNGSBEZOGENE SKILLS: Sport kann erfolgreich eingesetzt werden, um Spannung zu reduzieren. Sie können auch Hobbys ausüben, in die Stadt gehen oder die Wohnung putzen.

KÖRPERBEZOGENE SKILLS: Viele Menschen können ihren Zustand verändern, indem sie etwa ihre Atmung verändern (Thai Chi, Chi Gong, Achtsamkeitsübungen).

Das allgemeine Ziel ist es jedoch, Fähigkeiten zu lernen und zu verbessern, mit deren Hilfe Sie Verhaltens-, Gefühls- und Denkmuster verändern können, die zu Schwierigkeiten und seelischen Belastungen in ihrem Leben führen.

Die Zeit verging wie im Flug und es wurde schon wieder Zeit, zum Mittagessen zu gehen. Es gab drei Menüs zur Auswahl. Nein, nicht wie ihr denkt. Das ist doch kein Hotel hier. Es gab einen Plan für die ganze Woche, bei dem man sich dann aussuchen konnte, was man wollte. Das gab es an dem Tag auch und Änderungen waren natürlich nicht möglich. Danach gingen wie immer alle eine Zigarette rauchen und ich bin danach gleich wieder ins Bett gegangen, einen Mittagschlaf machen.

Es hatte mich wieder ziemlich viel Kraft gekostet bis hierher und ich empfand meine Verfassung als hundemüde, sodass ich mich auch schwer dagegen wehren konnte ins Bett zu gehen. Am Nachmittag fand die nächste Skills-Therapie statt.

Ziele des Skills-Trainings sowie spezifische Ziele.

Verringern von: chaotischen zwischenmenschlichen Beziehungen, starken Gefühls- und Stimmungsschwankungen, übermäßiger Impulsivität, Identitätsunsicherheit und Denkstörungen.

Fördern von: Befriedigenden zwischenmenschlichen Beziehungen, Fähigkeiten zur Regulation von Stimmungsschwankungen, Spannungs- und Frustrationstoleranz, Fähigkeiten zur Achtsamkeit sich selbst und anderen gegenüber.

Achtsamkeit wurde in der anderen Klinik auch sehr großgeschrieben und einiges hier kam mir bekannt vor oder ich hatte sogar auch schon mal damit zu tun gehabt. Ich fühlte mich hier gut aufgehoben, nur machten sich die Schwere wie auch Leere im Kopf breit, da es sehr viele Informationen waren, die ich hier bekam. Ich wurde hier mehr und mehr mit meiner Diagnose konfrontiert. Das war mir insofern neu, weil es hier mehr an das Eingemachte ging.

Nicht nur stabilisieren, wie es in der anderen Klinik war, sondern sich wirklich mit dem auseinandersetzen, was die Gefühle mit einem machten, wann sie es machten und wie sie es machten. Lernen, die Krankheit zu sehen, zu verstehen und damit umzugehen. Es ist auch schwer, die anderen dabei zu sehen. Es ist eine Borderline-Station und dazu sind noch Traumapatienten hier.

Ich gehöre hier zu den Borderlinern und bin der einzige Mann hier und muss mir die Wunden der Frauen ansehen. Bei der Abendrunde wurde wieder der Tag besprochen und es durften nur die Dinge ausgesprochen werden, die positiv waren. Nachdem wir fertig waren gingen alle auseinander. Wenig später hörte ich Gitarrenklang auf dem Flur. Da war es wieder dieses Herbergsfeeling, und ich sah nach, wer da spielte. Der junge Mann saß auf dem Flurboden und ließ seinen Gefühlen freien Lauf, indem er so spielte, wie es ihm guttat. Ich setzte mich ihm gegenüber und hörte ihm zu. Von dem Rhythmus und der Melodie gefangen nahm ich meine Hausschuhe in die Hand und machte das Schlagzeug nach. Ich versuchte, den Takt zu halten und mitzugehen, indem ich mit den Schuhen in die Hände und auf den Boden klatschte. Es hat riesig Spaß gemacht, und es dauerte nicht lange bis die Ersten, die an uns vorbeigingen, stehen blieben, einen Moment verweilten und uns zusahen.

Sie lächelten und es gab uns ein gutes Gefühl, zu sehen, dass sie darüber erfreut waren, wie frei und unbekümmert wir Musik machten. Es fehlten noch das Lagerfeuer und ein warmer Ort, doch das ging auch so, denn wir haben schon bald Winter und draußen war es ungemütlich. Mit einem guten Gefühl ging ich an dem Abend ins Bett.

Ich sitze gerade auf meinem Zimmer und habe das Bedürfnis zu schreiben. Ich habe die Tage aus den Augen verloren.

Die letzten zwei Tage habe ich damit verbracht, die Informationen, die ich hier bekommen habe, zu verarbeiten. Fünf Tage bin ich jetzt schon hier und die Gespräche mit den anderen Patienten bringen mich zum Nachdenken. Heute war wieder ein emotionaler Tag und ich werde das Gefühl nicht los, dass die anderen schlechter dran sind als ich. Nebenbei ist mir gerade mal aufgefallen, dass sich meine Mutter bisher nicht bei mir gemeldet hat, geschweige denn wissen wollte, wie es mir geht. Dazu habe ich heute wieder eine SMS von meinem Ex-Sternchen bekommen. Das tat mir zusätzlich nicht gut. Es ging wieder einmal darum, dass sie unsere Tochter am Wochenende nicht bringen und auch nicht abholen kann. In mir brodelte es förmlich auf, als ich es las, und meine Anspannung stieg ins Unermessliche. Es ist so typisch und unglaublich, mich mal wieder vor vollendete Tatsachen zu stellen. Diese Heimtücke und Hinterlist, die diese Frau an den Tag legt, und diese berechnende Arroganz und Selbstherrlichkeit von der Frau, die mal meine große Liebe war, ist kaum zu ertragen. Wie oft habe ich ihr schon erklärt, dass ihr Verhalten einzig und allein unserem Kind schadet. Ich habe es mir auch nicht ausgesucht, aber ich versuche, für mein Kind alles zu geben.

Ich brauchte eine Weile, um meine Anspannung wieder runterzufahren, und beschloss einen Mittagschlaf zu machen. Der war allerdings nicht so toll, und ich fühlte mich danach wie eine alte zerfetzte Ledertasche. Meine weiblichen Mitpatienten sahen es mir auch an, und ich erfuhr wieder die Nähe und Wärme sowie den Zuspruch, den ich oftmals in meinem Leben vermisst habe.

Warum können das nur die Gleichgesinnten? Wieso ist diese Krankheit noch ein so großes Tabuthema in unserer Gesellschaft?

Schaut mal was ich zu lesen fand, und ich finde, dass es den Nagel auf den Kopf trifft:

Für mich ist es sehr schwierig, mit meinem Trauma zu leben. Immer und immer wieder holen mich Bilder ein und bringen mich in Situationen, in denen mir meine Impulskontrolle vollkommen verloren geht. Ich befinde mich oftmals mittendrin im Trauma und weiß nicht mehr, was real ist und was irreal. Ich weiß dann nicht, wie ich diesen Zustand beenden kann, und verletze mich dann oft selbst. Es ist schwer auszuhalten, manchmal schier unaushaltbar, zu wissen, was damals passiert ist, und was mich zu dem gemacht hat, was ich jetzt bin. Oft lässt es mich an Suizid denken, weil ich nicht weiß, wie diese Flashbacks jemals aufhören sollen und ich mein Leben normal leben kann, indem ich wieder eine Arbeit aufnehme, indem ich soziale Kontakte zulassen kann, indem ich mich nicht ständig verkriechen muss, aus Angst ich verliere emotional die Kontrolle. Es lässt mich ohnmächtig werden und wütend, aber nur ganz selten, denn oftmals erlaube ich mir das gar nicht, zumindest nicht die Wut gegen andere zu richten, sondern nur gegen mich selbst.

Was für ein Text und ich kann dem nur zustimmen und weiß genau wie sich der Betroffene, der das verfasst hat, fühlt. Mir geht es ähnlich, nur dass ich halt nicht ritze, aber ich verzeihe mir emotional keine Fehler. Die Lektüre lenkt mich etwas ab und meine Anspannung wird etwas geringer, obwohl ich noch Tausende Fragen im Kopf habe, aber kaum noch handlungsfähig bin und Entscheidungen vor mir herschiebe.
Der nächste Bericht entspricht auch meiner Denkweise, denn nur weil man anders ist, eine nicht sichtbare Krankheit hat, bleibt man dennoch ein Mensch.

Anders sein?

Alle möchten gerne anders sein, wer träumt nicht davon ein Star zu sein?

Ich nicht, ich möchte einfach nur Durchschnitt sein! Normal sein, empfinden wie alle, sein wie alle und mich benehmen wie alle, untergehen in der Menge, massenkompatibel sein. Aber ich falle immer wieder, dazu kommt große innere Anspannung, das kennt jeder (Anspannung), eins dieser banalen Wörter, die man benutzt, um deren Intensität man aber nur selbst wissen kann. Aber Spannung ist schlecht, denn Spannung kann ich nur schlecht ertragen und dann suche ich Auswege. Viele der Auswege sind schwer verständlich, denn meine Anspannung ist so groß, dass ich sie gerade nicht aushalte. Manchmal trinke ich zu viel Wein, manchmal dusche ich heiß, hin und wieder gehe ich auf Brückengeländern spazieren. Klingt es krank? Was ist denn krank für euch? Ich kann eure Ablehnung förmlich spüren und fühlen, wenn ihr den Artikel lest, dieses Unverständnis, aber auch diese Lust, wenn ihr Leute in eurem TV seht, die sich verletzen, euer geheucheltes Verständnis. Wie ein Crash auf der Autobahn, alles schaut hin und niemand hilft. Und dann meint ihr: Die sind bestimmt gerast und waren betrunken und über mich, da sagt ihr: Die/er ist ja krank!

Aber ihr müsst die Spannung auch nicht aushalten, ihr haltet ja nicht mal mich aus, mich, wenn ich euch versuche anzurufen und mich ein wenig zu öffnen, wenn ich klage, wenn ich jammere. Nicht einmal mehr das haltet ihr aus, und ich, ich soll etwas ganz anderes aushalten?

Das ist doch paradox. Nein, ich habe es mir nicht ausgesucht! Und eure Ablehnung mir gegenüber, euer „mich ausgrenzen" macht es noch schlimmer – ich empfinde vermutlich stärker als ihr, ich sehe eure Blicke, ich höre euer Tratschen, ich bin weder blind noch taub, ich halte mich bloß manchmal nicht aus!

Dabei wäre ich doch gerne eine/er von euch und würde mir gern Eure TV-Sendungen ansehen und die Bands anhören, die ihr so hört! Normal eben! [Quelle ubekannt]

Wieder aus der Normalität raus. Während ihr auf euren Stühlen sitzt und über die aktuelle TV-Serie redet, über die aktuelle Band, sitze ich da und denke daran, wie ich mich bestmöglich umbringe, wie ich dieser Spannung, unter der ich gerade stehe, vielleicht auch anders entfliehen kann, denke an Wege aus der Therapie und wie wenig sie oft hilft. Denn wenn ihr abends TV schaut, liege ich im Bett und bin unglücklich.

Nein, es ist nicht immer schlimm, oft ist es bestimmt ähnlich zu eurem Unglück, wenn euch der Partner verlassen hat, aber manchmal, da ist es schlimmer. Und je schlimmer es wird, desto angespannter werde ich. Oh ja, wie gerne wäre ich auch normal.

Aber ich bin es nicht. Ich bin einer von denen, die sich nicht aushalten können und eine Krankheit haben, die nicht gleich sichtbar ist.

Der ein oder andere kann es an meinem Verhalten erkennen, aber das auch nur, wenn er sich mit der Materie auskennt und sich damit befasst. So wie es eigentlich die Angehörigen, Freunde oder Partner auch machen sollten, aber von denen wird man oft im Stich gelassen, da es für sie eine enorme Belastung ist, die sie manchmal nicht aushalten und geschweige UNS verstehen können. Da sagte mir ja auch mal die Ruhrpottdiva, ich wäre zu weich und sie zu stark für mich. Das belächle ich heute ein wenig, denn sich selbst auszuhalten und dennoch damit zu leben ist für mich Stärke. Dazu mal nicht zu vergessen, wie lange ich schon damit anscheinend lebe, ohne es zu wissen und dennoch vieles erreicht habe. Ich habe zwar keine abgeschlossene Lehre, weil es da schon damals falsch lief.

Dafür habe ich aber meinen Traumberuf erreicht und damit lange schöne Jahre erleben dürfen. Ich, der ohne Ausbildung eine Firma aufgebaut und geführt hatte, und dazu noch in einem Spezialbereich sich einen Namen gemacht hatte. Das Ganze habe ich mit allen Höhen und Tiefen geschafft, und jede Krise in der Firma und jede Beziehungspleite überlebt und auch gemeistert. Wie das sein kann? Das weiß ich auch nicht mehr so genau im Moment. Ich weiß nur, dass ich es jetzt nicht mehr kann, denn all meine Handlungsfähigkeiten sind nicht mehr abrufbar oder überhaupt nicht mehr vorhanden.

Ich habe es elf Jahre geschafft und die Wirtschaftskrise war der Hauptgrund, alles verloren zu haben. Dazu meine Krankheit, die in dem Moment wie gerufen kam, um endgültig aufzugeben. Jetzt ist sie da. Diese Krankheit, die anscheinend schon immer in mir war, und deren Kampf ich meistens gewonnen habe. Jetzt liege ich am Boden, aber ihr könnt mir glauben, dass ich alles versuchen werde, nicht von meiner Anspannung erdrückt zu werden. Doch zu urteilen, jemand sei stärker oder schwächer als der andere, finde ich ungeheuerlich, denn niemand hat meine Schuhe an.

Es sind ein paar Tage vergangen. Ich habe bestimmt schon über eine Woche nicht mehr geschrieben. Die Tage sind hier sehr lang und gehen bis nach 19 Uhr. Da hatte ich nach einem anstrengenden Tag einfach nicht mehr viel Lust, noch etwas zu schreiben. Oftmals hatte mich der Tag auch schon überfordert und in Anspannung gebracht, sodass ich abends lieber ins Internet flüchtete, um neue Menschen kennenzulernen. Natürlich habe ich auch die einen oder anderen Damen kennengelernt. Warum nur Frauen? Das wird wohl mitunter ein Grund sein, immer nach weiblicher Aufmerksamkeit und Anerkennung zu suchen und zu sehen, wie die Damenwelt darauf reagiert. Sich seine Bestätigungen holen kann man das auch nennen. Dabei habe ich einige tolle Personen kennengelernt, die mir auch oft die Bestätigung und Aufmerksamkeit entgegenbrachten. Es war der Drang, Menschen kennenzulernen, die entweder das Gleiche haben wie ich, oder welche, die mich verstehen und mir gerne etwas von ihrer Kraft abgeben wollten. Dazu wurde ich das eine oder andere Mal gelobt für meine Einstellung, Sensibilität und Feinfühligkeit.

Da ist es kein Wunder, dass ich mich dabei wohlfühlte, von fremden Menschen beurteilt zu werden, die einen nicht mal kennen.

Dabei merkte ich auch, dass es vielen so ging wie mir und wir uns gegenseitig im Internet das gaben, was wir brauchten oder suchten. Dies ist die Gefahr dabei, im Internet die Realität aus den Augen zu verlieren, denn dort wird viel gelogen und lauern auch noch andere Gefahren. Manchmal gesellte ich mich auch zu den Mitpatienten, je nachdem, was gerade so anlag und wie meine Stimmung war.

Es ist hier nach wie vor schwer, in dieser Gemeinschaft die täglich einen emotionalen Tiefpunkt erreichen konnte, Ruhe zu bewahren und damit fertig zu werden. Unschön war es auch, wenn die ein oder anderen entlassen wurden. Es kochten immer wieder die Emotionen hoch auf einer Station, wo Gefühle eine große Rolle spielten.

Neue Patienten versuchten sich schnell einzufügen, hatten es aber genauso schwer wie ich, da reinzukommen, bei denen, die schon länger da waren. Alle hatten ihre Schutzmauern aufgebaut und wollten diese nicht bei jedem Neuankömmling gleich wieder einreißen. Es dauerte immer einige Tage, bis sie sich gegenseitig ihre Geschichten erzählten.

Diese Geschichten waren es auch, die mich oftmals berührten. Meine Geschichte ist schon nicht einfach und die Ärzte haben Verständnis, was ich für ein Leben hinter mir habe und wie ereignisreich die letzten Jahre für mich emotional waren. Für sie war es kein Wunder, dass ich irgendwann darunter zerbrochen bin. Dennoch empfinde ich es bei den anderen schlimmer (ist ein Teil der Krankheit sich anders zu sehen). Von vergewaltigten Frauen, die auch geschlagen wurden, die als Kinder misshandelt oder als Erwachsene vergewaltigt wurden. Frauen, die einem Ideal hinterherliefen und dadurch magersüchtig wurden, woran in meinen Augen die Medien schuld sind mit ihren Supermodels, die keiner haben will.

Frauen, die sich aus Frust dick aßen, und nicht merkten, in welchem Sog sie sind und am Ende auch nicht mehr rauskamen. Dazu all die Frauen, die sich selbst verletzten, um sich selber wieder spüren zu können, diejenigen, die sich und ihren Körper nicht liebten und ihn anfingen zu verletzen. Die unsagbare Leiden ertrugen und so versuchten, damit umzugehen oder nach Aufmerksamkeit buhlten, die sie nie bekamen. Frauen die als Kinder in eine Verantwortung gedrückt wurden, weil Eltern nicht in der Lage waren eine gesunde Erziehung beizubringen. Vieles lief unbewusst auf dem Rücken der Kinder ab.

Eine Scheidung, fehlende Liebe und Aufmerksamkeit, all das waren Dinge, die ein Kind zerbrechen lassen konnten und die Überforderung, die sie spürten, aber nicht unterscheiden konnten, hat sie im Erwachsenenalter zu dem gemacht, was sie jetzt sind. Diese Kinder haben verbal eine Erziehung genossen, die schon mit lauter oder aggressiver Stimmung Spuren hinterlassen konnten. Sie durften einfach nicht Kind sein. Das war auch bei mir oftmals so, wie ihr in meiner Vergangenheit lesen konntet. Immer nur Frauen, was mache ich hier? Ich bin ein Mann und habe in meiner Therapie nur Frauen mir gegenüber sitzen. Es ist echt krass, aber mein Weg, denn Borderline bedeutet ja nicht nur zu ritzen, wie man es klassisch aus den Medien kennt. Mein Borderline ist da etwas anders und für mich schwer hier anzusehen, wie es den Frauen damit geht. Dazu kommt, dass es viele junge Frauen sind, die noch ihr Leben vor sich haben. Es macht mich auf eine Weise traurig, das mit anzusehen, andererseits bin ich froh, dass sie sich so früh Hilfe holen.

Nach vielen Gesprächen mit älteren Patienten weiß ich, dass es früher nicht so leicht war, Hilfe zu bekommen.

Psychische Krankheiten sind heute noch ein Tabuthema und wurden früher noch schlechter behandelt, weil die Medizin nicht so weit war und die Gesellschaft diese komischen Kreaturen lieber komplett weggesperrt hat. Ich finde es mit meiner emotionalen Seite dennoch extrem traurig, weil ich hier alles live miterlebe.

Diese einsamen, verletzten Geschöpfe, die jeden Schmerz an sich ertragen konnten. Einen Schmerz, wo andere schon weinen, wenn sie sich in den Finger schnitten und jedem zeigen mussten, gucke mal was mir heute passiert ist.

Was mussten die Frauen, was müssen diese Frauen heute noch ertragen und ich bin mittendrin und live dabei. Es gab schon Situationen, in denen ich wahrscheinlich mehr innerlich gelitten habe als die Mädels selber. Es war nicht nur, dass ich es mit ansehen musste, sondern ich war regelmäßig Mitwisser. Das konnte ich oft nicht verantworten, und meine moralische Unterstützung sagte mir, dass ich handeln muss, ohne mich selbst damit zu belasten.

Ich kann und darf nicht der Retter der Station sein. Auch wenn ich es gerne wäre, der einsame Samariter, der den Frauen Kraft und Halt gibt. Es ist zwar eine Stärke von mir, aber dennoch war ich ja selber hier, weil ich mit Gefühlen nicht umgehen konnte. Ich entschloss mich insofern zu handeln, dass wenn ich irgendwo etwas mitbekam oder ein Mädchen sich auffällig verhielt, dass ich es den Krankenschwestern meldete. Somit habe ich für mich den Weg gefunden, die Verantwortung an die richtige Stelle abzugeben und versuchte, mich nicht weiter zu belasten, auch wenn ich dennoch für sie da war, konnte ich dies nicht für mich behalten. Es war auch der Tag, an dem es an meiner Tür abends klopft und vor mir eine junge Frau stand.

Sie war am Weinen und fragte mich, ob ich sie zum Rauchen nach draußen begleiten würde. Ich fragte, was los wäre, ob sie Blödsinn gemacht hatte, und mit verweinten Augen sah sie mich an und sagte verzweifelt ja. Ich zog mir eine Jacke über. Und während wir über den Flur gingen, sah ich an dem Arm einen Verband sowie einen darüber gelegten Kühlakku. Sie sagte mir, dass sie alleine nicht zum Rauchen darf, und die Schwestern meinten, sie solle jemand mitnehmen. Warum gerade ich, war mir egal, aber ich ging mit.

Wir rauchten eine Zigarette zusammen und sie beklagte sich bei mir, dass sie schon ein Jahr nicht mehr geritzt hatte.

Es kam auf einmal über sie, und die Warnsignale hatte sie überhört. Die Borderliner merken oft nicht, wo ihre Grenzen sind. Sie handeln gemäß ihrem Verhaltensmuster irrational und emotionsgesteuert.

In dem Moment haben sie nur das Ziel, sich selbst zu verletzen.

Das Mädel hatte einfach nicht erkannt, wann ihre Anspannung den kritischen Punkt erreicht hatte. Dieser Punkt beginnt meist bei 70 % und wenn man diese Prozentzahl überschritten hat, nennt man dies den Point of no Return. Die emotionale Anspannung ist dann so extrem, dass man da so ohne Weiteres nicht wieder herauskommt.

Frauen ritzen dann zum Beispiel und ich verfalle emotional in die Hilflosigkeit und mache mich dann handlungsunfähig.

Genauso schaffe ich das dann nicht mehr, Verantwortung zu übernehmen, geschweige denn zu wissen, was richtig und was falsch ist. So macht es sich bei mir bemerkbar als MANN. Das hat mein Leben aus mir gemacht und nun heißt es, lernen damit zu leben, denn heilbar ist es nur schwer, und es wird Jahre dauern, um sich zu verinnerlichen, was wirklich wichtig ist, und wie man mit seinen Gefühlen umgeht. So wie es eigentlich hätte sein müssen.

Da komme ich auch gleich zum nächsten Thema, was bei mir und vielen anderen Menschen seit der Kindheit oder durch prägende Ereignisse falsch läuft.

Die (meine) Erscheinungsweise. Das eine ist die Seite, die ich an mir habe, wenn ich keine Spannung spüre und emotional dementsprechend realitätsbezogen erlebe und mich auch demnach verhalte. Dafür gibt es heutzutage ein sogenanntes Funktionsmodell (über das Wie?) der Erscheinungsweise.

> 1. **Eltern-Ich-Zustand** = *elternhafte Haltung, elternhaftes Erleben und Verhalten.*

Eltern sollten im Umgang mit ihren Kindern Grenzen zum Wohle des Kindes setzen. Dabei ist ein wohlwollendes, förderndes und ermutigendes Verhalten wichtig für die Kinder. Sind Eltern zu kritisch, normativ und fürsorglich, kann das für das Kind abwertend und entmutigend sein. Überfürsorgliches Verhalten wird zwar als unterrepräsentiert erlebt, es kann jedoch entmutigte und verwöhnte Kinder zur Folge haben.

> 2. **Kind-Ich-Zustand** = *kindliche Haltung, kindliches Erleben und Verhalten.*

Das sagt aus, dass Kinder im positiven Fall, frei sowie natürlich und unbefangen ihr Leben erleben. Im negativen Fall kann es sein, dass Kinder aufgrund der negativen Aspekte von Punkt 1 rebellisch, trotzig und rachsüchtig reagieren. Die ideale Erscheinungsweise, die anerzogen werden sollte, sollte auf Autoritäten reagierend abhängig und reaktiv sein. Dazu die angepasste, gehorsame und fügsame Erscheinungsweise, die dem Kind die richtige Richtung zeigen soll.

3. ERWACHSENEN-ICH-ZUSTAND = *Von Realitäts bezogenheit bestimmtes Erleben und Verhalten.*

Das soll bedeuten, dass Kinder oft zu realitätsfern oder sogar realitätsfremd erzogen werden und somit ein bestimmtes Verhalten erleben, welches einfach nicht der Realität entspricht. Kindern werden Ängste vermittelt, wobei die Wahrscheinlichkeit, dass dieses Ereignis tatsächlich eintritt, verschwindend gering ist. Kinder werden es jedoch für wahrscheinlich halten, weil Eltern es ihnen so vermitteln. Nächstes Beispiel ist der Spruch: Indianer kennen keinen Schmerz. Das sagt dem Kind, du darfst deine Gefühle und auch Schmerzen nicht zeigen, weil die Eltern es behaupten. Das ist ein fatales Trugbild, denn es müsste andersherum lauten, wenn dir etwas Schmerz bereitet, dann lasse deinen Schmerz und die Gefühle raus. Die gehören dazu und sie sind die Realität.

Diese Behauptung, Indianer kennen keine Schmerzen, ist ein Mythos, den Kinder aber glauben, weil sie in ihrem kindlichen Dasein ihren Eltern vertrauen und alles glauben. Das hat eine ähnliche Wirkung wie der Aufbau von Druck und Stress, ohne die Kinder Achtsamkeit zu lehren.

Wenn sie einem Kind sagen, du musst, dann kann es genau ins Gegenteil umschlagen, wenn es nicht weiß, worum es dabei geht.

Wie zum Beispiel, ‚du musst mit etwas fertig werden', so heißt es doch auch ‚gut Ding braucht Weile'. Die Kinder haben ja keine andere Wahl, weil sie keine Ahnung vom Leben haben. Doch die Eltern sollten es besser wissen. Kinder leben frei von Gefühlen, sie wissen, dass sie welche haben, aber nicht wie die heißen. Ich habe ein Gefühl – was soll ich tun? Erwachsene befinden sich oft in einer Situation, in der sie nicht genau wissen, ob sie ihrem Gefühl nachgeben sollen oder nicht. Wie soll es dann bitte schön ein Kind wissen?

Es gibt noch viele, ja unendlich viele, Beispiele und sehr viele Eltern wissen gar nicht, was sie da tun. Sie sind umso mehr verwundert, was dann aus ihren Kindern wird, und sehen schlussendlich gar nicht, was falsch gelaufen ist. Im Nachhinein kann man ihnen noch nicht einmal einen Vorwurf machen. Viele Eltern haben es anscheinend nicht besser gewusst oder sich von

medialen oder privaten Gründen, wie zum Beispiel Kinder ohne Wissen alleine großzuziehen, leiten lassen.
Die Vergangenheit lässt sich nicht zurückdrehen. Für die Eltern genauso wenig wie für die Kinder. Die Kinder haben ab einem gewissen Zeitpunkt in ihrem Leben verpasst, ihre eigene Sichtweise zu entwickeln, da sie immer noch nach den Vorgehensweisen der Eltern gelebt haben. So war es auch in meinem Fall.
Während ich das alles so schreibe und formuliere, kommt in mir so ein Gefühl auf. Ein Gefühl, das ich nur schlecht beschreiben kann. Obwohl ich heimlich auf dem Zimmer rauche, gehe ich ziellos raus, um meine Sucht nach Nikotin zu befriedigen. Als ich anschließend draußen eine Zigarette geraucht habe, ging ich wieder rein und irrte ziellos umher. Nach einigen Minuten las ich das Schild „Kapelle" und irgendetwas zwang mich, diese aufzusuchen. Ich ging auf die große Holztür zu und sie war nicht verschlossen. Es war nicht groß beleuchtet, eher nur ein kleines Licht am Kondolenzbuch. Erst wollte ich wieder rausgehen und dann wie ferngesteuert ging ich auf das Buch zu, welches aufgeklappt auf einem Ständerwerk lag. Ich las Zeilen von anderen Menschen und davon inspiriert setzte ich den Kugelschreiber an und schrieb:

„Lieber Gott, schenke mir Liebe, Hoffnung, Zuversicht und Kraft, die ich benötige, um weiterzuwachsen, um inneren Frieden zu erlangen", gez. Carlos am 10.12.2010.

Danach setzte ich mich noch eine Weile auf eine Bank und ließ meinen Gedanken freien Lauf. Mittlerweile gab es Abendbrot und die Abendrunde ist auch schon vorbei und nun sitze ich hier wieder. Es gibt hier Dinge, die ich mühsam lernen muss. Ich dachte, es wäre okay bei mir, aber Pustekuchen, ich bin krank und habe vor Monaten die Quittung bekommen. Dazu gehören im Lernprozess auch die sogenannten ICH-Botschaften. Was ist das denn? Ich weiß noch genau, dass die Frauen mir Egoismus vorgeworfen haben, weil ich jeden Satz mit ich angefangen habe. Jetzt soll ich das lernen?
Das bringt mich etwas durcheinander, aber schauen wir doch mal genauer, was das ist.
Vorab erkläre ich schnell, was DU-Botschaften sind. Du-Botschaften sind grundsätzlich ein Übergriff in das Haus des ande-

ren; sie sind häufig eine Attacke auf das Selbstwertgefühl und den Charakter des anderen Menschen. Sie kommen oft als offene oder versteckte Vorwürfe daher.

Ich-Botschaften sagen, wie könntet ihr euch so ausdrücken, dass ein anderer Mensch verstehen kann, worum es euch geht und was ihr wollt, ohne dass ihr ihn angreift. Dafür ist die Ich-Botschaft eine geeignete Möglichkeit. So nennt man dies in der Kommunikationspsychologie. Es sind Mitteilungen, die den anderen Einblick in die eigene Welt gewähren.

DIE ICH-BOTSCHAFT:

1. *kein Angriff auf andere;*
2. *löst normalerweise keine Verteidigungshaltung aus;*
3. *zeigt die eigenen Gefühle und Weltsicht;*
4. *ermöglicht auch kritische Anmerkungen ohne Gesichtsverlust für den Partner;*
5. *ist lösungs- und zukunftsorientiert*

Jetzt überprüft doch mal bei euch, wie ihr mit Kollegen oder Partnern sprecht. „Du hast mir mit der lauten Musik die Ruhe zum Lesen und Schlafen genommen, was soll das? Warum machst du das?"

Es ist gemäß der ICH-Botschaften besser so zu sagen: „Es wäre schön, wenn ich in Ruhe lesen und schlafen könnte, damit ich fit für den nächsten Tag bin und konzentriert meine Arbeit machen kann." „Zudem würde ich mir für die Zukunft wünschen, dass wir dafür eine Lösung finden." Okay, so würde keiner in einem Dialog reden, dennoch soll es zum Nachdenken anregen, wie wir manchmal miteinander umgehen. Genau das habe ich früher auch falsch gemacht und brauch' mich heute nicht zu wundern, dass ich so oft angeeckt bin bei anderen Menschen oder Partnern. Meine Formulierungen waren oftmals falsch und auf Angriff ausgerichtet, weil der kleine Junge (Ich) nicht das bekam, was er wollte, oder dickköpfig jede Kritik an ihm von sich wies. Jetzt möchte ich das alles lernen wie ein Erstklässler. Ich werde Monate brauchen, um das, was in den Kinderschuhen versäumt worden ist, mühevoll als Erwachsener zu lernen. So sieht es aus. Deswegen bin ich hier und weil mir die ganze Vergangenheit inklusive der dadurch entstandenen Gefühle einen Riesenstein mit ungeahntem Ausmaß in den Weg geworfen hat, werde ich es auf mich nehmen und mühsam erlernen, wie man sich besser mitteilt in der Gesellschaft. Dazu übe ich noch, mich selber zu lieben und anzunehmen damit mein Gefühlshaushalt auch wieder ins rechte Lot rückt. Dabei dürft ihr mich weiterhin begleiten. Freunde, jetzt ist eingetreten, was ich auch nicht geahnt habe. Ich sitze jetzt an meinem Küchentisch und schreibe.

Für euch normal, doch für mich nicht. Denn zwischenzeitlich sind gute sechs Wochen vergangen und ich hatte keine große Lust etwas zu schreiben. Obwohl ich Tag täglich Hunderte von Ideen hatte und schreiben könnte wie ein Wahnsinniger, doch das nennt man wohl eine schöpferische Pause und dabei muss ich etwas schmunzeln.

Natürlich bin ich mittlerweile aus der Klinik entlassen und die sechs Wochen Aufenthalt sind somit rum. Was ich dort erleben und lernen durfte, habt ihr ja schon teilweise lesen können. Ich werde jetzt mal frei nach Schnauze weiterschreiben. Bin ja einer der wenig vergisst, was nicht verwunderlich ist für jemanden, der im Sternzeichen Krebs geboren wurde. Es ist meine Art des Nachtragens, die ich mir damit bewahrt habe. In der zweiten Klinik war alles anders, vieles konnte ich mitnehmen und habe ich dort erlebt. Na toll, jetzt kam gerade Haushälterin Pitbull von meiner Mutter rüber und wollte mal bei mir nach dem Rechten sehen und nun bin ich wieder raus.

Na dann fangen ich eben wieder von Neuem an. Es hat gerade einmal zehn Zeilen gehalten und nun versuche ich mich wieder einzulesen. Wo anfangen, wenn man so viel im Kopf hat? Der zweite Klinikaufenthalt war viel schwieriger und ich mache jetzt mit einem Reim weiter, den ich schrieb, als ich dort noch stationär war.

Heute sah ich zu viel Blut,
einem jungen Mädel ging es nicht gut.
Erschrocken kämpfe ich aufmerksam weiter,
die Schultern werden etwas breiter.
Kämpfe mit dem inneren Kinde,
damit ich endgültig die Vergangenheit überwinde.
Liebe in mir gedeiht,
der Weg ist nicht mehr weit.
So gehe ich dahin,
Erfahrungen bringen mir unendlichen Gewinn.

Es passierte als ich mit einigen Mitpatienten in der Flurküche stand. Ich setzte mich raus auf den Flur direkt gegenüber und konnte alles verfolgen. Ein Mädchen, welches in einem Gespräch war, und auf dem Tisch saß, sprang auf einmal auf und ging zügig auf ihr Zimmer nur zwei Türen weiter. Ich bekam es mit und sprach sie an, während ich noch auf dem Boden saß. Sie reagierte überhaupt nicht auf meine Worte. Ein anderer Mitpatient bekam diese Situation zufällig auch mit und geistesgegenwärtig schauten wir uns an und wir sprachen mit unseren Augen die gleiche Sprache. Wir gingen ihr hinterher und konnten sie davor bewahren, sich selbst zu verletzen. Das gleiche Mädchen war es auch, welches Tage später für Aufsehen sorgte.

Diesmal konnten wir sie noch bewahren, doch Tage später bemerkten wir, wie es unruhig auf dem Flur wurde und die Schwestern aufgeregt umherliefen. Genau dieses Mädchen hatte wieder einmal einen Weg gefunden, sich zu ritzen, das heißt, sich selber verletzt. Einen oder gleich mehrere tiefe Schnitte in das eigene Fleisch. Das ganze Zimmer und Bad waren voller Blut. Wir haben es nicht mitbekommen und konnten auch nicht helfen. Erschüttert nahmen wir zur Kenntnis, dass wir diesmal nicht helfen konnten. Alle Patienten waren traurig und fühlten mit, wobei die gesamte Stimmung gleich wieder in den Keller ging. Es wurde uns wieder einmal klar, dass wir nicht für sie verantwortlich waren, auch wenn das Mitgefühl groß war. Jeder muss seinen eigenen Weg gehen, darum sind wir hier. Zu lernen, dies mit Gefühlsregulation zu verhindern. Was für eine schlimme Krankheit und Frauen haben es aus meiner Sicht noch viel schwerer. Meistens steckt bei ihnen noch viel mehr an Auslösern dahinter als bei Männern. Es ist einfach unglaublich, wenn man es nicht selber alles erlebt hat. Mein Einblick wird hoffentlich der Welt da draußen zeigen, was diese Krankheit bedeutet und welche Auswirkungen sie haben kann. Was sind sechs Wochen Therapie? In der kurzen Zeit wird einem eingehämmert, wie man in der Gegenwart für die Zukunft arbeitet, und das, wenn der Kopf nicht einmal richtig funktioniert. Viel Lehrmaterial bekommt man an die Hand und es wird auch gezeigt, wie man damit umgeht.

Im Alltag sieht es wieder ganz anders aus und der Kampf, damit alleine zurechtzukommen, beginnt auf ein Neues.

Meistens flüchtete ich abends verbotenerweise ins Internet. Dabei kapselte ich mich von den anderen ab. Es war hier einfach nicht so wie in der ersten Klinik. Es waren weniger Leute und die Chemie passte auch nicht unbedingt. Es fanden sich dort weniger Leute, die miteinander umgehen konnten. Zudem war Winter und die Möglichkeiten, gemeinsam etwas zu unternehmen waren extrem eingeschränkt. Wie fast jeden Abend saß ich im Netz und unterhielt mich mit Freunden im Chat und suchte auch gleichzeitig nach neuen Kontakten. Bevorzugt natürlich weiblichen Kontakten.

Es sollte doch mal möglich sein, Frauen kennenzulernen, ohne zu versuchen, sie in die Kiste zu bekommen. Einfach nur mal nett unterhalten und etwas Zeit miteinander verbringen. So was muss ich erst mal lernen, schmunzel. Nun wieder zum Klinikalltag. Es war kurz vor Weihnachten sowie Silvester und wir sollten in die Heimaterprobung. Weihnachten, eine Zeit die ich noch nie mochte. Immer die Sehnsucht nach einer heilen Welt, die es nicht gab.

Die Sucht nach Harmonie, die nicht realitätsbezogen war, denn es war mein Leben, welches mich prägte, und ich suchte nach Liebe, die es zu der Zeit für mich nicht gab.

Bei uns war es früher eher kalt, weil es immer ums Arbeiten ging und die Feier zwischen Tür und Angel stattfand. Wie oft habe ich früher lieber mit dem Taxi am Bahnhof gestanden und eine Depri geschoben, weil ich mir den Mist zu Hause mit der Lüge von einer heilen Welt nicht antun wollte. Eigentlich habe ich mir damit nur noch mehr geschadet, doch unternehmen konnte ich nichts, denn bei solchen Dingen stieß ich zu Hause auf taube Ohren. Mir ging es nicht gut bei dem Gedanken die Klinik über Weihnachten verlassen zu müssen. Die Wochenenden zu Hause waren ja schön und gut. Damit kam ich auch den Umständen entsprechend zurecht. Doch an diesen emotionalen Tagen alleine zu Hause? Das ging gar nicht und von daher versuchte ich, mich gegen die Ärzte aufzubäumen und ließ nicht locker, doch noch länger in der Klinik bleiben zu können. Zu groß war meine Angst, was mich daheim erwartete. Für mich ist es heute nicht mehr verwunderlich, dass an solchen Tagen die Selbstmordrate am höchsten war. Jetzt, wo ich selber mit dieser Krankheit konfrontiert wurde, machte ich mir umso mehr Gedanken um mich, wie ich es überstehen sollte?

Weihnachten und Silvester zu Hause? Das schaffe ich nicht, dachte ich nur. Weihnachten wäre ich schon lieber in der Klinik geblieben und auch wenn ich die Feiertage einigermaßen vernünftig rumbekommen habe, wollte ich das Silvester nicht noch mal haben. Silvester ist genauso schlimm für mich wie Weihnachten, wenn nicht sogar dieses Jahr schlimmer. Seit Jahren das erste Mal ohne meine Tochter und dann noch Single und krank. Dazu die Erinnerungen an letztes Jahr mit der Ruhrpottdiva aus Oberhausen, wo die Silvesternacht emotional heftig für mich lief wegen Alkohol (nicht ich) und der Vergewaltigung ihrer Freundin. Wieder bäumte ich mich auf, sagte dem Arzt, dass ich es nicht schaffe, und er setzte mich gehörig unter Druck. Selbst meine neu angewandte Redensart (hatte er mir hinterher bestätigt) nützte nichts. Vernünftige Gründe schmälerten nicht meine Gefühle, sondern im Gegenteil, sie wurden noch geschürt. Egal, was der Arzt anführte, ob es die Krankenkasse war, die nicht mehr mitspielte oder der Besuch meiner Tochter am zweiten Weihnachtstag, es änderte sich nichts an meiner Angst. Er sagte mir ziemlich locker, dass er mich am neunundzwanzigsten entlassen möchte und kein Argument half, ihn umzustimmen.

In der Kunsttherapie versuchte ich gedanklich Abstand zu bekommen. In der ersten Klinik konnte ich das überhaupt nicht mit der Malerei und hier war es Pflicht, daran teilzunehmen. So entdeckte ich eine neue kreative Ader an mir. Ich fing mit Kreide an. Mein erstes Bild, welches ich aus einem Buch nachmalte, zeige ich euch mal.

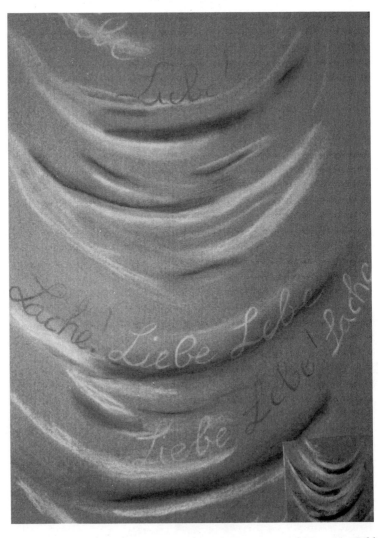

Mein erstes Bild
© *Carlos*

Dieses Bild habe ich mit Acrylkreide nachgemalt (unten rechts am Bildrand das Original). Unglaublich, dass ich das hinbekommen habe. In der Zeit beim Malen musste ich nicht denken. Ich war konzentriert und freudig bei der Sache und somit habe ich einen neuen Weg gefunden, mich abzulenken. Wie beim Autos waschen (Taxen), da war es genauso. Ich funktionierte einfach. Ich tat das, was ich in dem Moment machen wollte oder musste, weil ich es gerne machte.

Das Thema Weihnachten länger bleiben zu dürfen, wurde nicht mehr weiter besprochen. Ich fand mich mit den negativen Gedanken ab, die Zeit dann doch zu Hause zu verbringen und nicht in der Klinik, in der ich mich sicherer fühlte. Es wurmte mich ohne Ende und es kam doch anders, als ich dachte. Ich bekam die Feiertage ziemlich gut rum indem ich mich mit Malen beschäftigte und weiter am Buch schrieb. Natürlich habe ich mich die meiste Zeit verkrochen, aber das machte mir in dem Moment nichts aus. Traurig wurde es erst wieder am zweiten Weihnachtstag als meine Tochter für ein paar Tage kam.

Ich wusste, dass sie sehr hohe Erwartungen hatte, was Geschenke anging. Früher war alles anders, und ich konnte mir mehr leisten. Diesmal fiel Weihnachten von daher für sie etwas mager aus und das tat mir in der Seele weh. Es gab dieses Mal auch keinen Tannenbaum.

Das Jahr davor hatte ich noch, so kreativ wie ich bin, eine große Palme als Weihnachtsbaum umfunktioniert, und das sah supertoll aus, denn so einen hatte bestimmt keiner. Doch dieses Jahr war alles anders. Kein Baum, wenige und billige Geschenke. Wenig Gefühl und auch so konnte ich mit ihr nicht viel anfangen. Wieder einmal war ich mehr mit mir beschäftigt, als mich um sie zu kümmern.

Meine Gedanken kreisen darum, wie ich mich fühlte und was ich dachte. Dazu noch, was mein Kind mit mir erleben musste. Einen Vater, der nichts mehr auf die Reihe bekommt, auch wenn wir ein sehr enges Verhältnis haben, dazu noch keinen Weihnachtsbaum und Geschenke, mit der eine Zwölfjährige bestimmt nicht zufrieden war. Angemerkt habe ich ihr nichts.

Ich weiß, dass sie gut im Schauspielern ist, schon deshalb, weil sie mir nicht wehtun würde, würde sie auch nichts Negatives sagen.

Mein Kind blieb noch zwei Tage bei meiner Mutter und ich musste wieder in die Klinik.

Nochmals versuchte ich dem Arzt klarzumachen in den Therapiesitzungen, dass mich Silvester alleine zu Hause überfordern würde. Der Arzt ließ sich auf keinen Handel ein, und egal, wie ich argumentierte, ich kam nicht weiter. Frech fragte er mich sogar, ob er mich nicht schon am achtundzwanzigsten entlassen könnte, weil er am neunundzwanzigsten eh nicht da wäre. Ich wurde innerlich wütend und bockte, ich sagte ihm, dass es mir egal wäre und aus Trotz teilte ich ihm mit, er sollte machen, was er für richtig hielt. Mir war das eh schon alles zu viel, und somit beschloss er, dass ich am achtundzwanzigsten gehen sollte. Wahnsinn zwei Tage nur noch und dann Silvester alleine. Zum wiederholten Male waren es die Mitpatienten, die mir halfen, damit umzugehen, und sie sprachen mir viel Mut zu. Da ich jetzt eh schon trotzig war, nahm ich augenscheinlich erst einmal die Herausforderung an. Mittlerweile haben sie schon etliche Events gefunden, wo ich hätte hingehen können und die Einladungen von allen Seiten taten mir sogar gut.

Ich arbeitete weiter an mir und versuchte mich in radikaler Akzeptanz. Ich konnte Silvester nicht verhindern, das musste ich lernen, aber ich war dafür verantwortlich, was ich daraus mache an diesem Abend.

Ich fühlte mich etwas gestärkt und auch durch das Abschlussgespräch mit dem Arzt, welches mein Gefühl weiter stärkte, dachte ich immer weniger über Silvester nach. Meine Fortschritte konnte ich erkennen, und es hieß jetzt am Ball zu bleiben. Leichter gesagt als getan, denn als ich wieder nach Hause kam, war alles wie vorher. Nein, nicht alles. Meine Gedanken waren nicht mehr die gleichen, aber alles andere war wie vorher. Was sollte sich auch schon verändern?

Meine Wohnung von Mainzelmännchen neu gestrichen? Ein neues Auto vor der Tür? Meine Eltern haben sich auch nicht verändert. Alles war gleich, nur ich war nicht mehr derselbe. Seit Monaten lernte ich mich selber immer besser kennen, lernte, meinen Weg weiterzugehen.

Es hatte mich etwas verändert, was zu Hause zwar auffiel, aber keiner ging darauf ein. Wie denn auch, es hatte ja kaum jemand Zeit für mich, und alles lief wieder zwischen Tür und Angel. Ich zog mich zurück und malte viel, telefonierte mit Freunden aus den beiden Klinikzeiten und hatte Silvesterangebote ohne Ende. Der Tag kam immer näher, und ich hatte absolut keinen Plan, was ich jetzt machen würde. Ich habe am Silvestermorgen noch Autos gewaschen und dann angefangen rumzugammeln gemäß dem alten Raster. Ich merkte, wie ich mich immer mehr in meine Gedankenwelt flüchtete und bekam nicht wirklich was auf die Reihe. Bei allen Angeboten verkündete ich: „Mal sehen, was ich mache, ihr werdet schon sehen, ob ich komme oder nicht." Meine beste Freundin bemühte sich sehr und versuchte mehrmals am Tag mich zu der Party zu locken, auf die auch sie gehen wollte. Abends gegen 22 Uhr hatte ich immer noch nicht entschieden, was ich machen wollte. Meine Gedanken passten, sich je später es wurde, den Gefühlen an.

Umgekehrt genauso. Es wurde später und durch meine Gedanken formte sich das Gefühl der Einsamkeit, der Trauer und der Antriebslosigkeit. Durch die laute Haustürklingel wurde ich aus meinen Gedanken gerissen und hatte keine Ahnung, wer da auf einmal bei mir vor der Tür stand. Ich ging zur Tür und öffnete sie. Vor der Tür stand meine beste Freundin Tamara, sprang mir auch gleich in die Arme und gab mir einen Kuss auf die Wange. Voller Euphorie versuchte sie, mich als allerletzten Versuch zu der Party mitzuschleifen und hatte dabei eine Rakete in der Hand. „Bitte komm mit", flehte sie mich an, doch mein Gefühl und meine Gedanken waren so weit runter, dass es mir lieber war, alleine zu bleiben und wenn Silvester in die Hose ginge, dann richtig, dachte ich mir.

Ich schlug die Einladung aus und sagte ihr, dass ich lieber alleine sein wollte. Sie nahm mich in den Arm und sagte mir, dass ich jederzeit nachkommen könnte, wenn ich doch noch Lust bekäme. Nein, ich hatte zu nichts Lust, aber das konnte ich ihr nicht wirklich sagen.

Sie gab mir die Rakete, die sie in der Hand hielt mit den Worten, denk an mich, wenn du sie in die Luft jagst. Das würde ich tun, versprach ich ihr, und wir verabschiedeten uns innig. 23:30Uhr, ich wurde immer nervöser und meine Anspannung stieg immer mehr. Ich vergaß alles, was ich gelernt hatte, denn diese Nacht habe ich schon zu oft negativ erlebt. Ich konnte das Erlernte nicht einfach so anwenden. Meine Gefühle wurden immer intensiver und die Anspannung stieg von Minute zu Minute. Was tun? Gehe ich doch noch irgendwohin zum Feiern? Halte ich das aus oder durch?

Ich bewegte mich in diesen emotional teuflischen Gedankenkreislauf und die Zeit lief mir davon.

Es waren nur noch fünf Minuten bis 0 Uhr und als für mich feststand, dass ich nicht mehr wegfahren würde, nahm ich die Rakete meiner besten Freundin Tamara und holte einen Zettel hervor. Sie hatte auch einen drangemacht auf dem stand „alles wird gut". Ich fügte noch einen hinzu, aber leider habe ich mir nicht aufgeschrieben, was drauf stand. Es war auf jeden Fall etwas Positives, was mir Kraft spenden sollte. Ich ging nach draußen, denn es war so weit.

10 ... 9 ... 8 ... es knallte schon im Dorf ... 3 ... 2 ... 1 ... und die Glocken der Kirchen im Dorf begannen zu läuten. Ich zündete die Rakete an und versuchte mir alles Mögliche Gute in kürzester Zeit zu wünschen. Sie stieg empor dem Himmel entgegen, bahnte sich den Weg nach oben zwischen den anderen Lichteffekten hindurch und meine Augen verfolgten sie, bis sie am Himmel explodierte. Es gab einen wunderschönen bunten Feuerball mit Knall und vielen Farben in Kugelform am Himmel zu sehen. Meine Gefühle in dem Moment kann ich kaum in Worte fassen. Ich kann heute nur sagen, dass sie garantiert nicht realitätsbezogen waren, denn ich hätte es ja anders haben können, anstatt in Selbstmitleid zu versinken. Ich hatte mit den Tränen zu kämpfen und mir gingen tausend Dinge und Situationen durch den Kopf, die meine Gefühle immer mehr verstärkten. Ich war ungefähr 15 Minuten draußen und schaute mir das Lichterspiel am Himmel an. Da sich mein Gefühlsrad mehr und mehr drehte, fasste ich den Entschluss, besser ins Bett zu gehen, bevor ich noch die Kontrolle verlor. Eigentlich war ich nicht wirklich müde. Geistig vielleicht, aber sonst fühlte ich mich fit. Ich dachte mir, mit meinen Chaosgedanken nehme ich einfach ein zwei Pillen mehr und dann kannste auch schlafen.

Ich möchte an dieser Stelle betonen, dass ich die Wirkung der Tabletten kannte, und damit etwas das Risiko minimieren konnte, dass ich Blödsinn damit machen würde. Ich nahm ein paar Tabletten mehr als verschrieben. Für mich war das immer noch im Rahmen, ohne den Gedanken, dass es mich umbringen würde, nahm ich sie ein und gegen 00:45 Uhr lag ich im Bett. Es dauerte nur ein paar Minuten, bis ich schlief.

Neues Jahr, neues Glück

Das Jahr 2011 hatte begonnen. Ein klägliches frohes neues Jahr am Morgen bei meiner Mutter im Büro, denn es war wieder Zeit, Autos zu waschen von der Silvesternacht. Ich hatte mir die Silvesternacht im Nachhinein schlimmer vorgestellt und ich war ein wenig zufrieden, dass ich es alleine ganz gut rumbekommen hatte, ohne Blödsinn zu machen. Ich hatte mich entschieden es alleine durchzuziehen.

Okay, die Tabletten und die Flucht waren nicht die beste Lösung, aber immerhin habe ich es durchgestanden und noch viel wichtiger, ich habe es überlebt, denn sechs Monate vorher hätte ich unter den Umständen dafür keine Garantie gegeben. Es war ein kleiner Erfolg, den ich auch so sehen wollte.

Meine Gedanken verfingen sich oftmals, wie das neue Jahr wohl werden würde. Das letzte war zwar auf eine Weise mit eines der schlimmsten emotionalen Jahre, aber es war auch lehrreich und der Sommer in der Klinik der Hammer, vor allem von den Erlebnissen mit den anderen Patienten dort. Auf jeden Fall fing das neue Jahr schon einmal mit Terminen an, die ich mir machte, um mein Leben wieder besser auf die Reihe zu bekommen. Darunter die Termine beim Hausarzt und dem Psychiater sowie dem neuen Therapeuten. Dazu noch Termine bei der Schuldnerberatung sowie dem ambulant betreuten Wohnen, welches man mir nahegelegt hatte. In der Zwischenzeit unterstützte ich wie gewohnt meine Eltern in der Firma. Es kostete mich oftmals eine gehörige Portion Kraft, doch was ich aus der Zeit des zweiten Klinikaufenthaltes mitnehmen konnte, ließ mich zuversichtlicher in die Zukunft blicken als letztes Jahr. Der Stein kam weiter ins Rollen und nahm mehr und mehr an Fahrt auf, so kam es mir zumindest vor.

An manchen Tagen war ich wie so oft ungeduldig und wenn etwas nicht gleich anlief, musste ich echt aufpassen und hart mit mir arbeiten. Der erste Termin bei der Schuldnerberatung war auch nicht befriedigend, denn sie wussten nicht, was sie mir machen sollten, weil ich ja mal selbstständig war, und nicht als Arbeitnehmer galt. Den zweiten Termin habe ich dann total falsch verstanden und kam somit auch am falschen Tag an. Es konnte mir wieder keiner helfen, denn ich kam ja zum falschen Zeitpunkt. Der nächste Termin war erst 6 Wochen später frei und der ist jetzt bald. Jetzt mache ich einen Sprung von Januar in den März. Es passierte auch nicht so viel, wenn man die Zeit in Betracht zieht. Ich male, ich schreibe etwas weniger, treffe mich mit Freunden, telefoniere mit einigen und hänge auch oft im Internet, was mir nicht wirklich gefällt, aber noch kann ich mich nicht so recht dagegen wehren. Das mit dem Malen geht auch nur, wenn ich mich darauf einlassen kann, und das wird im Moment auch wieder weniger. Vielleicht liegt es daran, dass ich eine nicht so tolle Bewertung meiner Familie bekam. Ich wollte ihnen an einem Abend Bilder präsentieren, die ich bisher gemalt hatte, und ging zu ihnen ins Büro. Ich breitete meine Werke auf dem Schreibtisch aus, an denen die beiden arbeiteten. Meine Mutter nahm ein Bild und sagte, dass es toll wäre, aber damit verdient man kein Geld. Bums, der hatte mal wieder gesessen. Völlig emotionslos und trocken wurde meine Arbeit bewertet. Mein Stiefvater teilte die Meinung meiner Mutter und fügte noch hinzu, dass es kein Beruf wäre, womit ich Geld verdienen könnte. So was hatte ich auch nicht behauptet. Ich wollte doch nur zeigen, wie schön ich malen konnte. Da kam ein 38 Jahre alter Mann in seiner schwersten Zeit zu seinen Eltern, um ihnen zu zeigen, was er konnte und hörte dann so was?

Jeder, der die Bilder gesehen hatte, sagte mir, dass sie toll seien und das förderte mein Selbstbewusstsein und meine Eltern machten es wieder kaputt. So können Eltern zu ihren Kindern sein. Wer sagt denn, dass ich damit kein Geld verdienen kann? Es ist ihre Meinung. Ich wollte auch kein Geld verdienen, aber eine faire emotionale Unterstützung hätte mir gut getan. So nahm ich meine Bilder und ging enttäuscht in meine Wohnung zurück. Es zog mich auch gleich wieder runter, doch die Lust auf das Malen war Gott sei Dank stärker und die Kritik nagte nicht lange an mir. Ich lenkte meine Gedanken auf das bevorstehende ambulant betreute Wohnen.

Das mit dem ambulant betreuten Wohnen habe ich in diesen Tagen hinbekommen und genehmigt wurde es auch schon. Es fängt in der zweiten Märzwoche an. Mal sehen, wie es wird, und ob es mir wirklich weiterhilft. Zwischenzeitlich war ich auch schon bei meinem Anwalt, um mich gegen den Hartz IV-Bescheid zu wehren. Das habe ich ja hier noch nicht geschrieben. Seit letztem Jahr bekomme ich viel zu wenig Geld. Meine Wohnung ist zu groß, obwohl meine Tochter alle vierzehn Tage bei mir wohnt und meine private Krankenversicherung, aus der ich nicht eher rauskomme, bis ich wieder Arbeit hätte, zahlte ich zu 50 % selber. Doch solange ich krank war, fand ich auch keine Arbeit. Wieder ein Kreislauf, um den ich mich letztes Jahr nicht wirklich kümmern konnte, als ich mehr im Krankenhaus war als zu Hause und alle Fristen abgelaufen waren. Doch das ist diesem Staat egal. Von meinen 360 Euro sogenannten Lebenserhaltungskosten, bleibt mir gerade mal nichts! Weil ich ja weniger Geld vom Amt für die Miete bekomme und meine Krankenkasse teurer ist, als das was Hartz IV dafür vorsieht.

Jetzt heißt es erst mal vor das Sozialgericht ziehen und das kann dauern. So lange werde ich von meinen Eltern unterstützt, worüber ich sehr froh bin, mir es aber dadurch gesundheitlich schwerer gemacht wird. Ich mag so eine Art Geschäfte mit meinen Eltern nicht.

Auch das war etwas, was mich krank gemacht hat. Ich habe kaum etwas zum Leben und sie helfen mir. Funktioniere ich aber dann aufgrund der gesundheitlichen Situation, gehen diese Machtspiele wieder los und ich höre Vorwürfe ohne Ende und mich bringt es immer in die Situation der Abhängigkeit. Das könnt ihr ja in meiner Vergangenheit gern noch mal nachlesen, was da alles abgegangen ist. Deswegen war und blieb mein langfristiges Ziel, wieder so weit klarzukommen, damit ich eigene Entscheidungen treffen, Verantwortung übernehmen und realitätsbezogen handeln konnte, um wieder arbeiten gehen zu können. Alles andere lief nebenbei und es galt, den Faden nicht aus den Augen zu verlieren.

Liebe Leser, ihr seid dabei und ich lasse euch weiter an meinem tiefsten Inneren teilhaben. Keine Geheimnisse, ehrlich und authentisch erzählt, aus meiner Sicht und mit meiner speziellen Empfindungsweise.

Als Erfolg kann ich auch werten, dass ich weiterhin male mit Acryl oder Kohlekreide, das Buch nicht aus den Augen verliere und mich ab und an sportlich betätige. Das Sportliche ist auch so ein Thema. Seit ein paar Wochen gehe ich mit dem Griechen regelmäßig walken. Der Exmann meines Sternchens. Früher war das Verhältnis arg angespannt und man akzeptierte die Situation. Sternchen hatte auch nie ein gutes Haar an ihm gelassen, sodass meine Sichtweise ihm gegenüber dementsprechend negativ war.

Doch zum Leidwesen von Sternchen hat sich das die letzten Monate geändert, denn der Grieche bemühte sich mehr und mehr eine Männerfreundschaft aufzubauen.

Obwohl ich selber einer bin, habe ich da so meine Probleme mit Männern allgemein, was auch auf die Vergangenheit zurückzuführen ist. Es baute sich langsam auf, auch wenn ich nicht immer mit ihm und seiner Art zurechtkam, bemühte er sich weiterhin, mich zu unterstützen und mich näher kennenzulernen. Ich war auch froh, dass wir zusammen walken gingen, denn das eine oder andere Mal hat es mich schon aus einer kleinen Depri-Krise gezogen, wenn ich mich dazu zwang und mitgegangen bin. Wir redeten dann immer sehr viel über alles Mögliche, und das half mir zum einem über die Zeit des Laufens und auch dabei, den Müll mal loszuwerden, der noch oft genug in meinem Kopf rumspukte. Nach dem Walken ging es mir meistens besser und ich fühlte mich fitter. Meinem Körper tat es gut und meiner Seele auch, doch die Überwindung an so manchen Tagen war heftig. Das ist ja auch eins meiner Probleme, wieder zu lernen den inneren Schweinehund zu überwinden und zum Schweigen zu bringen. Ich wünschte mir, dass ich das beibehalten könnte.

Ich habe bei meinem neuen Therapeuten die fünf Kennenlernsitzungen absolviert. In dem Fall ging es um die ambulante Therapie. Bei jeder Krankenkasse werden fünf probatorische Sitzungen, um sich kennenzulernen, genehmigt. Ich denke, ich kam ganz gut mit ihm zu Recht. Allerdings gab es da etwas, was mich die letzten Wochen sehr beschäftigt. Nachdem ich jetzt so viel über mich erfahren hatte und eine Menge Handwerkszeug für die Zukunft besaß, um besser zu zurechtzukommen, machte sich bei mir immer mehr ein Gedanke breit.

Warum hatte mir die Vergangenheit so viele Schwierigkeiten bereitet und tat es auch heute noch? Ich setzte mich immer mehr damit auseinander. Oftmals kamen tief verankerte Gedanken hoch, die mich störten. Erlebnisse und Gedanken, die mich zum Nachdenken brachten. Ich hatte in der Gegenwart gelernt, oder bin noch mittendrin, für die Zukunft zu leben, zu denken und zu agieren. Es fiel mir aber immer noch schwer. Wie sollte ich in der Gegenwart für die Zukunft leben, wenn ich die Vergangenheit nicht verstand oder verstanden hatte? Eine große Frage mit einem großen dunklen Loch dabei. Von daher war ich auf die Idee gekommen, mich mal mit einer Traumatherapie zu befassen. Anhand meiner Diagnosen fand ich das nicht so falsch, das mal in Betracht zu ziehen, und wenn ich schon mal dabei war, besser jetzt als irgendwann. Der Arzt in Dortmund meinte, es sei nicht nötig. Mein Hausarzt sagte, es wäre eine gute Sache, um weiterzukommen und der Therapeut überlegte noch. Ich wollte gerne meine Vergangenheit, über die ich hier schon geschrieben habe, besser verstehen, damit ich in der Gegenwart besser damit zurechtkommen könnte und somit auch eine positivere Zukunft leben könnte.

Was meint ihr? Wir werden es sehen, denn das würde ich jetzt in Angriff nehmen. Ich wollte es einfach Wissen, ob es da noch etwas gab, was mich zu dem gemacht hatte, was ich zum jetzigen Zeitpunkt war. Ein Schlüsselerlebnis? Nicht die negativen Erfahrungen, die einen prägten, sondern auch, ob irgendwer etwas mit mir in der Kindheit angestellt hatte. Schläge habe ich früher öfter bekommen, aber ich weiß nicht, ob es alleine das war? Mein komisches Verhalten gegenüber der Sexualität und Frauen?

Ich weiß es nicht, und will es aber wissen. Kluge Leser würden jetzt schon einiges über mich richtig urteilen können, und vielleicht auch erkennen, doch ich würde meinen Weg noch gehen.

Ich möchte einfach nichts unversucht lassen, und wenn ich die Möglichkeit bekomme eine Traumatherapie zu machen, dann ziehe ich das auch noch durch, egal, wie hart es wird. Es gibt einfach noch zu viele Dinge, über die ich noch mit keinem reden konnte. Man darf auch die heutige Zeit nicht vergessen, wo Menschen bei einem Arzt nur abgefertigt werden, und oftmals die Zeit fehlt, um über alles genau zu sprechen. Diesen Weg der offenen Fragen werde ich jetzt gehen und Dinge ansprechen, über die ich noch nie mit jemandem gesprochen habe. Wie heftig es wird, kann ich nicht sagen und ich behalte mir vor, wie genau ich ins Detail gehen werde, denn dieses Buch ist für den einen oder anderen eh schon harte Kost.

Ich werde weiterhin darum kämpfen, meine Sichtweise zu verändern, denn sonst wird das nichts und ich ende wirklich noch wie der berühmte Fußballtorwart. Ich sitze mal wieder hier und arbeite an und mit der Vergangenheit. Um das Buch weiterzuformen, muss ich immer mal wieder in die Vergangenheit springen. Ich habe mir seitdem der große Knall passierte, an manchen Tagen Stichpunkte gemacht über das, was an den Tagen so passierte. Um so detailgetreu wie möglich zu schreiben, rief ich meine beste Freundin Tamara an, um noch mal zu fragen, was genau an dem Sonntag passierte, als ich am Boden zerstört bei ihr anrief und völlig am Ende war. Es war der Sonntag bevor ich in die Psychiatrie ging. Sie sagte mir, dass sie im Nachhinein zu ihrem Freund sagte: „Es ist so weit, das hält der nicht mehr lange durch, der ist bald weg." Sie wusste genau, dass ich mir in solchen Momenten nichts verzeihen konnte und immer alles richtig machen wollte. Sie fügte sogar noch hinzu, dass es einem manchmal selber wehtat, wenn man sah, wie ich mit mir selber umging.

Sie konnte sich das oft kaum noch mit ansehen, wie ich mich systematisch psychisch selber zerstörte, und es nicht schaffte, loszulassen und mir für alles die Schuld gab. Ich hatte mal wieder eine Sitzung bei meinem neuen Therapeuten und seine Frage, wie es mir ginge, beantwortete ich damit, dass ich in den letzten zwei Wochen nicht wirklich viel geschafft hätte. Er sagte mir: „Ich zeige Ihnen jetzt mal etwas." Auf das Plakat schrieb er die Situation, dass ich zu Hause sitze und antriebslos bin. „Was sind Ihre Gedanken?", fragte er.

Ich antwortete: „Ich sitze seit zwei Wochen zu Hause rum und habe nichts erreicht und diese Gedanken lagen bei 75 %." Was waren meine Gefühle? Ich sagte: „Ich bin enttäuscht, traurig und unzufrieden." Zum Schluss fragte er mich, was daraufhin mein Verhalten wäre. Ich antwortete: „Ich ziehe mich noch weiter zurück." „Okay", sagte er, „dann sehen wir uns jetzt einmal Pro und Kontra an." Die Argumente für meine Gedanken waren, es passiert nichts und ich habe nichts erreicht. So zwei Punkte aus dem negativen Bereich im Pro. Welche Argumente sprechen im positiven Bereich im Kontra dagegen? Ich war bei meinen Anwalt, beim Hausarzt, habe angefangen den Papierkram zu erledigen, habe den Termin ambulant betreutes Wohnen wahrgenommen, war walken, habe mit Freunden telefoniert.

6:1 für das Kontra und er zeigte mir, dass ich in den letzten zwei Wochen doch habe etwas erledigen können. Nur warum sah ich das nicht so? Er fügte noch auf der Tafel hinzu, dafür dass ich nicht so bin, wie ich sein könnte, habe ich viel geschafft. Auch wenn ich lesen konnte, was da stand, würde ich behaupten, es zu verstehen, als ich bei ihm saß. Warum sah ich das sonst nicht so? Warum, warum? Das muss ich aus dem Kopf bekommen. Immer diese Fragen nach dem Warum. Im Moment ziehe ich mich nur zurück, wenn ich mit mir arbeite oder an dem Buch. Wenn ich das geschafft habe, was ich schaffen möchte, dann werde ich draußen alles das anwenden, was ich gelernt habe und mit eventuellen Nackenschlägen dann besser umgehen können. Ich muss nichts, aber ich kann alles! In der letzten Zeit, lernte ich nur besondere Menschen im Internet kennen. Vielleicht zog ich genau solche Menschen magisch an? Ist es vielleicht meine Aufgabe, denen zu helfen? Ich habe keine Ahnung und grundsätzlich finde ich auch nichts falsch daran, anderen zu helfen, nur muss ich lernen und aufpassen, mich selbst nicht dabei zu verlieren oder zu vergessen. Es darf auch nicht so weit kommen, dass mein Helfersyndrom oder Beschützerinstinkt dazu führt, dass ich mich in etwas Emotionalem verrenne, weil ich mal wieder die rosarote Brille aufhabe. Ich mag sie alle, keine Frage, sonst würde ich sie eh nicht an mich heranlassen und dennoch geht es nicht spurlos an mir vorbei, was die eine oder andere erlebt hat. Das beziehe ich auch auf die Beziehungsebene. Wenn ich das immer höre, welche bescheuerten Männern die kennenlernen und mit welchen Idioten die zusammen waren, da frage ich mich umso öfter, warum bin ich alleine, denn ich wäre nicht so. Aufpassen rosarote Brille. Na ja, ich verstehe halt nicht, warum ich dann noch Single bin. Es wird wohl daran liegen, dass ich sehr speziell bin in meinen Ansichten, denn das habe ich schon öfter gehört und für viele ist es mühselig mit so einem eine Beziehung aufzubauen. Da ist es leichter wegzurennen, wenn es schwierig wird heutzutage. Wie auch immer kommen viele nicht damit klar, dass ich ohne arrogant zu sein in manchen Dingen weiser bin als sie. Klar, mag nicht jeder alles genau wissen und ausklamüsern. Ich sehe es als wissenswert, wenn man den einen oder anderen Dingen auf den Grund geht. Ich bin halt tiefgründiger als andere Menschen und treffe zu oft auf die oberflächlichen, die sich kaum um etwas Gedanken machen und mein Horizont somit weiter ist als ihrer. Ich habe oftmals mehr Antworten auf Fragen, als sie verkraften können. Dann bin ich halt speziell, na und?

Die Mädels, von denen ich eben sprach, sind mir auf jeden Fall emotional sehr nah. Sie helfen mir, indem ich an mir arbeiten kann und keine alten emotionalen Fehler mache. und während wir Kontakt haben, versuche ich ihnen nebenher bei ihren Alltagssorgen zu helfen. Dabei habe ich seit Neuestem die Erfahrung gemacht, dass es doch nicht heißt „geben und nehmen", sondern es sollte nur etwas „geben", heißen. Denn nur wer gibt, hat den gesunden Verstand. Der, der es auch als nehmen betrachtet, der vermisst etwas und hat hohe Erwartungen.

Oftmals zu hohe Erwartungen, und so funktioniert die Liebe nicht, schon gar nicht zu sich selber. Kein Mensch kann erwarten, dass er das bekommt, was er will. Wenn es doch so ist, darf er sich glücklich schätzen, aber nicht mehr und nicht weniger. Man sollte bedingungslos geben und sich freuen über das, was man bekommt. Allzu oft hört man bei Trennungen, was der eine für den anderen alles gemacht hat und beschuldigt den Verlassenen, dass er ihm nichts zurückgegeben hat. Na, da ist der doch selber schuld, denn es hat ja keiner verlangt, aber Menschen machen das oft so, um den anderen zu halten, an sich zu binden. Und genau das ist auch falsch. Meistens sind es eh Kommunikationsprobleme, weil es zwischen Sender und Empfänger verschiedene Erfahrungen, Werte und Denkweisen gibt. Manchmal reicht nur ein falsch ausgedrückter Satz, um sich misszuverstehen. Viele haben es auch nicht anders gelernt und setzen Wörter aneinander, die genau das Gegenteil bewirken, oder einem Satz haftet eine negative Bedeutung an.

Manchmal telefoniere ich mit Menschen, die ich erst mal darauf aufmerksam machen muss, was sie da gerade gesagt haben. Erkläre ich es ihnen, sehen sie es gleich mit anderen Augen. Ich habe ihnen geholfen, die Dinge mit anderen Augen zu sehen und auch bei mir manifestiert sich das Wissen mehr und mehr, es hilft mir, selber den rechten Weg zu finden. Dieses Wochenende wollte ich mich mal absichtlich zurückziehen. Um meine bestellten Bücher zu lesen und mit dem neu gewonnenen Wissen, mein eigenes Buch weiterzuformen und daran zu wachsen. An diesem Freitagmorgen startete ich einen spontanen Feldversuch. Ich wollte wissen, ob sich die Resonanz von der Lesung in der Klinik wiederholen ließ und damit wollte ich überprüfen, ob ich weiterhin auf dem richtigen Weg war. Ich las ein paar Seiten aus meinem Buch vor. Vor der Cam am Laptop. Eine Videolesung würde ich das nennen, und das wollte ich dann für ein paar Stunden bei einer bekannten Internet Seite online stellen, auf der Leute waren, die mich kannten. Das habe ich dann auch getan, und als ich nach ein paar Stunden nachsehen wollte, was passiert war, stellte ich fest, dass es wieder nur positives Feedback auf die Inhalte, meine Person und das Video gab. Keine nennenswerte Kritik war dabei. Nur Schulterklopfen und einige, die Respekt vor meiner Offenheit hatten, mein Leben nach außen zu tragen. Wie viel Stärke ich doch besaß, einen so ungewöhnlichen Weg zu gehen, um so zu einer besseren Lebensqualität zu kommen, und andere sogar daran teilhaben lasse. Warum ich es machte, wussten sie ja alle.

Ich tue es, um mich selbst zu heilen, wenn ich es mal so nennen darf. Um mir den Müll von der Seele zu schreiben, die schon zu lange damit belastet war. Um mit der Vergangenheit abzuschließen und anderen zu zeigen, wie ich es erlebt habe und wie man da wieder rauskommen kann.

Ich sage bewusst kann, denn leider hat nicht jeder die Stärke, und ob ich sie letztendlich besitze, wird man erst dann wissen, wenn ich nicht mehr auf dieser Welt bin. Doch lasst euch gesagt sein, ich bin stark! Stärker als mancher glaubt, und ich bin immer noch der Meinung, das, was ich kann, können andere auch, wenn sie sich helfen lassen. Keiner wird den gleichen Weg gehen wie ich, den ich hier beschreibe mit allem Erlebten, den Gefühlen und Verhaltensweisen. Doch jeder kann sich entscheiden, ob er überhaupt den Weg geht und da kann ich nur eindringlich bitten. Geht den Weg, wenn ihr erkennt, dass eure Lebensqualität nicht mehr vorhanden ist. Lasst euch helfen und nicht von dieser schnelllebigen, oberflächlichen Welt zerstören, denn ihr habt nur dieses eine wundervolle Leben. Es entsteht nur durch das Gesetz der Anziehung, der Gedanken, die euch zum Umdenken und Handeln bringen und ich hoffe, dieses Buch tut seinen Teil dazu. Auch wenn es nur zum Nachdenken anregt, kann das schon der erste Schritt sein. Dann seht mal, was ich als Nächstes an diesem Wochenende gemacht habe.

Es war Samstagfrüh, die Sonne drang durch mein Fenster und erwärmte mein Gemüt. Schon die Sonne alleine gibt einem die Kraft, den Tag angenehmer zu sehen. Daher kamen wohl auch die Winterdepressionen, wenn es kalt und ungemütlich draußen war, konnten viele Menschen dem Winter nichts abgewinnen, und das schlug vielen negativ auf das Gemüt. Durch das Fenster konnte ich sehen, wie der Frühling unaufhaltsam Tag für Tag näherkam.

Der Morgentau lag noch auf dem Gras und schimmerte glänzend durch das Fenster und traf mein Gesicht, welches die Sonnenstrahlen direkt in die Seele transportierte. Innerlich war ich ruhig und ausgeglichen. Ein wenig müde vielleicht, aber das war im Moment für mich normal und nicht unangenehm. Ich nahm mir von den beiden Büchern erst einmal das kleinere Taschenbuch vor. Die Autorin kannte ich aus einer Internetgemeinschaft und hatte ihr schon vor einer Weile versprochen, mal ihr Buch zu lesen. Wir hatten auch schon mal miteinander telefoniert und merkten gleich, dass wir auf einer Wellenlänge waren. Sie meinte, ihr Buch könnte mir helfen, und sie war auch sehr an meinem Manuskript interessiert, nachdem wir beide über unsere Lebensgeschichten sprachen. Ich nahm mir das Buch in Ruhe vor. Der Titel heißt: *„Begegne dir selbst"* von Lie Jana T. ich fand den Titel recht gut und für solche Titel bin ich sehr empfänglich. Die Neugierde wuchs sehr rasch, sodass ich mir noch schnell einen Kaffee machte und eine selbst gedrehte Zigarette dazu.

Ich saugte den Inhalt förmlich auf und meiner Meinung nach las es sich schlüssig und flüssig. Viele Dinge vom Inhalt her sprachen mich an, und ich versuche nun, diese für euch herauszufiltern. Vorab muss ich sagen, dass es mir gutgetan hat, dieses Buch zu lesen, und es wird mich einen Teil meines Weges begleiten.

Li Jana T fragt in ihrem Buch den Leser
zum Beispiel Folgendes
Bleibst du ein Sucher oder wirst du ein Finder?
Für welchen Weg wirst du dich entscheiden?
Deshalb frage ich dich...
„Bist du bereit?"

Ich war bereit und empfand es als zur richtigen Zeit, gerade jetzt dieses Buch in die Hand zu bekommen. Ich war immer schon einer, der Antworten suchte und auch brauchte, um zu verstehen, was so gerade vor sich ging. Sie schreibt auch, dass man nicht nach Antworten suchen soll, die einem das Leben erklären. Antworten, die dir sagen, wer du bist und welchen Sinn dein Dasein hat. Hör auf, nach den Antworten zu suchen. Wenn du eine Frage stellst, wird die Antwort dich finden! Ferner sagt Li Jana T, dass Sinnestäuschungen – falsche oder irritierte Wahrnehmung – einen Sinneswandel erzeugen können, wenn man bereit ist, die alten Pfade zu verlassen und sich auf den Weg zu begeben. Deinen Weg! Den Weg zu dir! Dieser Satz von ihr sagte genau aus, was ich mir erhoffe, nämlich einen Sinneswandel und auch, was ich jedem wünsche, sofern er bereit dazu ist.

Nur so findet man die Kraft von innen heraus den alten Weg zu verlassen und einen neuen zu gehen, und genau das mache ich auch und ihr dürft an einem lebendigen Objekt mit dabei sein.

Mein Anstoß war ja der Augenblick, an dem ich nicht mehr leben wollte, und ich erkannte, dass ich nicht auf dieser Welt bin, um mich zu verpissen oder selber über meinen Tod zu entscheiden, denn das hat der liebe Gott bei mir bestimmt nicht vorgesehen. Der führt wohl etwas anderes mit mir im Schilde. Ich werde versuchen, nicht mehr danach zu fragen. Die Antwort wird kommen, mich finden! Okay, im Moment bin ich noch der Suchende, aber das finde ich nicht schlimm, sofern der Prozess meines Umdenkens bestehen bleibt. Ich suche oftmals noch nach Antworten, dennoch übe ich mich in Gelassenheit, auch wenn es nicht immer funktioniert. Aller Anfang ist schwer und die Früchte trägt man eh erst am Ende. Ich habe auch kürzlich noch beschrieben, was Lie Jana T meint.

Es gibt Momente, da sprichst du mit einem Menschen, der ein Tief hat, und kannst ihn zum Umdenken bewegen. Mit den richtigen Worten kann es sein, dass man den Prozess ins Rollen bringt. Die Sache hat immer nur einen einzigen Haken. Kann derjenige das erkennen und ist derjenige auch dazu bereit, genau das zu erkennen? Viele Menschen brauchen große Ereignisse in ihrem Leben, bevor sie anfangen können an sich und an Veränderungen zu arbeiten. Bei den einen ist es der Tod eines Mitmenschen, bei dem anderen der Verlust des Arbeitsplatzes.

Bei mir war es der Verlust einer Beziehung und die Kraftlosigkeit, die ich spürte sowie die dadurch entstandene Handlungsunfähigkeit in Anbetracht, wie ich früher war und was ich erreicht habe, was ich erreichen wollte. Durch diese Situation wurde mir bewusst, welche Sinnestäuschung ich erlebte, und so fing, der Weg des Sinneswandels und der Kampf gegen die Krankheit an. Ich werde sie vielleicht nicht besiegen, aber ich werde es schaffen, sie in einen dunklen Kerker zu sperren, wo sie nicht mehr herauskann und ich in Frieden meine Ziele verfolgen kann. Sollte es mal Krach im Kerker geben, werde ich wieder für Ruhe sorgen. Schauen wir mal weiter, was ihr Buch noch so in mir auslöste. Lie Jana T schreibt die folgenden treffenden Worte in Ihr Buch:

„Wir sind eigenständig, frei handelnd, frei denkend und doch gefangen in einer vorherrschenden Form von Gesellschaft. Einer Gesellschaft, die uns in Regeln und Normen presst und uns vom Kern des Lebens, des Daseins abhält."

Das muss man erst mal wirken lassen, und ich hätte es nicht besser schreiben können. Denn genau dagegen wehre ich mich auch. Diese Gesellschaft, die in Oberflächlichkeit, Schnelllebigkeit und zerstörender Weise den Menschen das freie Handeln nimmt.

Wir lassen das zu! Ich nicht mehr! Zu denen möchte ich nicht gehören und meiner Meinung nach kann man auch etwas erreichen, wenn man gegen diesen Strom schwimmt. Die Wellen des Lebens schlagen einem dabei regelmäßig ins Gesicht und doch sollte man nicht aufgeben, sollte weiterschwimmen, denn nach jeder Flut, kommt auch mal die Ebbe und ein ruhiges Fahrwasser, bei dem man sich erholen kann. Wir selber und unsere Denkprozesse sind dafür verantwortlich, was schließlich daraus wird. Also, habt keine Furcht und springt in das kalte Wasser und fangt an zu schwimmen, um euer eigenes Leben. Ein Leben, das viel zu bieten hat und voller unermesslicher Reichtümer ist, die trotz harter Arbeit ein süßes Leben bieten können, sofern du nicht mit dem Strom schwimmst, sondern auch dagegen. Was alle anderen machen, muss für dich nicht gleichgut sein! Durch die Erfahrungen, Erziehung und Bildung werden wir zu einem „unfreien" Geist und Willen erzogen! Lernt neue Wege zu gehen, egal welche Konsequenzen das haben wird. Ihr werdet sie überstehen. Verändert die Sichtweise und scheißt auf alte Erfahrungen, Erziehung! Wenn, dann bildet euch. Bildung in Form von „neuen" Erfahrungen und legt die Erziehung der Steinzeit ab.

Findet euch in dieser neuen Welt zurecht, mit alten Tugenden, Weisheiten gemischt erzieht euch die Welt um euch herum. Lasst nicht zu, dass diese Welt euer Leben bestimmt. Es ist DEIN Leben und du bestimmst, wie der Hase läuft. Da gehören auch Vertragsverhandlungen dazu und auch andere wichtige Lebensentscheidungen, deren Ausgang du mitbestimmen kannst. Ich sage das Gleiche wie *Lie Jana T* in ihrem Buch.

Unsere Freiheit wird eingeschränkt von unseren Erfahrungen –

wir sind eingekesselt von unserer eigenen Lebensgeschichte.

Aber dennoch sind Veränderungen möglich.

Wenn du dir selber etwas zutraust,

dann wirst du dich entwickeln.

Genau so mache ich es seit letztem Jahr auch. Seit ich mich entschieden habe, mir von der Krankheit mein Leben nicht mehr bestimmen zu lassen. Ich verändere mich weiter und somit ist es mir möglich, aus dem Kessel herauszukommen. Ihr seid dabei und könnt es mitverfolgen. Mein Weg muss nicht zwangsläufig auch für euch der richtige sein, dennoch sind Parallelen immer möglich, und sind nicht auszuschließen, sofern sie einer positiven Veränderung seiner selbst dient. Ich bin in die Klinik gegangen. Das kannst du auch! Verstanden? Okay, dann entscheide dich, loszuschwimmen, denn das haben wir beide auch gemeinsam. Wir schwimmen doch jeder auf seine eigene Art. Ich kraule gern und der neben mir oder andere, die ich sehe, machen das auf dem Rücken oder beim Brustschwimmen. Welchen Stil du bevorzugst, überlasse ich dir, Hauptsache du springst ins Wasser und fängst endlich an. Das Ganze versteckt sich in ein paar Worten einer klitzekleinen Frage mit großer Wirkung.

Lie Jana T
„Was will ich und wer bin ich wirklich?"

Die Antwort kannst nur du selber herausfinden, und wenn du anfängst einen nicht vorhersehbaren Weg zu gehen, dann wird die Antwort dich finden! *Lie Jana T* und ich haben noch eine gleiche andere Denkweise zu dem großen Thema „Liebe". Wobei sich das Thema nicht nur auf zwischenmenschliche Beziehungen bezieht, sondern auch auf die Liebe zu sich selber. Das ist mit ein Grundstein, damit alles hier im Buch Geschriebene und draußen im wahren Leben auch funktioniert. Ich muss auch mal sagen, dass ich eigentlich das ganze Buch von Lie Jana T übernehmen könnte, denn was sie so schreibt, passt auf mich im Guten wie auch in der Problematik meiner momentanen Denkweise.

Lie Jana T und ich sind jetzt bei dem Thema Freiheit.

„Was bedeutet für dich Freiheit?"

Für mich bedeutet Freiheit, dass ich meine Gedanken in erster Linie ausleben kann und darf. Dass ich mir meine Ziele stecken kann, und sie weiterverfolge mit allen Konsequenzen. Genau so ist es bei der Handlung, bei der mir allerdings die Krankheit manchmal einen Strich durch die Rechnung macht im Handeln und im Denken.

Wo ich meine Freiheit nicht so auslebe, ist in einer Beziehung, denn in dem Fall bin ich gerne ein Mensch, der Verantwortung übernimmt und somit auch Rechenschaft ablegt.

Eine Rechenschaft ablegen aus Liebe ist für mich die schönste Rechenschaft, ohne dabei meine Freiheit aus den Augen zu verlieren, versteht sich. Leider klappt es nicht immer so bei mir, aber da gehören auch zwei dazu in einer Beziehung, und oft trennt sich dann die Spreu vom Weizen, wenn nicht beide in die gleiche Richtung denken und sich selbst dabei nicht aus den Augen verlieren. Ich habe mich zu oft aus den Augen verloren in den letzten Jahren.

Ich denke mal, dass es bei mir daran liegt, dass ich durch die letzten Jahre und die negativen Erfahrungen oft die Nähe verweigerte, weil ich mich für den Schmerz verantwortlich fühlte. Wobei ich es am Ende nicht immer alleine war, denn wie ich schon sagte, in einer Beziehung gehören zwei dazu! Mich macht meine Handlung in dem Moment nicht glücklich. Denn nach meiner heutigen Meinung und nach allem Angewandten, was ich bisher gelernt habe, befürchte ich, selbst verletzt zu werden oder jemand anderen zu verletzen. Das lässt mich zum Unterlasser oder Manipulierer werden und ich bemerke dabei nicht, dass es ein selbstzerstörender Angriff gegen mich selber ist. Das ist auch einer der Gründe, warum meine Unzufriedenheit, was Beziehungen angeht, die letzten Jahre stetig gewachsen ist und sich somit negativ manifestiert hat. So sind und bleiben alle meine Sehnsüchte nach leidenschaftlichen Berührungen sowie Erfüllungen im zwischenmenschlichen Bereich gefördert durch die innere Unzufriedenheit und Ausgeglichenheit in einer faltigen Fassade von fehlendem Vertrauen und fehlender Verbundenheit zu anderen und zu mir selber.

Dazu Originalton von Lie Jana T

* Fühle den Schmerz, der dir zeigt,
zu welchen Gefühlen du imstande bist.
Er will dich nicht quälen,</p>*

sondern nur darauf hinweisen,
dass du deine Ressourcen nicht auszuschöpfen vermagst,
um den wahren Wert der Lektion zu erkennen.

Nee, das habe ich wirklich nicht oft erkannt, denn durch das Borderline habe ich eher versucht, die Situationen auszuhalten und die Gedanken haben meinen Schmerz gefördert, mich unendlich gequält oder mich quälen lassen, anstatt zu handeln. Jetzt, wo der große Knall hinter mir liegt, geht es darum, all das zu lernen, umzudenken und zu manifestieren. Zu oft dachte ich, ich muss mich oder andere schützen, doch bin ich für mich und die für sich verantwortlich. Heute weiß ich, dass meine Erziehung und meine Erfahrungen in der Vergangenheit für meine Reaktionen, meine Furcht und all die Abweisungen jeglicher Art verantwortlich sind. Damit ist es natürlich kein Wunder, dass ich mir diese Ansichten immer wieder in meine Gedanken einlade, als Gast sozusagen. Verrückt oder? Nein, eigentlich ist es plausibel, nur wird es halt nicht leicht, das nach achtunddreißig Jahren zu verändern.

Doch ich sehe es als Chance für einen Neuanfang, und dieses Buch wird mir dabei helfen und vielleicht auch dem einen oder anderen dort draußen, wenn man sieht, wie ich es mache und schaffe!

Davon bin ich den Großteil des Tages überzeugt, und den Rest des Tages bekomme ich auch noch hin. Gut Ding braucht Weile!

Mir ist heute mehr denn je bewusst, dass meine negativen Gedanken Wiederholungstäter der Vergangenheit sind, deren Reizen ich oft noch unterliege, denn die gegenwärtigen Gedanken beäugen verachtend die neuen Gedanken. Die neuen Gedanken sind da und nur noch nicht manifestiert. Zu oft habe ich alte Leichen aus dem Keller geholt, um mich in meinen gewohnten Gefühlen zu suhlen.

Alle Enttäuschungen, welche leider sehr zahlreich waren, ob mit Schuld oder unschuldig, die ich aus der Tiefe der Seele immer wieder hervorgeholt habe, erinnern mich stets daran, dass sich vor langer, langer Zeit sehr Böses zugetragen hat, und das reißt meine Wunden immer wieder auf. Das Verrückte ist, dass es mich eigentlich jedes Mal wieder daran erinnert, keine Nähe, Verbundenheit oder Vertrauen zuzulassen. In solchen Momenten verhalte ich mich dann total kontraproduktiv, wenn die Erinnerungen sich nicht mehr steuern lassen, weil mein altes Gedankenmuster dies verhindert. Es bleibt auch immer das Gleiche, die Entscheidung liegt bei mir und letztes Jahr habe ich mich entschieden und angefangen, etwas zu verändern und auch wenn ich mich jetzt wiederhole: Was ich kann, dass könnt ihr auch. Die Stärke findet ihr nur in euch und genauso sieht es auch mit den Antworten aus! Um *Lie Jana T* nicht komplett vorzugreifen, gehe ich jetzt noch auf die Liebe ein. Heute weiß ich das nicht nur, weil ich das Buch von *Lie Jana T* gelesen habe, sondern der gesamte Weg im Nachhinein zeigt, dass sie recht hat, mit dem was sie schreibt. Warum?

Weil das eine oder das andere in ihrem Buch auf kalte, klare Art und Weise durch trockene Therapeuten oder Psychologen auch in Therapiesitzungen vorkommt. In solchen Sitzungen sagen die einem nichts anderes als *Lie Jana T*. Im Grunde könnte man sich komplett selber heilen, wenn da nicht diese in dem Moment schon zu tiefe Verzweiflung sitzen würde, dass man es eh nicht alleine schafft. Mit Büchern und Menschen mit gleicher Erfahrung kann man dem eine Menge abgewinnen, wenn man richtig aufmerksam wäre.

Leider ist es in der Realität viel schwieriger, als es sich hier schreiben lässt. Ich kann euch nur ermutigen, nicht aufzugeben und weiterzukämpfen, denn die Kraftreserven sind viel größer als ihr denkt.

Das Scheitern einer Beziehung liegt oftmals nicht nur an den verschiedenen Ansichten und Definitionen von Liebe, sondern auch an der Fehlinterpretation der Gefühle. Gefühle? Da sind sie wieder. Es ist das, was bei mir nicht richtig funktioniert. Ich bin extrem gefühlsgesteuert, aber von der falschen Denkweise. Es sind diese negativen Gefühle und auch die unserer Begleiter gegenüber, welche uns oft überwältigen, maßlos überfordern und den Umgang miteinander gehörig erschweren. Da zeigt sich auch mal wieder, wie oft uns heutzutage die Aufmerksamkeit und am meisten die Achtsamkeit für uns und unser Verhalten fehlen. Es gibt Phasen des Rückzuges, die wir uns und anderen oft nicht gestatten. Diese Phasen sind aber für beide nötig, um sich selbst wiederzufinden, um erkennen zu können, dass diese emotionale Distanz, die wir manchmal benötigen, uns aufzeigen kann, dass es der Regeneration dient, um wieder klar zu werden im Kopf.

Da wir es in manchem Beziehungsdrama nicht machen, ist es somit nicht verwunderlich, dass es knallt. Wenn es knallt, ist es wieder etwas, was wir kennen und da es uns keine angenehmen Gefühle macht, manifestiert sich bei jeder Meinungsverschiedenheit das Negative in unseren Gedanken. Ich kann euch nur empfehlen, das Buch von *Lie Jana T* zu lesen (Bestelloptionen am Ende des Buches). Mir hat es reichlich neue Erkenntnisse gebracht, die Anwendung neuer Gedanken zu versuchen, und ich, hoffe, dass davon einiges in meinem Kopf kleben bleibt. Bei euch hoffentlich auch.

Irgendetwas bleibt immer hängen und auch dafür sind wir selber verantwortlich, mit den Werkzeugen, welche wir sammeln, etwas Schönes zu bauen.

Fazit:

Ich danke *Lie Jana T* für ihre vielfältige offene Einsicht, welche sie uns allen in ihrem Buch gewährt.

„Begegne dir selbst".

Ich kenne *Lie Jana T* mittlerweile persönlich und bin ihr sehr verbunden durch unsere Gemeinsamkeit des Bücherschreibens.

Ich bin mir selbst begegnet. Immer wieder fand ich mich selbst in ihrem Buch, und begegnete mir selbst, wobei ich eine Menge lernen durfte, meinen Weg weiterzuformen, egal wohin er mich auch führen würde. Ich spüre einfach, dass es gut wird. Den Istzustand werde ich weiter versuchen bei mir zu manifestieren und das braucht Zeit, die ich mir heute mehr nehme und eingestehe als früher.

Es war Sonntag und ich hatte noch nicht alles verarbeitet aus dem Buch von *Lie Jana T*, da machte sich meine Neugierde auf das nächste Buch breit. Das Buch, dass ich seit letztem Jahr schon lesen wollte, doch schien es nicht der richtige Zeitpunkt bis dato zu sein. Jetzt war es so weit und mein unbändiger Wille auf Wissen, Genesung und Handlung hatte es mir in die

Finger getrieben. Das Buch über den Fußballer R. E. Es ist der schiere Wahnsinn wie es mich 2009 berührt hatte, als er sich entschieden hatte, von uns zu gehen. Alles, was man über ihn berichtete, habe ich förmlich aufgesogen. Ich war ihm zu dem Zeitpunkt näher gewesen, als mir lieb war. Ohne zu ahnen, dass ich selber krank bin. Dass ein Teil meiner Diagnosen auch seine waren. Damals machte es mir Angst und gab mir wiederum auch Kraft, weil ich mich nicht alleine fühlte und ihn so gut verstehen konnte. Das alles erfuhr ich durch die Medien, zu denen ich heute ein gespanntes Verhältnis habe. Jetzt habe ich endlich das Buch in der Hand, um genauer hinter die Fassade blicken zu können. Das werde ich mit euch gemeinsam machen und mal sehen, was es in mir auslöst, wenn ich das Buch durch habe. Ich halte euch natürlich auf dem neuesten Stand. Der nächste Wochenstart und wieder ein Tag, an dem ich mich über die Angelegenheiten der Firma meiner Mutter geärgert habe. Meine Mutter, die so wahnsinnig für diesen Laden lebt, hat mittlerweile ein Alter erreicht, wo sie die Dinge einfach nur noch geschehen lässt. Sie ist ein Mensch, der nie aufgeben würde, aber dennoch sehe ich es so, dass sie mit meinen Worten einfach „auf" ist (sie ist ausgebrannt). Ich denke mal, ihr geht auf dem Endspurt ihres Lebens und mit Sicht auf die wohlverdiente Rente die Kraft aus.

Hier passieren Dinge, die wären früher nicht passiert, als sie noch Energie hatte und einen Mann, der besser mit sich selbst zurechtkam als heute. Was ist aus dem Laden nur geworden? Er läuft, keine Frage und arbeiten tun sie auch nach wie vor ohne Ende.

Doch manche Dinge kann ich einfach nicht teilen. Es wird wohl daran liegen, dass ich die jahrelange Entwicklung sehe und ich selbst heute noch zu sehr unternehmerische denke, obwohl mich das nicht einmal was angehen müsste. Dazu glaube ich, dass es auch eine Angelegenheit wird, mich wieder unterzuordnen und das unternehmerische Denken fallen zu lassen. Was belaste ich mich auch mit Dingen, die ich nicht zu entscheiden habe? Das Gefühl für die Firma meiner Mutter ist noch immer sehr groß und wenn mich Dinge stören, dann habe ich nicht nur die Ideen, sondern auch wieder zu viele Emotionen, die mir Schwierigkeiten bereiten.

Ich verstehe einfach nicht, warum sich der Inhaber so viel gefallen lässt von seinen Mitarbeitern, und der eigene Mann nicht mal mehr in der Lage ist, eine Glühbirne zu wechseln, Bremsen zu belegen oder Ölwechsel zu machen. Das machen heute andere und die Kosten, die man früher nicht hatte, weil man einsparen wollte, werden somit heute aus dem Fenster geworfen.

Der Bruder, der am Telefon und in der Öffentlichkeit auftritt, als wäre es schon seine Firma und nicht mal in der Lage ist, für diese Firma einzustehen und dann da zu sein, wenn diese Firma ihn braucht. Hauptsache der Status ist okay und ich frage mich, warum ich mich damit belaste, welche Entscheidungen dort heute getroffen werden, die es früher nie gegeben hätte. Fahrer machen, was sie wollen, stellen sich mit der Geschäftsführung auf eine Stufe und nehmen sich die gleichen Rechte raus.

Ich wusste gar nicht, dass die Firma nicht mehr meiner Mutter gehört und die Argumente, die diese Mitarbeiter heute bringen, schreien zum Himmel. Den einen Fahrer frage ich, als ich ihn beim Einkaufen traf, was er da machte und darauf sagte er mir: „Das geht dich einen Scheißdreck an." Sagte man so was zum Sohn der Chefin?

Gerade dann noch, wo ich ihn ertappte und er rumfuhr, wo er nix zu suchen hatte und unseren Diesel zum Spazierenfahren nutzte?

Der einen durfte man keinen Tipp geben, wie man Kratzer an der Stoßstange verhinderte, weil dort ein Kratzer war, der vorher nicht da war. Diese dackelte dann gleich beleidigt ab und jedes Mal, wenn ich um das Auto ging, wurde zu mir gesagt: „Das war ich nicht".

Wenn außer ihr kein anderer den Wagen gefahren hat? Dazu sagte sie mir jetzt jedes Mal, was ich machte. Sie sollte vor ihrer Tür kehren und ihren Job vernünftig machen. Soll das etwa heißen, wenn ich eine Coladose im Auto liegen lasse, dann dürfen alle anderen das auch? Ich dachte immer, es sollte noch einen Unterschied geben zu Arbeitgeber und Angestellten. Dazu dann noch mein Stiefvater, der anscheinend seinen Verstand so weit mit Alkohol betrübt hat, dass auch er nicht mehr in der Lage war, ordentliche Entscheidungen zu treffen im Sinne der Firma und seiner Frau nicht zu vergessen. Fuhr ein Auto gegen einen Baum, dann ging er lieber Golf spielen, zog das nächste Auto aus dem Verkehr und ließ seine Frau alleine mit all den Sorgen. Ein Bruder der immer pünktlich Feierabend hatte und dem danach vieles wurscht ist. Wie sollte das mal weitergehen? Keiner der Antworten hinterherjagte und sich kümmerte und nix gefallen ließ. Außer Mutter, die malochte und malochte, aber auch ihr merkte man an, dass sie oft nachgab, um so Ruhe zu halten, damit sie sich selber auf ihre alten Tage nicht damit belastete. Ich glaube, sie hat manchmal Angst wenn ER einen Reifen wechseln sollte, dass ER die Räder nicht richtig anzog oder sonst irgendein Stress entstand, den SIE nicht mehr haben wollte. Deswegen schützte sie ihr System, damit Ruhe war im Bau. Ich dagegen, der die Dinge noch sah wie früher und das gleiche Denken behalten hat und dazu noch seine eigenen Erfahrungen mit Mitarbeitern, Fahrzeugen und noch vielen anderen Dingen, stieß dabei auf taube Ohren und machte sich im schlimmsten Fall das eine oder andere Mal seine eigene Familie zum Feind. War ich so anders? Nein, glaube ich nicht, ich hielt nur an bestimmten Dingen fest und versuchte nicht, meine Richtung zu verlieren. Alles, was ich sagte prallt bei denen ab, als wenn ich dumm wäre. So kommt es mir zumindest manchmal vor. Keiner der Fahrer gibt einen Schaden zu, selbst dann nicht, wenn man es ihm nachweisen kann. Keiner war es und die Verantwortungslosigkeit im Umgang mit Betriebseigentum war der gnadenlose Hammer in heutiger Zeit. Da wurde man sogar als Chefin noch für doof verkauft. Bei einigen Mitarbeitern und Handlungen kann man die Uhr danach stellen und keiner ist es gewesen oder es wird einfach bestritten. Was machten die eigentlich im Büro? Die Einzige, vor der ich Respekt habe, ist meine Mutter. Was sie leistet, dazu sind nicht viele Menschen imstande, und ich glaube ihr schönster Tod wäre, wenn sie aus dem Auto fallen würde und es würde mich nicht wundern, wenn das mal so käme. Sie hat maximal eine Woche Urlaub im Jahr und arbeitet sieben Tage die Woche von 05.30 Uhr bis 19 oder 20 Uhr am Abend. Während sie in der Hauptzeit fährt, nutzt sie jede frei Minute, um sich um alle anderen Dinge zu kümmern, wie Wäsche waschen, Essen kochen, Büro, um Haus und Garten und innerbetriebliche Dinge, sofern sie Kraft und Wissen dafür hat.

Wie gesagt manchmal habe ich das Gefühl, dass ihre Kräfte schwinden, denn die heutigen Entscheidungen oder Angelegenheiten, die gelöst werden müssen, sind nicht mehr die gleichen wie früher und werden auch auf wunderliche Art anders gelöst.

Als Außenstehender kann man das ganz gut beobachten, finde ich. Das alles sollte eigentlich nicht mein Bier sein, aber ich selber denke halt eben noch zu viel als Unternehmer und würde einiges anders entscheiden und mir auch nicht gefallen lassen.

Es war der nächste frühe Morgen, als mein Telefon klingelte. Es war die Klinik aus der Nähe von Würzburg, denen ich meine Unterlagen geschickt hatte wegen meiner gewünschten Traumatherapie.

Man teilte mir mit, dass nur noch das Okay der Krankenkasse fehlte, wobei man ihnen am Telefon schon das Okay gegeben hatte. Sie wollten es eben schriftlich und das war doch schon mal wieder eine erfreuliche Nachricht. Endlich ging es weiter zur nächsten Etappe. Ich fühlte mich angesichts der Homepage dieser Klinik ganz gut aufgehoben dort und meine Ungeduld half mir mal wieder, zügig voranzukommen. An diesem Tag hatte ich wieder eine Fahrt und war mit der Dame am Scherzen. Es ging über den Verkehr und ich ärgerte mich wieder einmal über die langsamen Fahrer vor mir. Die ältere Dame sagte: „Das ist halt eben so", und ich scherzte, „was glauben sie, was mir meine Mutter sagt, wenn ich so lange brauche?" Daraufhin meinte die alte Dame, dass meine Mutter doch total lieb wäre und ich konterte, aber nur wenn sie schläft und lachte dabei. Die ältere Dame sagte, es wäre ja auch nicht einfach für meine Mutter, so ein Geschäft zu führen und dazu die Verantwortung, da muss man schon mal etwas härter sein. Ich dachte mir in dem Moment: „Woher weiß die das?"

Die Härte meiner Mutter kannte ich, denn sie hatte ja einiges vom Großvater übernommen. Ich erinnerte mich an die einen oder anderen Schläge, als die alte Dame das sagte. Ich flachste weiter und sagte der Dame, vielleicht habe ich nicht genug Schläge bekommen und dann wäre etwas anderes aus mir geworden. Darauf sagte sie, warum Schläge? Sie ist doch nie da! Der hatte gesessen und wieder traf die alte Dame mitten ins Herz, ohne dass sie eine Ahnung von dem hatte, dass es stimmte, was sie sagte. Zum anderen wie es mich traf, denn sie sagte genau das, wie ich es erlebte.

Schläge ob angebracht oder nicht, die Masse hatte für mich keine Bedeutung, und ich erinnerte mich nur an die Schläge vom Opa und an die Male, wo der Holzlöffel an meinem Hintern zerbrach, als Mutter draufhaute. Na dann habe ich ja alles bekommen als Kind.

Ganz viel Liebe und Aufmerksamkeit!

Um noch mal kurz meine Jugendzeit zu erklären, erzähle ich jetzt mal, was meine Mutter zu dem sagte, worüber ich mit der alten Dame sprach. Sie meinte nur, dass ich es mir einbilden würde mit den Schlägen. Ach ja? Sie sagte mein Bruder hätte die Schläge genauso oft bekommen wie ich. Komisch, dass ich mich nicht daran erinnern kann, das gesehen zu haben und er eh immer als vernünftiger von uns beiden galt. Sollte er seine Schläge heimlich bekommen haben?

Das glaube ich nicht! Obwohl wenn er Schläge bekam und dann noch angeblich wegen mir bekommen hätte, würde das zumindest erklären, warum er mir in der Jugend gegenüber wie ein Arsch war. Dann hatte er seinen Frust, seine Überlegenheit und die ganzen Machtspiele an mir ausgelassen. Heute würde er das nicht schaffen. Seit ca. Anfang 20 bin ich ihm körperlich überlegen und der Malocher von uns beiden.

Er ist derjenige, der nicht in der Lage war, ein Rad vom Auto zu bekommen und dann noch meine gutmütig Hilfe in Anspruch nahm als wäre es selbstverständlich. Käme er mir in den letzten Jahren doof, würde ich ihm eine schießen, und ich glaub, das würde er nicht riskieren. Das Einzige, was er schaffen würde, so wie er es früher geschafft hat, dass ich die Firma nicht alleine lasse, wenn es drauf ankommt, wobei er sich in dem Moment zurückzieht und ja nicht mehr macht als nötig.

An diesem Tag rief mich wieder die Klinik an und fragte mich, ob ich in einer Woche kommen könnte und ich sagte sofort voller Freude zu. Sofern die schriftliche Zusage vorher bei mir ankam und ich sie sofort weiterfaxen konnte, würde ich schon in einer Woche dort sein können. Das war doch toll und ich fühlte mich im ersten Moment wieder richtig beflügelt, dass ich nur noch auf die Post der Krankenkasse warten musste. Ich habe die Post dann erst mal gedanklich weggeschoben, weil ich jetzt eh nichts machen konnte. Eine Woche und was ich noch alles zu erledigen hatte, damit ich in Ruhe dort hinfahren konnte. Das alles, was mir da im Kopf rumschwirrte, fing an, mich wieder zu überfordern, sodass ich am Abend versuchte, mich abzulenken und rief wieder das Mädel aus der Schweiz an. Es tat gut, ihre

Stimme zu hören, und der Dialekt faszinierte mich immer wieder. Wir redeten und redeten über Gott, die Welt, Leben, Liebe und ich fühlte mich ihr sehr nahe. Genauso fühlte ich mich aber auch bei dem Mädel aus Hessen und beide habe ich noch nie gesehen. Achtung alter Schwede, dachte ich in dem Moment nur. Mache jetzt keinen Fehler und lass die rosarote Brille weg. Wenn ich mit beiden redete, war ich meist ziemlich klar.

Ich flirtete und man(n) machte so seine Anspielungen und freute sich über positive Rückmeldungen. Zum jetzigen Zeitpunkt könnten mich beide bekommen, denn meine Verfassung und die Gedanken waren bei beiden gleich. Zudem gaben sie mir beide die gewünschte Nähe und Aufmerksamkeit via Telefon oder Mail. Richtig sexy sind die beiden auch noch. Genau nach meinem Geschmack. Beide sollte ich in Würzburg treffen, hatten wir ausgemacht. Die aus Hessen hat es nicht ganz so weit. Doch das Mädel aus der Schweiz kommt nur wegen mir nach Würzburg und das sind mal fast 400 km für ein Kennenlernwochenende.

Mal sehen, was in Würzburg passieren würde, und ich hoffte, ich könnte klar bleiben. Meine Zukunftsziele hatten sich verändert. Vor drei Monaten sah ich nur das Buch als Ziel und meine Eltern zu unterstützen, dafür dass sie mir auch schon geholfen haben.

Den Rest der Zeit nutzte ich für mich, um zu lernen. Zu diesem Zeitpunkt war mein Ziel definierter. Das Buch stand immer noch an erster Stelle, aber der Wunsch nach Veränderung wuchs stetig. Ich würde gern nach der Klinik mein Buch weiter in Angriff nehmen und die Veröffentlichung vorantreiben. Als Nächstes mir einen Job suchen mit dem ich zurechtkomme. Doch am liebsten würde ich Menschen helfen. Noch viel lieber würde ich das auf selbstständiger Basis machen. In ein paar Tagen ist Würzburg dran und der nächste Klinikaufenthalt auf dem Weg zur Selbstfindung und Selbstheilung. Es ist Samstagmorgen und ich bin vom Wecker geweckt worden. Meine Tochter ist dieses Wochenende mal wieder bei mir. Wie immer im Vierzehntagerhythmus. Wir hatten uns für 8:00 Uhr verabredet zum Einkaufen.

Am Vorabend habe ich ihr noch mal, wie schon so oft, erklärt, was es bedeutet pünktlich zu sein, damit eine Vertrauensbasis zwischen zwei Menschen entstehen konnte. Großspurig wollte sie sogar wetten, dass sie pünktlich wäre. Wieder einmal habe ich ihr mein Vertrauen geschenkt und meine Einstellung kannte sie ja ausreichend zu dem Thema. Ich war viel zu früh wach geworden, signalisierte mir mein Körper ziemlich schnell. Ich versuchte, mich zu beschäftigen, denn ich hatte gute zwei Stunden für mich zur Verfügung. Es wurde langsam hell und ich saß vor meinem Laptop und suchte im Netz nach Abwechslung.

Ich schaute nach Nachrichten und freute mich sehr über die netten Nachrichten von dem Mädel aus der Schweiz. Ich antwortete ihr freudig auf das, was ich zu lesen bekam. Wir redeten und schrieben, um uns so kennenzulernen. Mehr als Mails und selten mal ein paar Telefonate hatten wir ja nicht. Nachdem ich ihr geantwortet hatte und ganz zaghaft die Sonne zum Vorschein kam, fing ich an, die Wohnung aufzuräumen. Ich stellte meine Blumen nach draußen auf die Beach-Terrasse (s. Bild).

Beach-Terrasse © Carlos

Ich versuchte langsam alles vorzubereiten für meine nächste Reise. Der nächste Klinikaufenthalt stand ja in den nächsten Tagen an. Ich schaute nach meiner Wäsche, die der Pitbull vorher gewaschen hatte und nahm sie von der Leine ab. Irgendwann blickte ich auf die Uhr, es war kurz vor 8 Uhr. Die Nachrichten fingen im Radio gerade an und das sagte mir, dass wir 8 Uhr hatten und wer war nicht da?

Ich nahm meine Schlüssel und ging zu meinen Eltern, wo meine Tochter übernachtete. Die guten zwanzig Meter begann es in mir zu brodeln, während ich auf die Kellertür zuging. Ich schloss die Kellertür auf und in dem Moment kam sie mir entgegen. Ohne ein Wort zu sagen, drehte ich um und sie folgte mir. Bei uns wieder angelangt hielt ich ihr eine Moralpredigt zum ich-weiß-nicht-wievielten Male. Wieder und wieder versuchte ich ihr zu erklären, was Pünktlichkeit bedeutet und welche Konsequenzen es haben kann, wenn man unpünktlich ist. Ich wollte ihr nur gute Werte vermitteln.

Tugenden, die darüber entscheiden wie ihr Leben verlaufen kann, wenn sie das aus den Augen verliert und nicht lernt. Ich war besorgt als Vater. Ich wollte nicht, dass sie so wird wie ich und schon gar nicht sie so erziehen, wie ich erzogen wurde. Ich glaube in ihren dreizehn Jahren hat sie erst einmal eine geknallt bekommen und so würde ich das noch nicht mal nennen. Ich dagegen konnte die Schläge in dem Alter schon nicht mehr zählen. Ich empfand es wie immer, immer wiederkehrend, ihr zum wiederholten Mal zu erklären, was es für eine Bedeutung haben kann, wenn ein Mensch zu spät kommt. Was ich dann hörte, war der erste Schlag am Morgen ins Gesicht. Sie sagte: „Mann Papa, reg dich doch nicht auf, es waren nur zwei Minuten." Ich war kurz vorm Überkochen, denn ich hörte nicht nur sie sprechen, sondern ich erkannte ihre Mutter wieder.

Ganz deutlich diese gleichen Worte und eine Art von stelldich-nicht-so-an und ist-doch-nicht-schlimm? Nein, einmal ist das nicht schlimm, aber so oft wie sie es machte, zu spät zu kommen, wie ihre Mutter, war es mittlerweile kein Kavaliersdelikt mehr und das versuchte ich ihr zu erklären. „Was glaubst du, wird dein Chef mal sagen, wenn du zu spät kommst? Das machst du maximal drei Mal und dann ist der Job weg", sagte ich zu ihr. Sie wollte nicht verstehen, was so was heutzutage bedeutete. Es war, als spräche ich nicht nur mit ihr, sondern auch mit der Mutter und das kotzte mich umso mehr an, denn das hatte sie garantiert nicht von mir. Ich bin ein zuverlässiger Typ der lieber 30 Minuten zu früh kam als eine Minute zu spät.

Ehrenhaft und pflichtbewusst, was das Thema anging, war ich und das wünschte ich mir auch von ihr. Ich wurde langsam wütend, denn ihre pubertäre Art machte es nicht leichter, ihr das zu erklären. In der Küche, sie weinte schon, sagte ich zu ihr, dass nicht nur reden, sondern das Handeln wichtig war. Gestern nur großkotzig geredet und heute kontraproduktiv gehandelt. Was machte ihre Mutter nur?

Meine Tochter sagte nur, schrei mich nicht an. Ich war laut aber geschrien habe ich nicht. Ich sagte zu ihr, sie solle mal aufpassen und als ich dann wirklich schrie, konnte sie den Unterschied am eigenen Leib erfahren, als sie zusammenzuckte. So dann hast du wieder mal was gelernt, den Unterschied zwischen einer erregten Unterhaltung und lautem Schreien. Dein Vater schreit nicht. Er ist erregt, innerlich aufgewühlt und wird schneller, deutlich und auch etwas lauter, aber ich schreie nicht und den Unterschied kannte sie jetzt auch.

Ich konnte das echt nicht mehr hören, denn es ging seit Jahren so, dass ich aus dem Mund des Kindes die Stimme ihrer Mutter hörte. Das regte mich früher und heute immer noch unendlich auf. Diese Verharmlosung und mit Beispielen erklärte ich, was Verharmlosung bedeutet, und wie es bei anderen ankommt. Ich fand auch keine Mittel mehr und drohte ihr sie nach Hause zu bringen, wenn es in Zukunft nicht klappen würde mit Absprachen. Diese Drohung hatte ich auch schon oft ausgesprochen, aber nie wahr gemacht. ‚Ich werde unglaubwürdig', dachte ich. Ich erklärte ihr, dass ich es irgendwann tun würde und dann hätten wir definitiv ein Problem. Genau wie damals mit ihrer Mutter, als ich ihr über Monate drohte: „Wenn du so weitermachst, bin ich weg" und „du treibst mich in die Arme einer anderen Frau". Die Drohungen prallten immer wieder ab.

Über Monate ging das so und sie dachte, das würde er niemals tun. Falsch gedacht, denn der Moment kam, als ich innerlich leer war und sie dann gefühlskalt abservierte, so wie ich die Beziehung zu ihr schon in meiner Vergangenheit beschrieben habe. Davor hatte ich Angst, dass es mir mit meiner Tochter auch passieren würde. Nachdem meine Wut verflogen war, und ich hoffte, dass mein Kind es endlich Mal verstanden hatte, was ich ihr zu erklären versuchte, fuhren wir zum Einkaufen. Im Kofferraum meiner alten Karre waren schon die Plastikbeutel voller leerer Pfandflaschen, die ich zuvor eingeräumt hatte. Am Einkaufsmarkt angekommen holte die Kurze einen Einkaufswagen und wir luden die Säcke in den Einkaufswagen.

Wir gingen zu dem einzigen Leergutautomaten. In dem Moment als der Automat mal wieder hakte, und ich auf den vollen Wagen schaute, kam ich mir vor wie ein Flaschensammler, der an der Armutsgrenze stand. Dieses Gefühl störte mich noch mehr, als sich Leute hinten anstellten und wieder gingen, weil es ihnen zu lange dauerte. In einem Dorf, wo jeder jeden kennt.

Wir hatten gut fünfzig Flaschen eingeworfen und die anderen die er nicht annahm, legten wir beiseite. Immer wieder fühlte ich mich beobachtet wie ein alter Penner, der um sein Überleben kämpft.

Es war mir so unangenehm, dass ich mit den restlichen Flaschen dann einfach in den Laden ging und behauptete, dass der Automat sie nicht annahm und nicht funktionierte. Es war mir so peinlich und ich wollte es schnell hinter mich bekommen. Die immer noch restlichen 40 leeren Flaschen wurden von Hand gezählt.

Ich brauchte das Geld, um davon einzukaufen, denn ich war eh Pleite und darauf angewiesen Getränke und Waschmittel für die Klinikzeit zu kaufen. Nachdem das Leergut abgewickelt war, lud ich in den Einkaufswagen, was ich brauchte und meine Tochter half mir zusammenzurechnen und nicht den Überblick zu verlieren. Denn ich hatte ja nur die Leergutzettel auf denen gute 20 Euro waren und etwas Kleingeld in der Geldbörse. Wir rechneten und als das Limit erreicht war, dachte ich mir noch der Rest reicht für eine Packung Zigaretten. Grob überschlagen wusste ich, dass es reichen würde. Schlussendlich legte ich noch zusätzlich eine Packung Zigaretten auf das Band. Als die Verkäuferin mir sagte, dass ich gut 30 Euro zahlen müsste, erschrak ich und brabbelte vor mich hin, ob ich mich dann wohl verrechnet hätte und öffnete meine Geldbörse mit Angst, nicht genug Kleingeld zu haben und die eine Packung wohl doch zu viel war.

Es war mir so was von peinlich, und ich glaube, viele wissen, was ich meine! Ich suchte das Kleingeld zusammen und es passte doch noch. Erleichtert aber dennoch mit Schuldgefühlen über mein jetziges verkorkstes Leben verließ ich schnell den Einkaufsmarkt. Was ist aus mir geworden?

Draußen am Auto erklärte ich meiner Tochter, was gerade in mir vorging, denn sie hatte mein Verhalten und das angebliche Verrechnen mitbekommen. So gut es ging, erklärte ich ihr, was die Krankheit mit meinen Gedanken machte. Sie hatte Verständnis und gab mir sogar den Tipp die Leergutflaschen nicht so viel auflaufen zu lassen, dann würde es nächstes Mal schneller gehen und nicht so auffallen. Wie recht sie doch hatte. Mit diesen Gefühlen der Armut und der finanziellen Situation fuhren wir wieder nach Hause und ich begann das aufzuschreiben. Es ist mittlerweile Mittag und wir haben uns mit Tamara zu einer kleinen Radtour verabredet.

Das Wetter war echt schön. Ein Tag im April bei sonnigen fast fünfundzwanzig Grad. Mein Kind und ich stiegen auf die Räder, nachdem ich Luft kontrolliert hatte.

Tamara wohnt auch im Dorf auf einer Anhöhe. Auf gerader Strecke waren wir eigentlich ganz gut unterwegs, doch schon am Berg nach zehn Minuten Fahrt verließen uns die Kräfte und wir mussten absteigen und die Räder schieben. Es ärgerte mich, wie unsportlich ich geworden war. Ein Kerl wie ein Baum der Mauern einreißen konnte, machte am halben Berg schlapp. Meinem Kind ging es genauso und das enttäuschte mich ein wenig, denn ihre Lunge war noch lange nicht so geprägt wie meine nach fast fünfundzwanzig Jahren rauchen. Ich glaube, wenn mir einer die Geldbörse klaut, dem brauche ich gar nicht hinterherrennen. Bei dem Satz musste ich schmunzeln. Bei Tamara auf dem alten umgebauten Hof, der genau zu ihr passte, erwarteten sie und ihr Sohn uns schon. Ich war schon nass geschwitzt und meine Art dort anzukommen signalisierte ihr erst mal, dass ich 'ne Pause brauchte. Die nutzen wir auch gleich, um eine zu rauchen.

Die Kinder drängelten, und wir machten uns auf den Weg in die Felder und den angrenzenden Trimm-dich-Pfad. Am Wald angekommen bemerkte ich zuerst nicht, welche Bedeutung der Wald doch noch für mich hatte. In diesem Wald steht der Baum den ich früher beim Joggen immer umarmt habe, um meine negative Energie abzuleiten und neue positive aus den Wurzeln des Baumes zu ziehen.

Es scheint wohl nicht funktioniert zu haben, denn das war vor gut zwei Jahren. Heute weiß ich es besser. Es muss unbewusst wohl doch funktioniert haben, denn sonst würde es mich seit einem Jahr nicht mehr geben und ich könnte auch nicht mehr weiter gegen meine Diagnosen ankämpfen. Wir düsten mit den Rädern durch den Wald. Es war ein schönes Gefühl. In diesem Jahr konnte ich das erste Mal die Natur genießen und ich versuchte, so viel wie möglich davon aufzunehmen. Oft war ich in Gedanken, wie herrlich ein Leben doch sein kann, wenn man sich bequemte, mal den Hintern hochzubekommen und was zu unternehmen. Als wir an dem kleinen See vorbeikamen, machten wir dort eine Pause, um etwas zu trinken und die Lunchpakete zu verputzen. Ich fragte meine beste Freundin Tamara: „Weißt du, wo wir eben vorbeigekommen sind? Hier habe ich meine SMS letztes Jahr geschrieben, als ich kurz vorm Zusammenbruch war und wusste, dass es Zeit wurde, in die Klinik zu gehen. Wo mich meine tiefe Verzweiflung über meinen Zustand, in dem ich war, fast umgebracht hätte." Sie sagte: „Ja, die Hütte habe ich gesehen." Es war schon komisch. Ich musste zwar daran denken, aber große Emotionen hatte ich nicht. Sie machte den Vorschlag, noch ein Eis essen zu gehen und uns dann vorerst zu trennen, um uns am Abend zum Grillen wieder zusammenzufinden.

Eis essen bei dem Wetter fand ich eine Superidee, doch zum Grillen meine Zustimmung zu geben, blockierte mich in dem Moment. Ich fühlte, ich hätte genug für heute und wollte mich lieber zurückziehen. Ich sagte ihr: „Gib mir etwas Zeit, um mich zu entscheiden." Von meiner Tochter kam auch keine Begeisterung für das Grillen.

Wir schauten noch eine Weile den Gänsen bei ihrem Treiben zu und machten uns zur Weiterfahrt bereit. In unserer kleinen Fußgängerzone lag die Eisdiele und man sah gleich, dass viele andere den gleichen Gedanken hatten wie wir. Wir schleckten an unserem Eis und ich hatte die Fahrt vom Wald bis zur Eisdiele genutzt, um mir über das Grillen Gedanken zu machen.

Es überforderte mich ein wenig.

Ich gab mir einen Ruck und sagte zu meiner besten Freundin Tamara, dass sie mir bitte zwei Stunden für mich geben möchte und dann kämen wir zum Grillen. Sie willigte ein und mein innerlicher Kompromiss fruchtete. Unsere Wege trennten sich und mein Kind und ich fuhren nach Hause. Die Kurze schmiss sich gleich vor den Fernseher. Ein großer 127er-Flachbildschirm war eines der wenigen luxuriösen Dinge, das mir aus der Selbstständigkeit geblieben war. Der hat zu der Zeit 1200 gekostet, was mich wenig störte, denn da konnte ich noch finanziell, wie ich wollte. Heute sehe ich mich im Hartz IV wieder und es geht, auch wenn es beschwerlich ist und nicht wirklich ohne Unterstützung meiner Eltern funktioniert, so ist es doch noch lebenswert, wenn man lernt sich wieder an anderen Dingen zu erfreuen. Ich ging eine Stunde ins Bett und mein Körper freute sich über diese Pause. Nachdem ich wieder fit war, fuhren wir, diesmal jedoch mit dem Auto, zum Grillen zu meiner besten Freundin.

Es gab feine Sachen und ihre Schwester war mit ihren Kindern auch da. Meine Tochter kam sich mal wieder sehr verloren vor und ließ sich nicht animieren, Anschluss aufzunehmen und das, obwohl sie die Leute kannte. Bei dem Wetter und dem leckeren Grillfleisch und dem superleckeren Dip meiner besten Freundin, verabschiedeten wir uns gegen 20 Uhr und der Abend ging dann zu Hause vor dem TV zu Ende. Am Sonntagmorgen das Übliche. Taxi waschen, etwas was ich noch gerne machte, und bei dem ich nicht denken musste. An einem Auto war die Stoßstange mal wieder von unseren Superfahrern extrem verschrammt, dass nur noch eine Lackierung infrage kam. Polieren half da nichts mehr. Ich nahm mich dem an, denn sonst machte es ja keiner und bevor meine Mutter es wieder teuer in einer Fachwerkstatt bezahlen musste, dachte ich mir, ich versuche es mal.

Ich hatte es schon tausend Mal beobachtet und traute es mir auch selber zu. Nach dem alle Autos gewaschen waren, nahm ich mir den Wagen mit der Stoßstange noch mal zur Brust. Ich schliff alles von Hand, grundierte und lackierte sorgfältig bis mir die Farbe ausging. Das nervte mich, denn ich hatte zu wenig von den Sprühdosen organisiert. Somit wusste ich, dass ich es noch mal machen muss in den nächsten Tagen. Was ich bisher allerdings zustande brachte, versetzte mich in gute Stimmung, da keine Läufer in der Lackierung zu sehen waren und es ziemlich anständig aussah für das erste Mal. Leider war es nur zu wenig Farbe und die gewünschte Deckkraft wurde nicht erreicht. Trotzdem war ich zufrieden und sagte meiner Mutter, dass es jetzt noch trocknen muss und der Wagen in der Garage bleiben sollte. Sie antwortete gereizt und bestimmte direkt, der Wagen würde gleich gebraucht, denn der Fahrer der gleich Dienst hat, bekommt den anderen Ersatzwagen nicht.

Bum, wieder einer von den Superfahrern, die die neueren Modelle nicht bekommen, damit sie geschont werden. Na toll, sagte ich ihr und somit war die Lackierung futsch und meine Stimmung im Keller. Dann soll sie die doch rauswerfen, wenn die nur Bruch produzieren können mit ihrer abermals vorlauten, besserwisserischen Art und Weise, die so manchen Kunden vergraulen konnte.Was zu dieser Zeit alles geduldet wurde seitens meiner Mutter, der Geschäftsinhaberin, konnte ich kaum noch nachvollziehen, und ich war froh, dass der Laden nicht mir gehörte, den ich mir dann auch noch mit meinem Bruder teilen müsste. Feuer und Wasser, nein, das ginge nicht gut. Die neue Woche begann und ich wartete immer noch auf die Kostenübernahmebestätigung für die Traumaklinik in Würzburg, wo ich gerne hinwollte. Bekam ich die Zusage noch pünktlich für den Mittwoch zur Einweisung? Ich telefonierte umher, während ich eine Doppelschicht schob.

Die erste seitdem ich krank wurde. Ich tastete mich erstmals an meine Belastungsgrenze, die aufgrund der positiven Erwartungen mit dem nächsten Klinikaufenthalt gefördert wurde. Endlich erreichte ich jemanden und ich erfuhr, dass die Krankenkasse dem zugestimmt hatte und meiner Reise am Mittwoch nichts im Wege stünde. Im Laufe des Tages besorgte ich noch mal Farbe für die Stoßstange vom Wochenende. Ich klärte diesmal, ob das Auto über Nacht in der Garage bleiben sollte. Nachdem ich Feierabend machte, ging ich in die Garage und schliff noch mal alles von Hand ab und leckte die ersten Lackschichten auf. Das Ergebnis war diesmal noch besser, und nachdem ich es meiner Mutter zeigte, waren wir beide zufrieden. Meine Zufriedenheit konnte ich mit Stolz ganz gut spüren.

Meine Mutter dagegen war wieder mal relativ trocken und ihre Zufriedenheit kam bei mir an wie ein Lob mit kalten Worten.

Na ja, das kenn ich schon, und so ließ ich mir dennoch meine Zufriedenheit nicht nehmen. Es war mittlerweile nach 18 Uhr und ich begann, mich um meine Wäsche für meine Reise nach Würzburg zu kümmern. Gegen 20 Uhr war ich für den Moment fertig und nutzte die letzten zwei Stunden noch für mich. So viel habe ich schon lange nicht mehr gemacht und das fast ohne große Pausen. Von 7 bis 16 Uhr Taxi gefahren, die Stoßstange lackiert und meine Wäsche gemacht, Wahnsinn! Der Dienstag begann wieder um 7 Uhr und gegen 13 Uhr stellte ich die Taxe in die Garage. Es war noch viel zu tun, denn in der Nacht zum Mittwoch wollte ich los nach Würzburg. Als ich zu Hause ankam, schaute ich auf den Rasen am Haus. Ich dachte nur: „Wer macht das denn, wenn ich weg bin?" Keule, der mich am Montagabend noch auf einen Kaffee besuchte, sagte mir, dass er das übernehmen würde, wenn ich weg wäre. Doch so wie der jetzt schon aussah, musste der noch mal geschnitten werden. Ich nahm das auch gleich in Angriff, den ersten Schnitt des Jahres vorzunehmen. Anschließend kümmerte ich mich noch um meine Pflanzen und gab ihnen neue Erde und wässerte sie auch gleich. Ich war hundemüde am Nachmittag und ruhte mich auf der Couch aus. Währenddessen bekam ich eine SMS von dem Mädel aus der Schweiz, in der genau das stand, was ich gerade machte. Gönne dir mal eine Pause, schrieb sie. Ich hoffte, das Mädel in Würzburg zu treffen, denn das hatten wir per Mail ausgemacht. Wir wollten uns beide endlich kennenlernen und so hatte durch die Möglichkeit sich in Würzburg zu treffen nur jeder die halbe Strecke zu fahren. Bin echt mal gespannt, ob sie mich wirklich besuchen kommt, denn per Mail hatte sie es mir mehrfach versichert.

Wir haben im Internet eine freundschaftliche Beziehung aufgebaut und wussten schon eine ganze Menge voneinander. Das Gleiche gilt auch für das Mädel aus Hessen. Nein, ich fahre nicht zweigleisig, auch wenn mir beide gefallen und ich mir mehr vorstellen könnte.

Ich möchte sehen, was ich gelernt habe, um mich unter Kontrolle zu halten, keinen Blödsinn zu machen und wieder die rosarote Brille aufzubekommen. Das wollte ich überhaupt nicht und so versuchte ich, auch wenn ich im Hinterkopf nicht abgeneigt wäre, mit einer der beiden etwas anzufangen mich auf freundschaftlicher Basis zu treffen, nicht mehr und nicht weniger. Mal sehen, was draus würde.

Ich packte meinen Koffer und das Auto voll. Mein Betreuer kam auch noch, um mit mir den wichtigen Papierkram wie Vollmachten und andere diverse Schreiben zu erledigen. Ruck, zuck ging die Zeit wieder um und ich merkte, dass es eng wurde, bis 20 Uhr im Bett zu sein, um noch ausreichend Schlaf zu bekommen, damit ich fit in der Nacht losfahren konnte. Die Zeit drückte immer mehr. Ich nahm die Koffer, lud sogar meine Massagebank mit ein und noch alles Mögliche, was man für mindestens sechs

Wochen gebrauchen kann. Dann kam Tamara noch, um mir auf Wiedersehen zu sagen und ein paar Minuten vorher war Pitbull schon da, der ich noch erklären musste, was sie die nächsten Wochen für mich zu tun hatte. Wenn ich die beiden nicht gehabt hätte, dann wären meine Katzen vor die Hunde gegangen. Wie sich das anhört. Ich musste schmunzeln. Die beiden würden sich um alles kümmern, wenn ich weg wäre. Unter Dauerstrom war ich dann mit allem gegen 21 Uhr fertig und versuchte, mich ins Bett zu legen, vorher stellte ich noch den Wecker auf 3 Uhr in der Nacht.

Ich bekam kein Auge zu und wälzte mich in dem warmen Wasserbett hin und her. Um kurz vor 1 Uhr hatte ich die Nase voll und stand auf. Dann zog ich das eben so durch, und wenn ich unterwegs müde würde, dann würde ich eben ein kleines Schläfchen machen. Meine Ankunft war für 9 Uhr in der Klinik bei Würzburg geplant. Ich machte mir einen Kaffee und drehte mir eine Zigarette. Ich nutzte die Zeit, um weiter am Buch zu schreiben, damit ich auf dem aktuellsten Stand blieb.

Verliebte Tauben
© *Carlos*

Die vorerst letzte Reise

Auf dem Weg zur Autobahn hab ich noch zwei Briefe eingeworfen und die blauen Schilder mit weißer Inschrift signalisierten mir, dass es jetzt in Richtung Würzburg ging. Kein Weg zurück und ich wollte auch nicht zurück und der Weg war das Ziel. Während ich so vor mich hinfuhr, gingen mir tausend Gedanken durch den Kopf. Was würde mich dort erwarten? Könnte man mir dort helfen? Wie würden die Klinik, das Ambiente, die Therapeuten und anderen Patienten sein?
Würde ich das Gleiche erleben wie in Kassel oder Dortmund? Wie werden die Zimmer, das Essen und die Freizeitangebote? Schon bald werde ich auf alle meine Fragen Antworten bekommen. Viele Ausfahrten und Streckenabschnitte waren mir noch gut in Erinnerungen aus meinen Kraftfahrerzeiten. Während ich in die Ungewissheit fuhr, kamen die einen oder anderen Erinnerungen auf. Kurz vor Würzburg wurde ich müde und beschloss, auf der Rastanlage Spessart eine kleine Pause zu machen. Ich schloss meine Augen und zog mir die Baseballmütze tief in das Gesicht. Nach einer guten Stunde Schlaf fuhr ich weiter und mein Zeitplan war immer noch im Rahmen geblieben. So war ich nun mal, die Pünktlichkeit in Person. Lieber dreißig Minuten zu früh als eine Minute zu spät. Ich kam kurz vor der Ausfahrt an einer Raststätte vorbei, an die ich auch noch eine gute Erinnerung hatte. An dieser Raststätte stand ich damals mit meinem Lkw und wollte an der Kasse bezahlen, als ein junges Mädchen vor mir nicht bezahlen konnte, weil ihre EC-Karte nicht zu funktionieren schien. Ich habe dann kurzerhand die Rechnung übernommen. Das Mädchen war total dankbar, dass ich ihr half, denn der Kassierer machte keine Anstalten ihr zu helfen.

Selbst das Hinterlassen eines Schuldscheines inklusive Personalausweis ließ er nicht zu. Ich tauschte mit dem Mädchen die Adressen aus und sie versprach, mir den Betrag schnell zu überweisen und am Ende lud sie mich zu sich nach Hause auf eine Pizza ein, wenn ich denn mal mit dem Lkw in ihrer Nähe wäre. Es fühlte sich an, als wäre es erst gestern gewesen. Das Schild der Abfahrt tauchte vor mir auf zu dem Ort, wo ich hinwollte, es waren nur noch sechzehn Kilometer bis zur Klinik. Entgegen meinen Fähigkeiten fand ich die Klinik nicht auf Anhieb und das, obwohl ich den ganzen Weg ohne Karten fahren müsste, weil mir eh alles bekannt vorkam. Endlich angekommen musste ich feststellen, dass es anders war als sonst. Die Klinik lag zwischen Kurhotels und war unscheinbar als Klinik getarnt und machte auf mich nicht den besten Eindruck, da es auch keine Zufahrt gab und sie direkt an einer Straße lag. Ich parkte meinen Wagen und nahm einen Teil meines Gepäcks schon mal mit.

Die Aufnahme wie üblich mit allen dazugehörigen Informationen lief routiniert ab. Das Gespräch mit der Ärztin war auch okay und meine Therapeutin lernte ich noch am gleichen Tage kennen. Das Erste, was mich störte, aber unvermeidlich war, war, jedem meine Geschichte immer wieder aufs Neue zu erzählen. So was ist immer mühselig und belastet einen immer wieder.

Die Ansprechpartner in der Klinik hatten alle Berichte vor sich liegen und dennoch war es immer notwendig, dass sich jeder einzelne Ansprechpartner ein eigenes Bild von mir machte, und ich verständlicherweise nicht darum herumkam, es immer wieder zu wiederholen. Jede frei Minute, und davon hatte ich 'ne Menge am Ankunftstag, verbrachte ich an der kleinen Raucherhütte direkt neben dem Eingang.

Die drei Gespräche inkl. der Aufnahme dauerten ja nicht den ganzen Tag, denn es war in jeder Klinik gleich, dass man in Ruhe ankommen sollte, bevor die Arbeit wirklich losging, und das dauerte nun mal ein paar Tage. Beim Rauchen sah ich schon den ein oder anderen Mitpatienten. Man musterte sich gegenseitig und auch die Frauen ließen nicht davon ab, mich ständig zu beobachten wegen meiner Tätowierungen. Es dauerte bis in den Nachmittag hinein als ich den ersten Kontakt knüpfen konnte. Schwer war es wiederum dann doch nicht, denn rauchen verbindet. Ich näherte mich also langsam an die Leute in der Raucherecke an und traf dort auch zufällig meine Patin. Sie war mir gleich sympathisch und nur wenig älter als ich. Mit Humor war sie auch gesegnet und das nahm mir etwas von meiner innerlichen Unruhe. Etwas entspannter ging es dann los und sie zeigte mir die Klinik. Mittlerweile wurde ich hungrig und fragte nach dem Speisesaal. Da ich schon einer festen Gruppe zugewiesen wurde, stellte ich fest, dass ich auch genau mit der Gruppe die Mahlzeiten einnehmen würde. Aufgrund der Tischordnung würde ich täglich mit den gleichen Leuten verbringen. Das Essen war dürftig. Es gab nur die Auswahl zwischen Vegetarisch und Fleisch. Die Essenausgabe erfolgte der Reihe nach. Buffet gab es nur morgens und abends.

Da ich nicht weiß, wie Kliniken mit den Krankenkassen die Verpflegung berechnen und ich ja eh das Gleiche bezahle, auch wenn ich Privatpatient bin, würde ich, wenn ich es mir aussuchen könnte vom Essen her immer in die Klinik nach Kassel gehen. Denn dort scheint es so, als bekäme man für das gleiche Geld mehr Leistung. Ich versuchte, nicht weiter darüber nachzudenken, denn hier war mir wichtiger, dass ich mehr über mich erfahre und lerne, womit das Essen wieder in den Hintergrund rückte.

Nach dem Mittagessen fiel mir auch ein hübsches, südländisches Mädchen auf mit einem wunderschönem Gesicht, sie kam von der Nachbarklinik herüber zum Rauchen. Nach einer Weile sprach ich sie an und fragte, woher sie käme, und sie antwortete, dass sie aus Paraguay wäre. Ich setzte mich zu ihr und nach einigen Minuten fragte ich sie, als wir alleine waren, ob sie mit mir spazieren gehen wollte. Sie willigte ein und ich spürte gleich, dass wir eine Verbindung hatten. Irgendwas zog mich zu ihr. Doch war es nicht nur der Beschützerinstinkt und ihre Schönheit mit Anfang zwanzig, sondern da war mehr. Ich war neugierig auf ihre Geschichte und es fühlte sich gleich voller Vertrauen an. Wir redeten eine Weile und wussten beide, dass wir auf der gleichen Wellenlänge waren. Es trafen sich zwei tiefgründige Menschen. Den restlichen Nachmittag verbrachte ich mit Koffer auspacken und dem einen oder anderen Gang zum Rauchen, um zu sehen, was sich hier so bewegte und welche Menschen ich hier treffen würde. Diese Klinik behandelt alles und hat dennoch ihren Schwerpunkt in der Traumatherapie gefunden und was hier auch anders war, dass es eine eltern- oder mutter-kind-bezogene Klinik war. Von eins bis achtzehn war hier auch alles vertreten, egal ob die Kinder oder ein Elternteil psychisch erkrankt waren. Das war auch eine neue Erfahrung für mich. Allzu viele Männer waren hier auch nicht und die Stimmung allgemein gegenüber Männern zurückhaltend und defensiv. Ich merkte gleich, dass hier noch viel mehr Sensibilität gefragt war, und hier echt Vorsicht geboten war mit irgendwelchen Aussagen oder blödsinnigen Kommentaren, die einen hätten triggern können. Triggern ist, wenn man an bestimmte Situationen unbewusst erinnert wird, und somit ein Rückfall provoziert werden kann.

Gerade ich als Elefant im Porzellanladen musste hier höllisch aufpassen, was ich sagte, und schauen, dass die Späße relativ neutral blieben. Am frühen Abend sprach man mich an, ob ich mitkäme ins kleine Hausschwimmbad. Ein kleines 15-m-Becken, wo immer drei Erwachsene anwesend sein mussten, denn alleine durfte man nicht schwimmen, aus Sicherheitsgründen. Ich sagte zu und genoss es, ein paar Bahnen zu ziehen und Aquawalking zu machen.

Der Abend rückte näher und wieder traf ich das hübsche Mädchen. Wir beschlossen, wieder eine Runde zu gehen, und sie nutzte den Weg, um mir den Kurpark zu zeigen. Der war echt schön mit seinen abendlichen Lichtspielen und der Gesamtbeleuchtung, es versetzte mich in eine romantische, friedliche Stimmung und dazu hatte ich ein hübsches Mädel an meinem Arm. Ich hatte ihr zwischenzeitlich angeboten, sich bei mir am Arm einzuhaken. Dazu die vielen Wasserspiele, die die Stimmung noch verstärkten. Schöner hätte ein Abend nicht sein können. Wir redeten über Gott und die Welt sehr tiefgründig und lernten uns so kennen und mochten uns auf Anhieb. Ich würde lügen, wenn sie mich nicht auch sexuell gereizt hätte, doch ich versuchte, mir immer wieder vor Augen zu führen, warum ich hier war und in der letzten Klinik war ich ja auch vernünftig. Okay, fast vernünftig, ich habe zwar nichts mit einer Patientin in Dortmund gehabt, aber dafür hatte ich einen engen Kontakt mit einer Frau, die ich im Internet kennenlernte, was ich allerdings nicht rühmlich finde. Hier möchte ich es endlich mal richtig machen und die Zeit wird es zeigen, ob ich es schaffe. Doch zu dem Thema sexuelle Handlungen später noch mehr. Das Mädel, gerade zwanzig, mit einem scheinbar auch extrem kurzen, aber wohl sehr bewegten Leben, ging mit mir langsam wieder zurück. Kurz vor der Klinik angekommen sagte sie mir, dass sie sich in meiner Nähe wohlfühlte und mich auf Anhieb mochte.

Einen Moment musste ich überlegen, warum es wohl so war. Verfiel ich wieder meinem alten Raster oder zog ich wieder einen Menschen an, der mir womöglich guttat oder gar schaden könnte? Ich hatte keine Antwort darauf in dem Moment und ließ es einfach im Raum stehen. Zurück auf meinem Zimmer, es war schon mittlerweile 21.30 Uhr, nahm ich das erste Mal die spartanische Einrichtung wahr. Auch das war kein Luxus und dennoch war ich zufrieden, weil ich wieder einmal ein Einzelzimmer hatte. Das Bad war fast genauso groß wie das restliche Zimmer. TV war verboten und gab es nur im Gruppenraum, den man sich mit allen anderen teilen musste. Für mich war schnell klar, dass ich in der Zeit hier nicht TV sehen würde, und wer weiß, wozu das gut war. Handy war nur auf dem Zimmer erlaubt und Internet war auch verboten, welches ich dann nur in der Stadt oder heimlich auf dem Zimmer nutzen konnte.

So ganz von der Außenwelt abgeschnitten sein war nichts für mich, sodass ich die Regelung brechen musste, um weiterhin Kontakt nach außen zu halten. Ich nutzte es auch nicht jeden Tag, denn hauptsächlich wollte ich an mir arbeiten und meine Ruhe haben.

Die erste Nacht war gezwungenermaßen gut und das klapprige Bett spürte ich den ganzen Tag in meinem Rücken. Auch das war leider nicht mit anderen Kliniken vergleichbar und mit meinem Wasserbett zu Hause schon gar nicht. Dennoch sollte diese Klinik einen guten Ruf in Bezug auf Traumatherapien haben, wie ich aus dem Internet wusste, als ich mir diese Klinik aussuchte. Die Unannehmlichkeiten rückten damit in den Hintergrund und ich lernte schnell, mich damit zu arrangieren.

Morgens gab es wieder sogenanntes Nuttenfrühstück, mit einer selbst gedrehten Zigarette und einem Becher Kaffee saß ich draußen beim Rauchen. Nach und nach trudelten auch die anderen ein. Da ich am Vormittag nicht viel zu tun hatte, ging ich zum örtlichen Einkaufsmarkt, um mir Tabak und Süßigkeiten zu kaufen. Während ich auf dem Rückweg war, rief mich die Klinikleitung an und sagte mir, ich sollte mich in der Verwaltung melden. Warum, konnte man mir nicht sagen.

Es dauerte keine 5 Minuten und die Überlegung, was die wohl von mir wollten, drückte meine Stimmung fast schlagartig. Die Gedankenspirale begann sich zu drehen. Wollte man mich entlassen, weil ich doch falsch war in dieser Klinik hier? Konnten die mir hier nicht helfen? Habe ich einen Regelverstoß begangen? Diese Fragen wühlten mich immer mehr auf. Die Therapeutin sagte gestern im Erstgespräch, dass sie sich noch ein genaueres Bild von mir machen müsste, und noch nicht genau wüsste, wo sie therapeutisch ansetzen würde. Es könnte sein, dass sich aufgrund meiner jahrelangen negativen Erfahrungen oder auch durch die Ereignisse in meiner Kindheit ein Trauma entwickelt hatte. Also nicht so, wie man es sonst kennt, beispielsweise dass nach einem Unfall ein Trauma ausgelöst wird, eine sogenannte posttraumatische Erkrankung. Bei mir scheint es, dass sich aufgrund von negativen Ereignissen in der Kindheit, die ich nicht richtig verarbeitet habe, und aufgrund falscher Erziehung ein Trauma eingeschlichen haben könnte. Ich war extrem angespannt durch den Anruf und wusste nicht, was mich in der Verwaltung erwarten würde. Stimmt was mit der Kostenübernahme der Krankenkasse nicht?

Den Weg zurück machte es mich rasend schnell traurig, wütend und handlungsunfähig, sodass ich nur wieder einen Ausweg sah. Das Buch fertig machen, meiner besten Freundin Tamara unterschieben und mit letztem Willen darauf hinweisen, dass sie es bitte veröffentlichen möge.

Oh Mann, the Point of no Return war fast erreicht und kein Gegenmittel vorhanden, außer dem Weg zur Klinik, den ich noch vor mir hatte. Als ich zurückkam, hatte ich noch eine halbe Stunde Zeit und nutzte die zum Rauchen mit den anderen Patienten, die ich daran teilhaben ließ, was der Anruf der Verwaltung bedeuten konnte. Keiner hatte eine Antwort darauf und Spekulationen bringen mich eh nicht weiter. Der Termin kam und ich ging hoch in die Verwaltung, und als ich das Namensschild sah, von der Person zu der ich sollte, war es der Chefpsychologe der Klinik und der saß in der Verwaltung. Er bat mich rein und kurz gesagt, er wollte sich nur selber ein Bild von mir machen, und es war ein ganz normales Erstgespräch, in dem er herausfinden wollte, welche therapeutischen Ansätze er nutzen wollte, um mir zu helfen. Meine Anspannung war wie weggeblasen und ich habe mir mal wieder Sorgen um nichts gemacht. Das teilte ich ihm auch gleich mit, weil es ja eine aktuelle Situation war. Er verstand, dass ich ihm sagen wollte, dass, wenn man mir nicht ausreichend Informationen zur Verfügung stellt, dass sich genau dadurch das Rad dreht. Eine Klinikmitarbeiterin hat, ohne es zu wissen, durch eine harmlose Information, zu der eine Begründung fehlte, bei mir einen Stein ins Rollen gebracht. Ich erklärte dem Psychologen, dass es doch leichter wäre, wenn man wüsste, worum es geht, doch die Dame hatte diese Information einfach nicht bekommen und somit hat mir eine nicht ausführliche Information einen Rückschlag versetzt, der mal wieder zeigte, was Ursache und Wirkung bedeuten können, die ich noch nicht mal selbst verschuldet hatte. Warum sind die Menschen so? Warum fragte keiner nach? Und wer fragte, wurde in einem Glauben gelassen, der ihn zurückwirft. Ist es heute so schwer geworden, Information auszutauschen? Diese oberflächliche Welt nervt. Hätte man mir klar gesagt, dass ich ein Erstgespräch bei dem Chefpsychologen hätte, der nur zufällig in der Verwaltung sitzt, hätte ich mir den Gedankenkrieg sparen können. Tja, leider machen Menschen Fehler, und ich muss lernen, damit besser umzugehen, um in solchen Krisensituationen, verursacht durch falsche Informationen, gelassener reagieren zu können. Mal sehen, ob die mir genau das beibringen können. Der ersten gemeinschaftlichen Großgruppe, an der ich anschließend das erste Mal teilnehmen würde, an der alle in der Klinik teilnehmen müssen, sah ich gespannt entgegen. Doch dort traf mich der nächste emotionale Schlag voll ins Gesicht. Zwei Mädchen fragten in die Runde, ob sie eine Tanzveranstaltung organisieren dürften, an der jeder freiwillig teilnehmen konnte. Grundsätzlich wäre es kein Problem, sagten die Chefärztin und der Professor. Viele waren erfreut über den Vorschlag, und der erste Mann meldete sich auch schnell. Meine Frage, ob man dort auch Disco Fox tanzen darf, also mit Körperkontakt, was eigentlich verboten war in dieser Klinik, sprengte den Rahmen. Ein anderes Mädchen sprach Bedenken aus, weil Frauen dabei waren, die ein Problem mit Männern haben oder so was auch nicht ansatzweise sehen wollten, und die Gruppenspirale drehte sich und die Chefärztin schürte die Situation noch weiter mit ihrer Frage, aus welchen Beweggründen all die Meinungen zusammenkamen, denn darüber sollte man sich auch Gedanken machen. Ich dachte, was wird das denn jetzt? Nur weil die Mädels tanzen wollten, wurde eine ungeahnte negative Stimmung daraus und dynamisch von der Chefärztin gefördert, weil sie es nicht schaffte, den Druck rauszunehmen. Alle waren sauer und enttäuscht, über das, was am Ende dabei herauskam. Zwei Mädchen, die einen Tanzabend auf freiwilliger Basis veranstalten wollten und auch Spaß am Disco Fox hatten, wurden so dermaßen ausgebremst, dass hinterher keiner mehr verstand, warum es so aus dem Ruder gelaufen war.

Selbst als ich in die Runde sagte, dass ich darauf verzichte mitzumachen, damit keiner etwas Anstößiges finden würde, um sich aufzuregen oder etwas zu sehen, was er nicht sehen will, wenn zwei Menschen zusammen tanzten, wurde die Stimmung nicht ruhiger. Schon krass und dadurch bekam ich die nächste Krise für den Tag. Erst die Mitarbeiterin, die mir Informationen vorenthielt, und jetzt diese Großgruppe, die verdammt anstrengend wurde. Ich war echt daneben und wollte meine Krise als Akutfall gerade melden, als die Therapeutin mir sagte, sie habe jetzt Mittagspause und wir sollten es auf später verschieben. Diese unvorhergesehene Situation musste ich notgedrungen akzeptieren. Ich ging raus eine rauchen, wo auch die anderen Mitpatienten sich immer noch über die Runde und die Chefärztin ärgerten, welch eine Dynamik das Ganze entwickelte, obwohl der Professor versuchte, kurz zu schlichten.

Meiner Meinung nach lag es an der penetranten Art der Chefärztin, die nicht in der Lage war, die therapeutischen Zwecke zu erklären und die Beweggründe des Einzelnen zu ermitteln, und damit den Rahmen sprengte. Keiner wollte den therapeutischen Beweggrund nennen, denn es ging einfach nur um eine freiwillige Discoveranstaltung mit etwas Tanz, wo keiner ein Problem sah, außer der Chefärztin, die eine übertriebene Angst schürte, dass ein Problem entstehen könnte, von dem sie vorher die Beweggründe wissen wollte. Hallo? Lebenslust, einfach Tanzen, ohne therapeutisches Gerede! Das wollte keiner! Da wir ja die Klinik verlassen durften, hätten wir uns auch zum Tanzen in einer Kneipe treffen können, um es mal überspitzt zu sagen. So wäre nix passiert, und wer keine Lust hatte, brauchte ja auch nicht mitzugehen. „Wo bin ich hier gelandet?", dachte ich in dem Moment, „die Frau hat echt ihren Job verfehlt in dem Moment, als es anfing zu brennen, den Überblick zu bewahren und das Feuer einzudämmen, damit es nicht weiter auflodert." Das alles machte mich so fertig und sauer, dass ich ins Bett ging, denn mit meiner Therapeutin konnte ich wegen der Mittagspause nicht reden. Nach meinem Mittagschlaf fühlte ich mich etwas besser und konnte in Ruhe noch mal drüber nachdenken, was am Morgen passiert war.

Mit klaren Gedanken analysierte ich und stellte fest, dass ich meine Gedanken und Emotionen noch nicht ausreichend genug im Griff habe und hier noch echt an mir arbeiten müsste, um den gewünschten Erfolg in Zusammenarbeit mit der Klinik zu erzielen. Ich gab nicht auf. Am Abend gingen wir wieder mal schwimmen, das brachte mich auch wieder runter und einem ruhigen Abend entgegen. Am nächsten Morgen hatte ich einen weiteren Termin bei dem Chefpsychologen.

Er teilte mir mit, dass sie mich aus der Gruppe rauslassen werden und mehr in die Einzeltherapie mit mir gingen, da die Gruppe für mich kontraproduktiv sein könnte. Ich fand die Idee gut, denn es würde eh lange dauern, bis ich mich vor den anderen öffne, und bevor ich mir die Probleme anderer zu eigen machte, waren mir Einzelgespräche lieber. Denn die Probleme anderer zu meinen machen, das konnte ich gut, indem ich mich um sie kümmerte und versuchte, mit meinem Wissen zu helfen. Dabei würde ich mich wahrscheinlich wieder selbst völlig vergessen. Das wäre wirklich nicht gut, denn hier ging es um mich und nicht um andere. Das nächste, was er mir erklärte war, dass ich in klaren Momenten ein Beobachter meiner Person wäre und gut reflektieren könnte, wie ich fühlte und handelte, wenn ich mich selber betrachtete. Er stellte die Situation so dar, dass ich in einem Stuhl saß, und wenn ich mich selbst beobachten würde, stand ich neben dem Stuhl, dabei war mein Blick auf mich selbst gerichtet, wie ich dort saß. Wo er mich hinbekommen möchte, wäre die Champions League des Ganzen.

Mich dahin zu bekommen, mich nicht nur im Stuhl sitzen zu sehen, sondern den zu beobachten, der gerade beobachtet, um herauszufinden, was und warum ich mich beobachtete. Bildlich verstand ich, was er meinte, doch in der Umsetzung wusste ich auch, dass es nicht leicht werden würde, denn so weit scheine ich noch nicht zu sein. Das nächste Thema war, dass ich versuchen sollte, eine Woche lang den Körperkontakt zu anderen Patienten komplett zu vermeiden, um zu sehen, was dann mit mir geschieht. Den Deal bin ich eingegangen, denn ich wollte auch sehen, was passieren würde. So was kannte ich nicht und hinterfragte das Ganze, was war gesund und was war nicht in Ordnung an meinem Verhalten.

Es war Samstag, in der Klinik fanden keine Termine statt und man hatte das Wochenende zur freien Verfügung. Ich hatte mich mit dem hübschen Mädchen aus Paraguay zum Einkaufen verabredet. Sie war echt total hübsch und passte genau in mein Schema, welche ich sonst zu erobern versuchte. Sie wusste von der Abmachung, dass ich Körperkontakt meiden würde, den einen Abend hatte sie sich ja schon bei mir mal, Gentleman wie ich bin, einhaken dürfen und damit sie nicht denkt, es hätte was mit ihr zu tun, habe ich ihr davon erzählt. Wir gingen los und mit ihr konnte man auch echt Spaß haben. Sie war auch sehr tiefgründig und ich hatte keine Angst, von ihr verletzt zu werden. Dazu hatte sie diverse Selbstverletzungen an den Armen, die nicht zu übersehen waren. Es waren unzählige Narben, große Wunden musste sie sich zugefügt haben und dennoch stand sie dazu und versteckte sich keineswegs. Wir erkundeten die Stadt und besorgten, was man so benötigte. Auf dem Rückweg trafen wir noch andere Patienten, mit denen wir uns zusammensetzten. Wir aßen genüsslich einen Kuchen und tranken einen Milchkaffee dazu. Es war echt lustig und keiner hatte auf die Uhr gesehen. Ich fühlte mich pudelwohl an ihrer Seite und ich musste schon aufpassen, dass ich nicht in mein altes Raster verfiel. Obwohl ich mit mir immer wieder deswegen kämpfen musste, war ich dennoch froh, sie in meiner Nähe zu haben. Meine Gefühle waren so frei, dass ich sie gerne an die Hand genommen hätte und ich garantiere, sie hätte es zugelassen. Doch das durfte ich nicht, sie anfassen. Wir gingen auf dem Rückweg noch an einem Klanggarten vorbei. Eine große Wiese umringt von Bäumen an denen große Musikboxen hingen und Liegestühle waren auch dort. Es war sonnig und gut über 20 Grad warm. Wir legten uns in die Stühle und diese Klänge berührten mich unheimlich. Wohlig klangen sie in meinen Ohren, und ich hörte gespannt zwischen Meeresrauschen, Vögeln und anderen für mich unbekannten Tönen zu.

Es war wunderbar und ich kann es nur jedem empfehlen, so etwas mal mitzuerleben. Unglaublich, was da in mir vor sich ging, dazu die Ruhe, wie in einer Oase des Friedens und der Harmonie. Als wir zurück waren, gab ich ihr noch mein Radio mit einer CD, die ihr helfen könnte, die ich immer zum Einschlafen nahm. Es geht darum, sich selber lieben zu lernen und Borderliner haben genau damit Schwierigkeiten. Ich legte mich dann zum Mittagsschlaf und wurde leider von einem unschönen Albtraum geweckt. Den restlichen Samstag verbrachte ich mit Lesen und zwischendurch war ich mit den anderen Patienten eine rauchen. Am Abend hatte ich mich mit anderen verabredet, um das Lichterspiel noch mal im Dunkeln anzusehen. Wie den Vorabend schon genoss ich diese Musik im Freien am Kurpark und dazu die Lichter und das Beste, die Wasserfontänen sprühten parallel zur Melodie in verschiedenen Variationen und wurden dabei beleuchtet. Auch das berührte mich sehr, und ich wollte es gern heute Abend noch mal genießen.

In den letzten Tagen konnte ich mich weiter gut einleben und der ein oder andere Patient war mir sympathisch, sodass ich mich nicht groß alleine fühlen musste. Das Wetter war immer noch super. Es war wieder eine Mischung zwischen Urlaub und harter emotionaler Arbeit. Die Sonne schien vom frühen Morgen an und der Tau auf den Wiesen schimmerte glasig schön und verdunstete immer mehr. Man konnte das Gras riechen und die Blumen, die ich auf meinem Wege sah, erfreuten mein Gemüt und inspirierten mich zum Träumen. Ich bekam langsam eine leicht goldenbraune Farbe im Gesicht und die Blässe des Winters wurde somit vertrieben. Keine Winterdepressionen, sondern der Frühlingsanfang entfaltete sich mit wahrer Wonne, und ich konnte das deutlich wahrnehmen und spüren. Warum konnte ich das zu Hause nicht oder allgemein im Alltag sowieso nicht? Es wird wohl das Belastende zu Hause sein und die immer wieder vorgelebten Sichtweisen, die nicht meinen entsprachen, das alles schien mich immer wieder davon abzuhalten, die Dinge anders wahrzunehmen. Es sind wieder ein paar Tage vergangen, und es beginnt wie in jeder Klinik ein langsamer Therapieaufbau. Man hat also in den ersten Tagen weniger zu tun und somit mehr Freizeit. Von den Mitpatienten bekam ich das ein oder andere Buch ausgeliehen, weil mir doch ein wenig langweilig wurde. Ständig in die Stadt laufen wollte ich nicht, denn das hätte mich nur zum Geldausgeben verführt, welches ich eh nicht hatte.

Dennoch versuchte ich, positiv zu denken und das Erlebte hier wahrzunehmen und zu verarbeiten. Ich bekam ein Buch zugespielt, welches mit dem Gesetz der Anziehung zu tun hatte. Die Psychologen halten nur bedingt etwas von diesen Büchern, denn die Esoterikschiene ist ja keine Schulmedizin.

Ich vertraue allerdings solchen Büchern genauso, denn was darin geschrieben steht, ist so was von einleuchtend, dass der eine oder andere gar keinen Psychologen bräuchte, wenn er es schaffen würde, sich daran zu halten, was da geschrieben stand. Bei mir bleibt immer etwas hängen aus solchen Büchern und sie helfen mir, die Dinge anders wahrzunehmen, meinen Blickwinkel zu verändern und meinen Wissenshorizont automatisch zu erweitern. In dem Buch fand ich aufregende Kapitel, die leicht zu lesen und für mich auch verständlich waren. Dieses Buch sagt, dass es das Gesetz der Anziehung ist, dem wir folgen und das oftmals – zu oft nach meinem Geschmack – ohne zu verstehen, woher die Erlebnisse kommen. Ich spreche nicht davon, was man erlebt hat, sondern von der Gegenwart und der Zukunft. Wie zum Beispiel aus heiterem Himmel, Zufall, Schicksal, Karma oder wie auch immer man es nennen mag. Dieses Buch soll mir sagen, wie ich gemäß der Anziehung mehr von dem bekomme, was ich will, als von dem, was ich nicht will. Ach so, dachte ich mir. Ich ziehe die Scheiße an. Darüber habe ich schon oft nachgedacht, warum viele Dinge immer mir passieren mussten und wenn sie dann noch negativer Natur waren, dann fühlte ich mich bestätigt in meiner falschen Erziehung und Sichtweise. Mein Gefühl sagte mir, dass dieses Buch mir helfen könnte, umzudenken und meine Sichtweise zu verändern, indem ich versuchte das Positive anzuziehen. Wie geht das? Wenn ich etwas Neues anfasste, hatte ich oft die Gedanken, dass es eh schief gehen würde. Häufig war ich nicht von dem überzeugt, was ich tat oder wurde sehr schnell verunsichert, was mich dementsprechend zweifeln ließ. Dieser erste Zweifel war dem Gesetz der Anziehung zufolge bereits der erste Vorbote für das Misslingen der positiven Anziehung.

Das Buch würde mir erklären, dass ich in allen Lebenslagen, sofern ich umdenken und den festen Glauben entwickeln würde, dass sich alles um mich herum positiv verändern könnte. Ich war echt gespannt darauf, las mich in das Buch ein und versuchte, zu verstehen, was es mir weiterhin sagen sollte. Interessant wurde es schon am Anfang, weil man auf wissenschaftlicher Basis zu erklären versuchte, welche physikalischen Grundlagen zugrunde lagen, damit man beides voneinander unterscheiden konnte. Es war wichtig, positive und negative Gedanken zu trennen und zu sortieren, nach dem Gesetz der Anziehung sollte dann positiv gehandelt bzw. gedacht werden. Ich fand das echt spannend, und es wurde mir leicht gemacht, dies zu verstehen, denn es war einfach beschrieben. Dieses Buch erklärte mir anhand der physikalischen Sichtweisen und Erkenntnisse, dass es kein Hokuspokus war, sondern ein schlichtes Naturgesetz, ob es einem bewusst war oder nicht. Oder nicht? Da war es wieder, das unbewusste Handeln und Denken, welches sich bei den Menschen positiv oder negativ manifestiert hatte. So wie bei mir. Immer und immer wieder hat sich das Negative – sowohl in Form von Erlebnissen und Erfahrungen – bei mir so derartig manifestiert, dass es kein Wunder war, dass ich immer mehr Negatives anzog. Das Positive geriet dadurch zwangsläufig in den Hintergrund, und ich schenkte dem Positiven dadurch immer weniger Beachtung. Erfolge sah ich nicht mehr, und das Negative blieb, öfter als mir lieb war, hängen und prägte mich.

Dieses Gesetz der Anziehung ist in der Wirkung als solches momentan noch nicht messbar und somit ist es kein Wunder, dass Psychologen lieber bei der Schulmedizin bleiben, auch wenn es wissenschaftlich erwiesen ist, dass es sich um ein Naturgesetz handelt und die Physik dahinter vom logischen Verstand untermauert wird. Na denn, schauen wir doch mal, was es weiter mit mir machen würde.

Ich möchte also nicht noch mehr negatives Denken im Bewusstsein oder Unterbewusstsein verinnerlichen und dadurch

Negatives anziehen in meinem Leben, sondern genau umgekehrt. „Was Sie in Gedanken, Gefühlen, geistigen Bildern und Worten aussenden, ziehen Sie in Ihr Leben", schrieb C. Ponder und das sagte schon eine Menge aus.

Es leuchtete mir immer noch ein, doch als emotional instabiler Mensch wusste ich, dass es nicht leicht werden würde für mich und so nahm ich die Hilfe dieses Buch gerne an, um meine Sichtweise zu überprüfen und weiter zu verändern. Das Gesetz der Anziehung funktioniert wie ein Magnet, der Dinge anzieht, die starke negative Muster haben, da sein eigenes Muster ihm genau das vormacht. Ich schloss daraus auch, dass ich immer einen bestimmten Frauentyp anzog wie ein Magnet, und zwar den Typ Frauen, die mir schaden würden. Auf das Thema Frauen komme ich später noch mal. Also dieses Prinzip funktioniert auch in allen anderen Lebensbereichen. Ich stellte fest, dass wenn ich über Geldmangel klagte und immer wieder darüber nachdachte, dass ich zu wenig davon habe, somit auch meine Rechnungen schlechter zahlen könnte und weiter in ein tiefes Loch fallen würde. Genauso war es auch bei irgendwelchen Vorhaben, sei es von handwerklicher Natur oder auch in beruflichen Segmenten, wenn ich mir nicht vorstellen konnte, dass ich etwas schaffen würde, dann würde ich es auch nicht schaffen. Das wollen wir doch mal sehen, und ich würde dieses Buch nicht eher aus der Hand legen, bis ich es kapiert hatte. Nun, dann werde ich mich mal bemühen, meine Aufmerksamkeit den positiven Schwingungen zu widmen und die negativen Schwingungen nicht mehr zuzulassen. Da verstand ich auch, wenn Menschen in geselligen Runden solche Sätze äußerten wie, „diese Person verbreitet negative Schwingungen", (Stimmung) und die Launen der anderen konnte, wenn sie instabil wie ich waren, voll in den Keller gehen. Im umgekehrten Fall können Menschen mit positiven Schwingungen einen auch aus seinem Kellerloch wieder heraushelfen.

Was bedeutet das alles?

Ich beschreibe nun negative Gefühle (ausgelöst durch negative Gedanken) und positive Gefühle (ausgelöst durch positive Gedanken), die dementsprechende Schwingungen hervorrufen können.

> **NEGATIVE GEFÜHLE** (gesteuert durch Gedanken):
> Enttäuschung, Einsamkeit, Mangel jeder Art, Traurigkeit, Verwirrung, Stress, Wut, Verletzung
>
> **POSITIVE GEFÜHLE** (gesteuert durch Gedanken):
> Freude, Liebe, Begeisterung, Reichtum, Stolz, Behaglichkeit, Zuversicht, Zärtlichkeit

Durch diese Gedanken und Gefühle hat man eine bestimmte Stimmung, positive oder negative. Das, was man dann gerade an Stimmung in sich trägt, sendet man demzufolge auch aus.

Das Gesetz der Anziehung tritt in Kraft und folgt dem Gesetz der Physik und beschert einem genau das, was man gerade fühlt, im positiven wie im negativen Sinne.

Beispiel negative Gefühle: Ich fühle mich oft einsam, dieses Gefühl verstärkt sich mehr und mehr. Der Mensch isoliert sich dadurch und ist noch viel einsamer als vorher. Die Gründe lassen wir jetzt mal außer Acht, denn ich denke, das kann sich jeder vorstellen, was ich sagen will.

Beispiel positive Gefühle: Ich habe Freude an etwas und dieses Gefühl verstärkt sich mehr und mehr. Der Mensch nutzt seine Freude, um weiterhin aktiv zu bleiben und somit verstärkt er das Gefühl der Freude mehr und mehr. Seine Wahrnehmung richtet sich viel öfter auf die Dinge, die ihn erfreuen.

Diese Momente gilt es festzuhalten, lange von den positiven Ereignissen zu zehren. Es gibt natürlich jetzt viele Menschen, die sagen, dass sie immer positiv denken und dennoch nicht verstehen, warum ihnen dann so viel Negatives widerfährt. Genauso denke ich und genauso geht es mir auch. Darauf las ich folgende Antwort: Der Mensch macht das unabsichtlich. Er scheint im ersten Moment positiv zu denken, aber glaubt nicht wirklich daran. Er sendet in dem Fall erst positive Signale und unbewusst negative Schwingungen hinterher, weil er dem, was er sagt, keinen Glauben schenkt. Das Gesetz der Anziehung kann immer nur eines und nicht beides gleichzeitig. In der Sekunde, wo man positive Gedanken hegt, sind die Schwingungen zwar positiv, doch in der nächsten Sekunde, weil man ja nicht wirklich daran glaubt, ist die Anziehung wiederum negativ. Die Schlussfolgerung ist dann natürlich, dass man das bekommt, was man als Letztes an Schwingungen erzeugt hat. Das bedeutet in dem Fall wieder das Negative. Es ist doch klar, wenn ich kein Geld in der Geldbörse habe und denke mir die Geldbörse ist leer, ziehe ich in dem Moment den Mangel an. Das hatte negative Schwingungen zur Folge. Man macht das nicht wirklich mit Absicht in dem Moment, sondern man sieht nur den Moment, das Jetzt und Hier. Doch genau das ist es, was das Negative weiter nach sich zieht.

Das Gesetz der Anziehung kennt keinen Unterschied, sondern es liefert nur das, was man denkt. Selbst wenn man so tut als ob, kann es ausreichen, um positive Schwingungen zu erzeugen, denn wie ich schon sagte, das Gesetz kennt keinen Unterschied zwischen Wirklichkeit und unserer Vorstellung, sondern liefert nur. Wenn ihr jetzt also glaubt, dass sich eure Geldbörse wieder füllt, obwohl sich im Moment kein Geld darin befindet, kann sich ein unerwarteter Gewinn einstellen oder ihr bekommt etwas umsonst, denn ihr hättet ja eh kein Geld, um es bezahlen zu können. Ich kann nur jedem empfehlen, sich mal damit zu beschäftigen, und darüber gibt es genügend Literatur. Ob ihr es glaubt oder nicht, es ist wissenschaftlich bewiesen und denen vorbehalten, die sich und ihre Sichtweise verändern können, um die Anziehung vorteilhaft zu nutzen.

Mir hilft es auf jeden Fall meine Sichtweise zu ändern, und wie ich schon sagte, was mir hilft, das kann euch auch helfen. Ihr müsst nur dran glauben und nicht leichtfertig aufgeben. Man kann lernen, die Bedeutung der Worte zu verstehen. Worte machen Gedanken und Gedanken machen Gefühle. Beides hängt sehr eng zusammen Was also bring/t ihr/ich in Verbindung mit Worten, welche Gefühle entstehen dabei?

Ich habe eben über Geld gesprochen. Ihr erinnert euch? Die leere Geldbörse? Es gibt Menschen, die mit dem Wort Geld Negatives in Verbindung bringen, weil sie zu wenig davon haben. Ein Mangel, der sich weiter durch ihr Leben zieht, weil sie negativ eingestellt sind zu den Gedanken und Gefühlen in Bezug auf Geld. Sie werden aufgrund der negativen Schwingungen auch nicht mehr bekommen. So, und nun gibt es Menschen, die sagen, dass einer der Geld hat, doch schon genug davon hat, und zum Neid anderer beschweren sie sich, dass er immer mehr davon bekommt. Warum wohl? Derjenige, der Geld in positive Verbindung mit sich selbst bringt, der zieht auch immer mehr davon an! Na, klingelt es? Okay, es ist nicht ganz leicht aber es geht, wenn man seine Gedanken verändert und auch an den Gefühlen feilt und sich als Schlussfolgerung die Schwingungen so beeinflussen lassen, dass sie alles im Leben erreichen können. Dazu gibt es einfache Wörter, die man nicht benutzen sollte, wie „kein" oder „nicht" zum Beispiel. Diese beiden Wörter sind Mangelerzeuger, welche negative Schwingungen auslösen, garantiert!

Ein negativer Satz würde dann lauten, „schlag bitte die Tür nicht zu". Genau das wird passieren! „Mach bitte die Tür leise zu", wäre der positiv formulierte Satz. Die Frage lautet: Was will ich wirklich? Ihr wollt, dass die Tür nicht geknallt wird? Okay, ein negatives Wort reicht und dadurch werdet ihr genau das nicht bekommen, also wird die Tür geknallt. Eine positive Schwingung wird bei dem zweiten Satz erzeugt und was wird passieren? Das, was ihr wirklich wollt, dass jemand die Tür leise zumacht, denn das habt ihr gedacht mit den richtigen Worten und es wurde geliefert. Supersache, jetzt müssen wir das nur noch verinnerlichen. Ich bin dabei! Ihr auch? All die Bücher, die ich bisher gelesen habe, haben mir immer einen Schritt weitergeholfen. Meine Krankheit werde ich vielleicht niemals besiegen können, doch ich kann sie in Schach halten und lernen, besser mit ihr umzugehen, um eine positiveres Leben zu führen. Es gibt unzählige Krankheiten und wo steht bitte geschrieben, dass dann das Leben zu Ende ist oder nicht weniger lebenswert sein soll? Nirgendwo!

Das sagt einem nur der Kopf und der ist in der Lage, euch das zu geben, was ihr denkt! Ausweglosigkeit oder unbändiger Wille zu leben. Ich will leben und habe beschlossen, an mir zu arbeiten und nicht aufzugeben. Der vierte Klinikaufenthalt in den letzten neun Monaten. Unglaublich, wenn mir das einer vor drei Jahren gesagt hätte, den hätte ich für total bescheuert erklärt. Doch nun sitze ich hier und muss sehen, dass ich das Beste daraus mache und mich nicht selbst aus den Augen verliere. Positives Denken ist das neue Schlagwort und ich versuche,

mehr und mehr meine Sätze zu verändern. Wie ich das mache? Das könnt ihr jetzt lesen:
Auf der Ebene der Paarbeziehungen und des Kennenlernens war mein Erfahrungskontrast früher wie folgt:

> DINGE, DIE ICH NICHT MAG ...
>
> - *jemanden, der mich kontrolliert*
> - *eine schlechte Zuhörerin*
> - *jemand, der nicht zärtlich ist*
> - *jemanden, der sich nicht dafür interessiert, was ich denke und wie ich mich fühle ...*

Das sind jetzt 4 Beispiele nach dem Gesetz der Anziehung und da ich mir dies immer wieder vorsagte, bekam ich genau solche Frauen ab, die ich eigentlich gar nicht wollte oder habe mich von dem Äußeren blenden lassen, weil ich verrückt nach ihrem Körper war. Jetzt wird alles anders. Wie ich heute denke und welchen Menschen ich anziehen will, könnt ihr jetzt in kompletter Länge lesen. Vielleicht erkennt ihr einiges oder könnt gar was für euch übernehmen. Ich auf jeden Fall glaube daran und werde meine Ausrichtung neu überdenken.

> DINGE, DIE ICH MAG:
>
> - *jemanden, der gut zuhören kann*
> - *jemand, der zärtlich zu mir ist*
> - *jemand, der sich dafür interessiert, was ich denke und wie ich mich fühle*
> - *jemand, der treu ist*
> - *jemand, der gerne spontane Kurzreisen mag*
> - *jemand, der mich langsam und mit Fingerspitzengefühl fördert*
> - *jemand, der wichtige Entscheidungen mit mir gemeinsam trifft*

- *jemand, der meine Tochter mag*
- *jemand, der Gefühle zeigen kann*
- *jemand, der meine Bedürfnisse versteht und teilt*
- *jemand, der Sinn für Romantik hat*
- *jemand, der meine Art von Liebe ertragen kann*
- *jemand, der mir Aufmerksamkeit schenkt*
- *jemand, der gern mal etwas Neues ausprobiert*
- *jemand, der sich pflegt und sich um sein Aussehen kümmert*
- *jemand, der mit mir eine gemeinsame Zukunft aufbauen will*
- *jemand, der meine Nähe sucht*
- *jemand, der den Reichtum sucht*
- *jemand, der ehrlich ist*
- *jemand, der Spaß am Sex hat*
- *jemand, der Humor hat*
- *jemand, der innere Werte sieht*
- *jemand, der mit finanziellen Angelegenheiten umgehen kann*
- *jemand, der fair ist und Zivilcourage besitzt*
- *jemand, der mich so sein lässt, wie ich bin*
- *jemand, der meine Vergangenheit akzeptiert und Verständnis besitzt*
- *jemand, der mir vertraut*
- *jemanden, dem ich vertrauen kann*

So, jetzt seht ihr, wie man in seinem Gedankengut lernt, den richtigen Partner anzuziehen. Ich habe mir immer die Frauen bestellt, wie ich sie im Kontrast beschrieben habe. Gemäß der Anziehung habe ich auch solche bekommen. Nie habe ich daran gedacht, meine Denkweise mal umzugestalten und neu zu formulieren, was ich eigentlich will.

Ich habe immer gesagt, was ich nicht will und genau die habe ich bekommen. Keine der Frauen in den letzten Jahren hatte 50 % von dem, was ich wirklich wollte. Zu oft habe ich das erst spät gemerkt und hing schon in dem Gefühlsstrudel fest. Heute bekomme ich mehr und mehr Antworten und kann erkennen, dass es einfach nicht passte, und dennoch habe ich daran festgehalten und geklammert, mich verbiegen lassen oder selber versucht, den anderen zu verbiegen. Alles von dem war falsch, und dennoch eine wichtige Erfahrung, die ich machen durfte, und den Schmerz kann ich heute genauer definieren, nach dem, was ich mir oder auch anderen angetan habe. Der Richtigkeit halber nun der geformte Text einer Verinnerlichung und Beschreibung, was ich will mit den Worten des Gesetzes der Anziehung, um mit positiven Schwingungen das zu erreichen und anzuziehen, was ich wirklich will:

Ich bin auf dem besten Wege, all das anzuziehen, was ich tun, wissen und haben muss, um meine ideale Beziehung zu verwirklichen.

Es ist schön zu wissen, dass meine ideale Partnerin gut zuhören kann und ehrlich zu mir ist. Es fühlt sich gut an zu wissen, dass meine ideale Partnerin zärtlich ist und Verständnis für mich und meine Vergangenheit hat sowie sich auch für meine Gedanken und Gefühle interessiert.

Meine ideale Partnerin sieht mein Inneres, lässt mich so sein, wie ich bin und ich lasse sie so sein, wie sie ist. Spontane Kurzreisen verbinden mich und meine ideale Partnerin, die auch Sinn für Romantik hat und die gleichen Freizeitaktivitäten mag wie ich. Es ist ein tolles Gefühl, dass meine ideale Partnerin meine Bedürfnisse versteht, oder teilt und wichtige Entscheidungen mit mir zusammen trifft. Meine ideale Partnerin küsst leidenschaftlich gerne und hat Spaß am Sex mit mir und kann meine Art Liebe zu zeigen spielend ertragen. Es ist auch schön zu wissen, dass meine ideale Partnerin mir Aufmerksamkeit schenkt und dabei gerne meine Nähe sucht und ehrlich zu mir ist. Es fühlt sich auch gut an, dass meine ideale Partnerin mein Kind mag und akzeptiert und mich langsam mit Fingerspitzengefühl fördert. Meine ideale Partnerin ist geduldig und sanft, sie lässt es zu, mit mir eine gemeinsame Zukunft zu planen und lässt Dinge sich in ihrem eigenen Tempo entwickeln, damit wir mit gemeinsamem Vertrauen in uns in die gleiche Zukunft blicken können. Meine ideale Partnerin pflegt sich und kümmert sich um ihr Aussehen. Es freut mich, dass meine ideale Partnerin mich optimistisch unterstützt und sich auch unterstützen lässt und gerne mal etwas Neues ausprobiert. Ich finde es schön, dass meine ideale Partnerin mit finanziellen Angelegenheiten umgehen kann, den Reichtum sucht und Zivilcourage besitzt. Es erfüllt mich, dass meine ideale Partnerin Humor besitzt, zuhören kann und die gleichen moralischen Denkweisen hat wie ich. Es erfüllt mich mit Stolz, dass meine ideale Partnerin mich anbetet und auch ich sie verehre und ich weiß diesen Menschen in seiner ganzen Art und Vielfalt mit seiner Liebe zu sich selbst zu schätzen, was auf Gegenseitigkeit beruht.

Das Gesetz der Anziehung sorgt dafür, dass sich alles ergibt, was passieren muss, damit meine Sehnsucht in Erfüllung geht und arrangiert es entsprechend so, dass ich es erkennen werde.

Perfekt, was einem Bücher an Wissen vermitteln können, und es stimmt mich sehr zufrieden, was ich geschrieben habe. Der eine oder andere wird jetzt bestimmt denken, dass es zu spirituell ist und andere wiederum denken wohl, so eine findet er nicht. Ich werde jetzt das Ganze loslassen und sehen, dass es passiert, irgendwann! Okay, wer nun noch der Meinung ist, dass die Frau, der passende Gegensatz zu mir, erst noch gebacken werden muss, der irrt, ganz gewaltig sogar. Ja, ich weiß, es gehören immer zwei dazu, doch das, was ich schreibe, ist nicht weltfremd und naiv, dumm oder sonst was. Nein, denn es wird jemanden da draußen geben, der genau so einen idealen Partner wie mich haben will, und sie wird ihn auch bekommen, versprochen!

Das nächste Buch, welches ich zu lesen bekam, welches ich unbedingt mal lesen sollte, hat was mit der Kindheit zu tun. Ich war ziemlich neugierig auf dieses Buch, denn es schien so, als könnte es mir helfen, und mich weiter wie gewünscht verändern. Mein Gefühl ließ mich nicht im Stich, und als ich die ersten Seiten zu lesen anfing, war es wie ein Schlag in mein Gesicht. Ich spürte einen Schmerz, den ich heute nicht mehr genau definieren kann. Es berührte und bewegte mich, was ich da las, und Seite für Seite nahm ich die schmerzhaften Zeilen auf und Erinnerungen kamen in mir hoch, als würde mich der Pfeil mitten in Herz und Verstand treffen. Die ersten Seiten sagten so ziemlich alles aus, was ich in Worte nicht besser hätte verpacken können.

Es war als schrieb da jemand über meine Person, von der Kindheit an betrachtet. Der Autor kannte mich doch nicht, wie konnte das sein? Es berührte mich mehr und mehr, und in den Gefühlen gefangen las ich weiter bis zum nächsten Kapitel. Am nächsten Kapitel angekommen, legte ich das Buch einen Moment weg und versuchte, in mich zu gehen und zu schauen, was es gerade mit mir machte.

Es wühlte mich auf, weil dort Dinge für die Allgemeinheit standen, die aber wie die Faust aufs Auge auf mich zutrafen, als würde der Autor meine Kindheit beschreiben. Es war krass, kann ich nur sagen.

Eine Mischung aus Schmerz, Verständnis und eine Menge Erklärungen, wie meine Kindheit wohl gelaufen sein muss. Total aufgewühlt, beschloss ich, das Buch nicht weiterzulesen. Ich musste das erst einmal alles sacken lassen, und in dem Moment kam mir eine Idee. Da alles auf mich zutraf, was in diesem Buch stand, beschloss ich, es meinem Therapeuten zu zeigen und mit ihm darüber zu sprechen. Das tat ich dann auch in der nächsten Sitzung.

Ich erklärte ihm, um welches Buch es sich handelte und wenn auch er so schon mit seinem analytischen Verstand wusste, was mit mir los war, ließ er sich dennoch darauf ein und versprach mir, sich die ersten zehn Seiten durchzulesen. Mir war es in dem Moment echt wichtig, denn meiner Meinung nach würde es noch mehr Aufschluss über meine Person geben, wie ich meine Kindheit empfunden habe. Ich war echt mal gespannt, was er dazu sagen würde und welche Meinung er mir mitteilen würde, ob sich sein Denken in Bezug auf meine Person ändern würde. War mal echt gespannt, was dabei herauskommen würde.

Ihr erinnert euch noch an das hübsche Mädchen aus Paraguay, welches ich hier in der Klinik kennenlernte? Diese schwarze Seele, wie ich sie nenne, weil ihre Bilder voller Schmerz und Trauer sind, dass man sie nicht zeigen kann und ihrem Körper mehr Schaden zugefügt hat, als man mit seinen eigenen Augen ertragen kann, lernt jeden Tag dazu und hat ein Wissen mit Anfang zwanzig, welches mich immer wieder überrascht. Selbst ein Mensch, der so eine schwarze Seele hat, schafft es immer wieder, sich zu motivieren und Wege zu finden. Das ist eine unserer Aufgaben hier, und daran kann man wachsen, zu einem positiveren Leben.

Nur muss man halt etwas dafür tun. Von ganz alleine passiert da nichts. Es fängt beim Denken an und hört beim Handeln auf. Ich habe einige Gespräche mit der Schönheit, deren Namen anmutig klingt, geführt und wir haben uns gegenseitig unser Wissen mitgeteilt.

Daraufhin, inspiriert durch mich und unsere Gespräche, schrieb sie ein Gedicht, welches ich euch nicht vorenthalten möchte und mit Erlaubnis euch daran teilhaben lassen möchte. In einem der Gespräche ging es auch darum, dass ich mit dem ersten Eindruck von ihr nicht gerechnet hatte, und ich so auf dem Holzweg war, und dass doch so viel mehr in ihr steckte.

Dachte ich doch, sie sei ein hübsches junges Ding, das wenig Erfahrung mit dem Leben hatte. Weit gefehlt und über alles, was wir am ersten Tag sprachen, verfasste sie das Gedicht. Dieses Mädchen sieht etwas Licht durch unsere Gespräche und schürt ihre Empfindungen und schreibt dann so etwas. Schaut mal, es trägt den Titel:

Mein neues Heimspiel/
Freude, Lachen und andere Bagatellen

Zu fühlen Gutes ist recht schwer,
da mag sich eher denken.
Das Leid ist groß,
das Leben leer

sich reinen Wein einschenken.
Liebe fehlt und Freude auch,
zu wenig ist der Lohn,
Kummer ist inzwischen Brauch,
doch der ist unser eigener Sohn
Verstrickt sind wir in einem Kreis,
der Ausweg nur schlecht sichtbar,
wer zu leben wirklich weiß,
ist auf Erden einfach kostbar.
Leben heißt hier die Devise,
meistens ist das leicht gesagt
und wer weiß heute noch um diese,
statt zu suchen wird geklagt.
Der Entrüstung dunkles Haupt,
sich schüttelt unverständlich,
der, der mehr zu wissen glaubt,
der sei altklug sogar schändlich.
Zu jung, zu dumm, zu unbelesen,
um zu erzählen von der Welt,
nicht zu sehen wahres Wesen,
Vorurteile wie bestellt.
Nach ja ja und guten Worten
streben wir alle besessen,
doch schöne Dinge aller Sorten,
haben wir doch schnell vergessen.
Die Getränke, gute Speisen,
Sommer, Sonne, Sonnenschein,
wir nur diese von uns weisen,

natürlich fühlen wir uns allein.
Lachen, atmen, vielleicht singen
Ist für uns nichts mehr wert,
Dinge, die uns Freude bringen,
zerschneiden wir mit eignem Schwert.
Angesteckt, das haben sie mich,
mit Blindheit und Verbitterung,
selbst zerstören tun sie sich,
ich will mir nicht gleiches tun.
So blick ich auf und blicke mich um,
zu sehen schöne Dinge,
laufe nicht im Kreis herum,
bemerke, dass ich singe!
Ach es ist so schön mit dir/mir,
das will ich denken heute.
Lächeln schenk ich ihm und ihr,
das freut die meisten Leute.
Gelassen mutig heute sein,
grübeln kann ich morgen.
Mit nur selbst, bin ich nie allein,
halt mich selbst geborgen.
Sorgen sorgen für sich selbst,
da brauch ich gar nichts machen,
ungezwungen will ich sein,
auch wenn das heißt mich nicht aufzuregen,
weil ich keinen passenden Reim finden kann,
so lasse ich es trotzdem krachen!

© **Carlos**

So und nun mal ehrlich, nicht dass es mich ehrt, weil ich ihr den Anstoß gab, so was zu schreiben. Wie sie es tat, ist für mich nicht alltäglich. Nicht in der Situation, nicht wenn man eigentlich unter einer schweren psychischen Krankheit leidet. Ich sah in ihr ein Talent, welches sich nie entfalten konnte oder durfte. Weil es nicht gesehen und gefördert wurde, sondern mit sich alleine gelassen, genauso wie ich. Ich sah sie als eine Art Seelenverwandte und es war nur einer der Gründe, warum wir gut miteinander zurechtkamen nachdem das mit dem Altersunterschied geklärt war. Immerhin hätte sie meine Tochter sein können. Wir hatten eine gleiche Ebene und mochten die Tiefe, in die man gehen kann, wenn man beginnt zu reden. Zusammen lachen und die Dinge um uns herum gemeinsam genießen und sie ist jemand, der mich gerne reden hörte und versuchte, auch aus meinen Erfahrungen zu lernen. Somit hatte ich bei ihr festgestellt, dass auch ich von ihr lernen konnte, und wer gibt das heute noch gerne in der Gesellschaft zu, dass man auch von jüngeren lernen kann?

Ich war ja gerade erst anderthalb Wochen hier und ich selber rechnete mit gut sechs bis acht Wochen Aufenthalt hier in der Klinik in Baden-Württemberg und so war es ein angenehmer Gedanke, dass er mich noch mal besuchen käme. Zufrieden drehte ich mir noch eine Zigarette und ging dann anschließend müde und erschöpft ins Bett. Eigentlich ist es gerade viel zu schön draußen, um zu schreiben und anstatt die Abendsonne zu genießen, habe ich das dringende Bedürfnis euch zu erzählen, wie es mit dem Buch weiterging, welches ich angefangen hatte zu lesen und meinem Therapeuten vorlegte, damit er mich besser verstehen könnte. Ich war mir sicher, dass alles, was dort schon in den ersten Seiten stand, so genau auf mich passte, dass ich innerlich schlucken musste, als ich es las und mir der Gedanke kam, wenn der Therapeut das liest, dann weiß er genau, wer, was und wie ich bin. Also noch hat er es nicht gelesen, aber ich dafür umso mehr. Ich möchte ja nicht das Fachwissen des Therapeuten anzweifeln, dennoch fände ich es schön, wenn er sich damit befassen würde, auch wenn er so schon vielleicht genau wusste, was meine Problematik war. Mir ist aufgefallen, dass ich noch kein Buch gelesen habe, welches mich und meine Diagnose so genau und präzise beschreibt.

Das Buch heißt *Aussöhnung mit dem inneren Kind von E. J. Chopich /Allegria Ullstein Buchverlage GmbH.* Der eine oder andere mag es vielleicht kennen, hat ihm geholfen oder auch nicht geholfen.

Ich kannte es bis dato nicht und war tief im Sog meiner Gefühle gefangen, in den Informationen, die mir dieses Buch lieferte. Ich saß hier und war emotional aufgewühlt, mit Trauer und Verzweiflung den halben Tag am Lesen, was bei mir wohl falsch gelaufen sein musste. Manch einer würde sagen, warum liest der das überhaupt?

Der verletzt sich doch nur selber? Nein, ich sehe es anders. Ich sehe dahinter eine Möglichkeit, zu erfahren, was mit mir los ist, denn das Leben, was ich bis letztes Jahr geführt hatte, möchte ich so nicht weiterführen und meinen Zusammenbruch nahm ich zum Anlass, an mir zu arbeiten und da konnte es schon mal passieren, dass die eine oder andere Info und Wahrheit schmerzte und das gehörte für mich dazu. Ich wollte es einfach wissen und verstehen und somit nahm ich es in Kauf, Dinge zu lesen, die mich berührten und mir oft kurzzeitig den Verstand raubten. Solange ich danach immer wieder klar wurde, nahm ich es hin, mit der Hoffnung, dass es mir schlussendlich helfen würde, wieder gesund zu werden und ich war auf dem besten Wege dahin. Ich kann nur jedem empfehlen, der die gleichen Diagnosen hat wie ich, dieses Buch zu lesen und sich mit dem Inhalt auseinanderzusetzen.

Denkt immer daran, das, was ich kann, das könnt ihr auch. Der Weg ist beschwerlich und hart, aber er lohnt sich, wenn man nicht aufgibt, kontinuierlich an sich weiterzuarbeiten. Von alleine wird man nicht gesund, das steht für mich fest. Egal, ob ein Facharzt mitwirkt oder man im Sinne der Selbstheilung mitarbeitet an sich und seinen Gedankenmustern, um diese so zu verändern, auch wenn man sie bereits in der Kindheit gelernt hat.

Oftmals sind es falsche Gedankenmuster, die uns das Leben schwer machen und genauso war es bei mir mit dem erwachsenen Ich und dem inneren Kind. Vielleicht könnt ihr euch erinnern, dass ich so etwas Ähnliches in der vorherigen Klinik in der DBT-Therapie gelernt habe, und es mir nicht unbekannt ist, was damit gemeint ist. Nur so, wie es sich in dem Buch darstellt, welches ich da las, war es für mich noch tiefgründiger. Genauso wie ich es mag, tiefgründig und extrem informativ. Ich musste da echt mit dem Therapeuten weiter drüber reden, wie ich das, was ich in dem Buch las, besser verstehen, umsetzen und mich weiter verändern konnte, und zwar so, dass es sich manifestiert.

Das ungeliebte Kind. So hatte ich mich immer zu Hause selber empfunden. Ich, das Kind, fühlte mich immer ungeliebt, verlassen und sehr allein. Daraus habe ich geschlossen, dass ich schlecht bin, oder falsch, nicht liebenswert, unwichtig und unzulänglich, denn sonst würde ich nicht ganz konkret von den Erwachsenen (meinen Eltern und Großeltern) oder von meinem inneren Erwachsenen im Stich gelassen. Dadurch muss ich wohl gelernt haben, mich vor Zurückweisung, Verlassenwerden und Kontrolle zu fürchten, zuerst von der Seite meiner Bezugsperson, seiner Umwelt und den Seiten des inneren Erwachsenen und schließlich projizierte es meine Ängste auf andere. Ganz allgemein glaubte ich auch, dass die anderen mich ablehnten, mich verließen, oder versuchten, mich zu kontrollieren. Durch dieses Buch und durch meine eigene Erfahrung, weiß ich heute, dass das Gefühl des Alleinseins das schmerzhafteste Gefühl ist, was ich/wir erleben können.

Aufgrund all meiner negativen Erfahrungen und der Summe der Mythen und falschen Sichtweisen aus meiner Kindheit, die ich dadurch entwickelt habe, habe ich den Kontakt zwischen dem inneren Erwachsenen und dem inneren Kind getrennt, um diese Gefühle nicht mehr spüren zu müssen. Das hatte mich einsam gemacht und ich fühlte mich nicht nur alleine auf der Welt, sondern auch alleine in mir selbst und das war das Schlimmste für mich. In mir gab es niemanden, kein Anteil meiner Persönlichkeit, der mich vor den Verletzungen anderer schützte. Das erklärte auch, warum ich mit Wut und Vorwürfen in meinem Leben auf andere reagiert habe, mit denen ich konfrontiert wurde. Es ist nicht nur eine Projektion durch elterliche Ablehnung auf mich, sondern auch eine Projektion des inneren Verlassenseins. Dieses Buch hatte es echt in sich, muss ich mal gerade wieder feststellen, und ich werde mich schwer hüten aus einem anderen Buch alles herauszuschreiben, was von Interesse sein könnte für euch.

Das müsst ihr schon selber machen, genauso wie ich dafür arbeitete, wieder auf einen guten Weg zu kommen gesund zu werden. Ich kann es euch nicht abnehmen, doch unterstützen werde ich euch gerne, indem ihr an mir sehen könnt, was ich auf meiner Reise durchs Tal der Tränen erlebte, um eure eigene Sichtweise zu entwickeln für das Pro und Kontra. Danach fangt ihr an zu reisen, über Berge und Täler und könnt euch entscheiden, welchen Weg ihr geht.

Ich bin jetzt seit zwei Wochen wieder zu Hause und versuche mal die Zeit in der Klinik Revue passieren zu lassen. Es musste wohl die zweite Woche gewesen sein, als ich aufhörte zu schreiben. Zu sehr war ich mit mir beschäftigt, als dass ich etwas hätte schreiben können und eine Art Tagebuch zu führen, darauf hatte ich keinen Bock.

Wie ihr ja gelesen habt, habe ich alle meine Antworten in diesem einen Buch gefunden. Was ich sonst noch so in dieser Klinik erlebt habe, und welche verrückten Tage es dort gab, davon mag ich euch noch ein wenig erzählen. Man nennt das auch Klinikalltag.

Einmal saß ich in dem knapp 70 m² großen Kaminzimmer und malte Aktbilder vor mich hin und nach und nach gesellten sich andere zu mir. Ich schien andere zu inspirieren und manche fingen zu malen an. Ich war mit einem Bild fertig (s. Bild auf der nächsten Seite) und legte es neben mich auf den Boden. Eine etwas ältere Patientin gesellte sich zu uns und irgendwann stand sie auf und ging. Etwa zehn Minuten später kam jemand vom Pflegeteam auf mich zu und sagte mir, dass ich aufhören sollte, solche Bilder zu malen, da es eine andere Mitpatientin triggern würde. Ich war total enttäuscht und auch innerlich wütend, weil nur eine Person etwas dagegen hatte, musste ich aufhören und meine Ressourcenorganisation wurde zerstört. Die anderen im Zimmer verstanden die Welt nicht mehr, und ich konnte ahnen, wer mir das eingebrockt hatte. Im Kaminzimmer entstand eine hitzige Diskussion darüber, ob dieses Bild anstößig wäre. Ich hatte alle auf meiner Seite und jeder bestätigte mir, dass derjenige, der ein Problem damit hatte, doch Bitte an sich arbeiten sollte, anstatt einem anderen die Ressource zu versauen und die Gruppe damit zu sprengen. Schaut euch das Bild selber an.

Akt nackte Frau
© *Carlos*

Somit hatte ich es mal wieder geschafft, die Lager zu spalten und auch das hatte etwas mit meiner Reflexion zu tun. Ich war in der Lage, andere zu manipulieren, sie auf meine Seite zu ziehen oder gar gegen mich aufzubringen. Ein Mittelmaß gab es nicht.

So ging es die ganze Zeit und mein ganzes Leben, dass ich mich unbewusst zu einem Manipulierer meines eigenen Umfelds machte.

Diese Manipulation brachte mir mal wieder nur Ärger ein. Überall, wo ich auftrat, passierten Dinge um mich herum, die ich manchmal gar nicht wollte, oder wo ich unbewusst eine Lawine auslöste, deren Bumerang ich mit voller Wucht abbekam und oft wusste ich nicht einmal warum.

Ich bekam einfach immer und immer wieder zu spüren, welche Schwierigkeiten mir meine Reflexion machen konnte. Warum ich wirklich von den Gruppen ferngehalten wurde, habe ich dann dadurch auch herausbekommen. Die Reflexion meiner Person und die damit zusammenhängende Wirkung auf andere hing auch damit zusammen und es war nicht alleine nur dafür gedacht, dass ich meine Ruhe habe vor den Problemen anderer. Ich glaube, ich war ein Exot in dieser Klinik und im Zusammenhang mit meinem Aussehen war die Klinikleitung ein wenig mit mir überfordert. Warum man mit mir keine EMDR-Therapie (Eye Movement Desensitization and Reprocessing Therapie) machte, weiß ich bis heute noch nicht.

Es sind nun wieder mal gut sechs Wochen vergangen, in denen ich nicht geschrieben habe. In dieser Zeit gab es schon wieder Material, welches ich für ein Buch allein nutzen könnte. Ich frag mich manchmal, wie ich das umsetzen soll. Schreiben, ja ich schrieb einfach drauflos, so wie es mir in den Sinn kam. So langsam hatte ich auch das Gefühl, dass ich dieses Buch bald fertigstellen würde. Ein paar Wochen vielleicht noch und dann raus damit. Ich war total neugierig darauf, wie es mein Umfeld aufnehmen wird. Meine Familie und Freunde und auch unendlich viele Bekannte, die mich auf diesem Weg begleitet haben. Ich möchte noch mal zurückkommen auf meine berufliche und finanzielle Situation. Laut Hartz IV stehen mir grob 360 € Lebenserhaltungskosten zu. Wenn ich sehe, dass ich meine private Krankenkasse seit sieben Monaten immer noch zu 50 % selber

zahlen muss und meine Wohnung geringfügig zu groß ist, dies jedoch gerechtfertigt ist, weil meine Tochter alle vierzehn Tage zu Besuch kommt, und ich auch da 150 € beisteuern muss, mache ich seit sieben Monaten, jeden Monat sogar minus auf dem Papier.
Fragt sich das Amt da nicht einmal, wovon ich mich ernähre? Seit Monaten müsste ich schon verhungert sein. Das Recht stand auf meiner Seite und die Gerichtsurteile sagten das auch, doch das Amt fand immer wieder Wege, sich der Verantwortung zu entziehen. Ich dachte, wir haben einen guten Sozialstaat, doch in meinem Fall kann ich sagen, dass er versagte auf ganzer Linie. Mein Anwalt sagte mir, dass es sehr lange dauern könnte, bis ich zu meinem Recht käme. Haltet euch das vor Augen! Selbst wenn ich gesund wäre und arbeiten könnte, würde sich meine Situation nicht verbessern, denn ich hätte nicht mehr als bei Hartz IV über, sobald ich arbeiten würde, würde auch die Insolvenz wieder greifen und mir bliebe genauso viel wie vorher.

Jeder Rat, jeder Beistand egal in welcher Form, alle Lösungsvorschläge griffen nicht und es ließ schon meine Betreuerin verzweifeln, wie schwierig meine Situation war. Ein Kreislauf aus dem verdammt schwer rauszukommen war. Ich kämpfte immer wieder gegen diese Mühlen an und meine Psyche suchte immer wieder nach neuen Kraftreserven, die sie anzapfen konnte, damit ich nicht aufgab. Oft saß ich hier und wusste nicht, wie es weitergehen sollte. Wenn ich meine Mutter nicht hätte, wäre ich womöglich schon verhungert. Somit war ich wieder im Sog der Abhängigkeit der Erziehung und der Familie, die es oft gut mit mir meinte und mich unterstützte, dies jedoch auf ihre Art, die mich schlussendlich auch krankgemacht hatte. Wenn ich heute Sätze von früher höre, die mich wütend werden ließen oder daran erinnerten, was falsch lief und es heute noch zu viele Sätze gab, die bei mir Schaden angerichtet hatten, die ich nicht mehr hören konnte und wollte. Dann glaube ich auch langsam, ich müsste hier weg, aber wie?

Durch zu viele Einflüsse, die ich selber nicht in der Hand hatte, kämpfte ich immer noch weiter. Wenn ich überlege, dass ich vor genau einem Jahr nicht mehr wusste, welchen Wert das Leben für mich hatte, auch wenn ich nie einen Suizidversuch unternommen habe, so lebe ich heute immer noch und mit viel mehr Sorgen als ich vor einem Jahr erahnen konnte. Ich scheine ein Mensch zu sein, der immer wieder Mittel und Wege findet, auch oft unkonventionelle Wege, sich durch das Leben zu wurschteln.

Es war eine Kraft in mir, die mir trotz aller Umstände immer wieder eine Richtung vorgab, auch wenn Unannehmlichkeiten mir oft den Boden unter den Füßen wegzogen. Ich glaubte, dass ich daraus lernen könnte, andere wie auch mich zu führen und gemeinsam daran zu wachsen. Viele Gespräche mit Leidensgenossen, die ich in Kliniken kennengelernt hatte und mit denen ich auch heute noch verbunden bin, sind das eine oder andere Mal mit mir zusammen den Weg gemeinsam gegangen und die Einsamkeit verschwand für eine kurze Zeit und somit konnte ich immer wieder neue Kraft tanken. Ich war jetzt seit gut zwölf Monaten krankgeschrieben und lebte mit meinen Diagnosen und mein gelber Lappen lief noch gut drei Wochen. Die Ärzte sagten, dass ich nicht arbeitsfähig wäre und die Medikamente taten ihren Teil dazu. Doch ich konnte das so nicht mehr ertragen.

Auf dem Papier bin ich seit sieben Monaten, wie schon gesagt, am Verhungern und die Insolvenz drückt mich genauso tief, wie ich heute nach Hartz IV leben würde. Dabei darf man auch nicht außer Acht lassen, dass ich Single bin und nicht wie andere Menschen sagen kann, dass ich einen Partner habe, der mich unterstützt, oder es sich halt allgemein mit einem zweiten Einkommen besser leben lassen würde.

Ich mache das alles alleine, und ich fühle mich alleine und nur halb so viel wert. Ich kenne nicht viele Menschen, die aus so einer solchen Situation alleine wieder rausgekommen sind, eigentlich kenne ich gar keinen, der das überlebt hat, wenn ich das mal mit meinen Worten sagen kann. Ein Fußballstar, den ich hier auch schon mal im Buch erwähnt habe, hatte alles Geld der Welt. Die Alkoholiker, die Penner und Obdachlosen, die ich kenne, die schon aufgegeben haben, nein, da will ich nicht hin und so versuchte ich das alles für den Moment zu ertragen. Wie lange noch? Das kann ich nicht sagen, das weiß nur der liebe Gott. Mittlerweile war ich so verzweifelt, dass ich vieles, was ich gelernt habe, wieder außer Acht gelassen habe und mein Fokus richtete sich weiter darauf, das Buch zu vollenden, denn darin kann ich flüchten, solange bis ich doch irgendeine Arbeit annehme. Hauptsache ich komme weg von meiner Erziehung und den Sprüchen, die ich mir anhören muss in der Familie. Wenn es kaum noch zu ertragen ist, wie die sich abrackern und die Firma womöglich noch vorzeitig zugrunde geht. Auf eine Bewerbung, die ich an einen großen namhaften Flughafen schrieb, kam eine Absage ohne Begründung. Ich versuchte, etwas zu unternehmen und auch, wenn die Situation nicht besser wurde, versuchte ich an mich und mein Leben zu glauben, denn für irgendetwas muss ich ja hier sein. Ich hatte mir diese Woche ein Vorstellungsgespräch bei einer Baufirma besorgt. Mit dem Chef bin ich in der Baustelle rumgefahren und habe mich ziemlich blöd angestellt. Ein Lkw, den ich nicht kannte, eine Schaltung, die ich lange nicht mehr vor mir hatte und ein Display, welches im Cockpit kaum zu erkennen war, und dennoch fuhr ich das Monster. Drei Stunden dauerte es und ich fühlte mich schlecht, weil ich mir selbst zu viel Druck machte, dass gleich alles klappen musste.

Schlussendlich hatte ich dann noch zwei Schnitzer produziert, und jetzt wusste ich nicht, ob der mich nehmen würde und ich dort anfangen könnte zu arbeiten. Der Chef wollte sich am selben Tag melden und der Anruf ließ auf sich warten. Es war ein komisches Gefühl, nach all den Jahren, wo ich selber ein Chef war, sich vor einer fremden Person, einem anderen Chef vorzustellen und zu zeigen, was man konnte und dass man diesen Job haben wollte. Ich kannte das schon lange nicht mehr und früher war es einfacher, an einen Job zu kommen oder sich ohne Bewerbungsunterlagen in die Augen zu sehen und zu entscheiden, den nehm ich oder den nehm ich nicht. Ich war echt mal gespannt, ob der mir die Schnitzer verzeihen könnte, weil er vielleicht auch gemerkt hatte, wie nervös ich war. Ob er mir den Job doch noch geben und sich bei mir melden würde?

Verdammt noch mal, ich konnte doch mit Dingen umgehen. Ich benötigte eben ein paar Stunden und dann drehte ich das Dingen auf der Stelle. Holla die Waldfee, war das schon wieder eine Woche mit Höhen und Tiefen. Es konnte einen verrückt machen, und ich kämpfte immer noch weiter.

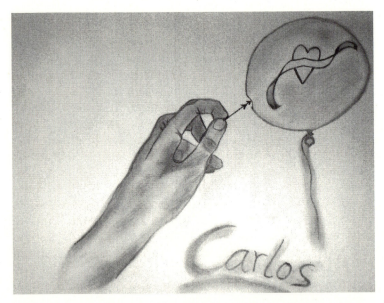

Geplatzte Herzensträume
© *Carlos*

Das war noch nicht alles

An dieser Stelle möchte ich das Thema ADHS kurz anreißen.
Ich habe ja jetzt schon das eine oder andere versucht zu erklären. Den Modebegriff Borderline, unter dem verschiedene Persönlichkeitsstörungen zusammen gefasst sind, die DBT Therapie, nur das ADHS noch nicht so wirklich. Ich fragte mehrere Therapeuten, warum ich in Kliniken, in einzelnen Therapieblöcken, immer wieder auf Menschen mit ADHS und Borderline traf. Sie sagten mir, dass ADHSler Teile der DBT Therapie auch durchlaufen. Die DBT bietet somit beiden Lösungsansätze an, mit der Krankheit besser umzugehen. Zumindest habe ich das so verstanden, denn die Meinungen der Fachleute wiederholten sich in den Gesprächen mehrfach. Ich drösel mal das ADHS auf und beschreibe es mit meinen Worten. Menschen, die wie ich darunter leiden, haben eine erhöhte Ablenkbarkeit und Reizoffenheit in fluktuierenden Aufmerksamkeitsleistungen. Ich fühle extreme innere Unruhe und bin nicht in der Lage zu entspannen. Dazu kommt die stark schwankende Energie und Leistungsfähigkeit. Schnellere Erschöpfung unausweichlich, bin oft unzufrieden oder habe Langeweile. Klingt blöd, ist aber so. Dazu die Störung der Impulskontrolle bei wechselnder Intensität. Das hat die Unfähigkeit mit alltäglichem Stress umzugehen zur Folge, hinzu kommt wieder die rasche Erschöpfung. Einiges was ich jetzt kurz angerissen habe, ist oder ähnelt auch der Persönlichkeitsstörung (bei mir Narzissmus). Oftmals überlagert und schwer erkennbar bzw. zu unterscheiden. Und jetzt bitte, liebe LeserIn, überlegt mal!
Ich habe das 37 Jahre ausgehalten, viel zu lange!

Auf eine Weise kann ich froh oder auch stolz drauf sein, mein Leben so lange doch irgendwie gemeistert zu haben und andererseits froh sein, dass es jetzt raus ist und ich damit arbeiten kann.

Muss ich jetzt enttäuscht sein, dass man das nicht eher entdeckte oder ich eher zusammenbrach? Nein, hätte, wenn und aber nützt grad nix und führt mich weg vom Hier und Jetzt. Ich schreibe mein Buch nicht zur Erklärung jeder einzelnen Diagnose, denn dafür gibt es genug Fachbücher, falls jemanden das Eine oder Andere genauer interessiert. Mir geht es mehr darum, an mir persönlich zu zeigen, dass man damit leben kann (auch wenn es nicht immer leicht ist) und es für Menschen wie mich zur Lebensaufgabe gehört, ihre Sichtweisen mit den Therapien und Erfahrungen zu verändern. Ich möchte einfach, dass ihr nicht aufhört zu kämpfen, für euch selber, ich für mich und wir für uns. Selbst wenn wir vielleicht niemals geheilt werden können, sind wir liebenswerte Menschen. Wenn wir auch oft schwierige Menschen sind, werbe ich dennoch für mehr Verständnis und Toleranz. Mir ist wichtig, dass wir als Menschen mit den Krankheiten akzeptiert werden und nicht verallgemeinernd in eine Schublade gesteckt und ausgegrenzt werden. Und mancher als gutes Beispiel vielen anderen dienen kann. Ein Mensch, ob betroffen oder nicht, der es selbst nicht so weit kommen lässt tiefer abzurutschen, sowie andere unterstützt und aufklärt. Es gibt zu viele Menschen, die mit Vorurteilen psychisch Kranken das Leben zusätzlich schwer machen.

Wie gesagt, Borderline und ADHS sind nach meinen Therapieerfahrungen eng miteinander verknüpft. Sie ähneln sich und im klinischen Therapiealltag begegnet einem ADHS selten alleine. Bei der Mehrzahl der Betroffenen liegen vielen Ärzte zufolge Verbindungen in Form von Depressionen, Angst- oder Persönlichkeitsstörungen vor. Oft stellt das ADHS auch einen bedeutenden Risikofaktor für die Entwicklung einer Persönlichkeitsstörung, insbesondere der emotional-instabilen (Borderline-) Persönlichkeitsstörung, dar. Ich erfuhr immer wieder, dass reine ADHSler nach einem Klinikaufenthalt weitere Diagnosen auferlegt bekamen. Von daher bildete sich meine hier dargestellte Meinung. Natürlich gehen die Ansichten auch oftmals auseinander, und ich beschreibe hier, was ich erlebe und mir in Gesprächen notiere. Selbst die Fachwelt ist sich oft in vielerlei Hinsicht nicht einig. Für die einen gibt es nicht einmal ADHS und für andere ist eine Diagnose eine Erklärung, was bei einem selbst nicht richtig läuft. Menschen brauchen manchmal Erklärungen, um sich daran wie an einem Strohhalm festhalten zu können.

Es gibt einige Vorträge, die durchleuchten die Gemeinsamkeiten von ADHS und Borderline-Persönlichkeitsstörung, stellen aber auch die Unterschiede dar. Für eine stationäre Behandlung ergibt sich hieraus die Notwendigkeit eines störungsspezifischen Therapieansatzes, der sowohl der ADHS-Symptomatik als auch der Borderline Persönlichkeitsstörung gerecht wird. Diese Information hatte ich nach einem Gespräch mit dem Chefarzt einer norddeutschen Klinik. Wie komplex das alles war und mich auch in aller Regelmäßigkeit überforderte. Ich wollte mich verstehen und wissen, was ist was, usw. usf. Die Überforderungen behinderten mich auch in meinem Alltag immer wieder und da waren so viele noch ungelöste Probleme, die ich versuchte zu meistern oder ihrer Herr zu werden. Wie zum Beispiel bei meiner Krankenkassensituation.

Ich musste unbedingt von der privaten Krankenkasse weg, denn mein Eigenanteil der Kosten fraßen mich immer mehr auf. Um da jedoch raus zu kommen, musste ich einen Job haben und mindestens ein Jahr arbeiten, um nicht wieder zurück gestuft zu werden. Keiner konnte mir wirklich weiter helfen und jegliche Mühlen arbeiteten zudem sehr langsam. Den einen Job hatte ich nicht bekommen, nachdem mir der Chef abgesagt hatte. Ich versuchte es weiter und sah im Dorf regelmäßig andere LKW rum fahren, diesmal von einer Firma aus Hessen. Nach ein paar Tagen, ich traf wieder einen von dieser Firma, sprach ich ihn an und fragte, ob sie noch Fahrer gebrauchen konnten und dieser Fahrer wollte sich für mich schlau machen. Wir tauschten unsere Nummer aus und ein paar Tage später meldete er sich bei mir und wir vereinbarten eine Probefahrt. Diesmal klappte es und ich bekam den Job. Dass ich jetzt wieder direkt zwölf Stunden Schichten schob, bemerkte ich sehr schnell und aus der Not heraus versuchte ich durchzuziehen. Wobei ich Tag für Tag merkte, dass ich für diesen Job nicht mehr geeignet bin. Da musste ich jetzt durch und mir blieb, oder sagen wir, ich ließ mir keine andere Wahl. Dass der Job befristet war, erwähne ich mal eben nebenbei. Dieser Job forderte alles von mir ab und meine Therapie stand hinten an. Als Privatpatient hatte ich bei meinem ambulanten Therapeuten noch eine Rechnung offen, welche ich immer noch nicht bezahlen konnte. Daraufhin sind wir so verblieben, dass es erst weitergeht mit den nächsten Sitzungen, wenn ich gezahlt habe. Verständlich oder? Außerdem, bei den Arbeitszeiten, wann sollte ich da ohnehin hingehen? So zog sich die Zeit hin und nach knapp vier Monaten lief der Arbeitsvertrag aus. Und was jetzt? Ich war froh, dass es vorbei war, denn eigentlich war das alles zu viel und ich arbeitete wieder einmal gegen meine Gesundheit anstatt dafür. Ich wurde ja gewarnt von Seiten der Therapeuten, dass ich nicht mehr die Leistungsfähigkeit besaß wie früher.

Ein neuer Job musste her und ich verständigte mich nochmal mit meiner Mutter, um bei ihr halbtags zu arbeiten. Wieder Taxi fahren! Und auch dort stieß ich schnell an meine Grenzen. Die plappernden Fahrgäste, welche mich so durcheinander brachten, dass ich sie irgendwo hinfuhr, wo sie gar nicht hinwollten. Dass dann mal eine Handtasche auf dem Dach liegen geblieben ist und ich munter drauf los fuhr, kam dann als Krönung auch noch hinzu. Nein, das war nicht mehr ich. Ein Mann, der, wenn er eine Strecke einmal im Leben gefahren war, sie nach Jahren noch wieder fand, ohne sich zu verfahren. Ein Mensch wie ich, der so viel Erfahrung mit dem Straßenverkehr hatte und immer öfter nicht mehr bei der Sache war. Nein, das konnte nicht ewig gut oder so weiter gehen. Die Zeit verging und hin und wieder las ich neben dem Schreiben die Bücher, welche mir helfen konnten, um mich weiter zu entwickeln. Ein Jahr lang musste ich jetzt da durch und ich fühlte mich wieder oftmals alleine gelassen und es drückte mich auch das eine oder andere Mal mehr in die Handlungsunfähigkeit durch Grübelschleifen, die nicht enden wollten. So konnte es nicht weiter gehen, denn meine Rückschritte konnte selbst ich jetzt erkennen und ich war doch soweit gekommen.

Das durfte nicht alles für umsonst gewesen sein!
Ich beantragte einen weiteren Klinikaufenthalt, um weiter nach vorne zu kommen. Es sollte der letzte dieser Art sein und bis es dann soweit war, würden eh noch ein paar Monate ver-

gehen. Meine Freunde, meine Arbeit an mir selbst hielten mich so eben über Wasser und ich versuchte aus allem, was ich auf meinem Weg fand, etwas mitzunehmen und daraus zu lernen.

In diesem Strudel und bei dem ganzen hin und her in meinem Kopf, bemerkte ich oftmals nicht, dass ich meine Erfolge nicht mehr sah. Nur durch fremde Hilfe und liebevolle Helfer wurde mir all das wieder vor Augen geführt, was ich immer weniger wahrnahm. Und genau damit konnte ich dann wieder arbeiten. An den Tagen, wo es nicht klappte, schlich sich mehr und mehr eine Art Angst ein. Oft dachte ich, dass ich nur noch ängstlich bin und sonst kerngesund.

Ich versuchte mich immer wieder daran zu erinnern, dass nicht ich der Gedanke war und auch nicht das Gefühl dazu. Es war nur ein Gedanke, der nicht angemessen und in dem Moment nicht realitätsbezogen war. Ich gab dennoch nicht auf. Ich fuhr Taxi und schrieb nebenbei an dem Buch und versuchte immer wieder, mich an das Erlernte zu erinnern. Auch wenn ich Unterstützung brauchte, kam ich so oft über die Zeit hinweg. Zeiten die man depressive Episoden nennt. Ich veränderte mich immer mehr und arbeitete mit allem, was sich mir anbot. Meine Freunde und Bekannte versuchte ich mit einzubeziehen und mit spitzer Zunge gesagt, sie zu therapieren. Klingt im ersten Moment skurril und einige hatten auch ein Problem damit, aber mir half es, mein Erlerntes wieder abzurufen und damit zu arbeiten in der Hoffnung, dass es sich bei mir besser manifestiert.

Und meine Rechnung ging nach und nach auf. Ich veränderte mich weiter und war schon lange nicht mehr der Mensch, der fast daran zerbrochen wäre, an dem Scherbenhaufen seines Lebens sowie mit einigen Diagnosen, von denen er nie zu träumen hätte gewagt. Ich wurde zu einem Kämpfer, ein Kämpfer mit Herz, Hirn und Verstand, wobei letzteres mich manchmal immer noch ärgerte. Was war das für eine Angst? Ich hatte doch schon genug an Scheiße in mir gefühlt und ängstlich war ich eigentlich nie gewesen, früher! Ja früher war ich das nicht und heute hatte ich Angst.

Angst davor, dass ich es nicht schaffen werde und Angst, die Alltagsdinge nicht mehr meistern zu können. Doch was war diese Angst eigentlich? Wo kam sie her und war sie überhaupt berechtigt?

Ich versuche nun für euch ein wenig Licht ins Dunkel zu bekommen. War es mein verlorenes Selbstwertgefühl, welche diese Angst produzierte?

Ich fand für mich heraus, dass Angst immer dann auftrat, wo ich mich in einer Situation befand, der ich dachte nicht gewachsen zu sein. Mal berechtigt und oftmals auch ein Trugschluss. Ich war doch nicht alleine und wovor musste ich Angst haben? Meine Situation war zwar nicht schön, aber lebensbedrohlich war sie auch nicht. Mein Leben lief nicht mehr in gewohnten Bahnen, also so wie es vor dem Zusammenbruch war und ich erstmals in eine Klinik ging. Ich verließ somit mehr und mehr die alten vertrauten Wege und damit kam irgendwie die Angst. Es war die Angst vor Neuem. Ich hatte mit der Zeit das Vertrauen in mich selbst gänzlich verloren. Auch wenn ich viel lernte, war die Angst ein ständiger Begleiter geworden. Angst zu haben ist doch eigentlich ein normales Gefühl. Die Angst hat einen Platz in unserem Leben, nur bestimmt jeder Mensch für sich selber die Definition von Angst, als Individuum. Es ist eine Illusion zu glauben, wir wären ohne Angst überlebensfähig. Wir brauchen sie als Schutz und wir verzweifeln manchmal daran, denn sie gehört einfach zum Leben dazu. Ich sah das oft in solchen Momenten nicht so. Mir war nicht bewusst, dass Angst mir auch Gegenmittel zur Verfügung stellte. Es sind Kräfte wie Hoffnung, Demut und Liebe als Beispiel, die helfen können, Angst anzunehmen und genau das versuche ich in aller Regelmäßigkeit auszuüben. Angst gehört zwar unausweichlich zu unserem Leben dazu und doch sind wir uns ihrer nicht dauernd bewusst, ob sie angebracht oder angemessen ist. In den bewussten Stunden nutze ich die Zeit, um mit der Angst zu arbeiten. Woher kommt sie und was macht sie mit mir? Und am wichtigsten: Ist sie realitätsbezogen?

Wenn vor mir in freier Wildbahn ein Löwe steht, dann ist die Angst berechtigt. Wenn ich aber Angst davor habe, was morgen passieren könnte, oder dass jemand mein Buch nicht mag, dann ist sie meiner heutigen Meinung nach nicht berechtigt. Der Mensch hatte früher Angst vor Naturgewalten, Dämonen oder sonst was und heute haben wir oftmals mehr Angst vor Neuem oder gar uns selber. Das wird begünstigt durch unser Tun und Handeln, bei der Angst sich auch gegen uns selbst wendet. Angst ist und bleibt unvermeidlich, doch es gilt zu überprüfen, denn jeder Mensch hat seine persönliche Abwandlung von Angst. Ich hatte oft Angst vor Ergebnissen, auf die ich keinen Einfluss hatte. Wenn mir die Kontrolle verloren ging, bekam ich Angst. Eine Angst, die eigentlich keine ist oder eine, die nicht berechtigt wäre, wenn ich dem Leben vertrauen würde. Doch das tat ich nicht und somit sehe ich meine Angst heute nicht als die Angst, sondern als verlorenes Selbstvertrauen, Selbstwertgefühl und Selbstbewusstsein. Angst hat mich als Reflex eher gelähmt anstatt aktiv werden zu lassen. Meine Aufgabe war es nun, die Angst zu definieren und in die Aktivität zu gehen. Warum? Weil ich gemerkt habe, dass es nichts gab, wovor ich hätte wirklich Angst haben müssen. Die habe ich selber produziert und in den Momenten wo ich aktiv war, hat sich oftmals gezeigt, dass sie nicht berechtigt war. Du und auch ich, wir können selber eine Angst entwickeln, wo eigentlich keine angemessen ist.

Also werde auch du aktiv und lass dich nicht von der Angst lähmen. Arbeite mit ihr und überprüfe ob wirklich ein Löwe vor dir steht oder nicht. ☺

Genau das mache ich auch immer öfter und dabei fällt auf, dass die Angst, welche eigentlich manchmal keine ist, mehr und mehr verfliegt. Meine Aufgabe wird weiterhin sein, die Angst vor der Selbsthingabe (wird als Ich-Verlust und Abhängigkeit erlebt), die Angst vor der Wandlung und der Notwendigkeit aufzuarbeiten und dann mit neuen Gedanken ein neues Gefühl dazu zu erlernen, um in ein besseres Gleichgewicht zu kommen.

Als weiteres Fazit, so weiß ich heute, dass Angst, wenn sie ein gewisses Maß übersteigt oder wenn sie zu lange anhält, belastend wirkt und erst recht krank machen kann. Ich werde nicht mehr zulassen, dass es mich in meiner Entwicklung hemmt und ich zurückgleite in frühere kindliche Verhaltensweisen, die man mir anerzogen hat. Nur weil ich als Kind mit meinen Ängsten, fehlender Liebe und Erklärungen alleine gelassen wurde und man mir nicht gezeigt hat, damit realitätsbezogen umzugehen, heißt es noch lange nicht, dass es heute noch genauso sein muss oder sein wird. Diese Erkenntnis ist mein Antrieb, etwas dagegen zu unternehmen und wenn ich morgen mein Buch vermarkten will, wovor muss ich Angst haben? Wenn ich einen Termin beim Amt habe oder ein nettes Mädchen kennen lerne, wovor muss ich Angst haben? Ach ja, Thema Mädchen, also Frauen, da war ja was. Es ist auch ein Punkt, dass Angst Beziehungen zerstören kann. Es ist die Angst vor dem Verlassenwerden und der eingebildeten Einsamkeit. Wenn ich jemanden liebe, habe ich den Wunsch, mein Gegenüber glücklich zu machen. Ich versuche mich in ihn einzufühlen, seine Träume und Wünsche zu erraten, denke viel mehr an ihn als an mich selber.

Dabei vergesse ich mich oft selber, kennst du doch auch, oder? Was wirklich oft dahinter steckt und so war es bei mir auch, basiert auf eine Art Liebe wie Mutter und Kind-Beziehung. Diese Beziehung, die wir als Liebe definieren, versuchen wir wiederherzustellen, zurück zu bekommen. Das sehen wir oft unbewusst in unseren Partnern und denken, dort zu finden, was wir als Kinder nicht erfahren haben. Wir binden uns an diesen erwachsenen Menschen und geben ihm einen größeren Stellenwert als er eigentlich hat. Wir versetzen uns in eine Art Co-Abhängigkeit, weil wir denken, dass nur dieser eine Mensch uns Liebe geben kann. Diese Abhängigkeit ist ein zentrales Problem eines depressiven Menschen. Kennst du Erich Fromm? Ich versuche es etwas deutlicher gemäß seiner Aussage und füge sie hinzu. Erich Fromm sagt: „Ich brauche Dich, weil ich Dich liebe und ich liebe Dich, weil ich Dich brauche."

Zum einen sagen wir uns, wir möchten unsere Liebesfähigkeiten unter Beweis stellen und zum anderen sagen wir, dass wir geliebt werden wollen, um unsere Bedürfnisse gestillt zu bekommen. Bedürfnisse von denen wir denken, dass wir sie nur und ausschließlich von anderen gestillt bekommen können. Da sitzt wieder ein Fehler, ein Fehler den ich auch oft machte. Wenn ich einen anderen Menschen wirklich dringend bräuchte, würde ich immer danach streben, keine Distanz zwischen ihm und mir zuzulassen. Ich würde ihm so nahe wie möglich sein wollen und da auch bleiben. Mit anderen Worten: auch klammern. Ein Fehler, der sich durch unsere Verhaltensstrukturen rächen wird. Alleingelassen werden, Verlassen werden, führt uns in tiefe Verzweiflung und anstatt loszulassen machen wir es genau umgekehrt und klammern aus Angst. Halte dir vor Augen, wer dich verlassen will, der geht sowieso, so schmerzhaft es auch für ihn selber sein mag. Die Person wird gehen, egal ob du für die Trennung selber bewusst oder unbewusst mit verantwortlich bist. Warum unbewusst? Weil manche Menschen ihr eigenes Klammern nicht als solches wahrnehmen und den anderen damit fast die Luft zum Atmen nehmen, das aber gar nicht so sehen. Alles das und vieles mehr fällt dem Depressiven schwer und er gerät immer wieder in die Fänge so einer Beziehung und verliert dadurch seine Eigenständigkeit und vor allem seine Unabhängigkeit.

Wenn ich in einer Beziehung anfange zu klammern, kann genau das meine Verlustangst auslösen oder fördern. So manch einer kennt das, wenn eine Person klammert, ist es bestimmt nicht leicht damit umzugehen, oder? Doch genau das kann der Grund sein! Außerdem, wer hat gesagt, dass etwas leicht ist? Es war und wird niemals etwas leicht sein, schon aus dem Grund nicht, weil wir es oft selber so wollen. Wir wollen, oft unbewusst, dass etwas schwer ist!

Ich denke, die meisten kennen doch diesen Spruch: Alle wussten, dass es schwer ist und taten es infolgedessen nicht. Und dann kam da einer, der nicht wusste, dass es schwer ist und machte es einfach. So, und wer zieht dabei den Kürzeren? Denk(t) mal drüber nach.

Die Verlustangst wird dich solange dominieren, bis du selber zum Dompteur deines Lebens wirst. Du bestimmst die Regeln und kein anderer. Werde dir dessen bewusst und du gehst den gleichen Weg wie ich, denn das ist zumindest meiner! So habe ich es mir auf jeden Fall vorgenommen. An meinem Bewusstsein zu arbeiten und meine eigene Macht nicht gegenüber anderen auszuspielen, sondern diese Macht für mich selber zu nutzen.

Ich möchte nochmals versuchen es zu verdeutlichen. Je weniger wir gelernt haben, unser eigenes Sein und unsere Selbstständigkeit zu entwickeln, umso mehr denken wir andere zu brauchen. Und etwas dagegen zu unternehmen, kann man lernen. Das muss ich auch. Es kann auch dein Weg sein und ich habe mich entschlossen, meinen Weg der Lehre und Veränderung zu gehen. Das ist meine Aufgabe, meine Lebensqualität zurück zu gewinnen und auf all die klugen Bücher zu vertrauen, die mir helfen können zu lernen. Ich möchte nicht mehr in einer Abhängigkeit zu einer Frau stehen, und wenn sich dann dadurch Verlustangst aufbaut, wenn ich Panik bekomme, weil sie sich von mir trennen könnte. Ich möchte die wirkliche und richtige Liebe leben und nicht in so einen Teufelskreis geraten wegen Brauchtum und Ängste, die in meinen Augen keinerlei Liebe beinhalten. Willst du das? Mal ganz ehrlich!

Ich möchte meine eigenen Wünsche nicht mehr aufgeben, nur durch Verlustangst bedingt, und auch nicht meine wahre Identität verlieren, nur weil ich Angst vor der Einsamkeit habe. Mein Leben darf nicht mehr von Selbsttäuschungen bestimmt werden, die aus meiner alten Verhaltensweise immer wieder eine Ideologie gemacht haben. Ich möchte lernen, meine Persönlichkeit weiter zu entwickeln, mich hinzugeben und auch einen alten Teil von mir aufzugeben, einen Teil an dem ich lange festhielt. Ich möchte nicht mehr tun, was ich bei anderen verurteile und meine Wünsche und Erwartungen mir von anderen erfüllen lassen. Schon gar nicht Wünsche und Erwartungen von Frauen erfüllen lassen, die nicht erfüllbar sind. Ich möchte annehmen können und eben nicht mehr immer zu hoffen, etwas zu bekommen und das dann auch noch zu einer Bedingung in einer Beziehung zu machen. Ich werde weniger fordernd sein und nur im gesunden Maße nach Liebe zugreifen lernen. Wütend sein ohne dem Partner oder Freund Angst zu machen, liebevoll werden und mein Selbstwertgefühl weiter entwickeln. Ich kann, weil ich will, was ich muss! Zudem möchte ich nie wieder an den Punkt, wo ich schon einmal war und wenn das der Weg ist, dann werde ich ihn aufrecht gehen. In Zukunft werde ich meine Wünsche klarer definieren und ich sage euch, schon allein hier zu sitzen und das zu schreiben, ist eine geile Eigenmotivation, und ich hoffe es geht euch auch so?

Ich möchte mich nicht mehr aufgeben oder masochistisch hörig sein, nur um anderen Menschen zu gefallen. Da gibt es eine Mitte und die werde ich versuchen zu finden, indem ich mir Rat hole. Das kann ich mit Büchern tun, um zu verstehen, und wenn das nicht reicht, gibt es genug Möglichkeiten der professionellen Hilfe. Von daher bitte ich, auch gerade um dein Verständnis lieber Leser, dass ich Dinge manchmal nur anreiße. Dich ansatzweise daran Teil haben lasse, wie ich versuche mit mir zu arbeiten. Du wirst deine eigenen Impulse und Synergien bekommen und das nachforschen, was für Dich wichtig ist. An dieser Stelle wird bestimmt verständlich, dass ich meinen Weg und das Erlernte versuche in ein Buch zu packen und nicht alles aufgreifen und zerlegen kann, geschweige möchte. Dann würde dieses Buch 2000 Seiten haben, aus vielen verschiedenen Büchern komprimiert sein und den einen oder anderen Leser noch mehr verwirren, oder gar überfordern.

Wenn du mit deinem Leben so unglücklich bist, wirst du an deinem tiefsten Punkt die Entscheidung treffen, welche dir vielleicht Heilung verspricht, du wirst lernen wollen, weil du weißt, dass nur so Veränderung hervorgerufen werden kann. Du wirst dein Denken so verändern, dass aus Entscheidungen Handlungen werden. Immer und immer wieder wirst du es tun, solange bis das ganze sitzt. Oder du gibst auf, es ist deine Entscheidung!

Ich lebe noch und bin ehrlich zu mir selber und du kannst mir glauben, die Wahrheit ist oft sehr schmerzhaft. Ich denke, du weißt das selber. Schmerzhafter wie jeder Schnitt und doch fügst du ihn dir selber zu. Du kannst dir Unterstützung holen, doch wirklich helfen kannst du nur dir selber.

Wie oft sagen Menschen, dass sie helfen und dann tun sie es nicht. Ich für mich möchte dazu sagen, dass mir meine Zeit für Oberflächlichkeit und Unehrlichkeit zu schade ist. Dinge welche man nicht tut, Dinge die unausgesprochen bleiben, brennen mir nicht nur auf dem Herzen, sondern vielmehr auf meiner Seele. Ein Oberflächenbrand, der sich in die Tiefe ziehen kann. Diese Menschen, die Maskenträger, Fassadenbauer langweilen mich, denn ich kann erahnen, was dahinter steckt. Mich fasziniert es mehr, wenn Menschen sich zeigen wie sie sind, wirklich sind und es nicht nötig haben zu lügen, um dadurch etwas zu erreichen, unabhängig ob im Berufsleben oder privat. Feige Ausreden gehen für mich auch nicht, denn starke Menschen finden ihre Stärke in der Wahrheit wieder und beweisen für mich Rückgrat. Einer meiner Lieblingssprüche lautet: „Die Tat wirkt mächtiger als das Wort".

Ja lieber Leser, so ist meine Meinung und so sitze ich hier und arbeite an mir, um Veränderungen hervorzurufen, denn von nix kommt nix! Kennst du bestimmt auch. ☺

Es ist ein langer Prozess, all das verstehen zu lernen und dazu noch die unliebsame Umsetzung. Doch genau das ist Leben, auch für einen psychisch kranken Menschen. Heute verspüre ich mehr Dankbarkeit denn je für mein Leben, denn sonst wäre ich nicht der geworden, der diese Zeilen schreibt. Ein Mensch, der sich verändert, und dadurch auch immer mehr sein Umfeld, und das macht mich eine weitere Spur zufriedener als früher!

Im Moment fahre ich Taxi, mache meine Wäsche selber und putze die Wohnung, die ich liebevoll und harmonisch eingerichtet habe. Ich lese gerne und versuche zu wachsen an den Erlebnissen und dem Erlernten, und das funktioniert, weil ich nicht stagnieren möchte. Also, fang auch du an zu gehen, ich gehe mit dir und du gehst mit mir.

Lass uns zusammen gehen. Ich schreibe Tag für Tag ein paar Stunden und es gibt Tage, da kümmere ich mich um mich und bin bemüht neue Strukturen zu schaffen und zu halten. Strukturen, die gut für mich sind. Natürlich weicht das manchmal von den heutigen Normen dieser Gesellschaft ab. Ganz ehrlich? Das ist mir egal, denn es ist mein Leben und ich habe nur dieses eine Leben, genauso wie du!

Meine Gesundheit steht im Vordergrund und daran arbeite ich, machst du das auch? Bist oder lebst du gesund?

Erinnerst du dich? Ich hatte ja noch einen Klinikaufenthalt beantragt und ich bin mal gespannt, wann es soweit sein wird. Bis dahin arbeite ich weiter an mir und an diesem Buch, für mich und für euch. Scherzhaft sage ich immer, wenn ich mir schon nicht helfen kann, dann wenigstens anderen und insgeheim weiß ich, dass es auch mir hilft. Meinen Ballast abwerfen und weiter zu lernen. Ich nenne es Hilfe zur Selbsthilfe. Ich bin kein Pechvogel, nur weil mir eine innere Stimme dies gerne suggeriert. Ich bin ein Glückskind weil ich lebe und lerne auf Dinge zu achten, die mir gut tun. Dinge, die bei anderen Menschen oft schon lange in Vergessenheit geraten sind.

Einige Seiten vorher schrieb ich etwas über Angst und Beziehungen zu sich selber und zu anderen. Worum geht es da eigentlich noch? Es geht um die Liebe und das möchte ich nun noch mal aufnehmen und anreißen. Du, lieber Leser, wirst dir rausnehmen was für dich wichtig ist.

Ja, die Liebe und Amor, der das Ziel verfehlt, zumindest erscheint es einem oft so. Bei mir ein großes Thema und bei dir vielleicht auch. Wie definiert man Liebe? Was ist Liebe? Das habe ich mich auch oft gefragt. Wie kann ich jemanden lieben?

Eines vorab, ich kann nur dann jemand anderen lieben, wenn ich mich selber auch lieben kann, denn sonst funktioniert das nicht. Wie es funktioniert? Na schau doch mal, was bei dem Gedanken an Liebe in meinem Kopf gerade abgeht. Die Liebe und meine eigene Definition davon. Weißt du woher die Liebe kommt und wie sie sich anfühlt? In jeder Kultur und in jeder Sprache gibt es sie, die Liebe, und oftmals wird sie unterschiedlich erklärt. Eins bleibt jedoch sehr oft gleich und das ist die Ansicht eines Menschen mit Handicap. Er sieht die Liebe oft anders und ich versuche es mal aus meiner Sicht geradezurücken. Ist es das bekannte Kribbeln im Bauch, die Liebe auslöst? Ich kann dir sagen, dass die wirkliche und ehrliche Liebe mehr ist als nur das Kribbeln im Bauch. Liebe ist viel mehr und Verlieben geht sehr schnell. Aufrichtig jemanden zu lieben bedeutet und verlangt mehr, als nur die Anziehungskraft zwischen zwei Menschen zu sehen. Sich zu lieben heißt auch verzichten zu können, loszulassen, auch dann, wenn es gerade einem Depressiven schwer fällt. Sich zu lieben bedeutet auch den Gefühlen freien Lauf zu lassen und sich zu öffnen, sich angreifbar machen, sich hinzugeben und ja manchmal auch ausgeliefert zu sein. Mit klaren Worten, wenn du jemanden lieben willst, dann gilt es ihn so zu akzeptieren wie er ist und das fällt sehr vielen Menschen heute schwer. Gerade den Menschen mit Handicap fällt es meiner Erfahrung nach schwer. Wir Menschen sind oftmals damit beschäftigt, den anderen zu manipulieren, um ihn an uns zu binden. Das kann nicht Liebe sein!

In guten Zeiten und in schlechten Zeiten zueinander stehen, sich unterstützen und immer für den anderen da sein. Na tut sich was bei dir? Eigentlich fühlt sich das schön an, wenn ich das so lese. Einen Menschen zu lieben, bedeutet unter anderem auch, ihm sein Glück zu gönnen. Das eigene Glück auch hinten anstellen zu können und sich nicht selbst nicht immer so wichtig zu nehmen. Klar sollst du dich nicht selber dabei aus den Augen verlieren, und genau das ist ja auch die Kunst. Daran gilt es zu arbeiten, wenn es deine Schwachstelle ist. Mache es dir zur Aufgabe, den anderen glücklich zu machen, ohne dein eigenes Ich zu verlieren. Schenke der Person, die du liebst, deine ganze Aufmerksamkeit, ohne dich dabei außer Acht zu lassen. Finde die Mitte in deinem Dasein.

Es funktioniert! Ich komme dem auch immer näher und es ist ein schönes Gefühl. Ja, ich bin Single und du fragst dich gerade, wie ich das dann schaffe? Liebe hat nicht immer etwas damit zu tun, dass es um dich und einen anderen Menschen geht. Liebe ist in dir und nicht nur in dem anderen. Du findest sie zuerst in dir. Alles Denken und Gefühle, aller Ursprung findet in dir statt und nicht im Außen oder einem anderen Menschen. Auch ich beginne mit Selbstliebe und das ist mit ein Punkt, wo ich früher mehr Schwierigkeiten mit hatte als heute. Der Schlüssel ist unter andrem die Selbstliebe und Selbstakzeptanz, und das darfst du gerne mal im Internet recherchieren. Auch das ist etwas, was Menschen wie ich in Therapien lernen und erarbeiten. Gefühle (z.B. Liebe, Angst) die ich nicht erklärt bekommen habe oder auf falschen Informationen aufgebaut war, neu zu erlernen. Sich zu lieben heißt auch, auf deinen Partner oder allen anderen Menschen, die du liebst, Acht zu geben, sowie sich gleiches Recht auf Freiheit und respektvollen Umgang einzugestehen, wie du es bei dir selber auch tust. Da liegt die Gemeinsamkeit der Liebe in einer Partnerschaft, und meiner Meinung nach alles andere bei dem einzelnen selber. Erlaube deinem Partner und denen, die du liebst, sich in ihrer Persönlichkeit auszuleben und verändere sie nicht. Schränke sie dabei nicht ein und behindere sie nicht dabei und lass ihnen ihren Freiraum.

Wir Menschen können oftmals nicht miteinander und auch nicht ohne einander und darin liegt wieder einmal die Kunst: die Mitte zu finden. Sich zu lieben in einer Form von Bedingungslosigkeit heißt auch miteinander zu streiten, aber sich nicht zu verletzen, sich selbst schon mal überhaupt nicht!

Achte auf deine Worte, denn sie können zerstörerisch sein und das steht dir nicht zu. Wenn ich in den Spiegel sehe, dann weiß ich, dass ich damals nicht besser war.

Zu lieben heißt auch, immer offen und ehrlich zu sein, sich vorstellen zu können, mit diesem Menschen den Rest seines Lebens zu verbringen. Zumindest in dem Moment der Entscheidung, wenn es am Ende nach Jahren dann doch anders kommt, dann ist es halt eben so. Es gilt immer für den Moment, im Hier und Jetzt. Treue ist natürlich auch ein großes Wort, das so mancher Mensch für sich anders definiert. Für mich ist wichtig, mit meinem Partner auf der gleichen Wellenlänge zu liegen. Ihr müsst zusammen entscheiden, was für euch Treue bedeutet. Nur weil jemand sich gerne Sex woanders holt, heißt es nicht, dass er untreu ist. Zumindest nicht vom Herzen und seiner Seele. Sofern derjenige vorher darüber spricht, erklärt, respektiert und ehrliche Einigkeit vorhanden ist, dann ist selbst das in Ordnung, sich etwas Schönes woanders zu holen. Die Liebe ist manchmal auch anstrengend, wenn die Einstellung nicht passt, und doch ist sie wiederum auch sehr schön. Liebe ist alles, Liebe ist so viel und hat tolle Facetten. Ich liebe es, einen Menschen zu vermissen, denn es zeigt mir, wie nah er mir ist.

Zu spüren, wenn er nicht in meiner Nähe ist und ich mit meinen Gedanken bei ihm bin. Ich liebe es morgens neben der Liebe aufzuwachen, das kann auch meine Tochter sein und nicht nur mein Partner!

Einen Menschen zu lieben heißt, ihn zu respektieren, in seiner Ganzheit, in seinem Wesen zu fühlen. Wenn es ihm oder ihr schlecht geht, sich um ihn oder sie zu kümmern, sich Sorgen zu machen. Wenn ich jemanden lieben will, dann heißt es auch, ihm seine Fehler zuzugestehen, an sich zu arbeiten und umeinander zu kämpfen. Jeden Tag, immer wieder neu. Zu lieben bedeutet Bedingungslosigkeit und einem Menschen all seine Liebe zu geben, ohne zu fragen, was man zurück bekommt oder darauf bedacht zu sein, etwas zurückzubekommen. Liebe kann nicht immer in Worte gefasst werden und es gibt viele Erklärungen für sie, und doch sind sich alle einig, dass wenn sie richtig und ehrlich gelebt wird, die Liebe das Schönste auf dieser Welt ist, was wir erleben dürfen. Was ich hier beschreibe, ist meine Art und Weise und jeder hat oder findet andere Worte für die Liebe. Liebe lässt sich nur ansatzweise beschreiben, denn jeder sieht und fühlt sich anders und wir würden kläglich daran scheitern, sie zu verallgemeinern. Liebe ist individuell, etwas Besonderes und doch auch sehr verletzlich.

Meiner Meinung nach wird sie heutzutage viel zu selten noch ehrlich gelebt in unserer Gesellschaft. Liebe erst dich selbst, akzeptiere wer und was du bist, mit all deinen Fehlern. Erst dann wirst du meiner Ansicht nach wissen, was Liebe ist und andere so lieben können wie sie sind.

Eines ist mir persönlich wichtig und meiner Meinung nach zu beachten:

Es ist und wird niemals die Lösung sein, wenn man der Meinung ist, dass man nur den richtigen Partner braucht und alles wäre gut. Schon allein das Wort „brauchen", finde ich, ist negativ angesiedelt. Unsere Bedürfnisse werden nicht gestillt, indem wir denken, wir benötigen nur den richtigen Partner. Genau daran wird heutzutage intensiv geglaubt, mit der Sehnsucht verbunden, mit dem richtigen Partner von allen Konflikten befreit zu sein. Ein Trugbild, und die Konsequenzen dieser allzu hohen Erwartung sind häufige Partnerwechsel, in dem Glauben, es sei nicht der oder die Richtige. In dem Fall ist es schon fast vorprogrammiert, dass ständig Kritik am Partner geübt wird, endlos Versuche und Machtkämpfe, ihn zu verändern bestimmen das Bild und man findet sich in einem Strudel der Unzufriedenheit wieder. Meistens endet eine Beziehung dann so, dass man sich den nächsten Partner sucht. Es ist eine Selbstlüge, sich in einer Beziehung die ideale Beziehung vorzumachen, es wird sie nicht geben. All das hat zur Folge, dass dadurch die Beziehung belastet wird, Frustration entsteht und man heute eher als früher bereit ist eine Beziehung abzubrechen. Dass das einen Verlust an Ehrlichkeit und Vertrauen nach sich zieht, dadurch Distanz zum Partner entsteht, ist nur folgerichtig. Es ist auch etwas, worunter viele Menschen leiden in dieser Gesellschaft. Manchmal frage ich mich, ob wir heute noch was anderes kennen? Zu sehr eifern wir der perfekten Beziehung nach, die es so auf diese Art niemals geben wird. Mit einer psychischen Störung ist das alles nicht leicht zu verstehen oder umzusetzen. Von daher bitte ich mich selber und auch vor allem auch dich, sei nicht Sklave deiner Lebensumstände, denn nur du und ich haben es in der Hand sie zu verändern. Kein anderer kann und wird es für uns tun. Erdulde nicht auf Dauer deine Lebensumstände, wenn du weißt, dass du sie ändern kannst. Geh durch die Angst, denn auch sie zu lieben gehört dazu. Nein, du sollst sie nicht gut finden, ich meine das Annehmen dessen, was ist, und die Angst zu durchleben, um das Leben und dich selbst zu lieben. Einen anderen Weg wird es meiner Meinung nach nicht geben. Welche Entscheidung du auch treffen wirst, deine Zukunft zu gestalten, liebevoll zu gestalten, das obliegt dir und du wirst niemals alleine damit sein. Es gibt Menschen, die dich begleiten, es gibt Engel, die bei dir sind und der liebe Gott, wenn du es so willst, auch.

Die Liebe und die Angst, auch diese beiden liegen meiner Ansicht nach sehr oft nah beieinander und psychisch kranke Menschen können oft nicht unterscheiden, was richtig und was falsch ist. Dazu gehören die unliebsamen Verhaltensstrukturen, die einem oft das Leben schwer machen. Wenn ich mir überlege, dass ich schon fast ein Jahr keinen Sex mehr hatte und seit über zwei Jahren alleine lebe, dann ist das für mich eine große Veränderung. Im Gegensatz zu früher, denn früher habe ich über wechselnde Partnerschaften die Nähe und Geborgenheit gesucht, die ich mir selber nicht geben konnte. Ich habe mich damals darüber definiert und wenn ich viel Sex hatte oder nie alleine war, dachte ich, dass es mir besser gehen würde. Heute weiß ich, dass dem nicht so ist.

Das alles konnte nicht richtig sein und erst heute weiß ich das für mich auch, da ich nach alten Leitsätzen unbewusst gehandelt habe. Dementsprechend lebe ich diese Veränderung und geschadet hat es mir bisher nicht, wenn ich ehrlich bin. Es ist halt mein Weg, und wie soll ich mit anderen Menschen klar kommen, wenn ich mit mir selber nicht klar komme?

Hast du anhand meiner Geschichte für dich selbst eine Antwort darauf?

Menschen wie ich, die ähnliche Diagnosen an der Backe haben, die nicht die gewünschte Liebe und Aufmerksamkeit bekommen haben, dazu die ganzen fehlenden Erklärungen in der Erziehung, haben es sehr schwer, das umzusetzen, mit sich selber klar zu kommen. Wir wollen lieben, geliebt werden, und für uns ist es oft das wichtigste im Leben, und ja, wir sind es wert. Ich denke, die eigene Wertigkeit wird von außen auch nicht immer in Frage gestellt und Menschen mögen uns, doch wir selber meinen oft zu spüren, dass man uns nicht mag.

Die Liebe kann für einen psychisch kranken Menschen nicht nur das wichtigste sein, sondern auch seine guten Seiten entwickeln lassen, doch auch wiederum zugleich seine größte Gefährdung sein, wie eben weiter oben mit meinen Worten beschrieben.

Für mich war es immer unerträglich, belastend und quälend zugleich, wenn in Partnerschaften Krisen aufkamen und es Konflikte gab. Diese haben mich oft unnötig mehr belastet als es in Wirklichkeit angemessen war, denn sie haben auch automatisch meine Verlustängste aktiviert und mich in die nächste

Verhaltensfalle rennen lassen. Schlimm war es immer gerade dann, wenn ich dachte, dass jemand, der mich liebt, genauso viel Nähe und Aufmerksamkeit braucht wie ich. Ein weiteres Trugbild, und ich wünsche mir selbst heute noch jemanden, der genau das kann oder mag. Vielleicht gibt es den Menschen ja doch? Jeder misst mit einem anderen Maß und meins dagegen ist nicht immer gesund, und wenn jemand anders empfindet, ein anderes Maß hat, dann ist es nicht angemessen, nach Schuld bei einem von beiden zu suchen. Wer würde sich da nicht aus einer Umklammerung befreien wollen? Übt der Partner dann Distanz aus, so habe auch ich es damals immer als Ablehnung empfunden und das ist nicht so. Wenn ein eigenständiger Mensch seinen Bedürfnissen nachgeht, dann kann ich ihn nicht für meine Gefühle verantwortlich machen, die dadurch entstanden sind.

Am Ende kann das sogar die eigene Selbstaufgabe provozieren und davor habe ich auch schon mehrfach gestanden. Dort wo du hingehst, gehe ich auch hin. Dieser letzte Satz schließt aus, loszulassen und bremst die Entwicklung jedes einzelnen Beteiligten. Der Unterschied liegt oft in der Echtheit oder Unechtheit einer Liebe und die sieht der psychisch Kranke zu seinem Leidwesen oft anders und versucht sein Gegenüber da reinzuziehen und den anderen oder sich selber zu verändern. Machtspielchen nenne ich das, den anderen mit meiner Krankheit als „Waffe" so zu manipulieren, dass sie tun was ich will. Am Ende ging es oft nach hinten los. Während ich das alles gerade schreibe und mich damit befasse, bin ich traurig geworden. In mir brodelt es und ich blocke gerade die Tränen. Lasst mich mal eben so sein, traurig und betroffen. Einfach Mensch sein. Mit meinen Fehlern empfinde ich mich gerade als psychische Großbaustelle, die womöglich noch Jahre braucht, um all die Veränderungen zu manifestieren, damit sie wirksam werden. Nein, ich will nicht aufgeben, denn ich weiß, tief in mir bin ich trotz meiner Krankheit liebenswert und so möchte ich gesehen und behandelt werden. Menschen wie ich haben den Wunsch, wahr- und ernstgenommen zu werden, denn oft wird man für seine Schwächen belächelt oder klein gemacht. Diese Gesellschaft, wie sie sich entwickelt hat, hat mittlerweile maßgeblichen Anteil daran, und Eltern sind nicht mehr Eltern; und ich habe Angst davor, wo wir alle in fünfzig Jahren sind, mit solchen Diagnosen wie meiner oder ähnlichen. Es sind alles keine Fehler in dem Sinne, es sind Umstände aus denen man lernen kann und es auch ratsam wäre, wenn man es auch täte.

Alles das was ich die letzten Seiten geschrieben habe über Persönlichkeiten, die Angst und die Liebe, bedarf am Ende viel Geduld, bis es sich in einer Lernphase umsetzen lässt.

Oh, habe ich da gerade Geduld geschrieben? Ich mag dieses Wort echt nicht und schreibe darüber. Das ist auch noch eine meiner Baustellen, und Geduld liegt gar nicht in des Krebses weichem Kern. Kein Wunder, dass mir die Liebe immer wieder Schwierigkeiten bereitete, bei einem so sensiblen weichen Kern. Ich kannte die Liebe nur aus Verletzungen und es geht bestimmt vielen Menschen so. Immer wieder in meinem Leben fühlte ich mich von ihr verletzt. An diesen Erinnerungen habe ich lange festgehalten und nichts Schönes mehr daran gesehen. Geht wohl auch vielen so!? Da ich mich oft daran festgehalten habe, habe ich mich schlussendlich damit oft selber verletzt. Ich wusste nicht, was Vergebung ist und konnte sie auch nicht anwenden. Wie denn auch, wenn man nicht weiß, wie es geht?

Es war auch etwas, was man mir nicht erklärt hatte. Da ich nicht vergeben konnte, lebte ich mit dem Ärger, den Unannehmlichkeiten, die diese Verletzungen mit sich brachten und immer wieder Erinnerungen hervoriefen. Die ganzen Ungerechtigkeiten meines Lebens wandte ich gegen mich selbst an und damit begann sich mein Selbst darin zu suhlen. Der Ursprung in der Erziehung, der Rest, die Summe meiner Erfahrungen, die mein Selbstwert negativ veränderte. Schleichend, bis zum großen Knall. Wenn ich dann von einer in die nächste Beziehung rannte, ohne zu wissen, was vorher passiert war und mich über Beziehungen versuchte zu definieren, nahm ich aufgestaute Unversöhnlichkeit gleich wieder rein in die nächste Beziehung. Was völliger Blödsinn ist, denn so lud ich einer frischen Liebe den alten Ballast auf und das konnte nicht gut gehen. Menschen oder Beziehungen und anderen negativen Dingen zu vergeben, soll nicht heißen, dass man etwas gutheißt, es bedeutet ganz einfach nur „Loslassen" und „Weitergehen", nicht mehr und nicht weniger. Eine Übung für die ich auch lange brauchte. Jetzt bin ich fast 2 Jahre Single und ich denke meinen alten Ballast ganz gut losgelassen zu haben, denn ich weiß, ich lebe jetzt!

Wir haben jetzt Frühjahr 2013 und ich arbeite mit mir seit Herbst 2010, und hätte mir damals einer gesagt, dass es so lange dauert, den hätte ich mal ganz gepflegt in den Arsch getreten. Doch es ist wie es ist und jeden Tag lerne ich etwas mehr und übe, ja übe mich täglich in Geduld. Bei den Dingen, wo ich keinen Einfluss drauf habe oder von anderen abhängig bin, fällt es mir immer noch am schwersten damit umzugehen. Geduld ist ein Tugend, schönen Dank auch. ☺ Nun gut, es dauert eben seine Zeit und das habe ich damals unterschätzt und heute bin ich schlauer, was das Thema angeht. Jemand der eine Diagnose bekommt und diese so komplex ist und meint innerhalb eines Jahres geheilt zu sein, der hat weit gefehlt. Diese Veränderungen der Denkstruktur bedürfen halt Zeit, und ich fülle diese Zeit auch mit Schreiben, und wie machst du das? Ich arbeite an mir und nehme alle Informationen auf und versuche sie zu manifestieren, denn Medikamente sind nur begleitend und verändern jedoch nicht deine Verhaltensstrukturen. Die Arbeit beginnt nun mal im Kopf und die Medikamente können dabei unterstützend wirken. Nicht mehr und nicht weniger. Ich habe ein Medikament bekommen, was mir zwar nicht die mentale Arbeit abnimmt, doch im Alltag etwas gelassener macht. Meine emotionale Anspannung hat sich dadurch auch etwas verringert, aber es nimmt mir nicht meine Gedanken. Also denke bitte niemals, dass ein Medikament die Lösung ist.

Nein, es ist noch nicht vorbei und in dem Moment erinnere ich mich, was man mir in der Trauma-Klinik sagte. Die Klinik, wo ich das Buch mit dem inneren Kind in die Finger bekam und man mir sagte, dass es fünf bis zehn Jahre dauern würde, bis sich meine Verhaltensstruktur verändern würde. Shit Happens und wieder ein Gruß an die Geduld. Irgendwie geht es weiter, und wenn ich nicht weiß wie, so weiß ich doch eines, es wird weiter gehen, solange ich nicht aufhöre zu gehen. Gut ein Jahr arbeite ich jetzt mit mir ohne begleitende ambulante Therapie und ich merke manchmal, dass ich zurück falle. Ein gutes Zeichen! Es lässt mich wieder wacher werden und nicht vergessen, mich um mich selber zu kümmern. Merkst du was? Eigentlich ist das nicht so schön und doch verändere ich meine Sichtweise gerade ins Positive. Das ist ein weiterer Schlüssel zum Erfolg. Positives Denken, und auch das versuche ich aufzugreifen, um mit euch daran zu wachsen. Pessimisten, Schwarzdenker und die, die Hoffnung und Glauben nur schwer leben können. Ich gehörte früher auch zu diesen Menschen, und positives Denken hat auch mich eine Spur weit verändert. Es wird auch dich verändern. Es ist Arbeit, keine Frage und am Ende wirst du ernten, versprochen! Du erntest was du säest. Am Anfang fand ich es auch total anstrengend, jeden einzelnen Satz zu überdenken. Ihn umzudrehen ins Positive und wenn es mal nicht klappte, sah ich an den anderen Menschen wie es ging. Ich hörte gut zu und während andere noch redeten, formulierte ich für mich meine alten Sätze im Kopf um. Was ich auch gerne machte, ich belehrte andere. Das kommt nicht immer gut! Und doch half es mir zu wachsen. Wenn jemand negativ sprach, erinnerte ich denjenigen daran oder ermahnte die Person doch bitte positiv zu denken. Ich half somit mir und manchmal auch dem mir gegenüber. Reflektion auf gegenseitiger Basis war für mich ein Schlüssel, nur klappte das nicht bei jedem. Du könntest es genauso machen, nur sei nicht enttäuscht oder böse auf dich und den Rest der Welt, wenn es mal nicht klappt. Nicht jeder bekommt gerne einen Spiegel vor das Gesicht gehalten und kann daraus für sich oder du für dich etwas Positives daraus lernen. Zeit und Geduld sind zwei wichtige Faktoren, um deinen Wachstum auch zu verstehen bzw. wahrzunehmen. Wenn du jemanden ungefragt in die Spiegelung mit reinziehst, kann es auch Folgen haben. Ich möchte nicht, dass es hier als Aufforderung verstanden wird, sondern ich zeige nur wie es bei mir funktioniert hat. Wenn es so eine Situation gab, in der mich Menschen gecoacht haben oder ich sie, habe ich entweder vorher oder spätestens nachher erklärt, warum ich das gerade mache und oft hatten die Menschen Verständnis für mich und meine Arbeit. Natürlich gab es auch Leute, die es nervte und wenn ich das gesagt bekam, habe ich natürlich aufgehört und mir andere Menschen gesucht, mit denen ich arbeiten konnte. Ich habe nie aufgehört an mir zu arbeiten. Eine Arbeit, mit der man kein Geld verdient, psychisch krank zu sein, nicht arbeiten zu können und doch wiederum zu arbeiten, in dem Fall an sich selber. Ich habe aufgesaugt, was ich nur konnte und meinen Geist frei gemacht. Jeden Tag bemüht, in den negativen Erlebnissen auch Gutes zu sehen und das geht, ob du es glaubst oder nicht. Wenn ich mit Menschen darüber rede, dann erkenne ich das zumindest immer wieder. Mir hat es sehr geholfen positiver zu denken. Es ging nur mit Ehrlichkeit, ein Thema das du in diesem Buch auch findest.

Immer wenn ich Zeit hatte und ich hatte viel Zeit, da ich ja nicht so arbeiten konnte wie früher, nutzte ich diese Zeit und saugte alles auf, wo ich dachte, dass es mir helfen könnte. Die virtuelle Welt ist gut geeignet dafür. Ich kam nicht nur an The Secret (mein erstes Buch das ich las), sondern auch an Vieles andere. Ich fand Fachliteratur oder Spirituelles, und ich las achtsam, was geschrieben stand. Wer auch gut helfen kann, ist Robert Betz und wer den nicht kennt, einfach mal bei Google nachschauen. E. Tolle ist auch so ein Kandidat, nur nicht ganz so mein Fall. Es gibt viele Lehrer, Coaching und Achtsamkeitslehren, die man für sich nutzen kann. Ich habe das aufgesaugt und viel damit gearbeitet. Sich diese Informationen zu verinnerlichen, ist ein Weg, und auch dieser ist nicht leicht. Den Grübelschleifen entfliehen und damit arbeiten, war und ist meine Devise. Mit der Zeit kann man das, keine Sorge. Geduld und Zeit ist wieder der Schlüssel, und es sind Worte, welche unsere Gesellschaft kaum noch kennt. Von daher wundert es mich nicht, dass es immer mehr psychische Krankheiten gibt. Doch dies ist ein anderes Thema.

Soziale Netzwerke bieten auch reichlich Infomaterial und es gibt solche Faltkarten mit Sprüchen drauf. Dazu kannst du die Spiritualität nutzen und es gibt Religionen und noch unendlich viel mehr, an dem man wachsen kann.

Du kennst Kafka? „Die Träumenden und Wünschenden halten den feineren Stoff des Lebens in den Händen". Mark Twain und wie sie alles heißen? All diese Sprüche, die man an jeder Ecke findet, sind eine Lehre und Hilfe. Und dazu möchte ich euch etwas sehr, sehr Wichtiges sagen ist. Entschuldigt bitte, ich persönlich empfinde es als sehr wichtig. Diese Sammlungen an Sprüche nur zu lesen reicht nicht! Lebe sie!

Wer sie nicht wirklich liest, den Moment der Verinnerlichung festhält und sich erinnert und danach lebt, der hat das Ziel verfehlt. Veränderung findet über die Achtsamkeit statt. Diese Sprüche wahrzunehmen und sie sich zu verinnerlichen ist ein weiterer Schlüssel. Es nützt nix nur zu lesen und danach geraten sie wieder in Vergessenheit. Sein Verhalten zu verändern, heißt positive Wandlung ins Unterbewusstsein zu bekommen. Aus dem Unterbewusstsein, so nenne ich das Unbewusste, werden wir strukturell überwiegend gesteuert und eine Verhaltenstherapie sagt nichts anderes, als sein unbewusstes Denken zu verändern und die neuen Verhaltensstrukturen dort zu manifestieren. So habe ich es für meinen Teil in den Therapien gelernt. Noch heute höre ich die Stimme meines Therapeuten genau das sagen: „Herr M., Sie werden gesteuert durch alte Leitsätze, die sich in Ihrem Unterbewusstsein manifestiert haben. Sie merken oft gar nicht, was im Einzelfall realitätsbezogen und angemessen ist, weil Sie es nicht anders kennen und somit auch nur schwer und ohne Hilfe gar nicht erst erkennen, ob Sie aus einem gesunden Erwachsenen-Modus sprechen und handeln oder nicht."

Versuche dir Hilfe zu holen, schäme dich nicht dafür und arbeite damit, denn all diese Dinge haben mir geholfen und was mir hilft, das kann dir auch helfen!

Warum ich mir da so sicher bin? Ich beobachte sehr viel, alles was um mich herum geschieht oder was ich so aufsauge an Informationen, und das alles scheint mich zu bestätigen. All diese Sprüche sind oft sehr alt und von weisen Menschen verfasst worden. Buddhismus, Motivation, Achtsamkeitslehre und Bewusstheit sind Dinge, die Gedanken anbieten, welche helfen, wenn du dich darauf einlässt. Öffne dich dafür, denn nur ein freier Geist kann das. Schränke dich nicht ein!

Frag mal genau diese Menschen, die danach leben. Sie werden es bestätigen, dass das, an das sie glauben, stimmig für sie ist. Ich meine damit die Menschen, die denken sie leben danach, tun es jedoch nicht wirklich, und ich persönlich mache das an dem Glauben fest. Sie denken es ist für sie stimmig, handeln jedoch nicht danach. Und an was glaubst du?

Arbeite damit und verliere nicht den Glauben, und wenn du solche Sprüche liest, dann geh in dich und lese ihn vor deinem geistigen Auge nochmal! Erst wenn er sitzt, sich in Dir verankert hat, funktioniert das und deine neuen Gedanken werden Worte und Taten. Mit Halbherzigkeit wirkt es nicht und nur so wirst du deinen Weg finden und lass ihn nicht von dieser Gesellschaft dir diktieren. Menschen die nach dem Buddhismus leben, sind ja nicht total bescheuert, setze dich mal mit solchen oder ähnlichen Dingen auseinander und du wirst merken, dass diese Lehren Recht haben. Sie gibt es schon seit Urzeiten und nur wir Menschen sind es, die das aus den Augen verloren haben und unsere Gesundheit somit jeden Tag aufs Spiel setzen. Warum sonst werden es heute immer mehr? Mehr Motivationskurse, Trainer, Reiki- Seminare, Meditation? Warum wohl?

Menschen suchen oft nach Ausgleich, Hilfe und Unterstützung und doch hilft es nur, wenn man ganz bei der Sache ist, und was man zu lesen bekommt, auch verinnerlicht. Das musstest du früher in der Schule, Ausbildung und in deinem Beruf auch. Halbherzigkeit hilft da nicht weiter. Es gibt da ein Buch, das heißt: „Bleib dran, wenn dir etwas wichtig ist", von C. Hayden. Lies das mal!

Mir ist wichtig, mit meinen Diagnosen besser leben zu können und meine Lebensqualität zurück zu bekommen, und da bleibe ich dran! Dran bleiben, meine Verhaltensstruktur zu ändern und den Rest hole ich mir durch Fachliteratur und die Therapien, in denen ich gemeinsam mit dem Therapeuten Strategien erarbeite, um mein Verhalten zu verändern. Mein Verhalten, damit meine ich meine Gedanken, Gedanken die Gefühle machen und oft nicht angemessen oder realitätsbezogen sind. Umgekehrt natürlich genauso! Gefühle die ich habe, bevor der Gedanke da war und ich heute genau weiß, diese zu überprüfen, ob es sich nicht um ein altes nicht gerechtfertigtes Verhaltensmuster handelt, welches diese Gefühle oder Gedanken auslöst. Zu überprüfen ob es alte Mythen sind, falsche Erziehung oder nicht erlernte Verhaltensstrukturen, die mir das Leben und positives Denken schwer machen. Lernen kann das alles verändern. Wenn man das gelernt hat bzw. schon der Weg alleine wird dein Grundgefühl verändern und dein Leben positiver gestalten. Ist es nicht das was wir wollen, oder wonach wir uns sehnen? Denk mal darüber nach!

Für mich alleine weiß ich, dass mein Weg noch lange nicht zu Ende ist und ich will mehr, ich will die Veränderung für ein besseres Leben, durch mich selbst initiiert. Nur ich bin dafür verantwortlich und ich nehme mich in die Pflicht, weil ich will, was ich muss, weil ich es kann!

Von daher ließ der nächste Klinikaufenthalt nicht lange auf sich warten. Es war wieder soweit und mein nächster Klinikaufenthalt, diesmal in Norddeutschland, stand an. Und wieder wird und war Einiges anders als früher. Kein Auto mehr, mit dem ich dort hinfahren konnte und von daher musste es diesmal der Zug sein. Dass es anstrengend wird, bemerkte ich erst, als ich mit drei Koffern und Rucksack am Bahnhof stand. Zweimal umsteigen musste ich dazu auch noch und von daher war ich froh, am Ende das Ziel erreicht zu haben. Diese Klinik war echt groß, größer als das was ich bisher kannte. In meinen Gedanken hoffte ich, dass die Freizeitgestaltung hier genauso schön wird wie vor zwei Jahren in Hessen, wo ich den schönsten Sommer meines Lebens erlebte. Dass es noch viel krasser werden würde, konnte ich zu dem Zeitpunkt nicht ahnen.

In Norddeutschland kannte ich mich eh schon sehr gut aus und wusste einige Möglichkeiten zu Unternehmungen in meiner Freizeit. Wie die Arbeit unter der Woche aussehen würde, das konnte ich mir denken und somit war ich froh, Ausgleichsmöglichkeiten zu wissen. Ich war echt gespannt, wie die Leute auf mich reagieren würden und ob sich meine Reflektion auf die Mitpatienten geändert hatte, im Gegensatz zu den vorherigen Klinikaufenthalten. Ich wurde wie immer am Anfang von allen Menschen extrem gemustert und beobachtet. Ich kannte das ja schon und doch ging es nicht spurlos an mir vorbei. Die Station, auf die ich kam, war groß und ich hatte Glück, ein Einzelzimmer zu bekommen.

Die einen oder anderen Abläufe sind auch hier ähnlich wie in anderen Kliniken und somit war nicht alles für mich gleich Neuland. Meine Mitpatienten, zumindest die, welche mit mir klar kamen, halfen mir, mich dort schnell zurecht zu finden. Nach ein paar Tagen fühlte ich mich wie angekommen zu sein und bemühte mich, mich auf die Therapie wieder einzulassen.

Im Hinterkopf dabei immer mein Buch. Die Veröffentlichung sollte nicht mehr lange dauern und mir wurde klar, dass ich das eine oder andere in der Klinikzeit daran arbeiten werden müsse. Somit versuchte ich alles unter einem Hut zu bekommen.

Die meisten Therapien kannte ich bereits. Natürlich hatte diese Klinik sie auf eine andere Art moderiert und doch kam mir Vieles bekannt vor. Das war auch gut so, denn so konnte ich erkennen, was ich verlernt hatte und die Dinge die ich behalten habe, konnten sich weiter manifestieren. Achtsamkeit war am Anfang auch wieder ein großes Thema und auch sehr wichtig. Nur lagen dort nicht wirklich meine Schwächen. Die waren eher immer noch im Umgang mit Gefühlen. Welches Gefühl hatte ich just in dem Moment wirklich? Welches war es genau? Und wie lasse ich sie raus oder zeige sie? Das waren eher die Punkte, an denen ich oft nicht weiter wusste. Meine Fassade schützte mich, zumindest vor mir selber und einige Leute konnten mich auch durchschauen. Sie waren ja wie ich. Im weiteren Verlauf kristallisierte sich mehr und mehr heraus, dass ich ein enormes Wissen erlangt hatte und dies auf meine eigene Art verständlich vermitteln konnte. Unabhängig davon, ob vom Therapeuten oder von den Mitpatienten, wurde es mir regelmäßig bestätigt und das eine oder andere Mal fanden die Leute um mich herum gut, wie ich es auf meine spezielle Art moderierte und mein Ding machte. Wenn ich dann doch mal danebenlag, half man mir und ich konnte wachsen. Dabei fiel auch auf, dass es kein Falsch gab. Selbst wenn ich etwas nicht Richtiges gesagt habe, konnte jeder seine Synergien rausziehen und kam am Ende dann doch auf den richtigen Punkt für sich. Mein Therapeut war fasziniert und sagte mir, dass ich jemand auf Augenhöhe sei und es ihm Spaß machte, mit mir zu arbeiten, denn ich war einer der wenigen Menschen, von denen er selbst noch lernen konnte. Das waren seine Worte! Das war schon ein feines Gefühl, mal Lob zu empfangen. Ich war oft klar und konnte mich und andere sehr gut reflektieren, und das war auch etwas, womit ich viel arbeitete.

Was dagegen nicht klappte, war nicht so streng zu mir zu sein. Meine Geduld und meine Fassade waren keine guten Helfer. Wenn ich in mich gekehrt war, um mit mir zu arbeiten, sah ich nicht grad aus wie ein lächelndes Kind. Eher angestrengt und still suchte ich in mir nach Antworten, um meinen Weg zu finden. Doch die Stille veränderte sich nach ein paar Tagen zusehends. Ich wurde warm mit den Leuten und meldete mich immer öfter zu Wort und brachte meine Erfahrung ein, und bei den Kritiken, die ich bekam, damit konnte ich dann arbeiten. Was jedoch immer noch ein Knackpunkt bei mir blieb, das war die so genannte Gefühle-Gruppe. In dieser Gruppe ging es darum Gefühle wahrzunehmen, zu erkennen und zu benennen. Es war genau mein Thema und genau da war ich richtig. Ich dachte anhand von Fachliteratur alles zu wissen, doch dem war nicht so. Manchmal wusste ich der Bedeutung bestimmter Gefühle, aber nicht welche ich gerade hatte. So eine Gefühle-Gruppe in der Art wie sie in dieser Klinik moderiert wurde, war für mich dann doch neu.

Sie war anders und intensiver. Ich wollte unbedingt in die Gruppe, denn die Basic Dinge kannte ich schon zur Genüge und empfand sie auch als Sackgasse.

Endlich war ich drin und wir arbeiteten alle zusammen mit dem Erkennen unserer Gefühle. Welche sind es wirklich, welche Untergefühle haben wir und was steckt unter den Gefühlen und welcher Gedanke hat sie ausgelöst. Ganz schön viel Arbeit, denn unter dem Hauptgefühl liegen einige verschiedene Gefühle drunter. Es gilt anhand eines Protokolls herauszufinden, welche es sind und ob sie realitätsbezogen und angemessen sind. Da denkt so mancher, er ist wütend und dann ist der Auslöser jedoch eine Traurigkeit, die durch eine Situation des Verlassens als Beispiel hervorgerufen wurde.

Versteht ihr das? Passiert mir auch noch hin und wieder, dass ich durch Gedanken oder Erlebtes ein Gefühl habe. Ich werde ängstlich vor Dingen, die ich alleine tun muss und dabei ist es nicht rein die Angst, welche es zu bearbeiten gilt, sondern es ist die Traurigkeit, alleine gelassen zu sein, was ich ja nicht wirklich bin.

Ich bin nicht alleine, denn ich habe Hilfe, Freunde und Unterstützung. Ich muss demnach nicht traurig sein. Es ist ein altes Raster, ein altes Gefühl, gefördert durch die Erziehung, in der ich oft alleine gelassen wurde, getrennt von Vater und Mutter. Meine Verhaltensstrukturen der Vergangenheit, welche mir heute einen Strich durch die Rechnung machen, weil ich immer noch glaube, dass etwas nicht stimmt und infolge dessen denke, fühle und am Ende auch handle.

Nun, diese Gefühle-Gruppe war auf jeden Fall sehr wichtig für mich und ich wuchs ganz langsam rein. Es war eine anstrengende Gruppe und da kam es auch vor, dass Tränen liefen. Endlich mal wieder weinen in einem geschützten Rahmen, wie es dort genannt wird. Ein Rahmen, in dem keiner dich für deine Tränen verurteilt, sondern es wurde respektvoll miteinander umgegangen. Es gab auch Rollenspiele unter Anleitung des Therapeuten und wieder einmal wurde ich dazu berufen und involviert. Eine junge Frau hatte Angst vor einer Unterredung mit ihrem Ex-Freund in Bezug auf Erziehungsfragen des gemeinsamen Kindes. Ich spielte den Mann, ich musste Arschloch sein und sie nicht zu Wort kommen lassen und sie „runtermachen". Oh, ja das konnte ich früher schon ganz gut. Nur heute erschrecke ich oft selbst darüber, wenn das mache. Früher war das nicht so, denn da kannte ich das nicht anders und empfand es als richtig was ich tat. In diesem Rollenspiel brach die Dame unter meinem Druck zusammen und ich schämte mich dafür, für das Falsche, welches da noch in mir schlummerte. Ich reflektierte den Ex-Mann sehr gut und die Frau würde jetzt lernen, wie sie dagegen angeht. So lautete der Plan des Therapeuten und das haben wir geübt, solange bis ich mundtot war und mir die Argumente ausgingen. Die Dame begann Stärke zu entwickeln, diplomatisch zu sein und ihre Bedürfnisse zu schildern.

Diese Gruppe hilft mit Unterstützung des Therapeuten, die Informationen zu validieren und Lösungen zu finden. Validierung wird genutzt, um Veränderungsstrategien auszugleichen, Dialektik von Annehmen und Verändern (Ist auch von außen erlaubt, um Selbstvalidierung zu lernen).

Mehr Informationen bei M.M. Linehan.

Durch die entstehende Stabilisierung kann sich dann Selbstsicherheit entwickeln. Lösungsorientiertes Denken und Handeln erlangt werden. In Gruppen zu arbeiten hat auch den Vorteil, nicht alles mit sich alleine auszumachen, denn das birgt die Gefahr der sozialen Isolation und des Rückzugs in sich selber. Es ist alles nicht so leicht zu erklären, auch für mich nicht immer, denn ich bin ja kein Therapeut.

Diese Gefühle-Gruppe beinhaltet unter anderem auch, Gefühle anzunehmen und zu mögen. Gefühle nicht zu bewerten und offen für die eigenen Gefühle zu sein. Am Ende dieses Gefühl auch zu akzeptieren. Für mich war in der Gruppe wichtig, Gefühle wahrzunehmen. Sie zu durchleben wie bei einer Welle (Emotionssurfing) und sie nicht einfach loszuwerden. Meine Aufgabe war, das aktuelle Gefühl zu beobachten. Ich selber bin nicht das Gefühl und ich muss nicht aus diesem Gefühl heraus handeln. Emotionales Loslassen von alten Gefühlen die in ihrer

Intensität und Realität nicht angemessen sind. Zu lernen den Handlungsimpuls zu verändern, der aufgrund von alten Rastern entstanden ist. Emotionale Mythen relativieren und positive Erfahrungen schaffen, das machen Menschen wie ich, die sich in solche speziellen Kliniken begeben. Diese Dinge und noch ganz viel mehr lernen wir dort, sofern wir uns für das Leben und die Veränderung entscheiden! Und was machst du?

Hast du auch deine Selbstachtung verloren? Ich hatte sie verloren und die Gefühle-Gruppe wird weiterhin ein Thema für mich sein und bleiben.

Am Ende lief es für mich jedoch nicht ganz so gut. Nicht so wie ich es mir wünschte. Ich war eigentlich recht gut, hatte viel gelernt und sollte ein Gefühlsprotokoll einer Situation in der laufenden Woche erstellen. Ich nahm eine Situation, arbeitete sie aus und stellte sie am Anfang der nächsten Stunde meiner Gruppe vor. Ich stand wie ein Schuljunge an der Tafel und musste erklären, was ich da gemacht hatte. Das konnte ich recht gut und redete wie ein Therapeut und am Ende waren alle davon überzeugt, was ich sagte und es war auch soweit verständlich. Doch dann sagte mein Therapeut nur einen Satz, der mich am Arsch kriegen sollte. Er wusste, dass ich selber redete wie ein Therapeut und andere dadurch viel für sich mitnehmen konnten, doch was nahm ich selbst mit? Er fragte mich, ob ich wirklich wissen würde, welches Gefühl es in der besprochenen Situation wirklich war und, da kam ich ins Straucheln. Ich hatte alles richtig erklärt, doch der Zugang zu mir selber hatte gefehlt. Da war der Knackpunkt. Ich habe das Wissen und wende es für andere an, aber anscheinend nicht für mich. Ich hatte keine Ahnung, welches Gefühl es bei mir tatsächlich war, welches mich in der Situation hatte so reagieren lassen, dass ich aus dem Ruder lief.

Es nützt nix, das Wissen zu haben, aber nicht für sich selber anwenden zu können. Bumm, das hatte gesessen und ich wusste sofort, was er mir damit sagen wollte. Das wird meine Aufgabe sein, das Erlernte auch endlich an mir anzuwenden und nicht nur für andere. Die Zeit lief mir ein wenig weg und da gab es ja noch einen Schicksalsschlag, den ich später noch erklären werde. An dem außergewöhnlichen Tag wusste ich, dass ich nochmal wiederkommen werde, um an den Gefühlen weiter zu arbeiten. Ok, dann eben nochmal einen Klinikaufenthalt, solange bis es sitzt in meinem Kopf. Da fehlte noch etwas zu meiner Entwicklung und da mir wie gesagt langsam die Zeit weglief und ein weiterer Schicksalsschlag (Todesfall) mich in der Klinikzeit traf, würde ich bei einer Wiederholung da meinen Ansatz haben weiter zu machen.

Von daher war es wichtig, auch jetzt weiter zu machen und nicht sich den Schuh anziehen, wenn andere aufgeben wollten, es auch zu tun. Es ist ihr Weg, nicht meiner und wenn es solche Momente gab, dann versuchte ich weiter mit Skills zu arbeiten.

Meine innere Bereitschaft bewirkte, dass ich lernte Krisen auszuhalten und zu überleben, die Realität so zu akzeptieren wie sie gerade ist. Wenn sich eine Situation nicht verändern ließ, zu lernen dass Schmerz ein Teil meines Lebens ist und nicht immer vermieden werden kann. Der Grundbaustein dieser Stresstoleranz beginnt mit Akzeptanz, Radikale Akzeptanz, sowie die Entscheidung für einen neuen Weg und, wie gesagt, das Ganze mit der inneren Bereitschaft am Ende dazu. Akzeptieren bedeutet, den Schmerz anzunehmen und Leiden bedeutet, den Schmerz nicht anzunehmen.

Akzeptieren bedeutet nicht, etwas gutzuheißen oder zu billigen, sondern das Annehmen der Realität, wie sie ist und sich bewusst für etwas zu entscheiden; für einen neuen Weg und die Realitätsverneinung aufzugeben, und diese Erfahrung muss man immer und immer wieder machen. Es gibt so viel was man tun kann, eine Menge zu lernen und am liebsten würde ich alles Mögliche in dieses Buch packen, doch das geht nicht, denn ich würde nicht aufhören zu schreiben. Somit muss ich Prioritäten setzen und darüber schreiben, was für mich ansatzweise wichtig ist zu wissen. Gar nicht so einfach, wenn ich mich selber nicht aus den Augen verlieren möchte.

Und somit versuchte ich achtsam zu bleiben. Bei mir zu bleiben und zu schreiben was auch für mich wichtig ist und nicht nur was für euch wichtig sein könnte. Ihr werdet, sofern die Entscheidung fällt, euren eigenen Weg gehen und eure Individualität zu erkennen und dem kollektiven Wahnsinn zu entfliehen und die Therapie zu eurer eigenen zu machen. Wenn ihr dann bei mir hier Ansätze findet, werdet ihr, ja du, den Weg finden, an die Informationen zu kommen, die Wachstum entstehen lassen. Genauso habe auch es auch gemacht. Ich wachse jeden Tag an den Informationen, selbst dann, wenn sie sich wiederholen.

Achtsam bin ich geworden. Immer wieder mache ich Atemübungen oder lerne wieder zu lächeln. Lächeln am Morgen, beim Musikhören, selbst bei Gereiztheit versuche ich es, und meine Gefühle ändern sich zwar langsam aber dennoch stetig.

Ich achte auf meine Körperhaltung, und ich versuche an Menschen, die ich treffe, zu erkennen, was so gesehen richtig oder falsch läuft. Wenn ich sehe, wie jemand in geduckter Körperhaltung dasitzt, sich klein macht, dann fällt mir das auf und ich reflektiere mich selber und nehme eine angemessene und vernünftige Körperhaltung ein, und hin und wieder weise ich mein Gegenüber auch darauf hin.

Achtsamkeit lässt mich lernen, an anderen und an mir selber. Reflektion anderer und meiner lässt mich erkennen und verändern und weiter verinnerlichen, worum es geht.

Mut zur Veränderung und aller Ursprung beginnt und IST in dir selber.

Erst durch die in der Basisgruppe erlernte Achtsamkeit wird der Weg geebnet und geöffnet für alles Weitere, denn die Stabilisierung in dir beginnt und findet in der Achtsamkeit statt. Ich lernte dann Basisstrategien in Haltung, Problemlösungen und rundete das am Ende mit Fertigkeitentraining, mit Achtsamkeit, Streßtoleranz, Emotionsregulierung, Interaktionssteuerung ab, welche meinen Selbstwert steigerten und am Ende auch stabilisierten.

In den letzten Monaten mit der Achtsamkeit zu arbeiten, war sehr erkenntnisreich. Es war nicht das erste Mal, dass ich damit konfrontiert wurde, und jedes Mal, wenn ich mich damit befasste, wurde es leichter und die Dinge fingen an zu sitzen. Jeden Tag ein bisschen mehr.

Einigen Lesern wird das Wort Achtsamkeit wohl bekannt vorkommen, doch für was ist es zu gebrauchen? Bei den Diagnosen Borderliner und ADHS wird sie angewandt. Das habe ich real in der Klinik erfahren und war mitten drin. Sie spielt eine zentrale Rolle und kann helfen, körperlichen und seelischen Stress zu vermindern. Früher hätte ich über so was gelacht und mir in keinster Weise vorstellen können, wofür das gut sein soll.

Zum wiederholten Male wurde ich hier an die fünf Sinne heran geführt. Dadurch dass es mir schon bekannt vorkam aus alten Therapien, war mein Bewusstsein viel empfänglicher dafür und durch die Wiederholung konnte ich auch mein Bewusstsein besser erreichen. Für mich waren oft die inneren Sinne vorrangig wichtig. Meine Atmung, Gedanken, Gefühle und Körperebene. Wenn etwas nicht mit mir stimmte oder normal war, konnte ich es daran erkennen. Ich wurde immer öfter kurzatmig, wenn ich unter Stress stand. Meine Grübelschleifen waren auch ein Sinnesempfinden. Daraus resultierende Gefühle machten mir dann zusätzlich auf der Körperebene Schwierigkeiten. In solchen Anspannungssituationen das zu bemerken, war schon ein großer Schritt. Oftmals klebt man darin fest und kann sich daraus nicht befreien. Eine Befreiung aus der Situation geht oft durch äußere Achtsamkeit und hier in dieser Klinik, hatte ich die Möglichkeit, sie weiter auszubauen. Über sehen, hören, riechen, fühlen und schmecken konnte ich meine Sinne schärfen. Wenn meine Anspannung hoch war, gab es eine Chance, mich zu regulieren. Durch die Achtsamkeit und der Wahrnehmung bewusster Art konnte ich die Bewertungen positiv wie negativ überprüfen lernen, alte Bewertungen zusätzlich überprüfen und dementsprechend handeln. Meine Gedanken produzierten oft meine Gefühle und manchmal ging es so schnell, dass ich nicht einmal unterscheiden konnte, was zuerst da war, der Gedanke oder das Gefühl. Ich konnte auf diese Weise lernen, meine Selbsteinschätzung zu überprüfen, zu korrigieren und damit zu arbeiten.

Mein Verständnis für neue Fertigkeiten im Umgang mit mir und meinen Gefühlen wuchs stetig an und wenn meine Gedanken abschweiften, konnte ich mich mit der Achtsamkeit wieder zurückholen ins Hier und Jetzt. Wer jetzt denkt, das kann man mal eben locker machen, der irrt sich sehr. Gerade dann, wenn wir in Schwierigkeiten stecken, ist es schwer sich genau daran zu erinnern. Sich zu regulieren, Skills einzusetzen und mit der Achtsamkeit beginnend sich da wieder selber heraus zu holen. Man denkt in dem Moment oft gar nicht erst daran, etwas zu unternehmen. Zum einen, wenn man nicht jeden Tag übt, verliert man seine Anwendungen aus den Augen oder sind nicht abrufbar. Den richtigen Skill anzuwenden ist oft nicht einmal möglich, weil wir schon mit dem Umgang mit der Achtsamkeit überfordert sein können. Das war bei mir am Anfang auch so. Menschen wie ich müssen das genauso zäh und mühselig lernen, wie einer der aus dem Rollstuhl heraus wieder das Gehen lernt. Allerdings mit einem wichtigen Unterschied: Für jemanden, der unter Schmerzen das Gehen wieder erlernt, sind seine Mühen und Schmerzen unmittelbar spürbar. Bei mir nicht! Wir bekommen höchstens Mitleid, wenn man davon weiß, dass man krank ist, aber Mitgefühl, was etwas Anderes ist, das bekommen eher die Menschen, bei denen man die Anstrengung zum Beispiel im Gesicht oder am Körper sehen kann. Dieses Unwissen in dieser Gesellschaft und der fehlende Respekt vor dem was wir da tun, kann uns schnell wieder zurückwerfen. Wir werden verurteilt für das, was andere gar nicht sehen können. Belächelt und kritisiert, und das macht uns zusätzlich zu schaffen, denn eigentlich wollen wir ja so nicht sein und haben uns das nicht absichtlich ausgesucht.

Du, ja du, liebe/r LeserIn, versuch doch mal einen Gegenstand zu nehmen und ihn ohne Bewertung, sondern nur auf der Sachebene anhand der fünf Sinne zu erklären.

Ich nehme die Dinge anders wahr, nicht wie ein normal strukturierter Mensch. Wahrnehmungsübungen helfen mir, mich zu regulieren, indem ich sie beschreibe. Ich lasse mich auf das ein, was gerade ist. Auf meine Gedanken, meine Gefühle, und ich lasse mich ein auf die Welt um mich herum; und auch meine Innenwelt versuche ich wahrzunehmen. Es ist alles sehr komplex und der Unterricht fast wie in einer Schule.

Um das noch mehr zu verdeutlichen, bei einem, der das Gehen lernt, der hat am Tag 1-2 Stunden seine Physiotherapie. Mein Tag füllt einen ganzen Ordner an Arbeitsmaterial. Ein Klinik-Alltag beinhaltet da mal gut 8 Stunden Lernen, wie in einer Schule. Ist das deutlich geworden?

Dazwischen haben wir auch Sport und Kunsttherapien, die uns weiterhelfen und auch wohltuend sein können. Man bedenke, die Gruppentherapien haben je 100 Minuten, davon sind es auch schon mal zwei am Tag. Dazu die Einzelsitzungen mit 50 Minuten, Sport und Kunst oder Ergotherapie, und der Tag ist rum. Am schlimmsten ist, der Kopf ist am Abend rappelvoll. Fünf Tage Woche, genauso wie die Menschen, welche ganz normal arbeiten gehen. Menschen die laufen lernen, können natürlich auch psychische Sorgen haben, nur war es mir ein Anliegen, mal zu verdeutlichen, was man sehen kann und was nicht, und dementsprechend fällt unsere Bewertung aus. Freunde, Bekannte, Chefs und Arbeitskollegen denken, weil sie an uns nichts sehen, dass wir gesund sind und nicht krank. Das ist ein fatales Trugbild und kaum einer von denen weiß, was wir leisten müssen, um gesund zu werden oder zu lernen, mit der Krankheit besser zu leben. Bewertung hat auch was in der Achtsamkeit zu suchen. Die Dinge richtig zu bewerten anhand seines Wissens. Altes und falsches Wissen lässt uns dementsprechend auch bewerten. Wenn ich Veränderung durch Achtsamkeit haben will, dann muss ich meine Bewertungen überdenken oder gar komplett fallen lassen. Wobei ich denke, es gibt eigentlich kein falsch. Alles ist richtig im Leben und muss so sein, vorbestimmt eben, um es mal etwas spirituell auszudrücken. Manchmal ist es auch richtig, was Falsches zu hören oder zu tun um auf das Richtige zu kommen. Also gibt es für mich kein falsch, denn am Ende ist alles richtig, meiner Meinung nach.

Mein Leben lang wusste keiner, was mit meiner Person nicht stimmt und ich erst recht nicht. Viele Behauptungen und Meinungen gab es, die eher verletzten, und Menschen, die Bewertungen vorgenommen haben, ohne etwas über mich zu wissen. Ich glaube, da hatten alle keine Ahnung inklusive mich eingeschlossen.

Durch die Therapien habe ich Wissen erlangen können, bin achtsamer geworden, nehme mich selber mehr wahr und nehme Anteil an meinem Leben. An dieser Stelle die Anmerkung, dass es nicht heißt, dass ich alles weiß und wenn ich etwas nicht weiß, dann sage ich es auch oder mache mich schlau.

Heute bin ich bemüht, durch mein Wissen, z.B. achtsamer mir die Hände zu waschen, zu duschen, Blumen anzusehen, zu riechen und zu schmecken und der Erfolg gibt mir Recht. Ich nehme mich selber viel bewusster wahr als früher, weil ich achtsamer in meinen Handlungen und Taten geworden bin und meine Gedanken gehören auch dazu. Einflüsse von außen kommen nicht mehr so nah an mich heran und stören auch weniger meine Wahrnehmung als früher. Achtsam reflektiere ich mich und auch gerne immer noch Andere, um daran zu wachsen. Sorry dafür, falls es jemanden nerven sollte, was mir hilft, mich weiter zu entwickeln.

Abschließend versuche ich, das noch mal anhand eines Beispiels zu verdeutlichen.

Wahrnehmen: annehmend (nicht bewertend), konzentriert, wirkungsvoll

Das gleiche gilt im Zusammenhang auch mit Beschreiben und Teilnehmen. Dadurch bekommt man wirksame Kontrolle über sich selber. Ich bin nicht mein Gefühl. Ich habe nur ein Gefühl. Durch Achtsamkeitsübungen kann ich meinem intuitiven Wissen mehr Raum geben. Achtsamkeitsübungen bieten einen Weg an, Gefühl und Verstand in ein Gleichgewicht zu bringen und damit zu einem intuitiven Wissen und Verstehen zu gelangen. Das was mir oft fehlte: mein Gleichgewicht; und dann immer abdriften in die Extreme. Fazit: Wenn ich einen Zugang durch Achtsamkeit zu intuitivem Wissen und Verstehen finde, kann ich Entscheidungen leichter treffen. Achtsamkeit hilft mir, das Gefühl für mich selbst und das Gefühl für die innere Identität zu stärken. Situationen in denen ich mich innerlich leer fühle, werden seltener. Wirkliches Leben ist nur im Hier und Jetzt. Meine Gedanken und Gefühle wandern oft in die Vergangenheit oder die Zukunft und das kann ich mit Achtsamkeit verhindern. Ich schärfe meine Wahrnehmung für mich selber und verpasse weniger „den Moment".

Den Moment zu genießen, lernte ich auch mehr und mehr in der Freizeit. Ich genoss die Momente, wenn ich Ruhe hatte und keine Therapie auf dem Terminplan stand. Zudem waren die Wochenenden auch sehr gut dafür geeignet zu überprüfen, was man gelernt hatte.

Ich war meistens sehr froh, wenn der „Arbeitstag" rum war oder ein Wochenende vor der Tür stand. Denn in den Momenten war ich ein anderer Mensch.

Ein Mensch, der überall dabei war. Der Wege fand, dass es ihm gut ging. Ob es die Späße waren oder das Musikmachen in der Raucherecke, oder auch wenn wir etwas gemeinsam unternahmen. Überall wo ich war, war etwas los und meist gute Stimmung. In den Stunden war ich am Leben.

Wir fuhren zur Ostsee, die nicht weit weg war oder gingen im Fluss schwimmen. Wir machten zusammen immer irgendetwas und ich war selten alleine. Einkaufen, Essen gehen, shoppen und immer war einer dabei. Wir gingen zum Teich, um mal ein Vieraugengespräch zu führen, nur nach Hamburg bin ich meistens alleine gefahren. Das Tor zur Welt, meine unangefochtene Lieblingsstadt, in der ich mich sehr gut auskannte. Ich traf in Hamburg auch mal den einen oder anderen und wir genossen die Zeit. Es war ja Sommer und wer die Elbe kennt, weiß wie schön es dort ist. An Freizeitangeboten fehlte es nicht und es fand sich immer einer, mit dem man etwas machen konnte und wenn es auch nur eben einkaufen war. Es gab in der Freizeit nur ganz wenige traurige Momente. Nein, keine Frauengeschichten, und zu Frauengeschichten auch später nochmal mehr.

Im Klinikgarten auf den Sonnenliegen sah ich öfter ein hübsches Mädchen, und ja, sie gefiel mir, aber nicht so wie ihr denkt. Ich wollte sie einfach gerne kennen lernen und mit ihr Zeit verbringen.

Meine Schüchternheit, man mag es nicht glauben, machte mir einen Strich durch die Rechnung.

Ja, wenn mich eine Frau interessierte, konnte es passieren, dass meine große Klappe stumm blieb. So war es auch bei dieser Frau und um so öfter ich versuchte, ihr über den Weg zu laufen, merkte ich, dass da etwas nicht stimmt. Nein, nicht bei mir, sondern eher bei ihr. Trotz dass ich sie gerne kennen lernen wollte, war da etwas Störendes zwischen uns. Sie trug meistens eine große schwarze Sonnenbrille und ihre Gesichtszüge wirkten sehr arrogant. Immer wenn sie mich ansah, konnte ich es erkennen. Ihre Augen sah ich jedoch nicht. Jedes Mal wenn sie draußen auf der Liege lag und ich versuchte, so nah wie möglich ran zu kommen, war da etwas in der Luft. Es war unangenehm. Es dauerte eine Weile, weil ich anfangs dachte, das wäre so ein Balzverhalten zwischen Mann und Frau, doch das war es nicht. Jeden Tag spürte ich mehr, wie sie mich ablehnte. Ja eine richtige Ablehnung fühlte ich und ich wusste nicht warum. Habe ich irgendwas falsch gemacht? Stimmte meine Reflektion mal wieder nicht? Die steht bestimmt nicht auf mich und doch fragte ich mich, was sie für ein Problem mit mir hatte. In dieser Situation traute ich mich erst recht nicht sie anzusprechen, denn es wurde ja nicht besser und das Gefühl von meiner Seite eher schlimmer.

Ich überlegte fieberhaft, wie ich an sie rankommen könnte, ohne aufdringlich zu sein, um zu erfahren was das Problem zwischen ihr und mir war? Ich wusste ja, dass Frauen mich oft beobachteten oder auch oftmals Angst vor mir hatten und erst auftauten, wenn sie mich reden hörten oder per Zufall es zu einem Gespräch kam und sie dann merkten, dass ich doch ein netter Typ bin, bzw. sein kann. Doch bei dieser Frau war es total verfahren. Keine Chance auf ein klärendes Gespräch. Zudem hatten wir ja bis dato eh noch kein Wort miteinander gewechselt. Doch dieses Gefühl wurde immer stärker. Diese offensichtlich Ablehnung als wäre ich ihr Betrüger, Peiniger und sonst was gewesen. Was nun?

Ich schrieb kleine Zettel, mit der Frage, was sie hat und dass ihre Art anfing mich zu verletzen. Und jedes Mal, wenn ich ihr den geben wollte, passte es nicht. Mich störte es immer mehr und es belastete mich auch zunehmend. Ich schrieb auf meinem Zimmer einen richtigen Brief und ich bekam auch schnell ihre Zimmernummer heraus. In dem Brief schrieb ich ihr mein Anliegen und am Ende mit der Frage, warum es so ist wie es ist, zwischen ihr und mir. Ich hinterließ diesen Brief an der Rezeption und jetzt war es nur eine Frage der Zeit. Man bedenke, diese Situation zwischen ihr und mir ging gute vier Wochen so! Wie wird sie auf den Brief reagieren? Wird sie antworten und was für eine Antwort könnte es sein? Mich machte das ein wenig madig.

Ich kann im Moment nicht mehr genau sagen, wie lange die Antwort dauerte, ich bin der Meinung es waren keine zwei Tage, als kam was ich erhoffte.

Ich war mal wieder vor der Kliniktür, um eine zu rauchen und in dem Moment kommt sie mir entgegen. Krampfhaft lächelte sie mich an und fragte, ob wir miteinander reden könnten. Ich hatte nicht mit ihr gerechnet und fühlte mich wie ein kleiner Junge, etwas peinlich berührt und überrascht, sie zu sehen.

Wir verabredeten uns zu einem Kaffee und dann würde ich meine Antwort bekommen. Es war kurz und knapp, sachlich und kühl. Zum vereinbarten Zeitpunkt trafen wir uns und tranken gemeinsam einen Kaffee. Sie erzählte, dass mein Brief sie sehr bewegt hatte und ihr gar nicht bewusst war, was ihre Art in mir auslöste. Es wurde ein angenehmes Gespräch, in dem sie meinen Brief reflektierte und auch anerkannte, dass ich so fühlte, wenn ich auf sie traf. Sie verstand, was es mit mir machte und doch war es ihr nicht wirklich bewusst gewesen. Warum es so war? Ganz einfach! Sie war eine Traumapatientin (PTBS) und es gab einen Mann in ihrem Leben, der mir ähnelte und das hat sie dazu veranlasst, mich mit Blicken zu strafen.

Mich verletzte es, denn es war für mich im ersten Moment wieder dieses Schubladendenken, was viele Frauen mir gegenüber hatten, weil ich eine Glatze habe und tätowiert bin. Doch es sind nicht alle gleich, oder? Ein wenig konnte ich sie verstehen, auch wenn es mir schwer fiel. Wir redeten lange und viel. Es war auch ein versöhnliches Gespräch, in dem wir Einiges für uns feststellten und mitnehmen konnten. Am Ende kam natürlich wieder, dass ich ein netter Kerl wäre, doch da war ja das Kind schon im Brunnen gefallen durch den vorherigen gemeinsamen Umgang miteinander. Für sie war es wichtig zu erkennen, dass nicht alle Männer gleich sind und nur weil einer ins Raster passt, sie dem doch bitte eine Chance gibt und nicht gleich vorverurteilt.

Mein Ding an der Sache mit ihr war es, nicht alles persönlich zu nehmen und mir den Schuh nicht anzuziehen, denn ich war ja nicht der Mann, der ihr etwas angetan hat. Sie hatte sich selbst nicht so wahrgenommen und ich half ihr, so wie sie mir half. Am Ende hatte es ein gutes Ergebnis und auch wenn ich sie nicht mehr groß sah und sie auch schon kurz danach die Klinik verließ, war es, so denke ich, für uns beide ein wichtiger und guter Prozess, darüber gesprochen zu haben.

Ja und dann war doch noch jemand. Da ist sie wieder, eine Frauengeschichte. ☺

Es war eine Frau, die mir Offerten machte und mir regelmäßig zu verstehen gab, das sie nicht abgeneigt wäre, mit mir in die Kiste zu springen. Die Signale waren mehr als eindeutig und doch konnte ich ihr anfangs gut widerstehen. Das wäre doch die Gelegenheit, oder?

Nachdem ich in meiner allerersten Klinik noch einen Kurschatten hatte, habe ich es mir danach immer verboten, denn das sollte ja nicht Sinn der Sache sein. Ich wollte mich mehr auf meine Therapie konzentrieren und ich wusste, dass mir ein Kurschatten auch schwer Probleme machen kann. Erst recht wenn Gefühle ins Spiel kämen, spätestens dann hätte ich ein Problem! Hey, ich bin Single und eigentlich kann ich doch tun was ich möchte, oder? Nein, in einer Therapie finde ich das nicht angemessen, und doch war ich das eine oder andere Mal am Schwanken. Engelchen und Teufelchen waren auch so schon immer meine ständigen Begleiter und eine Frauengeschichte förderte das nur noch mehr. Ich glaube, draußen wäre es leichter gewesen und hier in einer Klinik, nein das darf nicht sein! Oder doch? Ich hatte Lust drauf und doch hatte ich es mir verboten. Es kam Gott sei Dank auch nicht dazu, und heute bin ich sehr froh darüber. Wenn wir Freizeit hatten, es war ja Sommer, dann haben wir auch gerne mal Musik gemacht. Dabei lernte ich Jeff kennen, einen Musiker, der depressiv war und wie ich eine Glatze trug. Er war genauso unfreundlich anfangs, wie ich das auch manchmal konnte, wenn ich in meiner Welt verharrte. Wir waren dort irgendwie die Paradiesvögel und hatten mehr Spaß wie alle anderen dort. Möchte ich jetzt einfach mal behaupten, nachdem, was ich im Nachhinein alles noch gehört habe.

Die Leute hörten uns sehr gerne zu, wenn wir draußen in dem Raucherpavillon Musik machten. Wenn Jeff anfing zu singen, hörte es sich an wie Westernhagen, und sein Gitarrenspiel passte auch sehr gut dazu. Ich saß auf meiner Cajon und versuchte ihn zu begleiten. Es war total krass, denn je öfter wir spielten und ich seine Texte wahrnahm, desto mehr bemerkte ich, wie gut sie zu meinem Buch passten. Es war der Hammer, kann ich euch sagen, und seine Musik gibt es auch bei YouTube zu sehen (Link am Ende des Buches). Schaut es euch an, und vielleicht seht ihr es auch so oder versteht, was ich meine. Es gab unzählige schöne Momente mit ihm und der restlichen Truppe, die sich um uns immer versammelte, wenn wir Musik machten.

Das ist Leben und das ist es auch, was mir in meinem Leben oft fehlte oder bei mir zu Hause so nicht erlebe. In den Kliniken war ich immer ein anderer Mensch. Ich war überall dabei oder mitten drin. Um mich herum war Spaß, oder auch einzelne tiefgründige Gespräche, welche ich mit den Mitpatienten führte. Man konnte seine Ruhe haben oder auch Spaß, ganz nach Belieben.

Viele Patienten nennen eine Klinik auch Käseglocke, weil man unter dieser besser funktioniert und sie einen geschützten Rahmen darstellt.

Warum? Ganz einfach, dort wird man verstanden und einem geholfen. Menschen, die sich verstanden haben und gleichgesinnt waren. Nicht so wie draußen, wo man nicht sagen darf, dass man krank ist oder dergleichen. Draußen wird man nicht ernst genommen, geschweige kann man mit jemandem so reden wie mit sich selbst.

In der Klinik wurde Rücksicht genommen und man lernte, und das war etwas, was das Leben draußen nicht bieten konnte. Draußen war es für viele ein Kampf und somit nicht verwunderlich, dass wenn wir Musik machten, die Stimmung meistens losgelöst war von allen Sorgen und Ängsten. Dieser Musiker und ich, wir waren wie ein Highlight dieser Klinik. Wir brachten den anderen sorgenfreie Minuten, und das tat vielen dort sehr gut. Ich mochte ihn sehr, denn ich konnte mich in ihm spiegeln. Oftmals wenn er verzweifelt war, baute ich ihn wieder auf und gab ihm durch meine Motivation wieder Kraft, weiter zu machen. Wir wuchsen zu einer echten coolen Truppe zusammen. Dass ausgerechnet Jeff noch eine weitere Rolle bei meinem Aufenthalt spielen sollte, dazu komme ich später noch einmal. In dieser Zeit lernte ich auch Anne kennen. Ich stand in der Klinikzufahrt und sie kam auf mich zu, wollte an mir vorbei gehen und ich quatschte sie einfach an und sie ging weiter.

Ich rief ihr nach und blieb dabei stehen. Ich ließ ihr die Wahl, weiter zu gehen oder sich umzudrehen und zu antworten. Wie sie mir später erzählte, war das der Grund, warum sie sich doch umdrehte. Ich überließ ihr die Entscheidung mit mir zu reden und sie hatte ein paar Sekunden Zeit, um sie zu treffen. Dadurch, dass ich einen flotten Spruch losließ und ihr Zeit gab (sowas passiert auch innerhalb Sekunden), konnte sie sich entscheiden und tat dies für mich. Wir fingen einen kurzen Small Talk an und irgendetwas war da. Eine gegenseitige tiefe Verbundenheit, als würde man sich ewig kennen. Wir kannten uns nicht und es war total verrückt, über was wir reden konnten und uns dabei reflektieren. Von nun an hatte ich eine Begleiterin, eine Freundin. Keine Beziehung, nur eine Freundin. Auch wenn viele etwas Anderes dachten, war es nicht so. Klar kam am Anfang mal kurz bei uns beiden der Gedanken auf, was wäre wenn und doch wurde ziemlich schnell klar, dass eine Freundschaft viel wertvoller wäre und dabei blieb es auch, bis heute. Wir haben sehr viel zusammen unternommen und sie gab mir Halt und ich fühlte mich geborgen. Wir waren auf einer Welle und motivierten uns gegenseitig, und das ist sehr wichtig, wenn zwei Menschen das können. Mehr in der Fragestellung reden und nicht nur immer mit Nachdruck, du musst so oder du musst so. Nein, das war bei uns nicht der Fall. Wir halfen uns gegenseitig und hatten nebenbei eine Menge Spaß zusammen. Wir gingen ein bis zweimal in der Woche in eine Disco oder in einem Fluss schwimmen. Sie verhalf mir auch das eine oder andere Mal unter der Woche zum entgegengesetzten Handeln. Wenn ich mal zu etwas keine Lust hatte und mir die Motivation fehlte, ging ich dennoch mit und versuchte mir vor Augen zu halten, dass ich in dem Moment bewusst entgegengesetzt meiner Gedanken handelte. Oftmals war es so, dass wenn ich keinen Bock hatte mit ihr was zu unternehmen, es am Ende doch super gut wurde. Es fühlte sich an wie eine Freundschaft fürs Leben, total krass. Ich hatte schon das eine oder andere Mal gehört, wenn man sich mit mir näher befasst, dass ich in anderen Menschen bestimmte Gefühle auslösen kann. Heute kann ich das auch mal stehen lassen und das Lob genießen.

Während ich in dieser Klinik war, arbeitete ich nebenbei an meinem Buch weiter. Mein Lektor schickte es mir vor dem Aufenthalt zu und ich musste es noch einmal überarbeiten. Somit war ich manchmal auch ganz woanders, und viele, die mich auf meinem Weg bisher begleitet haben, wussten, dass ich ein Buch schreibe. Ich machte auch kein Hehl daraus und nahm Einiges auch mit in die Therapie, um damit zu arbeiten. Auch mein Therapeut war eingeweiht und kannte das Skript. Ich war immer der Meinung, dass das, was ich bisher geschrieben habe, dem Therapeuten und mir die Möglichkeit gibt, mich besser zu verstehen und anhand so mancher Situation damit zu arbeiten, um meine Sichtweisen zu verändern. Dass es auch mal anderen helfen könnte, darauf kam ich anfangs noch nicht. Ich war eigentlich auch fast fertig mit dem Buch und dass sich zu dem Zeitpunkt noch etwas ändern sollte, auf die Idee kam ich

nicht und ich hätte auch nie damit gerechnet, dass so etwas passieren könnte. Doch der Reihe nach! Da alle wussten, dass ich ein Buch schreibe, fragte ich meinen Therapeuten, ob ich eine Stationslesung machen dürfte und das mit Vorliebe an meinem letzten Tag. Es waren noch drei Wochen bis zur Entlassung. Als ich ihn danach fragte, fand er das eine gute Idee, doch verneinte er, das am letzten Tag zu tun. Warum?
Er wollte nicht, dass ich am nächsten Tag wegrennen und mich der Resonanz somit entziehen kann. Er war dafür, es noch in der gleichen Woche zu tun, um mich dann der Kritik stellen zu können. Mir war ein wenig unwohl dabei und er hatte mich erwischt. Nein, wegrennen ist nicht, sondern sich damit auseinander setzen war angesagt. Ich gab den Mitpatienten Bescheid und setzte einen Termin an, wo jeder, freiwillig natürlich, kommen durfte. Gesagt, getan, und ich suchte wahllos ein paar Seiten aus dem schon lektorierten Material aus. Es würde meine zweite, wenn auch inoffizielle Lesung werden und durch die Meinungen der anderen noch die Möglichkeit bieten, etwas zu verändern oder zu verbessern. Ein paar Tage später war es soweit und wir trafen uns abends auf unserer Station, wo ich meine Lesung abhalten würde. Dass dies in dieser Klinik nicht die letzte Lesung sein sollte, konnte ich zu dem Zeitpunkt auch nicht ahnen. Nun gut, weiter der Reihe nach.

Den Text, welchen ich lesen wollte, musste ich vorab meinen Therapeuten zur Prüfung vorlegen, um zu verhindern, dass Menschen getriggert werden. Er teilte mir mit, dass die eine oder andere Szene zu viel sexuellen Inhalt hatte und ich überdachte das Ganze noch einmal. Auch wenn ich das anders sah, kam mir das Schicksal zur Hilfe. Ich hatte dabei immer an die Leser gedacht, aber nie an meine Tochter und dabei fiel mir auf, dass ich das eine oder andere wirklich nicht stehen lassen kann. Ich änderte es ab und danach war mein Therapeut auch zufrieden.

Der Tag der Lesung.

Ich setzte mich an dem Abend an einen Tisch im Stationsaufenthaltsbereich und der Raum füllte sich langsam. Von 27 Leuten sind am Ende 24 zur Lesung erschienen.

Ich fing langsam an und las und las und im Raum war es angenehm still. Sie klebten wieder einmal förmlich an meinen Lippen, während ich aus meinen Leben erzählte. Am Ende gab es den erhofften Applaus und ich stellte mich zum Schluss noch den Kritikern. Doch es gab keine wirkliche Kritik. Zumindest nicht am Inhalt meines Lebens und was ich erzählte. Man gab mir nur zu verstehen, etwas langsamer und weniger Seiten zu lesen und zwischen den Kapiteln etwas zu trinken, mehr war da nicht und das freute mich ungemein. Nachdem es vorbei und auch mein Therapeut sichtlich zufrieden und überrascht über die Meinungen der Leute war, verständigten wir uns darauf, noch eine Lesung eine Woche später zu veranstalten. Bei der dürften dann auch Patienten von anderen Stationen kommen. Etwas Offizielles und wiederum inoffiziell. Ich fand das total geil und schmiedete auch schon Pläne dafür. O.K., es würde zwar wieder inoffiziell werden, aber mich kannten ja eine Menge Menschen auf meiner Station, und das würde interessant werden, wie die Leute reagieren, welche nicht auf meiner Station waren. Ein tätowierter Mann mit Glatze liest Emotionen. Was für ein krasser Gegensatz und genau das faszinierte die Zuhörer. Bevor es zu der Lesung kam, passierte leider noch genau der Schicksalsschlag, den ich einige Seiten vorher schon mal angekündigt hatte. Mit einem Todesfall, mit dem ich nie gerechnet hätte und der meine angedachte Zukunft und jegliche Therapieerfolge kurzzeitig zunichte machte und mich aus der Bahn laufen ließ.

Es geschah an einem vermeintlich ganz normalen Morgen in dieser Klinik. Ich wurde zur gewohnten Zeit wach und sah auf meinem Handy mehrere Anrufe in Abwesenheit. Das um die Uhrzeit? Das war nicht normal, denn ich hatte eigentlich die ganze Zeit meine Ruhe, während ich in der Klinik war.

Es war meine Mutter, die es mehrfach versuchte und ich hatte ehrlich gesagt noch keine Lust, zurückzurufen. Ich machte mich frisch und ging zum Frühstück und anschließend wollte ich anrufen, um nachzufragen, was denn los sei. Während ich das so machen wollte, kamen komische Gefühle und Gedanken in mir hoch. Da stimmt etwas nicht, wurde mir schlagartig klar. Mein Kopf fuhr auf einmal Achterbahn und meine Emotionen auch. Ich wurde total unruhig und scherzte beim Frühstück mit den anderen über diesen Anruf am frühen Morgen. Irgendetwas war anders und kam mir doch so bekannt vor. Das letzte Mal, wo so etwas ähnliches passierte, war etwas Schlimmes passiert. Damals als ich um so eine Uhrzeit einen Anruf erhielt, war meine Oma gestorben! Ich frühstückte zu Ende und selbst da merkte ich nicht, dass es kein gewohntes Frühstücken war, denn das fiel mir erst später auf. Ich möchte damit nur sagen, dass ich die ganzen Wochen immer Marmelade gefrühstückt hatte und an diesem besonderen Morgen nahm ich mir Wurst für meine Brötchen. Alles war irgendwie anders, und der Anruf konnte nichts Gutes verheißen, und dieses Gefühl verstärkte sich mehr und mehr. Ich ging noch eine rauchen und dann wollte ich zurückrufen.

Genau das tat ich dann auch und als meine Mutter ans Telefon ging, war sie am Weinen und erzählte mir, dass ihr Mann, also mein Stiefvater, plötzlich und in ihren Armen an diesem Morgen verstorben war. Bumm und noch mal Bumm.

Was für eine Nachricht und meine Gefühle wurden bestätigt, dass irgendwas nicht stimmte und jetzt hatte ich eine schockierende Antwort darauf bekommen. Ich konnte es erst nicht glauben, und das nicht nur, weil er zehn Jahre jünger war als meine Mutter, sondern auch weil als ich wegfuhr, ging es ihm zwar nicht ganz so gut, aber damit hätte ich im Leben nicht gerechnet. Sie entschuldigte sich sogar für ihren Anruf und erklärte mir, dass sie mir den Tod nicht verheimlichen wollte und auch nicht konnte. Meine Mutter bat mich auch, die Therapie nicht abzubrechen, denn dadurch käme er auch nicht wieder und ich sollte mich besser um mich kümmern. Ich war immer noch total geschockt und überfordert.

Es zwang mich in die Knie. Ich sagte ihr, dass ich mich nochmal melden würde und wir legten auf. Hilfe, ich brauchte jetzt Hilfe!

Ich war total überfordert und in einem emotionalen Schockzustand gefangen, weit entfernt von zu Hause und konnte nichts tun. Ich suchte umgehend meinen Therapeuten auf, denn jetzt war es höchste Not, nicht alleine zu sein und ihm davon zu erzählen. Jeder der mich kannte und mir entgegen kam, sah mich verwundert an. O.K., wenn ich mal nicht lachte, war ich in mich gekehrt und doch für jeden ansprechbar, nur weinen hat mich dort noch keiner gesehen. Wie denn auch? Da war sie doch meine harte Fassade, die genau das nicht zuließ. Diese Art zu weinen hatte ich das letzte Mal, als alles anfing und ich bei meinem Hausarzt zwei Jahre zuvor zusammenbrach. Auf der Station war sofort ein Krisenmanagement einberufen worden und man versuchte mir zu helfen. Mein Therapeut war sichtlich geschockt, da er ja meine Geschichte kannte und wusste, wie ich zu meinem Stiefvater stand. Doch er machte seinen Job gut und half mir, nicht abzudrehen. Diese Emotionen, welche einen vermeintlich starken Mann in die Knie zwingen konnten und für mich immer ein Zeichen von Schwäche darstellten. Ich musste weinen und wie, die ganze Zeit! Mit dem Unterschied, dass es in Ordnung war und meine Gefühle und Tränen angemessen und gerechtfertigt waren im Falle einer Trauer. Das musste ich erstmal verstehen und verinnerlichen. Ich bekam für den Tag frei und sollte mich immer dann melden, wenn es mir nicht gut ging. Wie die Feuerwehr, waren all die Therapeuten für mich da. Auch die Mitpatienten, die von der Ausnahmesituation auf der Station mittlerweile erfahren hatten, haben Anteil an meiner Situation genommen. Ich lief rum wie Falschgeld und ging wie in Trance an den Leuten vorbei und versuchte damit umzugehen und überlegte dabei, was ich jetzt machen sollte. Für mich machte sich dann auch ziemlich schnell die Frage auf, ob ich die Therapie abbrechen sollte, um nach Hause zu fahren und für meine Mutter, die Firma und vor allem meine Tochter da zu sein. Ich fühlte mich total hin und her gerissen, zumal als ich die Nachricht am frühen Morgen bekam, meine Mutter direkt schon sagte, ich solle mich um mich selber kümmern und an meine Therapie denken.

Wenn ich abbrechen würde, dann würde er dadurch auch nicht zurückkommen. Was mir noch Schwierigkeiten machte, war meine Tochter. Noch so jung und das erste Mal mit dem Tod konfrontiert. Ich wollte für sie da sein, sie begleiten und ihr den Weg durch die Trauer zeigen.

Ich dachte, ich bin einer der wenigen, die so eine Erfahrung haben. Ich meine das jetzt mit psychologischem Hintergrund. Selbst betroffen zu sein, heißt ja nicht, nicht zu wissen, wie es richtig geht, denn die Fachliteratur lag ja vor mir. Ich wusste oder war mir sicher, dass ich der einzige war, der es ihr richtig zeigen konnte und nicht wieder diese Nummer passiert: „Indianer kennt kein Schmerz".

Ich saß draußen auf dem Parkplatz und war innerlich zerrissen, und diese Verzweiflung brachte mich an den Rand des Wahnsinns. Was tun? fragte ich mich immer wieder! Ich musste unbedingt Sternchen, die Mutter meines Kindes, anrufen. Ihr sagen, was passiert war, und in mir stieg der Wunsch auf, es meiner Tochter zuerst zusagen. Ich nahm mein Handy und rief Sternchen an!

Unter Tränen beichtete ich ihr, was passiert war und sie nahm direkt Anteil und den Schock konnte ich durch das Telefon spüren. Das erste Mal seit über einem Jahr, dass wir zumindest anfangs sachlich miteinander redeten. Sie sprach mir Trost zu und wies mich dann direkt darauf hin, dass nicht ich der erste sein werde, der es unseren Kind sagen darf. Das war wie ein Schlag ins Gesicht. Der Vater schon nicht da und weit weg, und ich musste mich wieder hinten anstellen. Wie gerne hätte ich sie anfangs begleitet. Doch ich durfte nicht. Sternchen würde die Vorarbeit leisten und wenn das erledigt war, dann erst durfte ich mit ihr sprechen. Das tat so weh, die Kleine nicht anrufen zu dürfen. Es vergingen ein paar Stunden, bis es dazu kam und ich mit ihr reden durfte. Sie war am Weinen und mir tat das unendlich weh und ich konnte nichts tun außer reden.

Wie gerne hätte ich sie in den Arm genommen und sie getröstet. Mit ihr geweint und mich selber befreit. Ich fragte sie ob ich abbrechen sollte, nach Hause kommen, um für sie da zu sein und dieses kleine Mädchen sagte: „Nein Papa, kümmere du dich um dich selber, ich werde das schon schaffen." Ein kleines Mädchen ganz groß und ein Vater, der sich hilflos und klein fühlte. Ich, der jetzt eine Entscheidung treffen musste. Abbrechen und nach Hause fahren oder nicht? Die Therapeuten stellten es mir auch frei und alle hätten Verständnis dafür gehabt, doch ich war völlig durcheinander und überfordert.

Ich rief nochmal Sternchen an. Irgendwie hatte ich Sorge und wollte ihr helfen, erklären, wie sie mit unserem Kind am besten umgehen könnte in dieser Ausnahmesituation. Doch sie nahm mich wieder einmal nicht für voll und beklagte, dass ich damit aufhören sollte aus allem ein Psychoproblem zu machen und sie sehr wohl wisse, was zu tun ist. In mir stieg der Gedanke auf, dass sie mal das gleiche Schicksal treffen könnte, auch Probleme mit der Psyche zu bekommen. Ich war doch derjenige, der aus seinen Therapien und Erfahrungen das Wissen hatte. Sternchen misstraute mir wie immer, und ich sah rot, und in mir stieg wieder diese Wut auf Sternchen hoch. Sie wusste alles besser und ich sollte nicht den Teufel an die Wand malen. Am Ende sagte ich ihr noch, wenn unser Kind mal ein psychisches Problem bekommt, werde ich der einzige sein der ihr helfen kann. Für Sternchen war das alles ein rotes Tuch und sie verurteilte mich eh als Bekloppten und von daher nicht verwunderlich, dass sie in keinster Weise dafür offen war und es wohl auch nie sein wird. Ob meine Angst begründet ist oder nicht, ich wollte es einfach nur richtig machen, was bei mir falsch lief und es nicht soweit kommen lassen, dass man unserem Kind etwas Blödsinniges suggeriert, anstatt sie die Trauer richtig durchleben zu lassen. Dass dieser Tag für die Wurst war, ist somit klar. Der nächste war etwas besser, denn meine Emotionen hielten sich in Grenzen und nachdem die halbe Klinik wusste, was los war, empfing ich von allen Seiten Trost.

Ich telefonierte noch mal mit meiner Mutter und sie wies mich noch mal eindringlich darauf hin, dass ich nichts tun könnte und meine Therapie erfolgreich zu Ende bringen soll. Ich sprach an dem Tag noch mit meinem Therapeuten darüber und er ließ mir immer noch die freie Wahl. Ich schämte mich, denn würde ich bleiben, dann würde ich meine Tochter alleine diesen Weg gehen lassen. Anderseits war meine Therapie auch wichtig, denn ich hatte einen Unglücksfall, mit dem ich genau hier und jetzt arbeiten konnte. Mir helfen, mich zu entscheiden, konnte keiner, ich musst den Weg alleine gehen bzw. die Entscheidung abwägen und alleine treffen.

Ich entschied dann, in der Klinik zu bleiben und mich um mich selbst zu kümmern, was nicht heißen soll, dass mir das leicht fiel oder so, nein, es machte mir weiterhin Schwierigkeiten. Ich nutzte eine weitere Therapiestunde, um zu besprechen, was in meinem Kopf abging. Da sammelten sich Gedanken, für die ich mich abgrundtief schämte und die mich immer wieder fragen ließ, ob meine Gedanken in Ordnung waren und ob ich

das, was ich dachte, auch denken durfte. Ich erzählte ihm davon und als Antwort bekam ich Folgendes zu hören:
„Herr M, Ihre Gedanken sind frei und auf Grund Ihrer Vergangenheit sogar gerechtfertigt. Ob Sie aussprechen dürfen oder können, was Sie denken, das ist etwas anderes. Ihre Gedanken in dem Fall zu äußern, könnte bei einem Ihnen gegenüber falsch ankommen und von daher dürfen Sie alles denken, nur nicht immer alles aussprechen". O.K., damit konnte ich was anfangen und ich fühlte mich nicht mehr schuldig für meine Gedanken und schämen brauchte ich mich auch nicht dafür.

Was mir allerdings dennoch die ganze Zeit schwer fiel, war meine Tochter alleine zu lassen, denn ich wollte für sie da sein und nicht wie mein Vater, der sich nach einem Konflikt dafür entschied, mich meinen Weg alleine gehen zu lassen. Bis heute, also seit 25 Jahren, habe ich ihn dreimal gesehen und kein Wort mit ihm gewechselt.

Langsam ging es mir wieder besser und am dritten Tag nach dieser Schreckensnachricht teilte ich dann allen meine Entscheidung mit, in der Klinik zu bleiben. Dass mich der Tod meines Stiefvaters in der Therapie ein Stück weit zurückwarf, war da noch nicht ersichtlich. Ich habe es vielleicht geahnt, doch erkennen konnte ich das erst am Ende meines Aufenthaltes in der Klinik. Ich versuchte an dem Tag der Beerdigung für meine Tochter telefonisch da zu sein und war verwundert, wie stark dieses kleine Mädchen schon war. Auch wenn das eine Fassade von ihr war, hatte sie sich gut im Griff, und ich erklärte ihr nochmals, alle Gefühle zu durchleben und sie mental zu bearbeiten; und wenn sie das nicht konnte, sollte sie mich anrufen.

Der Klinikalltag hatte mich dann nach ein paar Tagen auch wieder eingeholt und nebenbei arbeitete ich wieder am Buch, um alles zu verarbeiten. Die zweite Lesung stand auch bald an, und mein Buch hatte sich ein paar Tage vorher durch den Tod meines Stiefvaters verändert. Selbst ich hatte mich dadurch verändert. Würde ich die Lesung hinbekommen und stark genug sein oder an meinen Gefühlen zerbrechen? Ich wollte es unbedingt durchziehen, denn ich sah darin eine Aufgabe und ich hatte eine Botschaft. Eine Botschaft für die anderen. Ich wollte Worte finden, die sie berührten, und Worte finden, um sie zu unterstützen. Es sollten Worte sein für die „Neuen" und Worte für Patienten, die „Alten", die schon mehrmals in der Klinik waren. Ich wollte mich mit ihnen verbinden und das Gleiche sollten sie mit mir machen. Wissen, dass sie nicht alleine sind und es jemanden gibt, der sie versteht und versucht, für sie eine Lanze zu brechen. Jemand, der sein Inneres nach außen trägt, was sich viele nicht trauen. Ich will der Welt sagen, dass auch WIR Menschen sind, selbst wenn unser Handicap nicht gleich sichtbar ist.

Wir sind liebenswert, denn keiner von uns hat das so bewusst gewollt oder ist glücklich mit seiner eigenen Situation. Ein Arm in Gips ist für die Menschen sichtbar, die Psyche nicht und das Verständnis für uns verschwindend gering. Eine Gesellschaft, die uns über Jahrzehnte krank machte, die Nachkriegseltern und ihre Erziehung und ach was weiß ich noch alles.

Wir sind Menschen, die kämpfen, die Kämpfe führen, welche wir oftmals nicht mal kämpfen müssten. Klar sind wir immer selber dafür verantwortlich und das ist unter anderem mein Weg. Aufzuzeigen und zu unterstützen, um die Verantwortung anzunehmen und nicht nur für sich selbst, sondern auch für andere. Zu zeigen welche Kämpfe sich lohnen und sein müssen und welche nicht zwingend erforderlich sind. Vieles einfach den Menschen wieder ins Bewusstsein rufen.

Heute ist meine letzte Lesung und danach werde ich eine wichtige Entscheidung für mich treffen. Zweimal habe ich sie erfolgreich moderiert, und keiner hat mich danach für meine Worte zum Teufel gejagt. Alle nahmen etwas mit und ich war gespannt, wie es heute sein würde. Es sollte meine letzte Feuertaufe werden. Der Tag, an dem ich entscheiden wollte, ob ich es wirklich drucken lasse. Einen Verlag hatte ich ja schon, der es drucken würde. Zu dem Zeitpunkt hätte ich eine Veröffentlichung noch abblasen können. Ich hatte mittlerweile die Kritiken von der Stationslesung beherzigt und mich entsprechend vorbereitet. In den letzten Tagen hatte ich zudem noch Flyer in der Klinik aufgehängt, damit jeder Bescheid wusste. Da es wieder eine inoffizielle Lesung war, bekam ich von der Klinikleitung nur den Gymnastikraum zur Verfügung gestellt. Ich hatte vorher meinen Therapeuten gefragt, ob er die Lesung mit seiner Stationskamera filmen würde und er willigte ein, seine Freizeit dafür zu opfern und machte das alles mit. Da wir keine Bestuhlung hatten, mussten die Zuhörer auf dem Boden sitzen. Fünf Minuten bevor es los ging waren nur ein paar Leute gekommen, und ich wurde nervös, ob noch jemand dazu kommen würde. Und dann, dann wurde es voll und es saßen fast fünfzig Leute auf dem Boden und schauten in meinen Richtung (Video von der Lesung auf meiner Homepage www.carlosmilk.de).

Da kamen Patienten, die auch andere Störungen hatten als ich, also eigentlich weniger zu tun hatten mit dem, was ich an Diagnosen hatte. Es kamen Junge und Alte, Dicke und Dünne, Menschen, die ich nach sechs Wochen kannte und Menschen, mit denen ich noch kein einziges Wort gewechselt hatte. Jetzt waren sie da und ich war gespannt, ob sich das wiederholen lässt, was vor zwei Jahren in der Klinik in Hessen passierte, wo alles anfing. Die Zuhörer waren etwas verunsichert, warum Jeff, der Musiker, mit dabei war und warum wohl seine Gitarre in der Ecke stand. Mein Therapeut stellte die Videokamera auf, mit dem Fokus auf mich gerichtet und ich nahm auf dem Stuhl hinter dem Tisch Platz.

Mein Wunsch nach einem schönen und emotionalen Abend nahm Gestalt an und wie er dann wirklich verlief, lasst mich der Reihe nach erzählen. Ich stellte mich den Leuten kurz vor und fing dann an zu lesen. Ich las und las und im Raum wurde es, wie damals, ganz still. Während ich sprach, schaute ich immer wieder auf und dem einen oder anderen dann direkt in die Augen. Ich traf sie nach und nach voll ins Bewusstsein und sie klebten förmlich an meinen Lippen. Ich habe weniger Seiten gelesen als bei der Stationslesung und getrunken hab ich auch einen Schluck zwischen den Kapiteln. Es war nicht leicht, aus über 500 Seiten 20 auszusuchen, um sie den Leuten vorzulesen. Und es schienen die richtigen gewesen zu sein, denn das haben mir die Augen der Leute verraten. Nachdem ich gut dreißig Minuten später fertig war, kam der gewünschte Applaus und ich war total überwältigt, denn es war noch besser wie vor zwei Jahren. Damals bekam ich den Impuls durch meine Mitpatienten, ein Buch zu schreiben und dass ich es wirklich mal mache, habe ich anfangs nicht gedacht. Ich fühlte die Feuertaufe als bestanden und nachdem ich fertig war, sagte ich den Zuhörern, dass ich nun zum krönenden Abschluss mit Jeff unsere beiden Lieblingslieder spielen möchte und sie waren hellauf begeistert. Jeff stimmt daraufhin seine Gitarre und ich nahm Platz auf meiner Cajon (lat. amerikanisches Instrument, ähnelt einem Schlagzeug). Dann ging es los und dieser stämmige Glatzkopf stimmte sich ein und begann zu singen. Da war sie wieder, diese Reibeisenstimme, die Ähnlichkeit mit Westernhagen hatte. Das erste Lied hieß „Welt kannst du mich hören" und das zweite Lied „Ich steh für mich und wir stehen für uns". Und wieder war es superstill und die Leute hörten ihm zu und die Augen verrieten viel Freude an seinem Gesang. Nachdem er total easy die Lieder weggeschmettert hatte, gab es wieder tosenden Applaus und der stämmige Glatzkopf wurde sogar verlegen. Ich applaudierte ihm und schenkte ihm meine Aufmerksamkeit und nahm ihn in den Arm. Was für ein gelungener Abend. Vor der Lesung sprach ich mit ihm, ob er Lust habe, meinen Abend mitzugestalten und den Leuten am Ende noch etwas zu bieten, und er willigte ein. Die Rechnung ging am Ende voll auf, sodass selbst mein Therapeut überrascht war, was da gerade eben passiert war. Ich stellte mich am Ende noch den Fragen der Zuhörer und dann kam es wieder, etwas, was ich nicht zum ersten Mal erlebte. Die Fragen waren relaxt und keine großartige Kritik dabei. Es war eher eine Art Bewunderung für mein Werk, meine Offenheit und die Leute fühlten sich mit mir verbunden, als hätte ich gerade ihre Geschichte erzählt. Ganz hinten in der Ecke des Gymnastikraums stand eine Frau auf, die ich auch kannte. Sie war von meiner Station und hatte jetzt so gesehen schon meine zweite Lesung mitbekommen. Sie stand auf und wollte sich zu Wort melden.

„Ich möchte jetzt auch mal was sagen", so fing sie an und ich erinnere mich noch ganz genau an diesen Moment. Diese kleine, etwas zierliche ältere Frau stand nun auf und alle drehten sich zu ihr um. Ihre Stimme klang etwas zittrig, denn sie war eigentlich nicht der Typ, der vor anderen sprechen konnte und diesmal tat sie es. Sie hatte etwas für sie Wichtiges zu sagen. Sie wollte sich bei mir bedanken. Sie sagte, dass seitdem sie mich kenne und die beiden Lesungen mitgehört hatte, ich ihr schon mit meiner Art unheimlich viel Kraft geschenkt und ihr für die Zukunft Mut gemacht habe, und dafür wollte sie vor allen Leuten Danke zu mir sagen und dann fing sie an zu weinen. Damit war es noch nicht ganz zu Ende. Ihr Satz beflügelte auch andere und sie fühlten es genauso und sie war am Ende nicht die einzige, die geweint hat. Nach und nach standen die Leute auf, applaudierten Jeff und mir nochmals und es kamen auch einige auf mich zu und gratulierten mir. Ich kann mich noch sehr gut an den 150 Kilo Mann, Mitte der Fünfziger, erinnern, welcher auf mich zu kam und Tränen in den Augen hatte. Dieser große stämmige Mann nahm mich einfach in den Arm und sagte zu mir „Ich bin total gerührt, du hast meine Geschichte erzählt und es hat mich befreit und dafür danke ich dir".

Was für eine Resonanz auf meine Lesung, inklusive Live Akt mit Jeff. Ich hingegen kämpfte die ganze Zeit mit meinen Emotionen. Ich hielt sie fest, denn es war eine Veranstaltung und da ist man professionell und zeigt sie eigentlich nicht wirklich. Doch dazu später noch mal mehr.

Die Veranstaltung löste sich langsam auf und wir gingen raus zum Rauchen. An dieser Stelle möchte ich noch erwähnen, dass zu dieser inoffiziellen Lesung sogar Leute kamen, welche schon eigentlich entlassen waren. Na wenn das mein Selbstwertgefühl nicht steigert, dann weiß ich auch nicht. ☺ Ich war schon stolz und sprach mit den ehemaligen Patienten noch und bedankte mich, dass sie extra für mich und die Lesung noch einmal in die Klinik kamen. Draußen gaben wir nochmal eine musikalische Zugabe, und der Abend ging zwar mit etwas Anspannung, aber dennoch zufrieden zu Ende. Einer der seltenen, spürbar glücklichen Momente meines Lebens. Was für ein Abend, und man sah mich in dieser Klinik von nun an mit anderen Augen. Ich war schon ganz gespannt auf meine Einzeltherapiesitzung, um das Video von der Lesung zu besprechen. Man merkte förmlich, dass meine Lesung in dieser Klinik seine Kreise zog auch bei denen, die nicht dabei waren. Immer wieder kam es vor, dass mich Menschen ansprachen und fragten, wo sie das Buch bekommen könnten und ich sagte, dass es noch nicht gedruckt ist und dass ich Bescheid geben werde auf meiner Homepage, wo sie es dann bestellen konnten. Nach diesem durchaus erfolgreichen Abend ließ ich alles noch einmal Revue passieren und entschied mich auf Grund der Resonanz es durchzuziehen und mein Leben zu veröffentlichen.

Ein paar Tage später hatte ich die Sitzung bei meinem Therapeuten. Ich kam rein und er begrüßte mich freundlich. Er zeigte mir das Video und in mir ging es dann auf mal richtig ab. Ich sah mich das erste Mal selber. Jedes Mal wenn ich etwas sagte bei der Lesung und meine Gesichtszüge sich veränderten, versuchten wir es zu analysieren und ich war total überrascht. Wahnsinn, was ich für ein Gesicht ziehen konnte. Die Emotionen habe ich bei der Lesung ja gefühlt, doch dass es auch für den Zuhörer trotzdem so ersichtlich ist wie es mir dabei ging war echt krass. Ich erzählte aus meinen Leben, aus dem Leben vieler anderer und man sah in meinem Gesicht jede Emotion. Ehrlich und authentisch habe ich die Leser mit auf meine Reise genommen, nein, auch auf ihre eigene Reise habe ich sie mitgenommen. Ich, der berührt war von seinen eigenen Emotionen und doch professionell blieb, berührte andere und das war neu für mich, dies an mir selber zu erkennen, wie das aussah.

Mein Therapeut erklärte mir, dass ich bei so einem Event meine vermeintliche Fassade gut zu nutzen gewusst habe, denn er hatte anfangs die Befürchtung, dass ich es nicht durchhalte. Man darf auch nicht vergessen, dass ein paar Tage vorher mein Stiefvater verstarb und ich trotz allen Emotionen klar blieb und nicht abbrach. Ich wollte es durchziehen und habe es geschafft. Meine Gesichtszüge in dem Video zu sehen, war neu und es kam in mir ein leichtes Schamgefühl auf. Wer sieht sich schon gerne selber, das ist wie mit Fotos, auf denen man meint nicht gut auszusehen.

Wir analysierten weiter und er erklärte mir auch bei den Zuhörerfragen, wo ich hätte wie noch besser reagieren können. Am Ende jedoch war er super zufrieden und bedankte sich bei mir, denn selbst er hatte so etwas in dieser Klinik noch nicht erlebt. Es war auch somit kein Wunder, dass ich meine restlichen drei Wochen noch Gesprächsthema in dieser Klinik war. Immer wieder sprachen mich die Leute an und selbst mein Therapeut steckte mir im Vertrauen, dass einige Patienten mein Buch bzw. die Lesung zur eigenen Therapie sich zunutze machten. Es war wohl so, dass sie damit arbeiteten, was ich unbewusst bei ihnen ausgelöst hatte. Anscheinend schauten sie zu mir auf und wollten wissen, wie ich das alles mache und anhand meines Weges ihren eigenen finden. Ich war in der Lage, durch meine spezielle

Sichtweise Dinge für Zuhörer klarer zu machen. Dazu gehören auch unangenehme Dinge, und zusätzlich mich oder auch den Zuhörer zu reflektieren war etwas, wo ich oftmals Dankbarkeit erntete und dieser Umstand brachte mich selber der Dankbarkeit immer näher. Ich war auf einem guten Weg und hatte eine Menge gelernt und zu Hause galt es weiter an der Umsetzung zu arbeiten. Es dauerte auch nicht mehr lange und ich würde diese Klinik wieder verlassen müssen. Mit einem lachenden und einen weinenden Auge. Noch in dieser Woche würde ich mein letztes Gespräch mit meinem Therapeuten haben. Ich war schon ganz gespannt auf das, was er mir sagen würde. Wie war meine Entwicklung, trotz des Todes meines Stiefvaters?

Mein Therapeut begrüße mich wie immer auf freundliche Art und Weise und bat mich in sein Besprechungszimmer. Er sagte mir, dass ich gut gelernt habe mich selber zu reflektieren und zu erkennen wo meine Schwierigkeiten lagen. Er sagte zudem, selten so einen Patienten wie mich erlebt zu haben, der von Anfang an realistische Ziele hatte und sie auch verfolgte. Mein Therapeut empfand mich auf Augenhöhe und erzählte, dass er selbst noch von mir lernen konnte und dies auch sehr gerne tat. Er war zudem sehr erfreut wie ich Sitzungen mitmoderierte und Gruppen unterstützte oder in Rollenspiele mich selbst einbrachte und anderen die Augen für ihre eigene Situation öffnete und immer lösungsorientiert dachte.

Kurzum, er empfand meinen Aufenthalt als Punktlandung und ich fühlte es immer als perfekten Auftritt. Allerdings gab es eine wichtige Sache, die er mir noch nahe bringen wollte, welche ich nicht aus den Augen verlieren darf. Der Umgang mit meinen Gefühlen wird weiterhin noch Thema sein und da sollte ich weiter dran bleiben. Ich schlug vor, die für mich wichtige Gefühlegruppe ein Jahr später noch mal zu wiederholen und er befürwortete den Vorschlag. Wir wussten beide, dass der Tod des Stiefvaters Spuren hinterlassen hatte und viele Gefühle noch nicht behandelt wurden, die mich durch das Ereignis auch ein Stück zurückwarfen und die Therapie beeinflusst hatten. Wir verabredeten uns auf ein Jahr später und mit Hochachtung und Respekt gaben wir uns die Hand und ich ging mit einem guten Gefühl zur Tür hinaus.

Die letzten Tage verbrachte ich damit, mich nach und nach von dem einen oder anderem zu verabschieden und ich habe wieder unheimlich viele tolle Menschen kennen gelernt. Menschen die ich draußen so nicht gesehen oder wahrgenommen hätte. Mit einigen werde ich bestimmt noch in Kontakt bleiben.

Heute ist der Tag meiner Entlassung. Alle waren extrem angespannt und sehr traurig, dass ich ging. Es war als verlören sie etwas, was dieser Station Leben einhauchte oder eine Seele gab. Total krass und in vorherigen Klinikaufenthalten war es ähnlich und doch nicht so wie an diesen Tag. In der täglichen Morgenrunde wurde es Zeit, mich von allen zu verabschieden. Ich schrieb eine Seite gefüllt von Poesie, die ich am Ende der Frau schenkte, die in meiner Lesung aufstand und sich traute vor anderen zu sprechen. Als Andenken und von daher kann ich hier nicht wieder geben was ich schrieb, denn es war einer der wenigen handgeschriebenen Texte. Es flossen dabei Tränen und auch mir steckte ein fetter Klos im Hals, nachdem ich meine Rede beendet hatte und ihr spontan den Zettel überreichte. Mein Therapeut verabschiedete mich nochmals mit den Worten: „Herr M., Ihr Auftritt war eine Punktlandung und genauso war es, wie ich Sie in der Zeit hier empfunden habe".

Er hatte kaum noch was hinzuzufügen, denn durch mich und die Mitpatienten war eigentlich alles gesagt und was er mir persönlich zu sagen hatte, das sagte er mir bereits im Entlassungsgespräch.

Auf dem Flur traf ich noch einen Mitpatienten, der sich schon drei Mal von mir verabschiedet hatte. Ein junger unbeholfener und unsicherer Mann, der mir sagte: „Hau endlich ab sonst muss ich doch noch weinen".

Ich ging mit einem kleinen Lächeln und wünschte ihm für sein Leben viel Glück. Draußen vor der Klinik traf ich noch einige Leute, von denen ich mich verabschiedete und so stellte sich langsam das Gefühl ein, weg zu wollen. Die ganze Zeit unterdrückte ich meine Gefühle und wollte nicht weinen, doch dass so viele Menschen mich mochten und vermissen werden, konnte ich deutlich spüren. Umgehen konnte ich jedoch nicht so gut damit, denn es überforderte mich. Es war nicht die Regel meines Lebens und in meiner Vergangenheit, dass Menschen so an mir festhielten. Ich war echt froh, als Nadine um die Ecke kam und mich abholte. Eine ehemalige Patientin einer anderen Station, mit der ich mich angefreundet hatte und bei der ich noch zwei Tage bleiben wollte, bevor ich nach Hause fuhr. Wir packten die Sachen und machten uns fort, weg von einem Ort, der sich wie ein zu Hause anfühlte und ich wusste, dass mich schon bald die Wehmut packen wird. Spätestens wenn ich wieder zu Hause bin. Ich verbrachte noch zwei wunderschöne Tage bei ihr in Hamburg. Jetzt war endgültig Abschied angesagt. Meine Elbe und ich, ein Ort, den ich liebe und jetzt geht es auf die Autobahn nach Hause. Ungefähr drei Stunden und ich werde nach fast zehn Wochen wieder zurück sein. Zu Hause, wo mich das eine oder andere noch erwartete. Ich schließe meine Tür auf und da ist es wieder, schneller als gedacht und ein Faustschlag ins Gesicht. Dieses Es-hat-sich-nix-verändert und wie denn auch, ich war ja fast zehn Wochen nicht da.

Dazu noch das, was ich die ganze Zeit geahnt habe. Die Borde unter der Decke lag in der gesamten Wohnung auf dem Boden und dieser selbstklebende Mist hat nicht gehalten. Meine Palme fast verdurstet und im Kühlschrank kleine tote schwarze Viecher, weil ich vergessen hatte die Wurst vor dem Klinikaufenthalt zu entsorgen.

Hallo, ich bin zu Hause! Was für ein Empfang!

Jetzt hieß es ankommen und die Ruhe bewahren, was nicht wirklich gelang. Diese Stille und Einsamkeit hätte mir jeder sofort angesehen, wenn nur jemand da gewesen wäre. Ich legte meine Sachen ab und packte aus. Anschließend bin ich dann zu meiner Mutter, um Hallo zu sagen. Doch diesmal war alles anders als ich wieder nach Hause kam. Mein Stiefvater, nicht mehr da!

Ich ging zu meiner Mutter ins Büro und sie fing auch gleich an zu weinen als sie mich sah, und ich nahm sie daraufhin in den Arm. Es hielt einen kurzen Moment und sie löste sich mit den Worten: „Auch wenn er oft ein Arschloch war, fehlt er mir!" Ich schaute sie an und sprach ihr mein Beileid aus. Sie sah schlecht aus, gezeichnet, und ich fühlte mich hilflos und total überfordert mit der Situation. Dennoch war ich bemüht aufrecht zu bleiben, denn weinen konnte ich nicht, auch wenn ich innerlich zerbrach, sie so zu sehen. Ja, er war nicht immer gut zu uns gewesen, doch das hätte ich ihm dann auch nicht gewünscht, so die Welt zu verlassen.

In diesem Moment war auch seine Hand an meiner Kehle vergessen und ich sammelte mich kurz und ging dann wieder zurück in die Einsamkeit, wie ich meine Wohnung manchmal nenne. Jetzt wird es Zeit, da weiterzumachen, wo ich in der Klinik aufgehört hatte, und das war wieder schwerer als ich dachte. Es dauerte ein paar Tage bis ich angekommen war. Ein paar Tage waren vergangen und die Stimmung weiter gedämpft und überschattet vom Tod des Stiefvaters.

Wie geht es jetzt weiter? Und schon begann der Druck wieder zu wachsen. Ich war nicht arbeitsfähig entlassen worden und es stand die Frage im Raum, ob ich wieder Taxi fahren würde oder eher gesagt konnte. Nein, eigentlich konnte ich das die ganze Zeit nicht, denn meine Halbtagsstelle wieder anzutreten, wäre fahrlässig gewesen. Ich hatte das die letzten Monate nur gemacht oder machen müssen, um aus der privaten Krankenversicherung raus zu kommen. Dieses Ziel hatte ich ja erreicht. Doch jetzt wieder zu arbeiten in den Fängen dieses Unternehmens, nein, das ginge nicht. Vor dem Gesetz und den Behörden gibt es nur ein entweder oder. Entweder gesund und arbeiten gehen oder krank und nicht arbeiten gehen. Nachdem sich heraus gestellt hatte, dass die Arbeit ein Zwang war und mir keine andere Wahl ließ, war die Gefahr, nicht wieder gesund zu werden zu groß und einen alternativen Job gab es nicht. O.K., dann weiter krank und schauen, wie sich die weitere neue ambulante Therapie auswirkt und was sich an bzw. in mir verändert. Ich sprach mit meiner Mutter, dass es so nicht geht und ich die Arbeit aufgeben werde. Natürlich war sie enttäuscht, nur hatte sie jetzt mehr Verständnis für mich wie früher. Wir lösten somit auch zügig das Arbeitsverhältnis auf. Dies würde mir Zeit verschaffen, an dem Erlernten weiter zu arbeiten und zu wachsen. Ferner würde es mir ermöglichen, mich weiter zu finden. Das Schreiben ist eine Sache, doch würde ich kurzfristig nicht davon leben können. Zu hoch sind doch die Schulden, welche mich in die Insolvenz trieben und die würden sich auch nicht mit einem

Buch bezahlen lassen, oder doch? Da müsste ich schon einen Harry Potter schreiben oder so ähnlich.

So versuchte ich in meinen Alltag zu kommen und mich neu zu strukturieren. Während der Druck und die Vermarktung meiner Biografie andauerte, schrieb ich nebenbei mein zweites Buch. Eine Schnulze, welche zu mir passt. Etwas Außergewöhnliches. Einen Roman, wo nicht nur die Geschichte im Vordergrund steht, sondern auch der Typ, der sie schrieb, also ich. Doch wie stelle ich das an? Mir fehlte auch irgendwie die Geschichte in meinen Kopf. Eine alte Liebesgeschichte aus meinem eigenen Leben? Eine über mich und Sternchen vielleicht? Nein!

Dass es meine Geschichte würde, fand ich gut, aber sollte keine aus meiner Vergangenheit oder des jetzigen Lebens sein und auch keine, wie ich sie mir in Zukunft wünschte. Was daraus geworden ist? Das kann ich natürlich nicht verraten, aber eins kann ich sagen, es gibt sie und ich habe auch schon angefangen daran zu schreiben.

Heute lebe ich sehr zurückgezogen und schreibe wie gesagt sehr viel. Meine Freundschaften sind auf ein Minimum reduziert und einige sind auch gegangen oder ich habe losgelassen. So Mancher kam und ging auch wieder. Man nennt das auch den Zug des Lebens. Ich denke, es war Neugierde und kein wirkliches Interesse, denn diese Menschen steigen auch schnell wieder aus. Viele Menschen kommen mit psychisch Kranken nicht zurecht und wenden sich ab. Meistens wissen sie nicht, wie sie sich verhalten sollen. Oftmals bekommt man Mitleid und das mag keiner wirklich haben. Mitgefühl allerdings ist rar geworden und einige kennen auch den Unterschied nicht. Die Vorurteile bei psychischen Krankheiten sind immer noch sehr verbreitet, weil es ein Tabuthema ist. Vieles wird thematisiert und nicht richtig dargestellt und sehr viele Menschen interessiert es auch nicht. Erst dann, wenn sie selber zu Betroffenen werden, fangen auch sie an, nach Antworten zu suchen. Dass ich zurückgezogen lebe hat verschiedene Gründe und macht die Therapie manchmal nicht gerade leicht. Ich habe nun einmal eine der schlechtesten Ausgangsmöglichkeiten. So bleibt mir, das vorerst einfach zu akzeptieren und nicht die Bodenhaftung zu verlieren. Ich gehe dreimal die Woche walken und auf meine Hantelbank. Manchmal gehe ich auch an meinen Box-Sack. Früher wenn ich wütend und verzweifelt war, habe ich drauf eingeschlagen. Der Sack war beschriftet mit Namen und genau diese Stellen versuchte ich zu treffen. Heute mache ich das nicht mehr, und wenn ich emotional geladen bin, kann ich trotz allem Druck abbauen. Weinen kann ich allerdings immer noch so gut und halte es oftmals fest. Hin und wieder mache ich auch mal einen Spaziergang, doch selten kommt einer mit und ich mache ihn alleine. Ich kümmere mich um meinen Haushalt und mache alles selber. Eigentlich gut, oder? Und doch befriedigt es mich nicht, weil es sehr schwer geworden ist zu wissen, dass ich nicht mehr die Leistungsfähigkeit besitze wie früher. Ich werde heute oft dafür belächelt, wenn ich sage, dass ich jede Nacht mindestens acht Stunden schlafe. Früher war das nicht der Fall und wer die vorherigen Kapitel aufmerksam verfolgt hat, der weiß, dass ich in Etappen geschlafen habe und das über Jahre hinweg.

Mal hier vier Stunden, mal da wieder zwei und wieder vier Stunden. Wenn ich damals gewusst hätte, ohne die Persönlichkeitsstörung zu sehen, was das mit mir und meinem Körper macht, dann hätte ich denjenigen ausgelacht und wahrscheinlich auch nicht drauf gehört. Und nun habe ich die Quittung bekommen. Ich kann euch sagen, schlafen tut so gut! Es ist eine wohltuende Situation, die ich nicht missen möchte. Schlaf hilft dem Körper sich zu regenerieren und dementsprechend geht es mir auch. Natürlich geht das nicht ohne Medikamente, weil mich die Grübelschleifen vom Schlafen abhalten würden und doch ist es für mich richtig und auch wichtig, seit über einem Jahr sehr gut und ausreichend zu schlafen. Es hat sich eine Menge verändert und mir ist heute mehr denn je bewusst, dass meine Vergangenheit nicht mehr zu meiner Zukunft gehört. Ich möchte im Hier und Jetzt leben für eine bessere Zukunft. Ich habe mir und meiner Vergangenheit verziehen und lebe in Frieden mit ihr. Sich und anderen zu verzeihen ist eine der heilsamsten Kräfte, um Blockaden zu lösen, in denen man oft viel zu lange drin hängt oder gewohnheitsmäßig verharrt. Du wirst zu einem Gewinner, wenn du zu verzeihen lernst, denn viele können genau das eben nicht. Und welches erhabene Gefühl ist es, ein toller Mensch zu sein? Kannst du das fühlen?

Wer Hass in sich trägt, der kann nicht glücklich sein, denn Hass und Glück vertragen sich nicht miteinander. Die negativen Gefühle, welche bestimmt auch seinerzeit seinen Grund hatten, müssen nicht auf immer und ewig Bestand haben. Durch die Veränderung, beginnend durch dein Denken und anschließenden Gefühlsveränderung, ist es eine große Geste, wenn du jemanden etwas verzeihen kannst. Am Ende, wenn du das schaffst, zeugt es von Größe, Gutmütigkeit und Weisheit. Gerade in partnerschaftlichen Beziehungen, fehlt es oft am „Verzeihen" und das beeinträchtigt auch die Beziehung zueinander, sie wird schwieriger. Verletzungen sind möglich, weil man in einer Beziehung in einem sehr vertrauten Feld lebt und man dies als sehr intensiv empfindet.

Aufrechterhalten kann man eine Beziehung nur, wenn die Qualität der Beziehung nicht beeinträchtigt wird und gegenseitiges, bedingungsloses Lieben dazu beträgt, das Vertrauen zu erhalten.

Nochmal zum besseren Verständnis:

Wenn ein Mensch, so schwer es auch sein mag, aus tiefstem Herzen verzeihen oder vergeben kann, tut er nicht nur seinem Gegenüber etwas Gutes, nein, in allererster Linie tut man sich damit selber etwas Gutes.

Von den negativen Gefühlen befreit, wird es leichter sich zu lieben und geliebt zu werden und das macht glücklich, stimmt doch, oder?

Der Vollständigkeit halber und um den Kritikern gerecht zu werden, können wir Verletzungen, welche sehr tiefgehend waren, nicht mal eben so verzeihen. Das ist im Einzelfall bestimmt auch nachvollziehbar und doch kann man Verzeihen lernen. Angeflogen von alleine kommt es auch nicht. ☺

Diese Fähigkeit zu verzeihen ist in jedem Menschen verankert, instinktiv sogar vorhanden, gerade dann wenn ein gesichertes Umfeld dein Leben aufrecht erhält und somit weniger negative Gefühle entstehen oder es füreinander gibt.

Weißt du eigentlich, was das Schöne auch am Verzeihen ist? Du kannst das jederzeit und überall ganz alleine mit dir ausmachen und damit arbeiten. Du musst dafür keinen anderen miteinbeziehen!

Wenn du es nicht kannst, weil Verletzungen weit zurück liegen, zu schmerzhaft, traumatisch und schwerwiegend waren und du das Gefühl hast, so kein glückliches Leben zu führen, dann hole dir Hilfe und lerne verzeihen. Lerne dich von den alten Fesseln zu lösen, denn Verzeihen bedeutet auch Befreiung, Erleichterung und heilt mit der Zeit die alten Wunden, und damit schaffst du neue Möglichkeiten und viel Platz für Glück. Ich arbeite genauso damit und das immer und immer wieder. Nein, leicht ist das wahrlich nicht, was ich hier so von mir gebe und das würde ich auch nie behaupten, doch es sind meine und auch deine Möglichkeiten, um Veränderung hervorzurufen. Harte Arbeit wird sich am Ende auszahlen! An den Tagen wo ich das alles selber nicht schaffe, genau an diesen Tagen ist der Anfang, mir selber zu vergeben und zu verzeihen, dass ich selber „mal" nicht so gut war und der erste Schritt ist wieder ein Anfang. Ich übe mich damit weiter in Vergebung mir selbst gegenüber, wenn mal etwas nicht so klappt(e) und bemühe mich weiter in Dankbarkeit für das, was ich alles erlebt hatte und wenn ich meinen Weg weiter ging. Ich bin wir!

Ich gehe meinen Weg und dadurch, dass ich nicht der einzige bin, der das erlebt, werde ich mit euch zu einem Wir. Gemeinsam werden wir es schaffen, du bist nicht alleine, keiner ist alleine. Irgendjemand ist immer an deiner Seite, gebe dir und dem anderen die Chance, dich und euch wahrzunehmen, damit sich genau das Gefühl deiner vermeintlichen Einsamkeit nicht einstellt. Ich denke, wenn Menschen so einen Weg gehen wie ich oder ähnlich, ist die Wahrheit sehr wichtig. Sie anzuerkennen und damit zu arbeiten ist ein weiterer Ursprung für den späteren Erfolg. Ja zu sagen zu das, was war und ja zu sagen dazu, dass wir nicht ändern können was früher mal war. Die Wahrheit ertragen, was viele heute nicht mehr können, weil sie davor wegrennen. Sich einzugestehen, dass man nicht mehr der ist, der man früher einmal war. Die Wahrheit ist auch immer gegenwärtig. Das darf man niemals vergessen und außer Acht lassen. Wahrheit bedeutet, sie im Jetzt und Hier anzuerkennen. Sie nicht schön- oder schlechtzureden. Sie ist einfach da und gibt dir die Möglichkeit zu erkennen und an dir zu arbeiten. Egal für was, das entscheidest du selber, so wie ich auch.

Um mit der Wahrheit zu arbeiten, ist es ganz wichtig ehrlich zu sein. Liegt für mich sehr nah beieinander. Wer nicht ehrlich ist, der wird die Wahrheit nicht erkennen, meiner Meinung nach. Ehrlichkeit ist eine Voraussetzung, um mit sich arbeiten zu können. Mit Ehrlichkeit zu sich selber rückt die Wahrheit in ein anderes Licht. Wenn ich die Wahrheit verneine, sie nicht sehen will, kann ich dann noch ehrlich sein?

Ich rede immer vom Inneren und nicht vom Äußeren. Die Wahrheit im Inneren findet zuerst in dir statt, indem *du* es bist, der etwas glaubt, sieht, hofft oder denkt. Nicht das was andere dir aufschwatzen, sondern das, was in *dir* stattfindet, ist der Kern und der Ursprung deines Lebens. Du bist dein Leben und um die Wahrheit anzuerkennen, ist es wichtig ehrlich zu sich und seinen Gefühlen zu stehen. Lüge nicht und sag, es geht dir gut, wenn es dir in Wirklichkeit scheiße geht, nur um dein Gesicht zu wahren. Wir sind Menschen und verdammt, sorry wenn ich das so sage, wir wollen es auch sein dürfen mit allen Schwächen, die dazu gehören.

Ich habe echte Angst, was in 50 oder 100 Jahren sein wird. Wo sind die Menschen dann, wenn sich nicht grundlegend was ändert? Was wird aus unseren Kindern?

Ich sah meine Wahrheit, dass es in meinem Leben so nicht weiter ging. Ich war ehrlich zu mir selber und habe verstanden dass ich Schwäche und Gefühle zeigen kann und es am Ende genau das *das* ist, was stark macht. Nicht mehr leistungsfähig zu sein, neue Grenzen und Erfahrungen zu machen, war meine Wahrheit und ich bin ehrlich und sage, ja, das stimmt. So war es und jetzt geht es weiter in ein neues Jetzt und Hier, in die Veränderung, provoziert durch die Wahrheit, ungeschönt! Ich will mein altes Leben nicht mehr! Du auch nicht? Dann wird es Zeit aufzubrechen und loszugehen ...

Lebe, lerne im Jetzt und Hier!

Ich habe in den letzten zwölf Monaten eine Menge gelernt und wenn auch nicht gleich alles gelang, ging ich langsam Schritt für Schritt weiter. Ich werde niemals so sein wie früher, und dennoch hatte ich es in der Hand, mein Leben etwas lebenswerter zu gestalten und zu lernen, wie ich den Grübelfallen entkommen konnte. Mit dem nötigen Abstand versuchte ich immer wieder, den kreisenden Gedanken um irgendwelche Dinge in meinem Kopf, die ich nur schwer beeinflussen konnte, zu entkommen.

Viele Gedanken hielten mich nachts oft wach und auch tagsüber konnte ich das Denken nicht lassen. Mir immer wieder „Sorgen" zu machen, ärgerte mich und es stresste mich zusätzlich. Auch wenn in dem Alltag mal Ruhe einkehrte, war es schwer für mich, loszulassen und zu entspannen und das, weil ich selbst dann immer noch mit Erlebnissen aus der Vergangenheit oder dem Jetzt und Hier haderte die aus meiner Sicht schiefgelaufen waren. Denken war ja eigentlich nicht verkehrt, wenn es darum ging, uns zu schützen oder in schlechte Situationen zu manövrieren. Ich bin mitten im Lernprozess, den Unterschied zwischen Grübeln oder lösungsorientiertem Nachdenken zu erkennen. Zu meinem Weg gehörte es auch zu lernen, dass bestimmte negative Gedanken, Erinnerungen oder Bewertungen nicht immer wieder hochkamen und durch aufschaukeln in der Grübelsituation immer wieder negative Emotionen hervorrufen. Zudem wusste ich, dass die Wiederholungen negativer Selbsteinschätzungen das Risiko erhöhen, wieder depressiv zu werden. Die Grübelei löste keine Angelegenheiten, sondern man verschlechterte dadurch nur seine emotionale Stimmung.

Man glaubte einfach nur in dem Moment, dass man etwas Sinnvolles versuchte zu überlegen, doch das tatsächliche Handeln fiel in den Hintergrund. Damit ich weiterlerne davon wegzukommen von meinem, ich sage mal nutzlosen Denken, versuchte ich mehr und mehr die Augenblicke wahrzunehmen. Die Gedanken ließen sich leider nicht unterdrücken oder bekämpfen, und wenn man es versuchte, dann war die Wahrscheinlichkeit eher höher, dass sie wiederkamen. Wie in den vorherigen Kapiteln in meinen Therapien beschrieben, blieb das Wichtigste zu lernen die Achtsamkeit.

Für mich galt es, achtsamer zu werden und zu lernen, einen Augenblick bewusst wahrzunehmen, ohne ihn zu beurteilen oder zu bewerten. Ich habe in den Therapien einige Strategien gelernt, um meine Achtsamkeit zu trainieren. Diese galt es von nun an umzusetzen und damit das Grübeln besser kontrollieren zu können. Das Allerwichtigste war es, dem inneren Schweinehund zu zeigen, wo es langging. Auf dem Weg dem Gehirn zu zeigen, wie man lernen konnte, glücklich zu sein. Auch mir könnte es wieder gelingen, das schönste Gefühl, das Glücklichsein auf dieser Welt, zu genießen, wenn ich nicht mehr zuließ, unnötige Denkschleifen zu produzieren und mich damit nur wieder handlungsunfähig machte. Das Glücksgefühl, ist kein Gefühl, was sich festhalten lässt, aber man konnte selber dafür sorgen, dass man es immer wieder bekam, indem man achtsam war und sich Ziele steckte, die man Schritt für Schritt zu erreichen versuchte, um dieses Gefühl immer wiederkehrend zu bekommen. Für dieses Gefühl von Glück sind meines Wissens nach sechs oder sieben Areale im Gehirn verantwortlich. Um dahin zu kommen, wurde sogar bestätigt, dass die sogenannte Vorfreude schon ihren Teil dazu beiträgt, und der Beginn eines Glücksgefühls sein kann.

Also, wenn ich mich auf einen zu erwartenden Glücksmoment zubewege, kann der erste Grundstein gelegt sein. Dass unser Gehirn flexibel ist wie ein Muskel, sagen die Lehrbücher. Anders wiederum ist es ungesund, ständig glücksberauscht zu sein, denn das Risiko besteht, dass man unter dem ständigen Glücksgefühl auch zusammenbrechen kann. Von daher sind Glückspausen notwendig. Für mich würde es wichtig sein, die Methoden zu trainieren, die meine Wohlbefinden dauerhaft bestärkten, wie zum Beispiel mir immer wieder mein ideales selbst zu visualisieren. Ferner würde es die Kunst werden für mich, mein Leben mehr und mehr in Dankbarkeit, mir und auch anderen gegenüber, zu üben. Das ist auch eine Methode um Glücklichsein zu fördern. wenn man die Resonanz sah, die man zurückbekam, wenn man Dankbarkeit ausstrahlt. Als Fazit weiß ich aus meiner Erfahrung, dass sich Glücklichsein erarbeiten lässt, mit viel Willen und einigen verschiedenen Methoden.

Mein schwerster Weg würde es jedoch auch unter anderem sein, mit neuen sozialen Kontakten zu arbeiten. Ich konnte immer gut anderen helfen, und mich selber vergaß ich oft dabei. Ich würde mir am wichtigsten sein und versuchen, soziale Kontakte zu nutzen, die mir helfen, mehr Glücksbotenstoffe in meinem Gehirn zu erschaffen. Gute soziale Kontakte stärken das Gehirn und das ist nachgewiesen. Wer kennt nicht den „Schlag ins Gesicht" oder schmerzhafte Trennungen und Wörter, die verletzen? Ich hatte zu viele tiefe Wunden. Liebeskummer, den ich schon zu oft in meinem Leben hatte, schmerzte genauso, wie eine offene Wunde. Natürlich nicht nur sprichwörtlich gesehen. Meine Aufgabe würde es zudem sein, meinem Gehirn zu zeigen, dass ein Verlust zwar schmerzhaft war, aber auch zu zeigen, was der Unterschied war.

Der Unterschied zwischen einem Ärgernis oder anderen großen Gefühlen, wie hintergangen zu werden oder das Zerbrechen einer Beziehung. Macht eurem Gehirn klar, dass ihr falsch denkt! Von daher kann man nicht immer alles glauben, was man denkt. Das Gehirn kann man reparieren, indem man seine Denkprozesse verändert. Wie schon mehrfach in diesem Buch beschrieben, ist die Achtsamkeitslehre ein Weg, der für den Patient arbeitet und nicht gegen ihn.

Dadurch können wir nach einiger Zeit, die Bindung zu den negativen Gedanken verlieren. Gedanken und Gefühle können nicht in der Vergangenheit abgespeichert werden und kommen in dem Jetzt und Hier immer wieder hoch. Mit chemischen Zusätzen verbinden sich die Neuronen im Gehirn wieder neu und der Schaltkreis im Gehirn wird blockiert. Man erinnert sich zwar, aber man leidet nicht mehr, und somit stellt man keine Verbindung mehr her und dadurch ist die Erinnerung nicht mehr traumatisch.

Ein Wort kann ein ganzes Leben verändern!

Ich hörte viele Wörter, die mein ganzes Leben verändert haben. Von Kindesbeinen an hörte ich diese Wörter, die mich krank gemacht haben. Wörter wie „du musst" oder „das kannst du nicht". Ich wurde gezwungen und hatte keine Freiheit. Mein Selbstbewusstsein wurde dadurch nicht richtig programmiert. Diese Wörter zerstören Beziehungen und den Zugang zu sich selbst. Sie können aber auch positiv verändern und Karrieren beschleunigen, wenn sie richtig angewendet werden. Um das zu lernen, gibt es Neuropsychologen, die für jeden enthüllen, welche Macht Wörter in Wirklichkeit haben. Von den Rhetorikexperten kann man lernen, wie man Wörter oder Sprache richtig und gezielt einsetzt. In meiner Kindheit hörte ich viele solcher Sätze, die mir geschadet haben. Wörter und Sprache transportieren viel mehr nur den Sinn. Die Sprache ist allgemein in unserer Gesellschaft und den Kindern gegenüber eine der wirkungsvollsten aber auch gefährlichsten Waffen. Es geht allen so, nicht nur mir! Wörter und Sätze können einen Menschen tief verletzen. Sie können zerstören, aber auch glücklich machen und motivieren.

Es gibt Sätze, die Türen öffnen oder Herzen. Es gibt Sätze, die tiefe Wunden reißen und Beziehungen jeder Art zerstören. Sind Sätze gefallen, die etwas zerstört haben, wird es schwer, dies zu heilen. Wir können lernen. Wir können lernen unsere Wörter und Sätze richtig einzusetzen. Wichtig ist dabei, dass man sich nicht aus der Ruhe bringen lässt. Achtsamkeit ist da, wie schon im Buch geschrieben, sehr wichtig. Achte auf deine Gedanken, denn sie werden Worte und, und, und. Diese Erkenntnis kommt nicht von irgendwo. Das wussten schon Denker und Dichter vor Hunderten von Jahren.

Nehmen wir als Beispiel einmal den Satz: „Das entspricht nicht den Tatsachen." Ihr Gegenüber könnte in dem Moment denken, dass er lügt. Wenn eine Person mit solchen Worten auf euch einredet, die Machtspiele untermauert, dann könnt ihr das unterbinden. Es wird damit unterbunden, dass ihr der anderen Person eine Frage stellt. Eine Frage verschafft uns und der Unterhaltung immer Zeit. Sie kann den anderen dazu zwingen, seinen Satz zu wiederholen. In dem Moment, wo ihr fragt, könnt ihr schnell sehen, wie diese Person den Boden unter den Füßen verliert. Eine einfach Frage, wie zum Beispiel: „Was meinen Sie damit?", indem ihr den Ball wieder zurückschiebt und somit verliert diese Person nach und nach das ungewollte Machtspiel. In dem Moment kommt der andere in Erklärungsnot, weil er jetzt versucht, sich zu erklären und mit Worten kämpft, bei denen ihr erkennen könnt, worum es sich wirklich handelt. Um Machtspiele sowie teils absichtliche oder unbewusste Verletzungen!

Würde man, dafür besser sagen: „Das höre ich zum ersten Mal" anstatt „das entspricht nicht den Tatsachen", stellt es den anderen nicht als Lügner dar, sondern das Kommunikationsproblem würde gar nicht erst aufkommen, weil in diesem Satz kein negativer Inhalt dargestellt wird, den man persönlich nehmen müsste. Warum haben Wörter oder Sätze eigentlich in uns eine heftige Reaktion in dem Moment ausgelöst? Unser Gehirn prüft jedes gesprochene Wort in Sekunden, prüft jedes Wort auf seine emotionale Botschaft hin ab. Diesem Prozess kann man sich nicht entziehen. Worte machen Gefühle. Gefühle von Wohlbefinden, Wut, Trauer oder auch Angst, unsere Gehirnhälften unterscheiden dabei zusätzlich. Die eine Hälfte wird immer auf das „Wie"-Gesagte achten und die andere Hälfte auf das „Was"-Gesagte achten und dies beides gleichzeitig in Sekundenschnelle versuchen zu analysieren. Durch den Automatismus (unbewusst) verarbeiten wir den Satz und auf emotionaler Ebene gesehen findet immer eine Überprüfung statt. Diese Überprüfung der emotionalen Ebene ist es, die diese Warnungen ausspricht. Der Satz berührt mich, wie man so schön sagt, kommt da nicht von ungefähr.

Es gibt darunter Wörter, die zu Botschaften werden, indem sie hochexplosiven Inhalt enthalten. Ist eine Botschaft, wie jemanden als Lügner („das entspricht nicht den Tatsachen") hinzustellen, ausgesprochen, kann es heftige Reaktionen auslösen. Es kann Satzempfänger dazu verleiten, provokante Gegenwehr einzusetzen. In dem Moment stecken beide in der Falle und das Machtspiel hat begonnen.

Es gibt Wörter, die ihr bestimmt schon mal gehört habt. Wörter wie „warum" und „aber". Kennt ihr folgenden Satz? „Warum bist du wieder zu spät gekommen?" Genau das ist so ein Satz, ein Satz der mit seinen Worten Aggressionen auslösen kann. Stellt man diese beiden Wörter (warum und aber) zum Beispiel an den Satzanfang werden sie immer in den Ohren des anderen vorwurfsvoll klingen. Die Alternative dazu wäre, wieder in die Fragestellung zu gehen. Wie schon ein paar Absätze vorher beschrieben würde die Fragestellung nicht ein vorwurfsvolles Gefühl auslösen. In dem Falle könnte man auch sagen: „Wie kommt es denn, dass du zu spät bist?" In dem Moment zeigt die neutrale und nicht negative Frage, dem anderen, dass ihr euch für den anderen interessiert und die Beweggründe des Zuspätkommens erfahren wollt. Dabei gilt es auch, die Sätze nicht zu verallgemeinern, denn ihr würdet ebenfalls Gegenwehr damit ernten. „Du kommst immer zu spät." In dem Moment würdet ihr euren Gesprächspartner nur provozieren.

Alle diese Sätze und Wörter basieren oft auf der eigenen Unzufriedenheit. Es ist in dem Fall die Unzufriedenheit darüber, dass der andere nicht pünktlich war. Negative Formulierungen fördern die innere Unzufriedenheit und man begibt sich in einen Strudel, der nicht oft in einer verbalen Katastrophe für einen selber endet. Als Kind habe ich diese Botschaften nicht verstehen können und somit appelliere ich an alle Eltern, darauf zu achten, welche Worte sie benutzen. Worte, die einen Menschen nicht verletzen dürfen oder Worte, welche einem Mythos entsprechen. Diese Worte sind genauso wenig angebracht, da Kinder nicht unterscheiden können zwischen einem Mythos und Worten die verletzen. Kinder vertrauen euch!

Die Quittung bekommen Kinder erst im Erwachsenenalter, so wie ich. Fehlendes Urvertrauen und viele Sätze, deren Verletzungen heute noch spürbar sind. Fehlende Liebe zu sich selber. Ein Selbstbewusstsein, welches nicht gefördert wurde. Heute habe ich damit zu kämpfen, alle Sätze zu überprüfen. Wörter und Sätze, die ich umdrehe, um zu erkennen, ob sie mich verletzen können oder ob es überhaupt stimmt, was ich höre oder sage.

Ein „Indianer" kennt sehr wohl Schmerz!

Meine weitere Aufgabe wird auch sein, die Sätze zu überprüfen, die ich selber sage, um wiederum andere nicht zu verletzen, zu belügen oder ungewollte Machtspiele zu betreiben.

Was ich kann, das kann der Leser auch. Wir alle können! Wir alle können lernen und in dem Fall würden auch die Sprüche passen.

„Man lernt nie aus" und „wer alles weiß, hat nichts begriffen", laut Goethe.

Ich arbeite daran, mich zu ändern und wichtig dabei ist, sich langsam zu verändern. Die Geschwindigkeit ist nicht wichtig, sondern die Richtung, die man geht, das ist der Weg! Meinen Weg kenne ich, und ich wünsche mir für euch, dass euch meine Biografie Trost, Wissen und Kraft spendet. Kraft für einen eigenen Weg, nicht aufzugeben, denn wir sind auf der Welt, um zu leben und vor allem zu lieben!

In Liebe - mein Lukas © Carlos

Danke

Ich möchte hier die Möglichkeit nutzen einigen Menschen, die mich auf meinem Weg begleitet haben, auf meine Weise Danke zu sagen.

Geliebter Großvater, ich danke Dir für all das Gute, was Du mir mitgegeben hast. Ich vergebe Dir Deine Sünden und Taten mit denen Du der Familie geschadet hast. Ich danke Dir für jede Stunde, die wir gemeinsam im Lkw verbracht haben und bin Dir sehr dankbar für das enorme Wissen, welches Du mir beigebracht hast. Ich danke Dir für die Schläge, die ich bekam als ich ungehorsam war, denn es lehrte mich, dies meinem Kind niemals anzutun. Zudem bedanke ich mich für die Fürsorge, welche zu oft mit Strenge und anderen falschen Überzeugungen geführt wurde. Es hat mir somit gezeigt, auch mal fünf gerade sein zu lassen und auch anderen Menschen durch Nähe und Wärme das Gefühl von „ich mag dich, oder hab dich lieb" zu zeigen und zu geben. Danke!

Danke Dir Vater, dass Du aufgehört hast, mich zu unterstützen und einen anderen Weg gegangen bist als den Weg mit Deinem Sohn. Denn dadurch habe ich erfahren müssen, was Verlust und Alleinsein bedeuten. Auch wenn wir bis heute nur ein paar Kilometer voneinander entfernt wohnen, hatte ich immer das Gefühl, dass Du unerreichbar für mich bist. Als Du mich verlassen hast, machte ich eine schmerzhafte Erfahrung. Eine Erfahrung, welche ich meiner Tochter niemals antun möchte. Du hattest eine neue Familie gegründet und eine Frau mit Kind angenommen. Meine Tochter werde ich mit ihrem Schicksal auch ein Trennungskind zu sein und mit ihren Alltagssorgen niemals alleine lassen.

Heute liegen zwischen meiner Tochter und mir viele Kilometer mehr und eine neue Familie wird ihren Status, den sie bei mir hat nicht erreichen. Lieber Vater, Danke für diese Erfahrung.

Danke meinem Bruder, der mir den Eintritt in die Selbstständigkeit ermöglichte und mit mir gemeinsam ein hohes Risiko des Immobilienverlustes gefahren ist und auch heute noch fährt. Dadurch konnte ich am eigenen Leib erfahren, was es bedeutet, einen Betrieb zu führen. Mit allen Unannehmlichkeiten und schönen Seiten. Ich danke Dir auch, durch Dich gelernt zu haben, was Ehrlichkeit und Zusammenhalt bedeuten. Von Deiner „Art" Dein Leben zu führen, konnte ich viel lernen. Danke!

Liebe Oma, durch Dich konnte ich lernen und erfahren, was es bedeutet, Abschied zu nehmen. Ich lernte auch, was es bedeutet, wenn Erwachsene Unterschiede machen zwischen den eigenen Kindern und für mich habe ich gelernt, dass alle gleich sind, Danke dafür. Gott habe sie selig.

Liebes Sternchen. Dir danke ich von ganzem Herzen für das schönste Geschenk meines Lebens. Du hast mir eine bildhübsche, gesunde tolle Tochter geschenkt, die ich um nichts mehr auf der Welt missen möchte, denn UNSER Kind gibt mir oft die Kraft und Zuversicht, wofür es sich zu leben lohnt. Zudem waren Du und auch ich nicht in der Lage zu kämpfen. Du hast lieber zerstört, was Dir lieb und wichtig war, indem Du jede Warnung überhört hast. Du warst es auch, die mich gelehrt hat, in der Liebe wachsamer zu sein und besser zu gehen, wenn man jemandem, den man liebt, nicht helfen kann. Danke Dir auch, dass ich meine dominante Ader ausleben durfte. Noch heute zehre ich von den schönen Erinnerungen.

Durch Dich lernte ich immer mehr auf unkonventionelle Art loszulassen, welches mir heute oft noch schwerfällt, denn Dich auf meine Art nicht mehr zu lieben ist gar nicht so einfach. Ich danke Dir für die Erfahrung, was es bedeutet in einer Beziehung alleine zu sein und für einen gemeinsamen Traum zu kämpfen, den jedoch nur einer lebt. Durch Dich habe ich gelernt, was es bedeutet, keine Unterstützung zu erfahren und unehrlich zu sein. Unsere gemeinsamen Jahre wahren Himmel und Hölle, und ich habe daraus gelernt, lieber eine Frau wie Dich, die mich nicht verdient hat, in den Arsch zu treten als nochmals in meinem Leben fremdzugehen. Das war mir eine große Lehre, die ich ohne Dich nicht erfahren hätte. Danke!

Dir Zweimetermann mit dickem Bauch danke ich, weil Du mir immer wieder aufs Neue zeigst, wie man mit seiner Frau nicht umgehen darf, und schon gar nicht, wenn man etwas getrunken hat. Ich danke Dir für die Erfahrung, was der Alkohol anrichten kann und wie er einen Menschen über Jahre verändert. Ich danke Dir von ganzem Herzen, wie Du von Beginn an mit meiner Tochter umgegangen bist und Deine andere „gute" Seite leider zu selten zeigtest. Diese Seite vermisst man heute leider allzu oft. Ich danke Dir für die Attacke und den Angriff auf mich und Deine Hand an meiner Kehle zu spüren, die mich das Gefühl „Wut" lehrte, die ich bis heute in mir trage und mich zudem auch lehrte, anderen Menschen kein körperliches und psychisches Leid mehr zuzufügen.

Ein sehr großes Danke schön geht auch in Deine Richtung, Rothaut, Du hast mir mit Deiner Unfähigkeit, mit Kindern umzugehen und Deiner Art Machtspiele mit mir zu führen gezeigt auf welches Niveau sich Menschen herablassen können.

Ein Niveau, mit dem ich mich nicht identifizieren möchte, und von solchen Menschen nehme ich Abstand. Einer Person mit der ich den schlechtesten Sex meines Lebens hatte. Einem Menschen, die in einer Entzugsklinik arbeitet und selber den Drogen verfallen ist und der man nicht helfen kann, weil sie nicht die Stärke besitzt, etwas zu unternehmen. Mit Deinen Schwächen hast Du mich stark gemacht, um das zu erkennen, musste ich durch Dich erst tief fallen. Auch bei Dir spielte Alkohol eine große Rolle, Du ließest mich wach werden und Deine oberflächliche Art einen Mann nur nach dem Äußeren zu beurteilen, zeigte mir, was Dir wirklich wichtig war. Ich danke Dir dafür, daraus gelernt zu haben, einem Menschen nicht sofort zu vertrauen, sondern zu beobachten, in welchen Dingen Menschen in die gleiche Richtung blicken lassen. Ich danke Dir dafür, dass ich gelernt habe, so was nicht noch mal erleben zu wollen, und heute weiß, was ich dagegen zu unternehmen habe.

Ich bedanke mich bei Dir, meine Tochter, Du gibst mir immer und immer wieder in Deiner kindlichen Art die Kraft, um weiterzumachen. Heute, mit dreizehn Jahren erlebst Du, wie Dein Vater ist, und dennoch stehst du zu mir und nimmst mich, wie ich bin. Du bist der erste und einzige Mensch, bei dem ich keine Angst habe, alleine zu sein oder alleine gelassen zu werden.

Meine Tochter, ich danke Dir für Deine kindliche Unbeschwertheit, mit der Du mir immer wieder zeigst, was es bedeutet, Kind zu sein. Du musstest schon vieles erleben, was ich Dir gerne erspart hätte, doch die Liebe zueinander gibt uns die Stärke und Zuversicht, dass dieses Band niemals reißen wird. Ich versuche, Dich, so gut es in meiner Macht steht, auf das Leben vorzubereiten. Ich werde mich schützend vor Dich stellen und zur Not mein Leben lassen, damit Du leben kannst.

Ich danke Dir für Deine Wärme und Nähe, die Du mir gibst und bin dankbar für die Fehler, die Du mir verziehen hast. Ich liebe Dich mein Kind.

Liebe Mama, Dir habe ich am meisten zu danken. Ich danke Dir, dass Du mich auf diese Welt gebracht hast. Eine wunderbare Welt mit vielen Türen, durch die ich gegangen bin. Offene und verschlossene Türen, mit denen Du mir schonungslos gezeigt hast, was Leben bedeutet. Ich weiß bis heute nicht, wo Du Deine Kraft hernimmst und wie viele Tränen Du schon lassen musstest in Deinem Leben. Doch ich bin zutiefst beeindruckt, wie Du das machst. Deine Methoden waren geprägt von Großvater und Großmutter und ich vergebe Dir Deine Unwissenheit und weiß heute, wie Du liebst. Auf eine Art, die ich nicht teilen kann und dennoch ist es genau die Art, die mich seit zwölf Monaten am Leben hält, und dieser Zwiespalt lehrt mich, zu sehen, was ich anders machen möchte bei meiner Tochter. Kein Geld der Welt ersetzt eine Umarmung. Kein Geld der Welt ersetzt Nestwärme, Unterstützung im Kindesalter und genau dieses Geld, ist es, was mich immer wieder rettet, welches Du hart verdienen musst. Ich danke Dir dafür, dass Du mich finanziell unterstützt, denn das ist Deine Art zu zeigen, wie sehr Du mich liebst und das ich einer bin, wie der Großvater, nur halt anders und speziell, besser aber niemals schlechter und für Dich wünsche ich mir, dass Du Deinen Lebensabend so verbringen kannst und wirst, wie Du es Dir vorstellst. Ich danke Dir von ganzem Herzen für all das, was Du für mich getan hast und auch heute noch tust. Ich hab Dich lieb, egal was passiert.

Ich möchte mich bei allen Menschen, die mich in den letzten zwölf Monaten in verschiedenen Kliniken begleitet haben, für ihr Verständnis, ihre Unterstützung und Anteilnahme bedanken. Ohne diese Menschen hätte ich mich vollständig aus den Augen verloren. Danke auch an meine Lieblingsautorin Li Jana Teuber (Begegne Dir selbst), die mich bei meinem Werk unterstützt hat.

Danke an meine beste Freundin aus dem Dorf, die sich über gute zweieinhalb Jahre immer wieder das Gejaule von mir anhörte und immer für mich da war. Menschen, die versucht haben mich so zu nehmen, wie ich bin, und die ich dennoch weggestoßen habe.

Danke all den Frauen, Affären und Liebschaften, die mich in den letzten Jahren begleitet haben und mir gezeigt haben, wer ich bin, was ich will und was ich heute nicht mehr will. Ich danke auch dem Mädel von der großen namhaften Bank, die immer für mich da war, die einmal in mich verliebt war. In der Zeit entschied ich mich jedoch gegen sie und heute steht sie mir noch immer treu zur Seite.

Danke euch allen!

Euer Carlos

Ende vom Lied

Es wird Zeit sich (mich) zu verändern. Jeder neue Tag bringt eine Veränderung mit sich, wenn man sich selber und seinen Weg nicht aus den Augen verliert. Von nun an werde ich langsam damit anfangen, die Richtung zu ändern. Die Geschwindigkeit ist dabei nicht so wichtig.
Ich werde mich auf einen anderen Stuhl auf der anderen Seite des Tisches setzen. Wenn ich aus dem Haus gehe, versuche ich, auf der anderen Seite der Straße zu gehen. Danach werde ich meinen Weg ändern und andere Straßen entlanggehen. Während ich das tue, werde ich mir alles genau ansehen, woran ich vorbeikomme. Ich werde nicht mehr den gleichen Zug nehmen wie sonst. Meinen Kleidungsstil werde ich auch ändern. Zu Hause werde ich barfuß laufen und meine Hausschuhe in den Schrank legen. Damit ich mich ändere, werde ich die Schubladen nicht mehr mit rechts schließen, sondern mit links. Abends, wenn ich zu Bett gehe, werde ich auf der anderen und nicht gewohnten Seite schlafen.
Ich werde jeden Tag versuchen, sei es noch so winzig & klein, so viele alte Gewohnheiten wie möglich zu verändern. Denn das wird auch mich und meine Gedanken verändern.
Ich werde kreativ sein, wenn ich keine Gründe finde, um aus meinem Leben auszubrechen. Meine Fantasie wird es mir ermöglichen Gründe zu erfinden. Auch wenn es nicht darum geht, versuche ich, mich weiter zu ändern, weil ich weiß, dass es mit Sicherheit besser ist, als das, was ich bereits kenne.
Für mich wird viel wichtiger sein, dass die Veränderungen nur durch die Dynamik, die Bewegungen und die Energie, die ich entwickle, entstehen können. Dinge, die Tod sind, können

sich nicht mehr verändern. Ich jedoch lebe, und ich kann mich verändern.

Mein Wissen sagt mir, dass Glück sich erarbeiten lässt. Mit meinem Willen und verschiedenen Methoden, die ich gelernt habe, werde ich dieses Ziel erreichen. Mein Gehirn ist flexibel wie ein Muskel, auch wenn er hin und wieder seine Pausen braucht. Ich werde mir das ideale Selbst imaginieren, in dem ich mir vorstelle, wie ein Tag nach meinen Wünschen verlaufen kann. Für ausreichend Pausen sorge ich, damit ich beim Glücklichwerden nicht zu sehr erschöpfe.

Völlige Dankbarkeit werde ich ausdrücken gegenüber anderen oder den allgemeinen Erlebnissen des Tages. Ich weiß, dass mein Gehirn Trennungen und Enttäuschungen, als Schmerz ansieht.

Da auf mein Schmerzzentrum im Gehirn negative Gefühle einwirken können, ändere ich meine Gedanken ins Positive, damit die Ausschüttung von Botenstoffen beschleunigt wird. Während ich mich weiter verändere, achte ich auf heilsame Beziehungen. Auf Beziehungen, die gut für mich sind. Ich werde mir die Weisheiten jeder Generation und deren Stärken zunutze machen und mich mit ihnen verbinden. Alles, was ich tue, werde ich tun, so gut es mir möglich ist. Ich werde nicht perfekt sein, denn meine Ecken und Kanten zeigen die Liebe zur Unvollkommenheit. Meine Fehler akzeptiere ich, um die Chance zu erhalten, an mir zu arbeiten. Einen Fehler sehe ich heute als Geschenk, da er mir die Möglichkeit gibt zu lernen und zu wachsen.

Meine Einstellung ändere ich, indem ich solidarisch mit mir und anderen umgehe, denn jeder Mensch macht Fehler. Ich bleibe im Jetzt und Hier. Für mich wird es der Weg sein, die Dinge wieder bewusst wahrzunehmen, ohne sie zu bewerten oder zu beurteilen.

Abgerundet mit einem noch unveröffentlichten Text von Jana Teuber, den sie mir freundlicherweise zur Verfügung gestellt hat:

Menschen, die sich selbst begegnen, leben in anderen Wahrnehmungsformen und erleben ihre Existenz als Werkzeug all ihrer Schöpfungen.

Der Mensch erlebt sich permanent in seiner Realität und orientiert sich nicht nur anhand seiner visuellen Wahrnehmung. Er ist emotional begabt.

Er weiß ... Jedes Ereignis hat einen Grund und der liegt tief und fest in seinem Leben verankert. Jedes Ding setzt ein anderes voraus Er weiß ... Was er jetzt tut, bildet die Grundlage für etwas, das noch kommen wird.

Das, was noch kommen wird, ist die Konsequenz dessen, was gerade ist und welcher Einfluss darauf genommen wird.

Oder auch anders ... Das was gerade ist, ist schon die Konsequenz von etwas, das schon war und gewirkt hat.

Während des Analysierens eines Problems ist man so vielen Sinnesüberflutungen ausgesetzt, dass man erst lernen muss, das Wesentliche vom Unwesentlichen zu trennen. Und selbst wenn man es gelernt hat, kann man den Fixpunkt aus dem inneren Auge verlieren und somit in einen Strudel der unklaren Vorstellungen gezogen werden.

Manche Menschen lösen ihre Probleme über Oberflächlichkeit. Sie dringen nicht in die Materie ein und durchschauen noch weniger ihre allgemeine Situation, in der sie sich befinden. Sie suchen nicht die Ursache und versuchen dennoch darauf einzuwirken. Somit bemerken sie nicht, dass sie sich durch unüberlegte Handlungen schon wieder neue Probleme erschaffen haben. Denn das, was für die eine Sache gut ist, muss noch lange kein Vorteil für die anderen Dinge sein, die im Leben Bestand haben. Deshalb lassen sich nur Lösungswege finden, wenn man seine gesamte Lebenssituation um den Problempunkt erkennt.

Wenn du ein Problem hast, dann betrachte dein Leben als Ganzes ... und dann erst beginne zu trennen. Aber wenn es wirklich nötig ist die Dinge zu trennen, dann beachte, dass auch das Ganze den Teil umfasst, um den es in der Problematik geht! Schaue zurück ... Wann, wie, wo hat es begonnen? Welche Emotionen wurden ausgelöst? Von was wurde der Ursprung geprägt? Gab es schon Handlungen, die damit in Verbindung stehen? ... und dann erst schau nach vorn!

Ich bin ein sensitiver Mensch.

Ich schaue zurück ...

Wann hat es begonnen? Wie war der bisherige Verlauf? Welche Emotionen wurden ausgelöst? Gab es schon unbewusste Handlungen, die damit in Verbindung stehen könnten? Von was wurde der Ursprung geprägt?

Aus diesen und/oder ähnlichen Fragen resultieren emotionale Bilder, anhand lauter und leiser Gedanken.

Der Mensch visualisiert sich in seiner Situation im Unbewussten, um sich im Bewusstsein greifbar zu machen. D. h., er stellt sich seinen paranormalen Geschehnissen aus schon erlebten Situationen. Er kann anhand unbewusster Impulse die Informationsquellen anzapfen ... Nämlich das individuelle Unbewusste und all das, was der Mensch sinnlich wahrnehmen kann und was eine Spur in seiner Seele hinterlassen hat. Das Relikt aus der Vergangenheit.

Der Kommunikationsfaktor überträgt also Informationen aus Vergangenem, die aber im Wesen des Jetzt vorhanden sind und sich somit nicht kontrollieren lassen.

Somit kann er mit schlechten Erfahrungen verbundene Emotionen, mit denen er aus der Vergangenheit konfrontiert wird, weder löschen noch unterdrücken.

Hier gilt es, die negativen Emotionen zuzulassen und in positive umzuwandeln.

Der Vorteil einer Umwandlung liegt in der Gnade, welche erfahren wird. Eine Gnade denen gegenüber, die tiefe Betroffenheit, Schmerz und Enttäuschung hinterlassen haben.

Ein sensitiver Mensch weiß, dass nur er selbst für seine Erfahrungen verantwortlich ist und er übt sich in der Fähigkeit, sich selbst gnädig zu sein, sich selbst zu vergeben, um auch allen anderen vergeben zu können.

Dies kann aber nur geschehen, wenn der Mensch bereit ist, seine Vergangenheit zu akzeptieren. Denn nur so kann für ihn ersichtlich werden, was die Vergangenheit hinterlassen hat, und welche Blockaden im Jetzt dadurch entstanden sind, um diese aufzulösen.

Denn durch dieses innere Zurückschauen erfährt er, was ihn momentan ausbremst und er erhält dadurch aufschlussreiche Verbindungslinien zwischen damals und heute.

Im Zurückschauen wie auch im Vorausschauen geht es also darum, sich Gewissheiten anzueignen, je mehr Ereignisse sich konkretisieren... im Innen wie auch im Außen.

Dadurch verändert sich auch das Verhalten in der jeweiligen Situation. Man entdeckt für sich neue Umgangsformen. Nicht um die Situation zwanghaft zu ändern, sondern ein Gefühl dafür zu bekommen, welches auf Authentizität basiert. Mit Auswirkung auf alle Beteiligten. Denn, wenn man weder zum Opfer noch zum Gegner wird, kann man erstaunliche Ruhe weiterleiten.

D.h., das dazu individuelle Verhalten wächst in und mit der Situation und dies völlig unabhängig von allen Beteiligten.

Somit ist es meist gar nicht zwingend nötig eine Situation zu lösen, sondern geduldig abzuwarten, wie sie sich entwickelt.

Denn, egal wo man sich darin befindet... sie ist ein Teil der selbst erschafften Realität. Dies gilt es zu beachten und zu akzeptieren.

Und die Information, die der Themenfaktor im Selbstdialog liefert, bildet die Grundlage dafür und stellt folglich die Auswirkung menschlicher Handlungen dar.

Der Mensch ist sogar fähig, selbst erzeugte Phänomene zu erschaffen...

Z. B. im verzweifelten Versuch, Bestätigung und Anerkennung zu erlangen, wäre das Resultat vielleicht permanente Abweisung als selbst erzeugte Gegenreaktionserscheinung von außen.

Vielleicht ist man zu zögerlich oder zu impulsiv in einer Angelegenheit, welche Bestätigung und Anerkennung erhoffen lässt. Man erhofft und gibt zugleich auf. Man gibt sich erkenntlich und verweigert sich zugleich. Nicht nur seinem Gegenüber, sondern auch sich selbst.

Diese Erscheinungen sind aber nur Mittel der Selbstkommunikation, denn damit äußert der Mensch eine Erfahrung an sich selbst. Dies bezieht sich auf ein aktuelles Leiden oder auf ein Leiden, das im Unbewussten erlebt und genährt wird.

Dieses Leiden wird in Beziehungen so ausgelebt ... ist und wird durch Erfahrungen geprägt. Dies basiert auf symbolischer Ebene, in symbolischer Form durch ein unbewusstes Einwirken auf die bewusst erlebte Materie.

Bei einem Drang nach Bestätigung wird man also unbewusste Dinge tun, um diese zu erreichen. Diese unbewussten, aus der symbolischen Ebene gezogenen Handlungen prophezeien aber dann genau das Gegenteil.

Die Angst zu versagen, hat sich schon längst im Alltag manifestiert und überschattet alle Handlungen, welche die ersehnte Bestätigung liefern könnten.

Die Erlebnisse des Menschen äußern sich aber auch auf bewusste offenkundige Weise und prägen die Beziehungen zu den anderen und zur Umwelt.

Daraus können sich Risikofaktoren bilden, bei denen es dann möglicherweise ebenfalls zu Manifestationen kommt, wie z.B. quälende Eifersucht, Hass und Gewalt

Für mich gibt es ohne Zweifel eine Verbindung zwischen der Seele und der physischen Weltenergie. Das erleben wir bei Menschen, die auf ihre objektive Welt genau die Art und Weise projizieren, wie sie sich selbst sehen und erleben.

Ein Gedanke lenkt, organisiert und erzeugt Erscheinungen, die wie Spannungsentladungen zustande kommen.

Wie eine Botschaft, die der Energie aufgeprägt ist, welche die Materie bildet.

Wenn der Mensch Schwierigkeiten hat, das eigene Innenleben mit der Realität der Außenwelt zu versöhnen und damit einen neurotischen Bruch erleidet, so bietet dieses psychische Leiden die Grundlage für psychische und physische Manifestationen, genannt Psychosomatik, wenn die Seele krank macht.

Wer wegen Rückenleiden, Tinitus oder permanentem Kopfweh von einem Arzt zum nächsten läuft, stellt sich oft die Frage, ob es denn nur Einbildung ist.

Aber gerade wer besonders unter Stress oder seelischen Problemen leidet, wird von solchen Schmerzattacken heimgesucht.

Der Griff zu Medikamenten lindert allerdings nur die Symptome.

Den Teufelskreis zu durchbrechen bekommt man nicht aufs Rezept diktiert.

Auch das Wissen, dass sich die Gedanken auf den Körper auswirken, bekommt man in keinem Beipackzettel vermittelt.

Wenn wir fähig sind Krankheiten zu erschaffen ... für Phänomene der körperlichen Erscheinungen, dann sind wir also fähig unsere Körperfunktionen mit dem eigenen Willen zu steuern.

In anderen Fällen erzeugt der Mensch sogar auf emotionalem Niveau einen Zustand, der eine Antwort an sich selbst provoziert. Sozusagen als Nachricht der eigenen psychischen Zustände.

Dies erklärt sich in Burn-out oder im schlimmsten Fall Borderline.

Ein Grund dafür könnte sein, dass bei der betreffenden Person eine tief verwurzelte Rationalität und ein fester Glaube mit einer dauernden leidvollen Existenz einhergehen. Wie z. B. Stress, Anhaftungen, innere Leere oder das Gefühl innerlich tot zu sein.

Der Mensch setzt somit das, was ihn bedrückt, in eine wahrnehmbare Größe um, und dies ist somit ein Spiegel und ein verschwommenes Abbild seines inneren Zustands. Selbst erzeugte Phänomene sind also eine Erklärung, mit denen der Mensch seine eigenen Probleme dokumentiert.

Somit können wir sogar im Schlaf die eigenen Probleme in unsere Träume projizieren und damit symbolisch in unseren Alltag integrieren.

Selbst wenn wir uns an unsere Träume nicht mehr erinnern, verrät die Botschaft im Unbewussten entstandene Ängste, Trauer um etwas, Schuldgefühle usw.

Die Folge ist ein Erwachen mit negativen, unerklärbaren Emotionen.

Im schlimmsten Fall sogar mit der Absicht, ganz bewusst negative Erscheinungen zu erzeugen, mit dem unbewussten Selbstdarstellungsfaktor „Ich war böse! Ich bestrafe mich nun selbst dafür!"
Der Mensch erkennt dies aber nicht als solches, weil dieser Selbstdarstellungsfaktor im Unbewussten entstanden ist. Er erarbeitet sich Misserfolge, um sich selbst darin zu bestätigen. Da er dies aber nicht bewusst realisiert, ist und bleibt es die Welt, die es böse mit ihm meint und er findet immer wieder Gründe, die Welt im selben Maß dafür verantwortlich zu machen. Dies sind Menschen die sich über alles und jeden beschweren und ihre eigenen Fantasien mit hineinlegen, die sie dann auch als Empfindung so wahrnehmen, um die Verantwortlichkeit von sich zu schieben. Nicht weil sie böse sind, sondern weil sie die Selbstverantwortung ihrer Selbsterfahrungen nicht erkennen können.

Die Bedeutungen und Botschaften sind vielfältig mit denen der Mensch symbolisch etwas ausdrückt und sie sind nur durch sensibelste Wahrnehmung zu erkennen.

Andere Arten, unbewusste seelische Spannungen abzubauen wären ein Umzug, Arbeitswechsel, das Lösen aus einer Beziehung, ein großes Mitteilungsbedürfnis oder die Suche nach einem psychologischen Gespräch.

Geistige Schwärmer, die nur an der Wasseroberfläche schwimmen, finden für ihre geistigen Erkenntnisse keine Verankerung im Leben der physischen Welt. Dies kostet viel Energie und schürt großzügige Disharmonien.

Zur Heilung seelischer Verletzungen ist es deshalb sehr wichtig, noch einmal in die Situation zu gehen. Bei einer Selbstkommunikation mit stets dramatischen Inhalten durch Befürchtungen und Ängsten baut sich die Person ihren eigenen paranormalen Käfig.

Dieser neurotische Bruch wirkt innen wie außen ... Man projiziert die Ängste auf sein Umfeld.

Ängste, die in seinem Unbewussten selbst nach Jahrzehnten der Verdrängung noch lebendige Anteile verleugneter Verletzung und unerfüllter Bedürfnisse umfassen.

Eine misstrauische Person, die nichts und niemandem ein tieferes Vertrauen schenkt, steht im Konflikt mit sich selbst. Die Angst hintergangen zu werden, entsteht in der Beziehung mit und zu sich selbst. Wer sich selbst und seinen Ansichten nicht treu bleibt, wird auch in seinem Umfeld Untreue auf anderem Niveau erwarten und es hinter jeder Fassade vermuten. Dies passiert nicht bewusst, sondern als Folge des eigenen Soseins. Der Mensch besitzt also die Fähigkeit, seine unbewussten Fantasien „psychisch zu integrieren" und wird sie somit auch in seinen Handlungen mit einbringen, wenn er diese als Überzeugung wahrnimmt. Ein Mensch, der über dieses Wissen verfügt, geht somit seine Wege im „Werdenlassen".

Denn nur so lässt sich herausfinden, wie die gemachten Erfahrungen im Innen und Außen einer Angelegenheit genutzt werden können.

Solche Menschen werden von Phänomenen umgeben, die sie immer wieder als anders erscheinen lassen, denn sie wachsen mit den tieferen Bedeutungen der Dinge, die ihnen geschehen. Dies ist ein Talent des Unbewussten dieser Menschen und es eröffnet auch Existenzängste, die keine Tröstung ohne Glauben finden.

In dieser Magie des Geistes existiert keine Macht, sondern nur ein tieferes Verständnis und ein Wissen, welches Mittel zur Tröstung für diese Menschen ist.

Mein neurotischer Bruch

Mein neurotischer Bruch bei mir als sensitiven Menschen, äußert sich anders als bei normalen ... Zwiespalt, der Verlust des eigenen Seins, Selbstentfremdung, die Flucht vor dem eigenen Wesen, sind Folgen des inneren Kampfes zwischen Trieben und der Ebene eines ausgeprägten Geistes, einem Niveau des Wissens auf dem sie leben. Ein Leben unter idealistischen Parametern, ein Leben des

Zeugnisses, der Abtötung und Wiedergeburt, der Vereinigung mit der Ewigkeit, dem Unerkennbaren ... Im Stirb und Werde!

Es erzeugt authentisch erhabene Momente, die zwar nach menschlichem Ermessen viel kosten, aber ein unbewusstes Verlangen nach Antwort konkreter Natur erwecken. Erst wenn dieses Verlangen gestillt werden kann, kann seine sensible und spontane Lebendigkeit wieder Wurzeln schlagen und wachsen.

Die innere Erleuchtung und geistigen Visionen im Zurückschauen und Vorausschauen sind aber niemals ein magischer Akt, der nun alles erleichtert, sondern bergen nur Hinweise auf und für ein Ziel, welches der Mensch selbst erreichen muss. Sie helfen lediglich neue Voraussetzungen zu schaffen, für ein Ziel, das erreicht werden will.

Der Weg dahin, mit dem Wissen um seine eigene Wesensart macht mich einsam, denn Menschen wie ich gehen ihren Weg oft allein. Und obwohl sie offen sind für Begleiter, sind die Möglichkeiten, einem identischen Horizont zu begegnen, sehr gering.

Sie haben außersinnliche Erscheinungen und sind zuletzt auch selbst diese außersinnliche, außergewöhnliche Erscheinung für andere.

Ein mit seiner Psyche kommunizierender Mensch trifft lieber stillschweigende Übereinkunft mit sich selbst. Dies macht ihn für andere unantastbar, unnahbar und ja, vielleicht sogar egozentrisch.

In den Augen der anderen wirkt er arrogant in seiner Selbstbeherrschtheit, seiner Selbstsicherheit und hinterhältig in seinem Schweigen.

Aber wenn er sich mit sich selbst aussöhnt und sich auch seine Innen- und Außenwelt versöhnen, dann wird diese geliebte Einsamkeit zum Nährboden einer Sehnsucht, sich mit allem und jedem zu vereinen. Er sehnt sich nach seelischer, psychischer Verschmelzung, die auch in sexueller Natur eine außersinnliche Hingabe abverlangt. Und er trifft nur wenige Menschen, die seinen Ansprüchen gerecht werden könnten. Es ist die Suche nach einer authentischen Neugier, dem Leben zu begegnen und gemeinsam daran zu wachsen.

Da er wichtige Erkenntnisse seines seelischen und psychischen Werdegangs durch Kommunikation mit seiner Psyche erkennt, erweitert er sein Bewusstsein und seine Wege im „Werdenlassen" – „Loslassen" – „Hinter-sich-lassen".

Somit findet er eine gelöste Situation nicht mehr erwähnenswert, weil er existenziell nach vorne schaut und nicht an schon Erledigtem festhält.

Er sammelt es auf dem Grund seiner Seele und wird erst wieder danach tauchen, wenn eine andere Situation die Hebung und das erneute Durchfischen erfordert.

Auf diesem Wege möchte ich nochmals Danke sagen an Jana Teuber, die mit ihren Erklärungen in Worte gefasst hat, was ich denke und fühle. Das Kapitel „Ende vom Lied" wurde verfasst in Kooperation mit Jana Teuber, die mir ihr unveröffentlichtes Material zur Verfügung gestellt hat. Jana Teuber, die Autorin des Buches: „Begegne Dir selbst, bist du ein Sucher oder Finder?"

Mit meinem Buch habe ich nach bestem Wissen gehandelt und es zeigt meine Welt, mein Leben. Von der Kindheit an, meine Erlebnisse, viele Erfahrungen bis zum großen Knall. Der mich im Jetzt und Hier mehr und mehr verändert. Diese Geschichte beruht auf wahren Erlebnissen und alle Personen, die ich beschreibe, stehen unter einem Pseudonym. Die geplante Veröffentlichung für Oktober 2012 hat mein Stiefvater nicht mehr miterleben können, da er am 04.09.2012 verstarb (R.I.P) Jetzt ist es bald so weit mit der Veröffentlichung. Ich danke Jeff Holz, für seine musikalische Unterstützung bei meiner „Feuertaufe", der ersten inoffiziell öffentlichen Lesung vor der Veröffentlichung, welche am 05.09.2012 in Bad Bramstedt stattfand.

Ob ich noch mal ein Buch schreibe? Es kann sein, denn es hat mir geholfen zu erkennen, Lasten abzuwerfen und zu verarbeiten und positiv in eine neue wunderbare Zukunft zu blicken. Vielleicht schaut ihr einfach mal ab und an auf meine Homepage, ob es etwas Neues von mir zu lesen gibt.

www.carlosmilk.de

Zudem bin ich auch in verschiedenen sozialen Netzwerken vertreten:
- bei facebook unter *Carlos (Autor) Fansite* und unter *Ein harter Kerl im Tal der Tränen*
- auf Youtube unter *Autor Carlos* und meinem bürgerlichen Namen *Sascha Milk*

Ich werde nun das Kapitel vorerst schließen und das Schreiben beenden.
Wie es bei mir weitergehen wird? Das werdet ihr im nächsten Buch zu lesen bekommen.
Doch eines ist klar ...
... ich höre nicht auf zu kämpfen und ich würde mich freuen, wenn euch dieses Werk Kraft gibt, weiterzumachen mit dem, was ihr angefangen habt und ihr die Lebendigkeit des Seins genießt, denn das ist LEBEN und ich kämpfe dafür, denn ich will LEBEN.

Euer Carlos

MEINE BUCHEMPFEHLUNG:

Jana Teuber Autorin von: „Begegne Dir selbst".
ISBN-13: 978-3936983470 Verlag: Bungert, Hans-Peter
(24. September 2010)

© Copyright 2010 Autor Carlos M.

DAS HERZ

GANZ POETISCH

1.

Mein Buch wurde schon längst geschrieben,
bin erkoren zu fallen, um doch zu siegen.
Viele wunderbare Seiten,
die auf das Leben vorbereiten.
Von Gottes Hand geführt,
hat mich das Leben zu Tränen gerührt.
Er schrieb, was mich bedrückte,
meine Hoffnung mich dann beglückte.
Ich sah seine Hände,
es kam die Wende.
Heute schreibt er wieder,
singt mit mir die tollsten Lieder.
Nur er kennt jedes Kapitel von mir,
schreibt von gestern bis ins JETZT und HIER ...
Er schreibt fleißig weiter,
die Zukunft nehm ich nur noch heiter.
Schreibt er alles auf,
so gehe ich hin und nehm es in Kauf.
The Secret und meine Geschichte,
ein Geheimnis mit und ohne Gedichte.
Ein Leben, welches ich mir erschaffen habe,
das zu erkennen ist eine Gabe.
Verliert sich langsam die Wut,
zu schreiben tut immer noch gut.
Das, was ich in meinem Leben erschaffen kann,
dem Gesetz nach ziehe ich es an.

© Carlos

2.

... ich tanzte mit ihr bis tief in die Nacht,
oft habe ich an SIE gedacht.
Selbst im Dunkeln,
konnten ihre Augen noch funkeln.
Tage habe ich nichts gegessen,
konnte ihr Lächeln nicht vergessen.
Jede Nacht zähle ich ein Schaf,
ihr Blick mich ziemlich tief traf.
Ziellos irre ich durch die Räume,
male mir aus, die schönsten Träume.
Ein Traum der Bände spricht,
Amors Pfeil im Herzen sticht.
Das Blatt sich wieder wendet,
es ist ein Traum, der niemals endet ...

© Carlos

3.
Gedanken herrschen über unser Handeln,
in verschiedene Gesichter manche sich verwandeln.
Man kann kaum hinter die Fassaden sehn,
nur erahnen, welchen Weg diese Menschen gehn.
Ein Weg den nicht jeder teilt,
der eine oder andere in der Vergangenheit noch weilt.
Steht doch einfach auf,
nimm die Sorgen mal in Kauf.
hoffe und träume weiter,
sehe welche Gedanken machen heiter.
Feier jedes Fest wie es Dir fällt,
Reichtum sieht man nicht am Geld.
Stärke kommt ganz allein von innen,
mit fröhlichen Gedanken kann man nur noch gewinnen.
Am Ende steht geschrieben,
das Herz ist bei den fröhlichen Gedanken geblieben.

© Carlos

4.
Das Rad des Lebens steht nicht still,
oft kommt es anders, als man will.
Manchmal ist das echt fatal,
oftmals auch scheißegal.
Es dreht sich einfach weiter,
manchmal traurig, manchmal heiter.
Niemals bleibt es stehn,
in die Zukunft will man sehn.
Doch das geht leider nicht,
fertig mein Gedicht ...

© Carlos

5.

Ich kann einfach nichts dafür,
irgendwann stehe ich vor Deiner Tür.
Du öffnest mir mit großen Augen,
mein Blick wird Dir die Sinne rauben.
Du merkst, es ist so weit,
öffne meine Arme groß und breit.
Du kommst mir entgegen,
Dein Blick freudig und verlegen.
Eine Berührung, die viel verspricht,
sie strahlt über ihr ganzes Gesicht.
brodelt in ihrem ganzen Leib,
sehe dieses wunderbare Weib.
ein Blick, ein Kuss ...
die Stimmung formt den Fluss.
wir lassen die Gefühle fließen,
zarte Pflanzen wachsen, welche wir genießen.
Den gesamten Fluss entlang,
verlieren wir uns im lieblichen Gesang
Die Quelle ist der Augenblick und der Moment,
ein Gefühl, was jeder liebt und kennt.
Niemals sollen die Dämme brechen,
das Rad des Lebens wird sich rächen.
Sei achtsam mit jeder Sekunde,
sie öffnet oder schließt manche Wunde.
Du bist in deiner Welt,
der die ihre Hand auf Ewigkeiten hält.
Heute Morgen werde ich wach,
dachte es wird ein wunderschöner Tach ... gg

schaue neben mir,
jetzt ist sie leer die Flasche Bier.
Das war die Frau von letzter Nacht,
ist die doof, habe ich mir nur gedacht.
Ich schaue zur anderen Seite,
der Wein auch leer und dann suchte sie das Weite.
Beide Flaschen leer,
was will man mehr?
Ich habe sie nicht getrunken,
das Haltbarkeitsdatum war abgelaufen und habe ich ihr noch nachgewunken ... lach
jetzt geht es ihr bestimmt schlecht,
mit dem Klo geht sie den ganzen Tag ins Gefecht.
Hoffentlich kommt die nicht wieder,
säuft einfach meine Deko und singt schmutzige Lieder.
kuscheln mit mir wäre viel schöner,
hoffentlich klaut sie mir beim nächsten Mal nicht den DEKO Döner.
der Carlos kann es nicht lassen,
die Frau von letzter Nacht wird mich hassen.
Bestimmt hängt sie noch über dem Topf,
doch warum mache ich mir einen Kopf?
warum trinkt sie auch meine Deko leer,
zum Kuscheln kommt die bestimmt nicht mehr her ... lach
ich Reime vor mich hin,
jeder Vers ist ein Gewinn.
machen sie meine Gedanken freier,
brüte nicht mehr über ungelegte Eier ... lach
woher kommt die Scheiße nur in meinem Kopf?
ich bin ein Wok und bestimmt kein runder Topf.

aus meinen Träumen zu erwachen,
bringt mich immer wieder zum Lachen.
ich kann nicht aufhören damit,
jeder Reim entwickelt sich zu einem Hit.
die Gedanken müssen raus,
wo ist sie versteckt, die kleine Maus?
in meinem Kopf, da ist es lustig,
lächel' vor mich hin und bin überhaupt nicht frustig.
Heute werde ich alleine schlafen gehn,
die Frau von letzter Nacht will ich nicht mehr wiedersehn.
Hat sie doch einfach meine DEKO gesoffen,
mich voll ins Herzlein damit getroffen.
Jetzt werd ich mal mit Amor reden,
besser pflücken soll der Depp von den Reben.
Ein guter Jahrgang soll es sein,
treu, ehrlich wie ein lieblicher Wein.
Zur DEKO möchte ich sie nicht brauchen,
nach dem Sex mit ihr lieber eine rauchen.
Sie wird mich verführen,
ihre Lippen will ich am ganzen Körper spüren ... (jetzt wird's heiß)
Die Kerzen leuchten warm und hell,
die Hosen runter und dann ging es ganz schnell.
Die Perle wurde gar nicht wieder munter,
sie trieb es immer bunter,
das kann doch wohl nicht sein,
da schlief die Perle mittendrin, einfach ein.

© *Carlos*

Küss mich endlich
© *Carlos*

Unterstützt ihr mein Werk?

Hat dir meine Biografie gefallen? Dann hilf mir doch bitte, mein Buch bekannter zu machen. Am liebsten jetzt sofort, bevor du, lieber Leser, das Buch endgültig aus der Hand legst. Empfiehl das Buch guten Freunden, schreibe eine positive Bewertung im Shop von Verlag 3.0 und/oder dort, wo du es gekauft hast.

Berichte darüber bei facebook und Co., verfasse eine Rezension für einen Blog oder eine Zeitung, gerne mit Hinweis auf meine Webseite www.carlosmilk.de.

Dieser QR-Code auf der Buchrückseite führt dich direkt auf mein Autorenprofil bei Verlag 3.0, dort findest Du Informationen über meine Person, Neuerscheinungen und aktuelle Termine.

Ich danke euch, dass du mein Buch gelesen hast.

Carlos

WER IST CARLOS?

Das Pseudonym Carlos legte sich der Autor Sascha Milk auf seinem Weg der Sinnsuche und Ich-Findung zu.

Anfang der 90er Jahre erfüllte er sich den Traum vom LKW fahren und tourte durch ganz Europa und Teile Osteuropas. Ende der 90er Jahre kaufte er sich schließlich einen eigenen LKW und begann seine Zeit als selbstständiger Fuhrunternehmer. Durch unglückliche Umstände verlor er die Selbstständigkeit im Oktober 2009 und es begann der Weg der Wende. Eine neue Richtung der Selbstfindung wurde durch einen weiteren Schicksalsschlag 2010 begünstigt.

Carlos, stellt sich den Tabus unserer Zeit und findet Worte für alle jene, die noch in Ihren Mauern gefangen sind. Dabei ist sein Ziel, aufzuklären, enttabuisieren und zu unterstützen, sowie Wege aufzuzeigen und damit Kraft, Trost und Zuversicht zu spenden.

Weitere Infos unter
www.carlosmilk.de

QUELLENANGABEN

L. Haye „Heilende Gedanken für Körper und Geist"
Verlag: Hörbuch Hamburg (25. Oktober 2006)
ISBN-13: 978-3899035049

Li Jana Teuber „Begegne dir selbst"
Verlag: Bungert, Hans-Peter (24. September 2010)
ISBN-13: 978-3936983470

„Die Aussöhnung mit dem inneren Kind"
Verlag: Ullstein Taschenbuch; Auflage: 26 (2009)
ISBN-13: 978-3548357317

„Das Arbeitsbuch zur Aussöhnung mit dem inneren Kind"
Verlag: Ullstein Taschenbuch; Auflage: 1 (1. Januar 2005)
ISBN-13: 978-3548367026

Eva M. Zurhorst „Liebe Dich selbst" Höhrbuch
Verlag: Arkana; Auflage: 6 (6. September 2005)
ISBN-13: 978-3442339105

Dr. Althaus, Prf. Dr. Hegerl „Depressive?"
Kösel Verlag München
Lizensausgabe Weltbild Verlag Augsburg
ISBN: 978-3-8289-4198-4

Precht „ Wer bin ich und wenn ja wieviele"
Verlag: Goldmann (17. September 2007)
ISBN-13: 978-3442311439

QUELLENANGABEN:

Robert Enke „Ein all zu kurzes Leben"
Verlag: Piper; Auflage: 7 (1. September 2010)
ISBN-13: 978-3492054287

TV Höhren und Sehen
Bauer Vertriebs GmbH
Burchhardtstr. 11
20077 Hamburg

Das Geheimnis des Herzmagneten
Verlag: Goldmann Verlag (8. Dezember 2010)
ISBN-13: 978-3442171354

The Secret
Verlag: Arkana; Auflage: 19 (27. September 2007)
ISBN-13: 978-3442337903

The Masterkey System
Verlag: Arkana; Auflage: 5 (16. Juni 2008)
ISBN-13: 978-3442338214

Die Macht Ihres Unterbewusstsein
Verlag: Ariston; Auflage: 1 (11. März 2005)
ISBN-13: 978-3720526197

Das Erfolgsbuch Dr. J. Murphy
Verlag: Ullstein Taschenbuch;
Auflage: Neuausgabe. (12. April 2007)
ISBN-13: 978-3548369426

QUELLENANGABEN:

Gefühle verstehen, Probleme bewältigen
Verlag: Pal; Auflage und Datum nicht herausfindbar
ISBN-13: 978-3923614189

Ängste verstehen und bewältigen
Verlag: Pal;
ISBN-13: 978-3923614325

Bohus / Wolf Interaktives SkillsTraining
für Borderline-Patienten
Schattauer Verlag 2009

Trainningsmaterial zur DBT Therapie M. Linehan 1996
CIP Medien
Schön Klinik Bad Bramstedt
Erfassung K. Dreyße Feigabe Dr. Armbrust

DBT Research Unit Freiburg 2002

Sämtliche kursiv gesetzten Textstellen, die nicht zu den obigen Quellenangaben gehören, insbesondere Lyrik und SMS stammen von Sascha „Carlos" Milk, sofern kein anderer Hinweis im Text auf eine andere Quelle verweist.

Empfehlungen aus dem Verlagsprogramm:

⇒

Stephanie Urbat-Jarren

Seelenband

Die Geschichte einer Geliebten zwischen Herz und Verstand

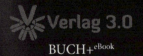
Verlag 3.0
BUCH+eBook

♥

Dieses Buch ist für alle Frauen,
die ein Leben im Schatten als Geliebte eines Mannes leben.
Für alle Frauen,
die täglich den Kampf zwischen Herz und Verstand führen.
Für alle Frauen,
die die Gewissheit brauchen, dass sie nicht alleine sind.
Und dafür,
dass sie endlich erkennen,
dass kein Mann es wert ist, s
ich für ihn kaputt
zu lieben.

♥

AUSZUG AUS EINER REZENSION:

„… eine fesselnde, lebendige Reise in die Geschichte dieser Geliebten. Dabei gefielen mir … die eingeschobenen Gespräche der Gefühle besonders gut, zeigten die innere Zerrissenheit, das Leiden, Lieben, Leben um so deutlicher… © Robert

ISBN 978-3-944343-00-6

Edition Buch⁺ᵉᴮᵒᵒᵏ (eBook im Kaufpreis inbegriffen)

STERNSCHNUPPENBRAUT

Claudia Garrido Luque

Verlag 3.0

„*Sternschnuppenbraut, du bist Teil von mir.
Lass uns auf die Reise gehen. Auf die Reise zum Ich.*"

Haben Sie schon einmal Ihr Ich verloren? Der Roman erzählt die ergreifende Geschichte von Mila, einer Frau mitten im Leben, die eines Tages ohne ihr Ich aufwacht. Auf der Suche nach sich selbst taucht sie ein in ihre Vergangenheit, begegnet sich in einer Welt der Sinnlichkeit, in Augenblicken der Liebe, aber auch der Verzweiflung und Angst. Jede neue Reise zurück bringt andere Erinnerungen, die tief im Dunkel des Vergessens begraben waren. Mühsam sammelt sie Baustein für Baustein, in der Hoffnung auf ihr altes Ich. Aber ist dies der richtige Weg? Wird Mila finden, was sie sucht?

Auszug aus einer Rezension:

„*Ich finde man hat zwei Möglichkeiten die ››Sternschnuppenbraut‹‹ zu lesen.
Die erste Möglichkeit besteht darin, es zu lesen als das, was es ist: ein Roman.
Es ist ein sehr kurzweiliger Roman über eine junge Frau, die verschiedene Stationen ihres Lebens Revue passieren lässt.
Gelesen auf dem Sofa, in der Badewanne, in der U-Bahn, am Strand, im Café oder jedem beliebigen Ort, ist dieser Roman wie ein Sonnenstrahl an einem Regentag.
Man hat aber auch eine zweite Möglichkeit: Sich voll und ganz auf die Geschichte einlassen ...*" (c) Säbelzahneichhörnchen

ISBN 978-3-944343-00-6

Edition Buch^{+eBook} (eBook im Kaufpreis inbegriffen)

Raum für eigene Notizen: